职 业 院 校“ 十 四 五 ”规 划 课 证 融 通 教 材
根据全国会计专业技术初级资格考试大纲编写

经济法基础

王新兰　王超菊　主编

中国石化出版社
HTTP://WWW.SINOPEC-PRESS.COM
中国经济出版社
CHINA ECONOMIC PUBLISHING HOUSE

内 容 提 要

近年来，我国财税政策改革力度较大，不断推出新的财税政策，比如增值税的税率下调、个人所得税的专项附加扣除、新冠疫情下对小微企业的税收优惠等。本书紧跟专业前沿，吃透国家最新财税政策，结合职业院校一线教学中的师生反馈和当前中高职学生的知识和能力要求而设计编写。作为一本与《经济法基础》教材配套的学习指导用书，编写中结合考试命题范围、难度风格，对知识点进行精细分解，力求与“1+X”初级会计师证书对接，实现课证融通。

本书适合高职院校财经类专业学生及财务人员使用。

图书在版编目(CIP)数据

经济法基础 / 王新兰，王超菊主编．—北京：中国石化出版社，2021.1(2023.12 重印)
ISBN 978-7-5114-6248-0

Ⅰ．①经… Ⅱ．①王… ②王… Ⅲ．①经济法-中国-教材 Ⅳ．①D922.29

中国版本图书馆 CIP 数据核字(2021)第 078790 号

中国石化出版社出版发行
地址：北京市东城区安定门外大街 58 号
邮编：100011 电话：(010)57512500
发行部电话：(010)57512575
http://www.sinopec-press.com
E-mail:press@sinopec.com
北京柏力行彩印有限公司印刷
全国各地新华书店经销
*
787 毫米×1092 毫米 16 开本 22 印张 514 千字
2021 年 5 月第 1 版 2023 年 12 月第 2 次印刷
定价：65.00 元

《经济法基础》
编　委　会

主　编：王新兰　王超菊

副主编：任一峰　温　杰　刘亚荣　常　虹

编　委：刘皓月　李　鑫　陈宪光　吕晓燕

高　华　杨家民　毛玉凤　刘明霞

赵文军　李志江

前　　言

近年来，我国财税政策改革力度较大，不断推出新的财税政策，比如2019年增值税的税率下调、个人所得税的专项附加扣除、2020年新冠疫情下对小微企业的税收优惠等。本书紧跟专业前言，吃透国家最新的财税政策，结合职业院校一线教学中的师生反馈和当前中高职学生的知识和能力要求而设计编写，作为与《经济法基础》教材配套的学习指导用书，本书具有如下特点：

1. 及时更新，实用性强

结合最新的经济法律法规和学习需求编写，对我国现行税制中的主体税种流转税和所得税作了相应的补充和调整；充分考虑到职业院校教学的实际需要，尽力做到各章节内容相对独立，便于课堂讲解和讨论、布置课后作业及复习。

2. 课证融通，针对性强

本书的习题精选于最新的初级会计专业技术职务资格考试题库，针对性强。编写中结合考试命题范围、难度风格，对知识点进行精细分解，力求与“1+X”初级会计师证书对接，实现课证融通。

3. 内容全面，适用性强

本书内容全面，重难点突出，题型丰富，讲解到位。既可供学生自学，又可作为职业院校会计专业和财经类其他专业的专业基础课程教学辅导用书。

由于编者水平有限，书中疏漏之处在所难免，恳请读者批评指正，并提出宝贵意见和建议。

目　　录

第一章 总 论

学情分析

本章重点掌握以下几点：

1. 理解法的本质与特征；

2. 了解法律关系的主体、内容和客体；

3. 理解法律事实，区分法律行为与法律事件；

4. 掌握法的形式与分类；

5. 认知我国的法律部门与法律体系；

5. 掌握经济纠纷的解决途径：能够区分仲裁、民事诉讼、行政复议和行政诉讼的概念、特征及范围；

6. 了解法律责任：识记并区分民事责任、行政责任和刑事责任的方式及特点。

主要内容导图

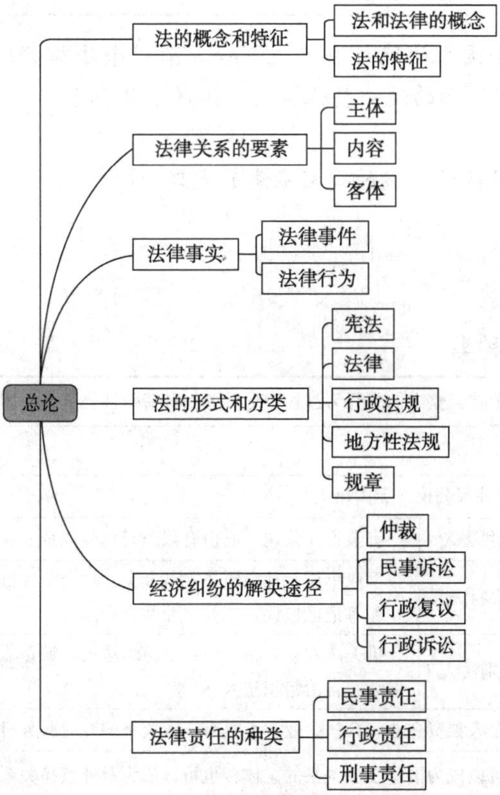

重、难点解析

第一节　法律基础

一、法的本质与特征

<table>
<tr><td>概念</td><td colspan="2">法是由国家制定或认可，以权利义务为主要内容，由国家强制力保证实施的社会行为规范及其相应规范性文件的总称</td></tr>
<tr><td rowspan="4">本质</td><td rowspan="4">法是统治阶级的“国家意志”的体现。</td><td>法只能是“统治阶级”意志的体现</td></tr>
<tr><td>法是由统治阶级的“物质生活条件决定”的，是社会客观需要的反映</td></tr>
<tr><td>法体现的是统治阶级的“整体意志和根本利益”，而不是统治阶级每个成员个人意志的简单相加</td></tr>
<tr><td>法体现的不是一般的统治阶级意志，而是统治阶级的“国家意志”</td></tr>
<tr><td rowspan="5">特征</td><td>国家意志性</td><td>法是经过国家制定或者认可才得以形成的规范，具有国家意志性</td></tr>
<tr><td>强制性</td><td>法是凭借国家强制力的保证而获得普遍遵行效力，具有国家强制性</td></tr>
<tr><td rowspan="2">规范性</td><td>概括性：能为人们提供一个行为模式、标准的社会规范</td></tr>
<tr><td>利益导向性：法律通过规定人们的权利和义务来分配利益，实现统治阶级的意志和要求，维持社会秩序</td></tr>
<tr><td colspan="2">明确公开性和普遍约束性，可预测性</td></tr>
</table>

【例题·多选题】一个国家的现行法律规范分为若干个法律部门，由这些法律部门组成的具有内在联系的、互相协调的统一整体构成一国的法律体系。(　　)

『答案』ABCD

【例题·判断题】法是统治阶级的国家意志的表现。(　　)

『答案』√

二、法律关系

(一) 法律关系主体种类

<table>
<tr><td>概念</td><td colspan="4">法律关系是法律规范在调整人们的行为过程中形成的一种特殊社会关系，即法律上的权利与义务关系</td></tr>
<tr><td>要素</td><td colspan="4">主体、客体、内容</td></tr>
<tr><td rowspan="6">主体</td><td colspan="4">自然人(中国公民、外国公民、无国籍人)</td></tr>
<tr><td rowspan="4">组织</td><td rowspan="3">法人</td><td>营利法人</td><td>有限责任公司、股份有限公司和其他企业法人</td></tr>
<tr><td>非营利法人</td><td>事业单位、社会团体、基金会、社会服务机构
参考记忆口诀：二社事业基金会</td></tr>
<tr><td>特别法人</td><td>机关法人、农村集体经济组织法人、城镇农村的合作经济组织法人、基层群众性自治组织法人</td></tr>
<tr><td>非法人</td><td colspan="2">个人独资企业、合伙企业、不具有法人资格的专业服务机构等</td></tr>
<tr><td colspan="2">国家</td><td colspan="2">可以成为国际公法关系的主体，也可以成为对外贸易关系中的债权人与债务人</td></tr>
</table>

<table>
<tr><td>内容</td><td colspan="3">法律关系主体所享有的权利和承担的义务</td></tr>
<tr><td rowspan="9">客体</td><td colspan="3">法律关系主体的权利和义务所指向的对象</td></tr>
<tr><td>物</td><td colspan="2">自然物；人造物；货币和有价证券</td></tr>
<tr><td>精神产品
（智力成果）</td><td colspan="2">作品、发明、实用新型、外观设计、商标</td></tr>
<tr><td>行为</td><td colspan="2">①生产经营行为
②经济管理行为
③提供一定劳务的行为
④完成一定工作的行为</td></tr>
<tr><td rowspan="5">人身、人格</td><td colspan="2">①人的整个身体不是法律关系的客体；
②人的身体部分某些情况下可以成为“物”</td></tr>
<tr><td>物质层面</td><td>生命权、健康权、身体权</td></tr>
<tr><td>表征层面</td><td>姓名权、肖像权</td></tr>
<tr><td>精神层面</td><td>名誉权、荣誉权、隐私权</td></tr>
<tr><td>自由层面</td><td>婚姻自主权</td></tr>
</table>

【例题·单选题】下列各项中，属于营利法人的是（　　）。

A. 社会团体　　B. 政府机关　　C. 有限责任公司　　D. 事业单位

『答案』C，选项C，营利法人包括有限责任公司、股份有限公司和其他企业法人等；选项AD，非营利法人包括事业单位、社会团体、基金会、社会服务机构等；选项B，机关法人、农村集体经济组织法人、城镇农村的合作经济组织法人、基层群众性自治组织法人为特别法人。

【例题·多选题】下列选项中，可以作为法律关系主体的有（　　）。

A. 个人独资企业　　B. 股份有限公司　　C. 自然人　　D. 个体工商户

『答案』ABCD，法律关系主体，是指参加法律关系，依法享有权利和承担义务的当事人，包括自然人、组织、国家。

（二）法律关系的主体资格

权利能力	1. 任何个人或组织参加法律关系的前提
	2. 法人权利能力的范围由法人成立宗旨和业务范围决定，自法人成立时产生，终止时消灭
行为能力	1. 公民的行为能力不同于其权利能力：具有行为能力必须首先有权利能力，但具有权利能力并不必然具有行为能力
	2. 法人的行为能力和权利能力是一致的，同时产生、同时消灭

其中，自然人民事行为能力可划分如下：

类别	年龄条件	辨认自己行为能力	性质
完全民事行为能力人	≥18周岁	完全能	成年人
	≥16周岁，劳动收入	完全能	未成年人
限制民事行为能力人	8~18周岁	—	未成年人
	≥18周岁	不能完全	成年人

续表

类别	年龄条件	辨认自己行为能力	性质
无民事行为能力人	<8 周岁	—	未成年人
	≥18 周岁	完全不能	成年人
	8~18 周岁	完全不能	未成年人

【例题·多选题】下列自然人中，属于限制民事行为能力人的有(　　)。

A. 范某，20 周岁，有精神障碍，不能辨认自己的行为

B. 孙某，7 周岁，不能辨认自己的行为

C. 周某，15 周岁，系体操队专业运动员

D. 杨某，13 周岁，系大学少年班在校大学生

『答案』CD，8 周岁以上的未成年人，不能完全辨认自己行为的成年人为限制民事行为能力人；选项 AB 属于无民事行为能力人。

【例题·单选题】赵某，15 周岁，系甲省体操队专业运动员，月收入 3000 元，完全能够满足自己生活所需，下列关于赵某民事行为能力的表述中，正确的是(　　)。

A. 赵某视为完全行为能力人　　B. 赵某属于完全行为能力人

C. 赵某属于限制行为能力人　　D. 赵某属于无行为能力人

『答案』C，根据规定，16 周岁以上(≥16 周岁)的未成年人(<18 周岁)，以自己的劳动收入为主要生活来源的，视为完全民事行为能力人；8 周岁以上(≥8 周岁)的未成年人属于限制民事行为能力人。赵某 15 周岁，属于限制民事行为能力人。

(三) 法律关系的客体

概念		是指法律关系主体的权利和义务所指向的对象	
特征		能为人类所控制并对人类有价值	
内容和范围	物(固定形态或没有固定形态)	自然物	土地、矿藏、水流、森林等
		人造物	建筑物、机器、各种产品等
		一般价值表现形式	货币及有价证券
	人身、人格	(1)人的整体只能是法律关系的主体，不能作为法律关系的客体； (2)人的部分可以作为客体的“物”，视为法律上的“物”	
	精神产品	作品、发明、实用新型、外观设计、商标等	
	行为(行为结果)	为了达到一定目的进行的作为(积极行为)或不作为(消极行为)，如：①生产经营行为；②经济管理行为；③完成一定工作的行为；④提供一定劳务的行为	

【例题·多选题】下列各项中，属于法律关系的客体的有(　　)。

A. 有价证券　　B. 库存商品　　C. 提供劳务行为　　D. 智力成果

『答案』ABCD

【例题·多选题】精神产品可以成为法律关系的客体，下列各项中，属于精神产品的有(　　)。

A. 著作　　B. 实用新型　　C. 发明　　D. 软件光盘

『答案』ABC，精神产品也称智力成果，包括作品、发明、实用新型、外观设计、商标等。选项 D，精神产品的物质载体属于“物”的范畴。

二、法律事实

<table>
<tr><td>概念</td><td colspan="2">是指由法律规范所确定的，能够产生法律后果，即能够直接引起法律关系发生、变更或者消灭的情况。</td></tr>
<tr><td rowspan="2">分类</td><td>法律事件</td><td>1. 概念：不以当事人的主观意志为转移，引起法律关系发生、变更、消灭
2. 分类：
(1)自然现象(绝对事件)；地震、洪水、台风、森林大火、生老病死等非人为因素造成的自然灾害
(2)社会现象(相对事件)：革命、战争、重大政策的改变等，虽属人的行为引起，但不以当事人的意志为转移
【提示】法律事件和法律行为都能够引起法律关系发生、变更和消灭，区分要点是“当事人的主观意志”。不以当事人的主观意志为转移的属于法律事件</td></tr>
<tr><td>法律行为</td><td>1. 概念：指以法律关系主体意志为转移，能够引起法律后果，即引起法律关系发生、变更和消灭的人们有意识的活动。
2. 分类：
(1)行为是否符合法律规范要求，分为合法行为和违法行为。
(2)行为的表现形式不同，积极(作为)行为，消极(不作为)行为
行为是否通过意思表示，意思表示行为，非表示行为
意思表示形式的不同，单方行为，多方行为
行为是否需要特定形式或实质要件，要式行为，非要式行为
主体实际参与行为的状态，自主行为，代理行为</td></tr>
</table>

【例题·多选题】根据民事法律制度的规定，下列属于法律行为的有(　　)。

A. 税务登记　　B. 收养孤儿　　C. 爆发战争　　D. 签发支票

『**答案**』ABD，选项 C，爆发战争是当事人无法控制、无法预见的事件，属于法律事件。选项 ABD，税务登记、收养孤儿和签发支票则是人有意识的行为，可以产生相应的法律后果，属于法律行为。

【例题·单选题】下列会直接影响法律关系发生、变更、消灭的是(　　)。

A. 法律事实　　B. 客体　　C. 主体　　D. 行为

『**答案**』A，任何法律关系的发生、变更和消灭，都要有法律事实的存在。

【例题·单选题】甲公司与乙公司签订租赁合同，约定甲公司承租乙公司一台挖掘机，租期 1 个月，租金 1 万元。引起该租赁法律关系发生的法律事实是(　　)。

A. 租赁的挖掘机　　B. 甲公司和乙公司

C. 1 万元租金　　D. 签订租赁合同的行为

『**答案**』D，法律事实根据是否以人的意志为转移分为法律行为和法律事件，签订租赁合同的行为属于以人的意志为转移，属于法律行为。

【例题·单选题】以下属于单方行为的是(　　)。

A. 订立遗嘱　　B. 缔结婚姻　　C. 签订合同　　D. 销售商品

『**答案**』A，单方行为是指由法律主体一方的意思表示即可成立的法律行为，如遗嘱(选项 A 正确)、行政命令等；多方行为是指由两个或两个以上的多方法律主体意思表示一致而成立的法律行为，如合同行为等(选项 BCD 属于多方行为)。

【例题·判断题】甲公司向乙公司签发银行承兑汇票的行为属于法律事件。(　　)

『**答案**』×，甲公司向乙公司签发银行承兑汇票的行为属于法律行为。

【**例题·多选题**】根据民事法律制度的规定，下列属于法律行为的有(　　)。

A. 税务登记　　B. 收养孤儿　　C. 爆发战争　　D. 签发支票

『**答案**』ABD，本题考核法律行为的性质。选项C，爆发战争是当事人无法控制、无法预见的事件，属于法律事件。选项ABD，税务登记、收养孤儿和签发支票则是人有意识的行为，属于法律行为。

四、法的形式与分类

(一) 我国法的主要形式

形式	制定机关	备注	表现形式
宪法	全国人民代表大会	根本大法，最高法律效力	
法律	全国人大(制定修改基本法律)及其常务委员会(基本法以外的法律)	法律地位和效力仅次于宪法，制定其他规范性文件的依据	××法
行政法规	国务院	地位次于宪法和法律，高于地方性法规	××条例、办法、规定
地方性法规	“省级”人大及其常委会 【注意】还包括设区的市、州		
自治法规和单行条例	自治区(州、县)人大		
特别行政区的法	全国人民代表大会制定的基本法+特别行政区制定的规范性文件		
规章	部门规章—国务院各部委及直属机构 地方政府规章—地方人民政府		××办法

【**例题·判断题**】在我国，人民法院的判决书是法的形式之一。(　　)

『**答案**』×，本题考核法的形式。我国的法律形式主要包括宪法、法律、行政法规、地方性法规、特别行政区的法、规章以及我国缔结或加入并生效的国际条约等。最高人民法院所作的判决书只是一种非规范性法律文件，不能作为法的形式。

【**例题·判断题**】行政法规的制定主体是国家最高行政机关即国务院。(　　)

『**答案**』√

【**例题·单选题**】下列规范行为中，属于行政法规的是(　　)。

A. 国务院发布的《企业财务会计报告条例》

B. 全国人民代表大会通过《中华人民共和国民事诉讼法》

C. 中国人民银行发布的《支付结算办法》

D. 全国人民代表大会常务委员会通过的《中华人民共和国会计法》

『**答案**』A，(1)选项BD：属于法律；(2)选项C：属于部门规章。

(二) 法律效力等级及其适用规则

上位法优于下位法	(1)即下位法与上位法冲突时，以上位法为据不再适用下位法 (2)宪法>法律>行政法规>地方性法规>同级或下级地方政府规章
自治条例和单行条例的变通规定有限	经济特区法规的变通规定优先

续表

特别法优于一般法	同一机关制定的法律、行政法规、地方性法规、自治条例和单行条例、规章，特别规定与一般规定不一致的，适用特别规定
新法优于旧法	新的规定与旧的规定不一致的，适用新的规定
冲突裁决	1. 法律之间对同一事项新的一般规定与旧的特别规定不一致，根据授权制定的法规与法律不一致，由全国人民代表大会常务委员会裁决。 2. 行政法规之间对同一事项新的一般规定与旧的特别规定不一致，由国务院裁决。 3. 部门规章之间、部门规章与地方政府规章不一致，由国务院裁决。 4. 地方性法规与部门规章不一致，由国务院提出意见，国务院认为应当适用地方法规的应当决定在该地方适用地方性法规，认为应当适用部门规章的应提请全国人大常务委员会裁决。

【例题·多选题】下列关于规范性法律文件适用原则的表述中，正确的有(　　)。

A. 行政法规之间对同一事项的新的一般规定与旧的特别规定不一致，不能确定如何适用时，由国务院裁决

B. 根据授权制定的法规与法律不一致，不能确定如何适用时，由全国人民代表大会常务委员会裁决

C. 部门规章与地方政府规章之间对同一事项的规定不一致时，由国务院裁决

D. 法律之间对同一事项的新的一般规定与旧的特别规定不一致，不能确定如何适用时，由全国人民代表大会常务委员会裁决

『**答案**』ABCD

【例题·判断题】法律之间对同一事项的新的一般规定与旧的特别规定不一致，不能确定如何适用时，由国务院裁决。(　　)

『**答案**』×，法律之间对同一事项的新的一般规定与旧的特别规定不一致，不能确定如何适用时，由全国人民代表大会常务委员会裁决。

【例题·单选题】下列法的形式中，效力等级最低的是(　　)。

A. 宪法　　B. 地方性法规　　C. 行政法规　　D. 法律

『**答案**』B，宪法效力大于法律；法律大于行政法规。

【例题·多选题】下列各项中，属于适用法的效力原则的有(　　)。

A. 新法优于旧法

B. 上位法优于下位法

C. 在民族自治地方、自治条例和单行条例的变通规定优先适用

D. 特别法优于一般法

『**答案**』ABCD，根据适用法的效力原则，ABCD四个选项的表述均正确。

【例题·多选题】下列关于规范性法律文件适用原则的表述中，正确的有(　　)。

A. 行政法规之间对同一事项的新的一般规定与旧的特别规定不一致，不能确定如何适用时，由国务院裁决

B. 根据授权制定的法规与法律不一致，不能确定如何适用时，由全国人民代表大会常务委员会裁决

C. 部门规章与地方政府规章之间对同一事项的规定不一致时，由国务院裁决

D. 法律之间对同一事项的新的一般规定与旧的特别规定不一致，不能确定如何适用时，由全国人民代表大会常务委员会裁决

『**答案**』ABCD。

（三）法的分类

分类标准	分　类
法的内容、效力和制定程序	根本法和普通法
法的空间效力、时间效力或对人的效力	一般法和特别法
法的内容	实体法和程序法
法的主体、调整对象和渊源	国际法和国内法
法律运用的目的	公法和私法
法的创制方式和发布形式	成文法和不成文法

【例题·单选题】下列对法所作的分类中，以法的创制方式和发布形式为依据进行分类的是(　　)。

A. 成文法和不成文法　　B. 根本法和普通法

C. 实体法和程序法　　D. 一般法和特别法

『**答案**』A，选项B，根本法和普通法以法的内容、效力和制定程序进行分类；选项C，实体法和程序法以法的内容进行分类；选项D，一般法和特别法以法的空间效力、时间效力或对人的效力进行分类。

【例题·单选题】下列对法所作的分类中，以法的空间效力、时间效力或对人的效力进行分类的是(　　)。

A. 成文法和不成文法　　B. 根本法和普通法

C. 一般法和特别法　　D. 实体法和程序法

『**答案**』C，本题考核法的形式。根据法的空间效力、时间效力或对人的效力划分，分为一般法和特别法。

（四）法律部门与法律体系

概念	1. 法律部门是根据一定标准和原则所划定的同类法律规范的总称。 2. 一个国家现行的法律规范分类组合为若干法律部门，由这些法律部门组成的具有内在联系的、互相协调统一整体极为法律体系。
我国现象法律体系	宪法及宪法相关法
	民商法
	行政法
	经济法
	劳动法与社会法
	刑法
	诉讼与非诉讼程序法

第二节　经济纠纷的解决途径

一、概念

纠纷概念	市场经济主体之间因经济权利和经济义务的矛盾而引起的权益争议	
解决途径	仲裁、民事诉讼（平等主体之间，解决横向经济纠纷）	
	行政复议、行政诉讼（行政管理相对人和行政机关之间，解决纵向经济纠纷不平等主体）	

【例题·多选题】两个公司因拖欠货款而发生纠纷，可以选择的纠纷解决方式有（　　）。

A. 行政复议　B. 行政诉讼　C. 仲裁　D. 民事诉讼

『答案』CD，两个公司因拖欠货款而发生纠纷，属于平等民事主体的当事人之间发生的经济纠纷，可以选择仲裁或者民事诉讼。

二、仲裁

概念	经济纠纷各方当事人共同选定仲裁机构，对纠纷依法定程序作出具有约束力的裁决的活动
特征	（1）以双方当事人自愿协商为基础。 （2）由双方当事人自愿选择的中立第三者（仲裁机构）进行裁判。 （3）仲裁裁决对双方当事人都具有约束力。
适用范围	1. 适用：平等主体的公民、法人和其他组织之间发生的合同纠纷和其他财产权益纠纷。 2. 不适用：①劳动争议的仲裁；②农业集体经济组织内部的农业承包合同纠纷的仲裁。 3. 不能提请仲裁：①婚姻、收养、监护、扶养、继承纠纷；②依法应当由行政机关处理的行政争议。
基本原则	（1）自愿原则。 （2）依据事实和法律，公平合理地解决纠纷的原则。 （3）独立仲裁原则。 （4）一裁终局原则。裁决作出后，当事人就同一纠纷再申请仲裁或者向人民法院起诉的，仲裁委员会或者人民法院不予受理。
仲裁机构	（1）仲裁机构主要是仲裁委员会，是民间性的组织，不是行政或司法机关，对经济纠纷案件没有强制管辖权。 （2）不按行政区划层层设立，独立于行政机关，与行政机关没有隶属关系，仲裁委员会之间也无隶属关系。（无地域管辖和级别管辖）
仲裁协议	1. 概念：书面形式订立，口头达成仲裁的意思表示无效。 2. 内容： （1）请求仲裁的意思表示；（2）仲裁事项；（3）选定的仲裁委员会。 【提示】仲裁协议对仲裁事项或仲裁委员会没有约定或者约定不明确的可补充协议；达不成补充协议的，仲裁协议无效。 3. 效力： （1）协议一经依法成立即具有法律约束力。 （2）协议独立存在，合同的变更、解除、终止或无效不影响协议的效力。 （3）当事人对协议效力有异议可请求仲裁委员会决定或请求法院裁定。一方请求仲裁委员会决定，另一方请求法院裁定的，由法院裁定。 （4）当事人达成仲裁协议，一方向法院起诉未声明有仲裁协议，法院受理后，另一方在首次开庭前提交仲裁协议的，法院应当驳回起诉，但仲裁协议无效的除外；另一方在首次开庭前未对法院受理该案提出异议的，视为放弃仲裁协议，法院应当继续审理。

续表

仲裁裁决	1. 仲裁不实行级别管辖和地域管辖，仲裁委员会应当由当事人协议选定。 2. 仲裁庭： ①由 3 名仲裁员或 1 名仲裁员组成。 ②由 3 名仲裁员组成的，设首席仲裁员。当事人约定由 3 名仲裁员组成仲裁庭的，应当各自选定或各自委托仲裁委员会主任指定 1 名仲裁员，第 3 名仲裁员由当事人共同选定或共同委托仲裁委员会主任指定。第 3 名仲裁员是首席仲裁员。 ③当事人约定由 1 名仲裁员成立仲裁庭的，应当由当事人共同选定或共同委托仲裁委员会主任指定。当事人没有在仲裁规则规定的期限内约定仲裁庭的组成方式或者选定仲裁员的，由仲裁委员会主任指定。 3. 回避制度： ①是本案当事人或者当事人、代理人的近亲属； ②与本案有利害关系； ③与本案当事人、代理人有其他关系，可能影响公正仲裁的； ④私自会见当事人、代理人，或者接受当事人、代理人的请客送礼的。 4. 庭审原则：开庭不公开 【提示】当事人协议不开庭的，仲裁庭可根据仲裁申请书、答辩书以及其他材料作出裁决；当事人协议公开的，可以公开进行，但涉及国家秘密的除外。 5. 解决途径： （1）和解：当事人申请仲裁后，可以自行和解。达成和解协议的，可以请求仲裁庭根据和解协议作出裁决书，也可以撤回仲裁申请。当事人达成和解协议，撤回仲裁申请后反悔的，可以根据仲裁协议申请仲裁。 （2）调解：仲裁庭在作出裁决前，可以先行调解。当事人自愿调解的，仲裁庭应当调解。调解不成的，应当及时作出裁决。调解达成协议的，仲裁庭应当制作调解书或者根据协议的结果制作裁决书。调解书与裁决书具有同等法律效力。 【提示】调解书经双方当事人签收后，即发生法律效力。在调解书签收前当事人反悔的，仲裁庭应当及时作出裁决。 （3）裁决：裁决应当按照多数仲裁员的意见作出，少数仲裁员的不同意见可以记入笔录。仲裁庭不能形成多数意见时，裁决应当按照首席仲裁员的意见作出。 【提示】裁决书自作出之日起发生法律效力。

【例题·单选题】下列纠纷中，可以申请仲裁解决的是（　　）。

A. 孙某与周某之间的遗产继承纠纷　　B. 卢某与潘某之间的监护权归属纠纷

C. 韩某与杨某之间的解除收养关系纠纷　　D. 赵某与钱某之间的货物买卖合同纠纷

『**答案**』D，本题考核仲裁的适用范围。婚姻、收养、监护、扶养、继承纠纷不能提请仲裁。

【例题·单选题】仲裁裁决书的生效时间是（　　）。

A. 自“作出”之日　　B. 自“送达”之日

C. 自“签收”之日　　D. 自“交付”之日

『**答案**』A，本题考核仲裁裁决。仲裁裁决书自作出之日起发生法律效力。A 选项正确。

【例题·多选题】甲、乙因合同纠纷申请仲裁，仲裁庭对案件裁决未能形成一致意见，关于该案件仲裁裁决的下列表述中，符合法律规定的有（　　）。

A. 应当按照多数仲裁员的意见作出裁决

B. 应当由仲裁庭达成一致意见作出裁决

C. 仲裁庭不能形成多数意见时，按照首席仲裁员的意见作出裁决

D. 仲裁庭不能形成一致意见，提请仲裁委员会作出裁决

『**答案**』AC，本题考核裁决的作出。裁决应当按照多数仲裁员的意见作出；仲裁庭不能

形成多数意见时，裁决应当按照首席仲裁员的意见作出。

【例题·多选题】下列仲裁员中，必须回避审理案件的有(　　)。

A. 李某，是案件当事人的股东　　B. 张某，是案件当事人的配偶

C. 王某，是案件争议所属区域的专家　　D. 赵某，是案件代理律师的父亲

『**答案**』ABD，本题考核仲裁的回避制度。仲裁员有下列情形之一的，应当回避，当事人也有权以口头或者书面方式提出回避申请：①是本案当事人或者当事人、代理人的近亲属的；②与本案有利害关系的；③与本案当事人、代理人有其他关系，可能影响公正裁决的；④私自会见当事人、代理人，或者接受当事人、代理人请客送礼的。

【例题·单选题】甲、乙因买卖货物发生合同纠纷，甲向法院提起诉讼。开庭审理时，乙提出双方签有仲裁协议，应通过仲裁方式解决。对该案件的下列处理方式中，符合法律规定的是(　　)。

A. 仲裁协议有效，法院驳回甲的起诉

B. 仲裁协议无效，法院继续审理

C. 由甲、乙协商确定纠纷的解决方式

D. 视为甲、乙已放弃仲裁协议，法院继续审理

『**答案**』D，本题考核仲裁协议的效力。乙方在“首次开庭前”未对法院受理该案提出异议的，视为放弃仲裁协议，法院应当继续审理。

【例题·多选题】根据《仲裁法》的规定，下列各项中，属于仲裁协议应当具备的内容有(　　)。

A. 仲裁事项　　B. 请求仲裁的意思表示

C. 选定的仲裁员　　D. 选定的仲裁委员会

『**答案**』ABD，仲裁协议的内容包括选项 A、B、D 三项，不包括选定的仲裁员。

【例题·多选题】根据《仲裁法》的规定，下列关于仲裁协议效力的表述中，正确的有(　　)。

A. 合同的变更、解除、终止或者无效，不影响仲裁协议的效力

B. 当事人口头达成的仲裁协议有效

C. 仲裁协议对仲裁事项或者仲裁委员会没有约定或者约定不明确，当事人又达不成补充协议的，仲裁协议无效

D. 当事人对仲裁协议的效力有异议的，可以请求人民法院作出裁定，

『**答案**』ACD，选项 B：仲裁协议应当以书面形式订立，口头达成仲裁的意思表示无效。

三、民事诉讼

概念	是指国家审判机关即人民法院，依照法律规定，在当事人和其他诉讼参与人的参加下，依法解决讼争的活动。
适用范围	1. 适用：公民之间、法人之间、其他组织之间及他们相互之间因财产关系和人身关系发生的纠纷。 2. 分类： ①民事案件：包括物权关系、债权关系、知识产权关系、人身权关系；婚姻家庭关系、继承关系、收养关系；经济关系； ②商事案件； ③劳动争议案件； ④非讼案件：特别程序审理的案件，督促程序审理的案件，公示催告案件；

<table>
<tr><td>审判制度</td><td colspan="2">1. 合议制度：
①由3人以上审判人员组成审判组织。
②合议庭的组成：第一审民事案件可以是审判员+陪审员；也可以是审判员(选民资格、特别程序中的重大、疑难的案件)，第二审民事案件是审判员。
【提示】合议庭成员应当是3人以上单数。
2. 回避制度：
(1)范围：参与某案件民事诉讼活动的相关人员是案件的当事人或者当事人、诉讼代理人的近亲属，或者与案件有利害关系，或者与案件当事人、诉讼代理人有其他关系，可能影响对案件公正审理的。
(2)回避方式：自行回避；申请回避。当事人有权用口头或者书面方式申请他们回避。
【提示】上述人员接受当事人、诉讼代理人请客送礼，或者违反规定会见当事人、诉讼代理人的，当事人有权要求他们回避。
3. 公开审判制度：
(1)公开审判包括审判过程公开和审判结果公开。不论案件是否公开审理，一律公开宣告判决。
(2)除涉及国家秘密、个人隐私或者法律另有规定的以外，应当公开进行。
(3)离婚案件，涉及商业秘密的案件，当事人申请的可不公开审理。
4. 两审终审制度：
(1)两审终审制度是指一个诉讼案件经过两级法院审判后即终结的制度。如果发现终审裁判确有错误，可以通过审判监督程序予以纠正。
(2)特殊情况(一审终审)
①适用特别程序、督促程序、公示催告程序和简易程序中的小额诉讼程序审理的案件，实行一审终审。
②最高人民法院所作的一审判决、裁定，为终审判决、裁定。</td></tr>
<tr><td rowspan="2">诉讼管辖</td><td>级别管辖</td><td>根据案件性质、案情繁简、影响范围，来确定上、下级人民法院受理第一审案件的分工和权限。大多数民事案件均归基层人民法院管辖。</td></tr>
<tr><td>地域管辖</td><td>1. 一般地域管辖(普通管辖)
原告就被告
除外的四种情形：
(1)对不在中华人民共和国领域内居住的人提起的有关身份关系的诉讼。
(2)对下落不明或者宣告失踪的人提起的有关身份关系的诉讼。
(3)对被采取强制性教育措施的人提起的诉讼。(4)对被监禁的人提起的诉讼。
2. 特殊地域管辖
(1)合同纠纷。合同履行地。
(2)保险合同纠纷保险。标的物所在地。
(3)票据纠纷。票据支付地。
(4)公司诉讼。因公司设立、确认股东资格、分配利润、解散等纠纷提起的诉讼，由“公司住所地”人民法院管辖。
(5)铁路、公路、水上、航空运输和联合运输合同纠纷。运输始发地、目的地。
(6)侵权行为诉讼。侵权行为地(包括侵权行为实施地、侵权结果发生地)。因产品、服务质量不合格造成他人财产、人身损害提起的诉讼。产品制造地、产品销售地、服务提供地、侵权行为地。
【提示】信息网络侵权行为实施地包括实施被诉侵权行为的计算机设备所在地，侵权结果地包括被侵权人住地。
(7)铁路、公路、水上和航空事故请求损害赔偿诉讼。事故发生地或者车辆、船舶最先到达地、航空器最先降落地。</td></tr>
</table>

续表

<table>
<tr>
<td>诉讼管辖</td>
<td>地域管辖</td>
<td>(8)船舶碰撞或者其他海事损害事故请求损害赔偿诉讼。碰撞发生地、碰撞船舶最先到达地、加害船舶被扣留地。
(9)海难救助费用诉讼。救助地或者被救助船舶最先到达地。
(10)共同海损诉讼。船舶最先到达地、共同海损理算地或者航程终止地。
【提示】上述1、2、3、5、6、7、8均使用原告就被告原则。
3. 专属管辖
(1)不动产纠纷，不动产所在地法院。
(2)港口作业纠纷，港口所在地法院。
(3)继承遗产纠纷，被继承人死亡时住所地或主要遗产所在地法院。
4. 协议管辖。双方当事人在合同纠纷或者其他财产权益纠纷发生之前或发生之后，以协议的方式选择解决他们之间纠纷的管辖法院。但不得违反级别管辖和专属管辖的规定。
5. 两个以上人民法院都有管辖权(共同管辖)的诉讼，原告可以向其中一个法院起诉(选择管辖)；原告向两个以上有管辖权的法院起诉的，由最先立案的法院管辖。</td>
</tr>
<tr>
<td>诉讼时效</td>
<td colspan="2"><table><tr><td>普通诉讼时效期间</td><td>(1)3年；
(2)从权利人知道或应知道权利被侵害时以及义务人之日起计算。</td></tr><tr><td>最长诉讼时效期间</td><td>从权利被侵害之日起20年，超过20年人民法院不予保护。有特殊情况的，法院可以根据权利人的申请决定延长。</td></tr></table>1. 诉讼时效期间届满，权利人丧失的是胜诉权。诉讼时效期间届满后，义务人同意履行的，不得以诉讼时效期间届满为由抗辩；
2. 诉讼时效期间。
3. 诉讼时效中止：在诉讼时效期间的最后6个月内，因下列障碍，不能行使请求权的，诉讼时效中止，自中止时效的原因消除之日起满6个月，诉讼时效期间届满。
(1)不可抗力；(2)无民事行为能力人或者限制民事行为能力人没有法定代理人，或者法定代理人死亡、丧失民事行为能力、丧失代理权；(3)继承开始后未确定继承人或者遗产管理人；(4)权利人被义务人或者其他人控制；(5)其他导致权利人不能行使请求权的障碍。
4. 诉讼时效的中断，从中断、有关程序终结时起，诉讼时效期间重新计算。(1)权利人向义务人提出履行请求；(2)义务人同意履行义务；(3)权利人提起诉讼或者申请仲裁；(4)与提起诉讼或者申请仲裁具有同等效力的其他情形。
【提示】中止相当于按下“暂停键”，具备“客观性”。中断相当于按下“重启键”，具备“主观性”
5. 下列请求权不适用诉讼时效的规定：
(1)请求停止侵害、排除妨碍、消除危险；
(2)不动产物权和登记的动产物权的权利人请求返还财产；
(3)请求支付抚养费、赡养费或者扶养费；
(4)依法不适用诉讼时效的其他请求权。</td>
</tr>
<tr>
<td>判决和执行</td>
<td colspan="2">1. 调解。
(1)可以调解：人民法院审理民事案件，根据当事人自愿原则，调解书经双方当事人签收后即具有法律效力(同仲裁调解书)。
(2)应当调解：审理离婚案件，应当进行调解，但不应久调不决；
(3)不得调解：适用特别程序、督促程序、公示催告程序的案件，婚姻等身份关系确认案件以及其他根据案件性质不能调解的案件，不得调解。
2. 判决。
(1)上诉：不服从地方人民法院第一审判决，在判决书送达之日起15日内向上一级人民法院提起上诉；
(2)生效判决：最高人民法院的一审判决，以及依法不准上诉或超过上诉期没有上诉的一审判决，是发生法律效力的判决；</td>
</tr>
</table>

判决和执行	第二审人民法院的判决是终审判决，也就是发生法律效力的判决。 3. 执行。 (1)发生法律效力的民事判决、裁定，调解书和其他应当由人民法院执行的法律文书，当事人必须履行。一方拒绝履行的，对方当事人可以向人民法院申请执行；也可以由审判员移送执行员执行； (2)对于发生法律效力的民事判决、裁定，以及刑事判决、裁定中的财产部分，由第一审人民法院或者与第一审人民法院同级的被执行的财产所在地人民法院执行；法律规定由人民法院执行的其他法律文书，则由被执行人住所地或者被执行的财产所在地人民法院执行。

【例题·单选题】根据民事诉讼法律制度的规定，下列法院中，对公路运输合同纠纷案件不享有管辖权的是(　　)。

A. 原告住所地法院　　B. 被告住所地法院

C. 运输目的地法院　　D. 运输始发地法院

『**答案**』A，因公路运输纠纷提起的诉讼，由运输始发地、目的地或者被告住所地人民法院管辖。

【例题·多选题】甲县的杨某在乙县购买丙县电磁炉厂生产的电磁炉，因电磁炉漏电导致杨某位于丁县的房屋烧毁受损。杨某欲提起侵权之诉，下列法院中，有管辖权的有(　　)。

A. 甲县人民法院　　B. 乙县人民法院

C. 丁县人民法院　　D. 丙县人民法院

『**答案**』BCD，因产品、服务质量不合格造成他人财产、人身损害提起的诉讼，产品制造地、产品销售地、服务提供地、侵权行为地和被告住所地人民法院均有管辖权。

【例题·多选题】甲企业得知竞争对手乙企业在M地的营销策略将会进行重大调整，于是到乙企业设在N地的分部窃取乙企业内部机密文件，随之采取相应对策，给乙企业在M地的营销造成重大损失，乙企业经过调查掌握了甲企业的侵权证据，拟向法院提起诉讼，其可以选择提起诉讼的法院有(　　)。

A. 甲住所地法院　　B. 乙住所地法院　　C. M地法院　　D. N地法院

『**答案**』ACD，因侵权行为提起的诉讼，由侵权行为地或者被告住所地人民法院管辖。侵权行为地，包括侵权行为实施地、侵权结果发生地。本题中，侵权行为实施地是N地(在N地的分部实施窃取行为)，侵权结果发生地是M地(给乙企业在M地的营销造成重大损失)，被告是甲企业。

【例题·判断题】审理民事案件，除涉及商业秘密的以外，应当公开进行。(　　)

『**答案**』×，人民法院审理民事案件，除涉及国家秘密、个人隐私或者法律另有规定的以外，应当公开进行。

【例题·多选题】下列案件中，适用《民事诉讼法》的有(　　)。

A. 公民名誉权纠纷案件

B. 企业与银行因票据纠纷提起诉讼的案件

C. 纳税人与税务机关因税收征纳争议提起诉讼的案件

D. 劳动者与用人单位因劳动合同纠纷提起诉讼的案件

『**答案**』ABD，选项C是不平等主体之间，不适用民事诉讼，适用行政诉讼或行政复议。

【例题·多选题】根据民事诉讼法律制度的规定，下列关于公开审判制度的表述中，正确的有(　　)

A. 涉及商业秘密的民事案件，当事人申请不公开审理的，可以不公开审理

B. 不论民事案件是否公开审理，一律公开宣告判决

C. 涉及国家秘密的民事案件应当不公开审理

D. 涉及个人隐私的民事案件应当不公开审理

『答案』ABCD

【例题·单选题】2019 年 11 月甲公司与乙公司之间发生租赁合同纠纷，甲公司请求其民事权利的诉讼时效期间不得超过一定期限，该期限为(　　)。

A. 1 年　　B. 2 年　　C. 3 年　　D. 4 年

『正确答案』C，根据《民法总则》的规定，向人民法院请求保护民事权利的诉讼时效期间为 3 年。

四、行政复议

概念	公民、法人或其他组织与行政机关就其在法律规定范围内作出的“具体行政行为”发生争议，向作出具体行政行为的行政机关的上一级行政机关或者法律规定的其他行政机关提出申请，由其进行审查并作出相应决定的一种行政监督活动。
范围	申请事项： 1.“具体”行政行为(11 项)。 2. 抽象行政行为的附带审查。 (1)在对具体行政行为申请行政复议时，可一并向行政复议机关提出对“该规定”的审查申请。 (2)仅限于各种“规定”，不包括国务院部、委员会规章和地方人民政府规章。
	排除事项： 1. 不服行政机关作出的行政处分或其他人事处理决定(可申诉)； 2. 不服行政机关对民事纠纷作出的调解或其他处理可申请仲裁或向法院诉讼。
申请和受理	1. 申请时间： 自“知道”该具体行政行为之日起“60 日内”提出。但是法律规定的申请期限“超过 60 日”的除外。 2. 申请方式： 申请人申请行政复议可以书面申请，也可以“口头”申请。
	1. 受理要求： (1)公民、法人或者其他组织向人民法院提起行政诉讼，人民法院已经依法受理的，不得申请行政复议。 (2)行政复议机关受理申请，不得向申请人收取任何费用。 2. 行政复议期间具体行政行为不停止执行。但有特定情形之一的，可以停止执行(4 条)。 (1)被申请人认为需要停止执行的； (2)行政复议机关认为需要停止执行的； (3)申请人申请停止执行，行政复议机关认为其要求合理，决定停止执行的； (4)法律规定停止执行的。

<table>
<tr>
<td>参加人和行政复议机关</td>
<td>1. 行政复议参加人：
申请人、被申请人、第三人
2. 行政复议机关：
<table>
<tr><td>作出具体行政行为的机关被申请人</td><td>行政复议机关</td></tr>
<tr><td>县级以上地方各级政府工作部门</td><td>本级人民政府或上一级主管部门</td></tr>
<tr><td>海关、金融、税务、外汇管理等垂直领导的行政机关、国家安全机关</td><td>上一级主管部门</td></tr>
<tr><td>地方各级人民政府</td><td>向上一级人民政府</td></tr>
<tr><td>省、自治区人民政府依法设立的派出机关所属的县级地方人民政府</td><td>派出机关</td></tr>
<tr><td>国务院部门或省级政府</td><td>国务院部门或省、自治区、直辖市人民政府</td></tr>
<tr><td colspan="2">【提示】对行政复议决定不服的，可以向人民法院提起行政诉讼；也可以向国务院申请裁决</td></tr>
</table>
</td>
</tr>
</table>

【例题·单选题】某企业对甲省乙市国税部门给予其行政处罚的决定不服，申请行政复议。下列各项中，应当受理该企业行政复议申请的机关是(　　)。

A. 乙市国税部门　　B. 乙市人民政府　　C. 甲省国税部门　　D. 甲省人民政府

『答案』C，本题考核行政复议机关。对海关、金融、国税、外汇管理等实行垂直领导的行政机关和国家安全机关的具体行政行为不服的，向上一级主管部门申请行政复议。

【例题·单选题】某企业对甲省乙市海关给予其行政处罚的决定不服，申请行政复议。下列各项中，应当受理该企业行政复议申请的机关是(　　)。

A. 乙市海关部门　　B. 乙市人民政府　　C. 甲省海关部门　　D. 甲省人民政府

『答案』C，对海关、金融、外汇管理等实行垂直领导的行政机关和国家安全机关的具体行政行为不服的，向上一级主管部门申请行政复议。

【例题·判断题】行政复议的举证责任，由申请人承担。(　　)

『答案』×，行政复议的举证责任，由被申请人承担。

【例题·判断题】行政复议机关受理行政复议申请，不得向申请人收取任何费用。(　　)

『答案』×

五、行政诉讼

<table>
<tr><td>概念</td><td>公民、法人或者其他组织认为行政机关和行政机关工作人员的“行政行为”侵犯其合法权益，有权向法院提起行政诉讼。</td></tr>
<tr><td rowspan="2">适用范围</td><td>可诉：共 12 条。关键点：公民、法人或者其他组织认为行政机关或法律、法规授权的组织的行政行为侵犯其合法权益。</td></tr>
<tr><td>不可诉：
1. 国防、外交等国家行为；
2. 行政法规、规章或行政机关制定、发布的具有普遍约束力的决定、命令；
3. 行政机关对行政机关工作人员的奖惩、任免等决定；
4. 法律规定由行政机关最终裁决的具体行政行为。</td></tr>
</table>

续表

诉讼管辖	级别管辖： 1. 基层人民法院管辖第一审行政案件； 2. 中级人民法院管辖下列第一审行政案件： (1)对国务院各部门或县级以上人民政府所作的具体行政行为提起诉讼的案件； (2)海关处理的案件； (3)本辖区内重大、复杂的案件。 (4)其他法律规定由中级人民法院管辖的案件。
	地域管辖： 1. 行政案件由最初作出行政行为的行政机关所在地人民法院管辖。经复议的案件也可以由复议机关所在地法院管辖； 2. 经最高人民法院批准，高级人民法院可根据审判工作的实际情况，确定若干人民法院跨行政区域管辖行政案件； 3. 对限制人身自由的行政强制措施不服提起的诉讼由被告所在地或原告所在地人民法院管辖； 4. 因不动产提起的行政诉讼由不动产所在地人民法院管辖。
起诉和受理	(一)起诉期限——直接提起诉讼 1. 诉讼时效： 公民、法人或者其他组织直接向人民法院提起诉讼的，应当自知道或应当知道作出行政行为之日起6个月内提出。法律另有规定的除外。 2. 最长诉讼时效： (1)起算时间：具体行政行为作出之日。 (2)一般案件：5年。 (3)不动产案件：20年。 (二)起诉期限——经过行政复议程序 (1)公民、法人或者其他组织不服复议决定的，可在收到复议决定书之日起15日内向人民法院提起诉讼。 (2)行政复议机关决定不予受理，公民、法人或者其他组织可以自收到不予受理决定书之日起15日内，依法向人民法院提起诉讼。 (3)行政复议机关逾期(受理之日起60日内)不作决定的，申请人可以在复议期满之日起15日内向人民法院提起诉讼。法律另有规定的除外。
审理和判决	(一)一般规定 (1)公开审理。同民事诉讼。 (2)合议庭。由审判员组成合议庭，或者由审判员、陪审员组成合议庭。 (3)回避制度。同民事诉讼。 (4)审理依据：法律和行政法规、当地地方性法规。 (二)调解制度 审理行政案件，不适用调解。但是，行政赔偿、补偿以及行政机关行使法律、法规规定的自由裁量权的案件可以调解。 (三)判决 1. 审理期限： 人民法院应当在立案之日起6个月内作出第一审判决。 2. 上诉期限： (1)第一审“判决” 当事人不服，有权在判决书送达之日起15日内向上一级人民法院提起上诉。 (2)第一审“裁定” 当事人不服，有权在裁决书送达之日起10日内向上一级人民法院提起上诉。

【例题·判断题】因不动产提起的行政诉讼，由不动产所有权人住所地人民法院管辖。(　　)

『答案』×，因不动产提起的行政诉讼，由不动产所在地人民法院管辖。

【例题·判断题】公民、法人或者其他组织向人民法院提起行政诉讼，人民法院已经受理的，不得申请行政复议。(　　)

『正确答案』√

【例题·判断题】行政赔偿、补偿以及行政机关行使法律、法规规定的自由裁量权的行政诉讼案件可以调解。(　　)

『答案』√，人民法院审理行政案件，不适用调解。但是，行政赔偿、补偿以及行政机关行使法律、法规规定的自由裁量权的案件可以调解

第三节　法律责任

<table>
<tr><td>民事责任</td><td>范围：停止侵害；排除妨碍；消除危险；返还财产；恢复原状；修理、重作、更换；继续履行；赔偿损失；支付违约金；消除影响、恢复名誉；赔礼道歉。(可以单独适用，也可以合并适用)</td></tr>
<tr><td rowspan="2">行政责任</td><td>行政处罚(针对外部相对人)：
警告；罚款；没收违法所得、没收非法财物；责令停产停业；暂扣或吊销许可证、暂扣或者吊销执照；行政拘留；法律、行政法规规定的其他行政处罚</td></tr>
<tr><td>行政处分(针对内部相对人)：
警告；记过；记大过；降级；撤职；开除</td></tr>
<tr><td rowspan="2">刑事责任</td><td>主刑：
管制，不关押，限制自由，期限3个月以上2年以下(管月3~24)；
拘役，短期限自由(就近拘禁并强制劳动)，期限1个月以上6个月以下(拘月1~6)；
有期徒刑，一定期限限自由，期限6个月以上15年以下(期年0.5~15)；
无期徒刑，终身限自由；
剥夺生命，不是必须立即执行的死刑犯可同时宣告缓期2年执行</td></tr>
<tr><td>附加刑：
罚金、剥夺政治权利、没收财产、驱逐出境
(附加刑是主刑的补充、辅助，同主刑一起适用也可独立适用)</td></tr>
</table>

【例题·单选题】下列法律责任形式中，属于民事责任的是(　　)。

A. 支付违约金　　B. 责令停产停业　　C. 没收违法所得　　D. 罚款

『答案』A，本题考核民事责任的种类。民事责任主要包括：停止侵害；排除妨碍；消除危险；返还财产；恢复原状；修理、重作、更换；赔偿损失；支付违约金；消除影响；恢复名誉；赔礼道歉。选项BCD，属于行政责任中的行政处罚。

【例题·判断题】附加刑可以同主刑一起使用，还可以单独使用。(　　)

『答案』√

【例题·单选题】根据刑事法律制度的规定，下列各项中，属于拘役法定量刑期的是(　　)。

A. 15 天以下　　B. 1 个月以上 6 个月以下
C. 3 个月以上 2 年以下　　D. 6 个月以上 15 年以下

『答案』B，本题考核刑事责任。拘役的期限，为 1 个月以上 6 个月以下。

【例题 · 多选题】下列法律责任形式中，属于民事责任形式的有(　　)。

A. 支付违约金　　B. 罚金　　C. 恢复原状　　D. 罚款

『答案』AC，民事责任：停止侵害、排除妨碍、消除危险、返还财产、恢复原状、修理、重作、更换、继续履行、赔偿损失、支付违约金、消除影响、恢复名誉、赔礼道歉。

【例题 · 多选题】下列责任形式中，属于刑事责任的有(　　)。

A. 记过　　B. 赔礼道歉　　C. 拘役　　D. 罚金

『答案』CD，本题考核刑事责任的种类。选项 A，属于行政责任中的行政处分；选项 B，属于民事责任；选项 C，属于刑事责任中的主刑；选项 D，属于刑事责任中的附加刑。

同步练习

第一节　法律基础

一、单项选择题

1. 下列主体中，属于非法人组织的是(　　)。

A. 基金会　　B. 有限责任公司　　C. 事业单位　　D. 合伙企业

2. 下列关于我国法律部门和法律体系的表述中，不正确的是(　　)。

A. 民法、商法调整的是平等主体之间发生的法律关系，也就是横向法律关系

B. 行政法调整的是因行政管理活动而发生的法律关系，也就是纵向法律关系

C. 经济法既有调整纵向法律关系的，也有调整横向法律关系的

D. 诉讼与非诉讼程序法不调整因仲裁行为发生的法律关系

3. 下列自然人中，视为完全民事行为能力人的是(　　)。

A. 赵某，9 岁，系某小学学生

B. 王某，15 岁，系某高级中学学生

C. 张某，13 岁，系某初级中学学生

D. 李某，17 岁，系某宾馆服务员，以自己劳动收入为主要生活来源

4. 根据不同的标准，可以对法作不同的分类，将法分为一般法和特别法的划分标准是(　　)。

A. 根据法的创制方式和发布形式所作的分类

B. 根据法的内容、效力和制定程序所作的分类

C. 根据法的空间效力、时间效力或对人的效力所作的分类

D. 根据法的内容所作的分类

5. 下列关于适用法的效力原则的表述中，错误的是(　　)。

A. 同一机关制定的新的一般规定与旧的特别规定不一致时，由制定机关裁决

B. 法律之间对同一事项新的一般规定与旧的特别规定不一致，不能确定如何适用时，由全国人民代表大会常务委员会裁决

C. 地方性法规与部门规章之间对同一事项的规定不一致，不能确定如何适用时，直接提请全国人民代表大会常务委员会裁决

D. 部门规章与地方政府规章之间对同一事项的规定不一致时，由国务院裁决

6. 下列各项中，属于行政法规的是(　　)。

A. 国家税务总局制定的《企业所得税税前扣除办法》

B. 全国人民代表大会常务委员会通过的《中华人民共和国会计法》

C. 国务院制定的《企业财务会计报告条例》

D. 全国人民代表大会常务委员会通过的《中华人民共和国公司法》

7. 下列选项中，不属于我国法的主要形式的是(　　)。

A. 宪法　　B. 自治法规　　C. 法律　　D. 判决书

8. 根据主体意思表示的形式，可以将法律行为分为(　　)。

A. 单方行为与多方行为　　B. 自主行为与代理行为

C. 要式行为与非要式行为　　D. 积极行为与消极行为

9. 下列各项中，属于法律事实中的相对事件的是(　　)。

A. 地震　　B. 爆发战争　　C. 纵火　　D. 行政命令

10. 甲、乙双方签订一份制造设备的合同，由此形成的法律关系客体是(　　)。

A. 乙方制造的该设备　　B. 甲乙双方

C. 乙方承接制造设备的劳务行为　　D. 甲乙双方承担的权利和义务

11. 下列关于法律关系主体资格的表述中，不正确的是(　　)。

A. 法律关系主体资格包括权利能力和行为能力

B. 权利能力是自然人或组织能够成为法律关系主体的资格

C. 法人的权利能力自成立时产生，至终止时消灭

D. 只有自然人具有权利能力，法人和其他组织没有权利能力

12. 小张和甲银行签订借款合同，约定小张向银行借款 10 万元，银行当日交付借款，小张一年后归还利息和本金共 11 万元。由此形成的法律关系的主体是(　　)。

A. 借款合同　　B. 利息和本金 11 万元

C. 借款 10 万元　　D. 小张和甲银行

13. 法的主要内容是由规定权利、义务的条文构成的，法律通过规定人们的权利和义务来分配利益，从而影响人们的动机和行为，进而影响社会关系，实现统治阶级的意志和要求，维持社会秩序，这体现了法的(　　)。

A. 国家意志性　　B. 强制性　　C. 规范性　　D. 普遍约束性

二、多项选择题

1. 下列各项中，可以作为我国法律关系主体的有(　　)。

A. 信息产业部　　B. 某有限责任公司　　C. 某文艺团体　　D. 社会团体

2. 下列关于我国法律部门与法律体系的表述中，正确的有(　　)。

A. 法律部门是同类法律规范的总称

B. 法律体系是由法律部门组成的统一整体

C. 行政法调整的是纵向法律关系

D. 我国的诉讼制度分为刑事诉讼、民事诉讼、行政诉讼三种

3. 下列选项中，不属于我国法的主要形式的有(　　)。

A. 判例　　B. 自治法规　　C. 法律　　D. 裁定书

4. 下列各项中，能够引起法律关系消灭的法律事件有(　　)。

A. 合同双方认真履行了合同　　B. 企业乙侵犯了丙的专利权

C. 地震灾害　　D. 火山爆发

5. 下列各项中，能够作为法律关系客体的有(　　)。

A. 作品　　B. 实用新型

C. 提供一定劳务的行为　　D. 医院血库里的血液

6. 下列关于法的本质与特征的表述中，正确的有(　　)。

A. 法是超阶级的产物

B. 法是社会各阶级的物质生活条件决定的

C. 制定和认可，是国家创制法的两种方式

D. 法具有明确的内容，能使人们预知自己一定行为的法律后果

7. 根据法律关系主体能否认识自己行为的性质、意义和后果以及能否控制自己的行为并对自己的行为负责。我国将自然人划分的类型有(　　)。

A. 完全民事行为能力人　　B. 限制民事行为能力人

C. 无民事行为能力人　　D. 不完全民事行为能力人

8. 下列各项中，可以成为法律关系主体的有(　　)。

A. 私有企业　　B. 集体企业　　C. 合伙人　　D. 外国社会组织

三、判断题

1. 积极意义上的法律责任是指所有组织和个人都有遵守法律的义务，即将法律责任与法律义务含义等同，也称广义的法律责任。(　　)

2. A 直辖市部分市民认为市政府发布的新《治安管理条例》部分规定不太合理，遂向人民法院提起行政诉讼，请求人民法院撤销或修改新条例，人民法院应当不予受理。(　　)

3. 一个国家的现行法律规范分为若干个法律部门，由这些法律部门组成的具有内在联系的、互相协调的统一整体构成一国的法律体系。(　　)

4. 法律事件不以当事人的主观意志为转移。(　　)

5. 法律关系的发生、变更和消灭，都必须以一定的法律事实为依据。(　　)

6. 任何一个法律关系至少要有一个主体。(　　)

7. 法律只调整社会中的权利关系。(　　)

8. 一般来说，法是由国家制定或认可，以权利义务为主要内容，由国家强制力保证实施的社会行为规范及其相应的规范性文件的总称。(　　)

第二节　经济纠纷的解决途径

一、单项选择题

1. 2019 年 12 月，甲公司与乙银行之间发生借款合同纠纷，乙银行请求保护其民事权利的诉讼时效期间不得超过一定期限，该期限为(　　)。

A. 3 年　　B. 5 年　　C. 10 年　　D. 2 年

2. 2019 年 12 月 16 日，北京市第二中级人民法院对博宥投资集团管理有限公司法定代表人丁羽心行贿、非法经营案一审宣判。法院经审理查明检察机关起诉、指控丁羽心行贿、非法经营的事实清楚，证据确实充分，指控罪名成立，对丁羽心以行贿罪判处有期徒刑 15 年，以非法经营罪判处有期徒刑 15 年，可以执行的最长刑期是(　　)年。

A. 15　　B. 20　　C. 25　　D. 30

3. 根据行政诉讼法律制度的规定，下列对行政诉讼的表述中，不正确的是(　　)。

A. 除特殊情况外，人民法院公开审理行政案件

B. 审理行政案件，不适用调解

C. 当事人不服人民法院第一审裁定的，有权在裁定书送达之日起 15 日内向上一级人民法院提起上诉

D. 当事人不服人民法院第一审判决的，有权在判决书送达之日起 15 日内向上一级人民法院提起上诉

4. 甲企业对乙市场监督管理局对其作出予以罚款的行政处罚行为不服，向丙人民法院提起行政诉讼。下列关于该案件审理过程的表述中，不符合法律规定的是(　　)。

A. 丙人民法院应当公开审理案件

B. 丙人民法院对甲和乙进行了调解

C. 若人民法院不能当场判定起诉状是否符合起诉条件，应接收起诉状，在 7 日内决定是否立案

D. 若人民法院认为不符合起诉条件，裁定不予立案，原告对裁定不服，可以上诉

5. 根据《行政复议法》的规定，对省级人民政府的具体行政行为不服的，行政复议机关是(　　)。

A. 国务院　　B. 国务院相关部门　　C. 省级人民政府　　D. 最高人民法院

6. 当事人不服人民法院第一审判决的，有权在法定期限内向上一级人民法院提起上诉，该法定期限是(　　)。

A. 判决书作出之日起 10 日内　　B. 判决书作出之日起 15 日内

C. 判决书送达之日起 10 日内　　D. 判决书送达之日起 15 日内

7. 2019 年 7 月 1 日老赵晚饭后晒月亮时被人从背后打晕，由于天黑，没有看清对方长相，一直没有找到凶手。2020 年 8 月 1 日邻居小吴酒后说出真相，当年就是他打伤的老赵，则老赵可以向法院提起诉讼主张其民事权利的法定期间是(　　)。

A. 2020 年 8 月 1 日之前

B. 2021 年 8 月 1 日之前

C. 2019 年 7 月 1 日之前

D. 诉讼时效期间已过，法律不再予以诉讼保护

8. A 的户籍地在甲市，经常居住地是乙市，2019 年 2 月，A 与 B 在丙市签订了买卖合同，合同中未约定纠纷管辖法院，后因 B 未将货物如约在乙市交付给 A 而发生纠纷，A 欲起诉 B，此时 B 已因诈骗被监禁于丁市监狱。下列对合同纠纷有管辖权的法院是(　　)。

A. 甲市法院　　B. 乙市法院　　C. 丙市法院　　D. 丁市法院

9. 下列各项中，属于《民事诉讼法》适用范围的是(　　)。

A. 自然人之间因继承财产发生的纠纷

B. 甲持枪抢劫乙发生的纠纷

C. 纳税企业与税务机关因纳税发生的争议

D. 个人因违规酒驾与交通部门发生的纠纷

10. 根据《仲裁法》的规定，下列说法不正确的是(　　)。

A. 调解书经双方当事人签收后，即发生法律效力

B. 在调解书签收前当事人反悔的，仲裁庭应当及时作出裁决

C. 裁决书自当事人收到之日起发生法律效力

D. 调解书与裁决书具有同等法律效力

11. 甲、乙因合同纠纷达成仲裁协议，甲选定 A 仲裁员，乙选定 B 仲裁员，另由仲裁委员会主任指定一名首席仲裁员，3 人组成仲裁庭。仲裁庭在作出裁决时产生了两种不同意见。根据《仲裁法》的规定，仲裁庭应当采取的做法是(　　)。

A. 按多数仲裁员的意见作出裁决　　B. 按首席仲裁员的意见作出裁决

C. 提请仲裁委员会作出裁决　　D. 提请仲裁委员会主任作出裁决

12. 甲、乙因买卖货物发生合同纠纷，甲向法院提起诉讼。首次开庭审理前，乙提出双方签有仲裁协议，应通过仲裁方式解决。对该案件的下列处理方式中，符合法律规定的是(　　)。

A. 仲裁协议有效，法院驳回甲的起诉

B. 视为仲裁协议无效，法院继续审理

C. 由甲、乙协商确定纠纷的解决方式

D. 视为甲、乙已放弃仲裁协议，法院继续审理

13. 下列争议中，可以适用《仲裁法》进行仲裁的是(　　)。

A. 某公司与其职工李某因解除劳动合同发生的争议

B. 高某与其弟弟因财产继承发生的纠纷

C. 某学校因购买电脑的质量问题与某商场发生的争议

D. 王某因不服某公安局对其作出的罚款决定与该公安局发生的争议

14. 根据《行政诉讼法》的规定，当事人不服人民法院第一审裁定的，有权在裁定书送达之日起一定期间内向上一级人民法院提起上诉。该期间是(　　)。

A. 5 日　　B. 10 日　　C. 15 日　　D. 30 日

15. 下列关于行政诉讼的起诉和受理的表述中，不正确的是(　　)。

A. 公民、法人或者其他组织直接向人民法院提起诉讼的，应当自知道或者应当知道作出行政行为之日起 3 个月内提出

B. 因不动产提起诉讼的案件自行政行为作出之日起超过 20 年的，人民法院不予受理

C. 其他案件自行政行为作出之日起超过 5 年提起诉讼的，人民法院不予受理

D. 公民申请行政机关履行保护其人身权的法定职责，行政机关在接到申请之日起 2 个月内不履行的，公民可以向人民法院提起诉讼

16. 下列行政案件中，第一审由基层人民法院管辖的是(　　)。

A. 海关处理的案件

B. 认为民政局没有依法发给抚恤金的案件

C. 对市政府所作停业责令不服的案件

D. 对国务院税收主管部门发布的新政策有异议的案件

17. 根据行政诉讼法律制度的规定，下列纠纷中，不属于人民法院行政诉讼受理范围的是(　　)。

A. 对税务机关采取的阻止纳税人出境措施不服引发的纠纷

B. 对公安机关作出的行政拘留决定不服引发的纠纷

C. 对工商行政管理机关作出的任免决定不服引发的纠纷

D. 对环境保护管理部门作出的罚款决定不服引发的纠纷

18. 申请人以口头申请的形式申请行政复议的，(　　)应当当场记录申请人的基本情况、行政复议请求、申请行政复议的主要事实、理由和时间。

A. 申请人　　B. 被申请人

C. 行政复议机关　　D. 申请人的委托代理人

19. 根据《行政复议法》的规定，下列各项中，不属于行政复议范围的是(　　)。

A. 对市场监督管理局作出的吊销营业执照决定不服

B. 对工商局作出的罚款决定不服

C. 对公安局作出的行政拘留的决定不服

D. 对税务局作出的给予其职工的降职处分决定不服

20. 下列不属于诉讼时效中断的是(　　)。

A. 法定代理人死亡　　B. 权利人提起诉讼

C. 权利人向义务人提出履行请求　　D. 义务人同意履行

21. 甲、乙双方于2016年1月1日签订100万元借款合同，双方约定借款1年到期还钱，2016年12月31日合同到期，甲未还钱且对乙避而不见，2017年11月30日乙于同学聚会中与甲相遇，并进行催讨，甲拒绝清偿，则乙可以向法院提起诉讼，主张其民事权利的法定期间是(　　)。

A. 2017年1月1日至2017年12月31日　　B. 2017年12月1日至2018年11月30日

C. 2017年1月1日至2019年12月31日　　D. 2017年12月1日至2020年11月30日

22. 王某租赁张某一套住房，租赁期间为2017年1月1日至12月31日，约定2017年6月30日以前支付房租，但王某一直未付房租，张某也未催要，2019年12月1日，该地区发生洪水，危害直至2020年1月31日才消除，根据民事诉讼法律制度关于诉讼时效的规定，张某可以向法院提起诉讼主张其民事权利的法定期间是(　　)。

A. 2020年7月1日以前　　B. 2020年8月1日以前

C. 2020年9月1日以前　　D. 2021年8月1日以前

23. 甲、乙因港口作业中发生纠纷，甲欲通过诉讼方式解决。下列关于其选择诉讼管辖法院的表述中，符合法律规定的是(　　)。

A. 甲只能向甲住所地法院提起诉讼

B. 甲只能向乙住所地法院提起诉讼

C. 甲只能向港口所在地法院提起诉讼

D. 甲可以选择向乙住所地或港口所在地法院提起诉讼

24. 根据《民事诉讼法》的规定，下列关于审判制度的表述中，不正确的是(　　)。

A. 人民法院审理第二审民事案件，由审判员、陪审员共同组成合议庭

B. 合议庭的成员，应当是 3 人以上的单数

C. 适用特别程序、督促程序、公示催告程序和简易程序中的小额诉讼程序审理的案件，实行一审终审

D. 公开审判包括审判过程公开和审判结果公开两项内容，不论案件是否公开审理，一律公开宣告判决

25. 根据《仲裁法》的规定，下面描述不正确的是(　　)。

A. 当事人对仲裁协议的效力有异议，应当在仲裁庭首次开庭前提出

B. 仲裁实行级别管辖和地域管辖

C. 仲裁应当开庭进行

D. 仲裁庭可以由 3 名仲裁员或者 1 名仲裁员组成

26. 甲乙双方在合同中，针对收益分配问题约定了仲裁条款，但该合同违反了法律的相关规定。后双方在合作中因收益分配问题发生纠纷，则下列表述中，正确的是(　　)。

A. 可以申请仲裁，但双方必须重新签订仲裁协议

B. 可以申请仲裁，因为仲裁条款的效力具有独立性

C. 不能申请仲裁，因为该合同违反法律规定，是无效的

D. 不能申请仲裁，因为法院享有对该纠纷的管辖权

27. 下列各项纠纷中，适用《仲裁法》的是(　　)。

A. 孙某与张某因解除收养关系而发生纠纷

B. 李某与钱某因财产继承而发生纠纷

C. A 公司与 B 保险公司因保险标的理赔而发生纠纷

D. 纳税人 C 不服税务机关冻结其银行存款的行为而发生的争议

28. 根据《中华人民共和国仲裁法》的规定，我国的仲裁机构属于(　　)。

A. 国家行政机关　　　　B. 国家司法机关

C. 国家行政二级单位　　　　D. 民间组织

29. 适用于解决行政机关与行政管理相对人因具体的行政行为发生的争议的是(　　)。

A. 仲裁和民事诉讼　　　　B. 仲裁和行政复议

C. 行政复议和民事诉讼　　　　D. 行政复议和行政诉讼

二、多项选择题

1. 下列关于行政复议的表述中，正确的有(　　)。

A. 行政复议机关决定撤销具体行政行为的，可以责令被申请人重新作出具体行政行为

B. 行政复议决定书一经作出，即发生法律效力

C. 行政复议机关应当对被申请人作出的具体行政行为进行审查，提出意见，经行政复议机关的负责人同意或集体讨论通过后，可以依法作出行政复议决定

D. 行政复议的举证责任，由被申请人承担

2. 某县农民袁某在所在村委会和所在乡政府的批准下，在其责任田内建造了一栋住宅。县土地局发现后，对袁某作出罚款 8000 元的行政处罚。袁某不服，向县人民政府申请行政复议。该案例中可以作为行政复议参加人的有(　　)。

A. 土地局　　B. 袁某　　C. 乡政府　　D. 村委会

3. 行政复议期间具体行政行为不停止执行，但特定情形下可以停止执行，属于该特定情形的有（　　）。

A. 被申请人认为需要停止执行的

B. 申请人认为需要停止执行的

C. 行政复议机关认为需要停止执行的

D. 申请人申请停止执行，行政复议机关认为其要求合理，决定停止执行的

4. 根据法律规定，不服行政机关对民事纠纷作出的调解或者其他处理，则当事人解决纠纷的正确做法有（　　）。

A. 申请行政复议　　B. 提起民事诉讼　　C. 申请仲裁　　D. 提出申诉

5. 甲公司与乙公司因合同纠纷诉至法院。法院经审理，判决甲公司败诉，甲公司不服，提起上诉。二审法院判决驳回上诉，维持原判决。则下列关于二审法院判决的法律效力说法正确的有（　　）。

A. 二审法院判决后即产生法律效力

B. 甲、乙公司间的合同纠纷消灭

C. 甲公司不履行义务时，乙公司可以申请法院强制执行

D. 非经法定审判监督程序，该判决不得撤销

6. 2016 年 4 月 1 日 A 企业与 B 银行签订一份借款合同，期限为 1 年。如 A 企业在 2017 年 4 月 1 日借款期限届满时不能履行偿还借款，则以下可引起诉讼时效中断的事由有（　　）。

A. 2017 年 6 月 1 日 B 银行对 A 企业提起诉讼

B. 2017 年 5 月 10 日 B 银行向 A 企业提出偿还借款的要求

C. 2017 年 5 月 16 日 A 企业同意偿还借款

D. 2017 年 6 月 5 日发生强烈地震

7. 甲企业得知竞争对手乙企业在 M 地的营销策略将会进行重大调整，于是到乙企业设在 N 地的分部窃取乙企业内部机密文件，随之采取相应对策，给乙企业在 M 地的营销造成重大损失，乙企业经过调查掌握了甲企业的侵权证据，于是分别到甲住所地人民法院、M 地人民法院、N 地人民法院起诉。则下列说法中正确的有（　　）。

A. N 地属于侵权行为实施地，M 地属于侵权结果发生地

B. 三地法院对该案件均有管辖权

C. 只有乙住所地人民法院、M 地人民法院拥有管辖权

D. 若乙最先向甲住所地人民法院起诉，则该案件的管辖法院即为甲住所地人民法院

8. 下列关于民事诉讼程序的相关说法中，不正确的有（　　）。

A. 根据民事诉讼法的规定，一切民事案件均适用两审终审制

B. 不经过一审，不能进入二审程序

C. 回避制度只适用于案件的审判人员和书记员，对于其他人员不适用

D. 当事人不服一审判决、裁定而上诉，则进入二审程序

9. 下列关于仲裁的说法中，正确的有（　　）。

A. 仲裁协议应以书面形式订立，口头达成仲裁的意思表示无效

B. 没有仲裁协议，一方申请仲裁的，仲裁委员会不予受理

C. 有效的仲裁协议可排除法院的管辖权

D. 仲裁裁决作出后，当事人就同一纠纷再申请仲裁或向人民法院起诉的，仲裁委员会或者人民法院不予受理

10. 下列各项中，属于仲裁基本原则的有(　　)。

A. 自愿原则

B. 依据事实和法律，公平合理地解决纠纷的原则

C. 独立仲裁原则

D. 一裁终局原则

11. 对限制人身自由的行政强制措施不服提起的行政诉讼，下列人民法院中，享有管辖权的有(　　)。

A. 被告所在地　　B. 原告所在地

C. 行为实施地　　D. 当事人可以自行选择

12. 根据《行政诉讼法》的规定，下列各项中，当事人可以提起行政诉讼的案件有(　　)。

A. 国防、外交等国家行为

B. 认为行政机关侵犯其财产权的行为

C. 认为行政机关违法要求履行义务的行为

D. 法律规定由行政机关最终裁决的具体行政行为

13. 下列有关行政复议的表述中，符合规定的有(　　)。

A. 不服行政机关对民事纠纷作出的调解，不能申请行政复议

B. 申请行政复议必须采用书面形式

C. 不服行政机关作出的行政处分，不能申请行政复议

D. 行政复议决定书自作出之日起发生法律效力

14. 某市某区人民政府决定将区建材工业局管理的国有小砖厂出售。小砖厂的承包人以侵犯其经营自主权为由提出行政复议申请，不属于本案的行政复议机关的有(　　)。

A. 市国有资产管理局　　B. 市经济贸易局

C. 市人民政府　　D. 区人民政府

15. 下列关于行政复议的说法中正确的有(　　)。

A. 申请人申请行政复议可以书面申请，也可以口头申请

B. 行政复议机关受理行政复议申请，只能向申请人收取行政复议的成本费用，不得以此为手段从事营利活动

C. 行政复议期间申请人认为具体行政行为需要停止执行的，具体行政行为可以停止执行

D. 行政复议期间行政复议机关认为需要停止执行的，具体行政行为可以停止执行

16. 根据《行政复议法》的规定，下列各项中，不能申请行政复议的有(　　)。

A. 不服行政机关作出的行政处分

B. 不服行政机关作出的人事决定

C. 不服行政机关对民事纠纷作出的调解

D. 不服行政机关作出的收回土地使用权的决定

17. 根据相关法律规定，对于仲裁机构的生效裁决，一方当事人不履行的，另一方当事人可以请求强制执行的人民法院有(　　)。

A. 申请人住所地人民法院　　B. 被执行人住所地人民法院

C. 仲裁委员会住所地人民法院　　D. 被执行的财产所在地人民法院

18. 下列各项请求权中，不适用诉讼时效的有(　　)。

A. 债权人请求返还借款

B. 不动产物权的权利人请求返还财产

C. 未登记的动产物权的权利人请求返还财产

D. 请求支付抚养费

19. 在诉讼时效期间的最后 6 个月内，下列情形中，可以引起诉讼时效中止的有(　　)。

A. 债权人因地震灾害不能行使请求权

B. 法定代理人丧失民事行为能力

C. 无民事行为能力人的权利受到损害，且没有法定代理人

D. 继承开始后继承人尚未确定

20. 下列关于诉讼时效期间届满后法律后果的表述中，符合法律规定的有(　　)。

A. 人民法院可以主动适用诉讼时效的规定

B. 诉讼时效期间届满后，义务人可以提出不履行义务的抗辩

C. 诉讼时效期间届满后，当事人已自愿履行的，不得请求返还

D. 诉讼时效届满，权利人丧失的是胜诉权

21. 下列关于诉讼地域管辖的规定中，说法正确的有(　　)。

A. 因合同纠纷提起的诉讼，必须由被告住所地法院管辖

B. 因人身保险合同纠纷提起的诉讼，可以由被保险人住所地人民法院管辖

C. 因票据纠纷提起的诉讼，由票据支付地或者被告住所地法院管辖

D. 因产品质量不合格侵害他人财产的，产品制造地、产品销售地、侵权行为地和被告住所地人民法院均有管辖权

22. 根据《民事诉讼法》的规定，两审终审制度的例外有(　　)。

A. 适用特别程序、督促程序、公示催告程序和简易程序中的小额诉讼程序审理的案件

B. 最高人民法院所作的一审判决、裁定

C. 涉及国家秘密的案件

D. 离婚案件

23. 下列各项中，关于《民事诉讼法》适用范围表述正确的有(　　)。

A. 甲乙二人因离婚产生的财产纠纷可以适用

B. 甲公司因违法经营被工商局责令停产可以适用

C. 王某因寻衅滋事被公安局行政拘留，对公安局处罚不服的可以适用

D. 张某与某企业的劳动合同纠纷可以适用

24. 根据我国《仲裁法》的规定，仲裁协议应当包括的内容有(　　)。

A. 请求仲裁的意思表示　　B. 仲裁事项

C. 选定的仲裁委员会　　D. 具体的仲裁事由

25. 下列各项中，符合《仲裁法》规定的有(　　)。

A. 有效的仲裁协议可以排除法院的管辖权

B. 在法律没有规定或者规定不完备的情况下，仲裁庭可以按照公平合理的一般原则来解决纠纷

C. 仲裁机构不依附于任何机关而独立存在，仲裁机构间有隶属关系

D. 自愿原则是仲裁制度中的基本原则

26. 仲裁的基本原则包括(　　)。

A. 自愿原则　　B. 独立仲裁原则　　C. 公开仲裁原则　　D. 一裁终局原则

三、判断题

1. 企业为职工参加财产保险，按照规定缴纳的保险费，准予扣除。(　　)

2. A 直辖市部分市民认为市政府发布的新《治安管理条例》部分规定不太合理，遂向人民法院提起行政诉讼，请求人民法院撤销或修改新条例，人民法院应当不予受理。(　　)

3. 行政复议机关责令被申请人重新作出具体行政行为的，被申请人不得以同一事实和理由作出与原具体行政行为相同或者基本相同的具体行政行为。(　　)

4. 因不可抗力或者其他正当理由耽误行政复议法定申请期限的，申请期限自障碍消除之日起继续计算。(　　)

5. 请求停止侵害、排除妨碍、消除危险等适用普通诉讼时效。(　　)

6. 诉讼时效期间届满的，义务人可以提出不履行义务的抗辩。诉讼时效期间届满后，义务人同意履行的，不得以诉讼时效期间届满为由抗辩。(　　)

7. 仲裁委员会之间没有隶属关系，由当地人民政府进行管理。(　　)

8. 甲在 A 地有一栋房屋，出租给乙，两人就该事项发生争议，则 A 地的仲裁机构具有对该案件的强制管辖权。(　　)

9. 平等民事主体的当事人之间发生的经济纠纷，可以同时选择仲裁和民事诉讼。(　　)

10. 刑法属于实体法，刑事诉讼法属于程序法。(　　)

11. 同一机关制定的地方性法规，若旧的特别规定与新的一般规定不一致，适用一般规定。(　　)

12. 法律事实的发生，可能会产生法律后果。(　　)

13. 法律关系的内容就是法律关系主体之间权利和义务所指向的对象。(　　)

14. 广义的法律指法的整体，即国家制定或认可，并由国家强制力保证实施的各种行为规范的总和。(　　)

15. 公民、法人或者其他组织先申请行政复议，不服行政复议决定的，可以在收到复议决定书之日起 10 日内向人民法院提起诉讼。(　　)

16. 同申请行政复议的具体行政行为有利害关系的其他公民、法人或者其他组织，可以作为第三人参加行政复议。(　　)

17. 法院审理婚姻等身份关系确认的案件可以进行调解。(　　)

18. 自权利受到损害之日起超过 20 年的，人民法院不予保护。(　　)

19. 对不在中华人民共和国领域内居住的人提起的有关身份关系的诉讼，由被告经常居住地人民法院管辖。(　　)

20. 按照公示催告程序解决的宣告票据和有关事项无效的案件适用民事诉讼法。(　　)

21. 当事人采用仲裁方式解决纠纷，应当双方自愿，达成仲裁协议。没有仲裁协议，一方申请仲裁的，仲裁委员会不予受理。(　　)

22. 当事人采用仲裁方式解决纠纷，应当由双方自愿达成仲裁协议。(　　)

第三节　法律责任

一、单项选择题

1. 根据刑事法律制度的规定，下列各项中，属于管制定量刑期的是(　　)。

A. 1 个月以上 6 个月以下　　B. 6 个月以上 1 年以下

C. 3 个月以上 2 年以下　　D. 6 个月以上 15 年以下

2. 下列各项中，不属于行政责任范围的是(　　)。

A. 警告　　B. 管制　　C. 罚款　　D. 吊销执照

3. 经济法主体违反经济法律规定，应承担民事责任的方式是(　　)。

A. 罚款　　B. 赔偿损失

C. 罚金　　D. 暂扣或吊销许可证

二、多项选择题

1. A 市甲县公民张某与乙县商贩李某在买卖交易时发生争执，后张某将李某打伤，乙县公安局决定对张某拘留 3 日并处罚款 500 元。下列选项正确的有(　　)。

A. 张某可向 A 市人民政府申请行政复议

B. 张某对处罚决定不服并直接提起行政诉讼的，应当在知道乙县公安局作出处罚决定起 6 个月内提出

C. 张某可以先申请行政复议，也可以直接提起行政诉讼

D. 对公安局拘留的处罚不服，张某可向乙县人民法院起诉

2. 下列法律责任形式中，属于民事责任形式的有(　　)。

A. 没收财产　　B. 消除危险　　C. 暂扣许可证　　D. 返还财产

3. 下列各项中，属于刑事责任形式的有(　　)。

A. 有期徒刑　　B. 剥夺政治权利　　C. 驱逐出境　　D. 没收非法财物

4. 剥夺政治权利的范围有(　　)。

A. 选举权和被选举权

B. 担任国家机关职务

C. 担任国有公司、企业的领导职务

D. 担任事业单位、人民团体的领导职务

5. 下列各项中，属于行政处分的有(　　)。

A. 罚款　　B. 记大过　　C. 降级　　D. 警告

三、判断题

1. 拘役，是对违反治安管理的人，依法在短期内限制其人身自由的处罚。(　　)

2. 一人犯数罪的，除判处死刑和无期徒刑的以外，应当在总和刑期以下、数刑中最高刑期以上，酌情决定执行的刑罚，但是管制最高不能超过 3 年，拘役最高不能超过 1 年，有期徒刑总和刑期不满 35 年的，最高不能超过 20 年，总和刑期在 35 年以上的，最高不能超过 25 年。(　　)

3. 行政责任指违反法律法规规定的单位和个人所应承受的由国家行政机关或国家授权单位对其依行政程序所给予的制裁。(　　)

4. 承担民事责任的方式，可以单独适用，也可以合并适用。(　　)

5. 法律责任包括积极意义上的法律责任和消极意义上法律责任，现行立法所用的法律责任是一种积极意义上的法律责任。(　　)

第二章　会计法律制度

学情分析

本章重点掌握以下几点：

1. 会计工作管理体制：能准确掌握会计工作行政管理的具体职能；能准确掌握单位负责人的职责、会计机构的设置依据和会计人员任职资格；能准确掌握会计工作交接的原因、监交、责任划分；

2. 会计核算：熟练掌握会计核算主要内容、会计年度和记账本位币、凭证账簿的分类及会计档案管理；

3. 会计监督：能准确判断各类监督的主体和对象；

4. 会计法律责任：能准确区分不同会计违法行为的会计法律责任；

5. 会计职业道德：能熟练掌握会计职业道德规范的主要内容及基本要求。

主要内容导图

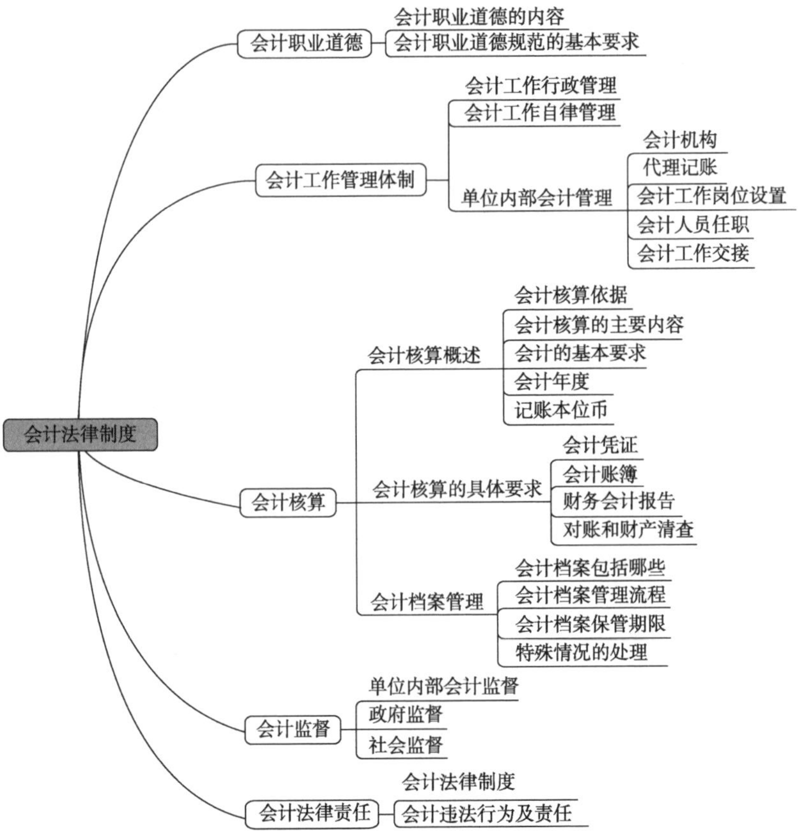

重、难点解析

第一节　会计法律制度概述

一、会计工作行政管理

<table>
<tr><td rowspan="11">会计工作的行政管理</td><td colspan="3">总原则：统一领导，分级管理</td></tr>
<tr><td colspan="3">主管部门：国务院财政部主管全国的会计工作</td></tr>
<tr><td rowspan="9">具体职能</td><td colspan="2">制定全国统一的会计制度并组织实施(最基本职能)</td></tr>
<tr><td rowspan="2">会计市场管理</td><td>准入管理、运行管理、退出管理</td></tr>
<tr><td>会计培训市场管理、会计出版市场管理、境外“洋资格”管理</td></tr>
<tr><td rowspan="3">会计专业人才评价</td><td>初级、中级、高级专业技术资格考试</td></tr>
<tr><td>会计领军人才培养</td></tr>
<tr><td>会计先进工作者表彰奖励</td></tr>
<tr><td rowspan="3">会计监督检查</td><td>对会计信息质量的监督检查(自我监督的再监督)</td></tr>
<tr><td>对会计师事务所执业质量的检查(社会监督的再监督)</td></tr>
<tr><td>对会计行业自律组织的监督、指导</td></tr>
</table>

二、会计工作自律管理

<table>
<tr><td rowspan="3">自律管理组织</td><td>中国注册会计师协会</td></tr>
<tr><td>中国会计学会
(三大特征——学术性、专业性、非营利性)</td></tr>
<tr><td>总会计师协会</td></tr>
</table>

【例题·单选题】财政部门对获准进入会计市场的机构和人员，是否遵守各项法律法规，依据相关准则、制度和规范执行业务的过程及结果所进行的监督和检查，称之为会计市场的(　　)。

A. 准入管理　　B. 运行管理　　C. 退出管理　　D. 培训管理

『答案』B，会计市场管理包括会计市场准入管理、运行管理、退出管理，而对于财政部门对获准进入会计市场的机构和人员，是否遵守各项法律法规，依据相关准则、制度和规范执行业务的过程及结果所进行的监督和检查是属于会计市场运行管理。

【例题·判断题】甲中外合资经营企业于 2020 年 3 月接到财政局通知，市财政局将对该公司的会计工作情况进行检查。甲企业的董事长认为，甲企业属于中外合资企业，不受《会计法》的约束，财政局无权对甲公司进行检查，该观点正确。(　　)

『答案』×，不管企业是什么企业，只要是在中国领土经营，就要受到中国政府的管理，则就要受到会计法的约束，那么就要受到财政部门的监督检查。

三、单位内部会计工作管理

单位负责人	单位法定代表人		公司制企业的董事长
			国有企业的厂长
			国家机关最高行政长官
	法律、行政法规规定代表单位行使职权的主要负责人		“代表”合伙企业的合伙人
			个人独资企业的“投资人”
	职责	单位负责人对本单位的会计工作和会计资料的“真实性、完整性”负责	
		单位负责人应当保证会计机构、会计人员依法履行职责	
		单位负责人不得授意、指使、强令会计机构和会计人员违法办理会计事项	
会计机构	设置依据		会计业务的需要
	设置单独的会计机构（会计机构负责人）		是否单独设置会计机构影响因素： 单位规模的大小 经济业务和财务收支的繁简 经营管理的要求
	不具备单独设置条件的，在有关机构中设置会计人员并指定会计主管人员		
	既无会计机构又无会计人员的，委托从事会计代理记账的中介机构代理记账		
代理记账机构	业务范围	进行会计核算	审核原始凭证
			填制记账凭证
			登记会计账簿
			编制财务会计报告
		对外提供财务会计报告 （经代理记账机构负责人和委托人负责人签章后，对外提供）	
		向税务机关提供税务资料	
		委托人委托的其他会计业务	
会计工作岗位设置	设置依据	会计业务的需要	
	主要种类	会计机构负责人或会计主管人员 出纳 财产物资核算 工资核算 成本费用核算 财务成果核算 资金核算 往来结算 总账报表 稽核 会计机构内的档案管理	
	设置要求	按需设岗	一人一岗、一人多岗、一岗多人
		符合内部牵制制度的要求 （出纳人员不得兼任稽核、会计档案保管和收入、费用、债权债务账目的登记工作）	
		建立岗位责任制，实行定期轮岗	

续表

<table>
<tr><td rowspan="15">会计人员任职</td><td>范围</td><td colspan="2">总会计师
会计机构负责人(会计主管人员)
出纳、稽核
资产、负债、所有者权益的核算
收入、支出、财务成果的核算
财务会计报告编制
会计监督
会计机构内会计档案管理
其他会计工作</td></tr>
<tr><td>要求</td><td colspan="2">①遵守会计法律法规
②具备良好的职业道德
③按照国家规定参加继续教育
④具备会计专业能力</td></tr>
<tr><td>禁入规定</td><td colspan="2">①因违反会计法律法规、贪污挪用公款、职务侵占等与会计职务有关的会计违法行为被依法追究刑事责任的人员，终身不得再从事会计工作
②伪造、变造、隐匿、故意销毁会计资料，编制虚假财务会计报告，尚不构成犯罪的，5年内不得从事会计工作
③一般会计违法行为，情节严重的，5年内不得从事会计工作</td></tr>
<tr><td rowspan="4">回避制度</td><td>范围</td><td>国家机关、国有企业、事业单位</td></tr>
<tr><td rowspan="2">内容</td><td>单位领导人的直系亲属不得担任本单位的会计机构负责人(会计主管人员)</td></tr>
<tr><td>会计机构负责人(会计主管人员)的直系亲属不得担任本单位的出纳工作</td></tr>
<tr><td>直系亲属</td><td>配偶、直系血亲、三代以内旁系血亲、近姻亲</td></tr>
<tr><td rowspan="2">会计机构负责人</td><td colspan="2">一个单位内具体负责会计工作的中层领导人员</td></tr>
<tr><td colspan="2">应当具备会计师以上专业技术资格或者从事会计工作3年以上经历</td></tr>
<tr><td rowspan="4">总会计师</td><td colspan="2">主管本单位会计工作的行政领导</td></tr>
<tr><td colspan="2">设有总会计师的单位，不再设与总会计师职权重叠的行政副职</td></tr>
<tr><td colspan="2">国有的和国有资产占控股地位或者主导地位的大、中型企业必须设置总会计师</td></tr>
<tr><td colspan="2">应当在取得会计师任职资格后主管一个单位或者单位内部一个重要方面的财务工作不少于3年</td></tr>
<tr><td>会计专业技术资格与会计专业职务</td><td colspan="2">初级资格——助理会计师(全国统一考试)
中级资格——会计师(全国统一考试)
高级资格——高级会计师(考评结合)</td></tr>
<tr><td>继续教育</td><td colspan="2">具有会计专业技术资格的人员和从事会计工作的人员应当自取得技术资格或从事会计工作的次年开始参加继续教育，在规定时间内取得相应学分
每年继续教育取得的学分不少于90学分，专业科目不少于总学分的2/3</td></tr>
<tr><td rowspan="5">会计工作交接</td><td>原因</td><td colspan="2">会计人员工作调动或者因故离职，需要交接工作的</td></tr>
<tr><td rowspan="2">监交</td><td>一般会计人员交接工作</td><td>会计机构负责人监交</td></tr>
<tr><td>会计机构负责人(会计主管人员)交接工作</td><td>单位负责人监交(必要时，主管单位会同监交)</td></tr>
<tr><td>要求</td><td colspan="2">①按移交清册逐项清点移交
②交接完毕后，交接双方和监交人在移交清册上签名或盖章
③移交清册一式三份，交接双方各一份，存档一份
④接替人员应当继续使用移交的会计账簿，不得自行另立新账，以保持会计记录的连续性</td></tr>
<tr><td>责任</td><td colspan="2">移交人员对所移交的会计资料的合法性、真实性承担法律责任</td></tr>
</table>

【例题·多选题】下列公司人员中，(　　)应当对本公司的会计工作和会计资料的真实性、完整性负责。

A. 某有限责任公司的董事长　　B. 某个人独资企业的投资人

C. 某有限责任公司的财务总监　　D. 某合伙企业的合伙人

『答案』AB，单位负责人应当对本单位的会计工作和会计资料的真实性、完整性负责。选项 C，财务总监不属于单位负责人。选项 D，应该是代表合伙企业的合伙人。

【例题·单选题】根据《会计法》的规定，担任单位会计机构负责人的，应当具备会计师以上专业技术资格或者从事会计工作一定年限以上经历。该年限是(　　)。

A. 1 年以上　　B. 2 年以上　　C. 3 年以上　　D. 4 年以上

『答案』C，《会计法》规定，单位会计机构负责人(会计主管人员)的，应当具备会计师以上专业技术资格或者从事会计工作 3 年以上经历。

【例题·多选题】甲公司是一家大型国有企业，2018 年 1 月，公司总经理张某以加强对公司财务部管理为由，将自己同学的侄女李某调入该公司财务部担任出纳，并兼管会计档案工作。李某毕业于某大学中文专业，没有接触过会计知识，到公司财务部工作后，经过两年的努力，取得了初级会计专业技术资格证书。2020 年 5 月，张总经理任命李某为该公司财务部经理，全面主持该公司财务部工作，下列表述中错误的有(　　)。

A. 2018 年 1 月甲公司张总经理任命同学的侄女李某担任该公司出纳工作符合规定

B. 2018 年 1 月甲公司张总经理让同学的侄女李某兼管会计档案工作符合规定

C. 该公司违背了会计人员回避制度

D. 2020 年 5 月任命李某为该公司财务部经理符合规定

『答案』ABCD，(1)出纳人员不得兼任稽核、会计档案保管和收入、支出、费用、债权债务账目的登记工作。(2)从事会计工作的人员，必须具备会计专业能力。担任单位会计机构负责人(会计主管人员)的，应当具备会计师以上专业技术职务资格或者从事会计工作 3 年以上的经历。

第二节　会计核算与监督

一、会计核算概述

依据	实际发生的经济业务
主要内容	款项和有价证券的收付
	财务收发、增减和使用
	债权债务的发生和结算
	资本、基金的增减
	收入、支出、费用、成本的计算
	财务成果的计算和处理
	需要进行会计核算的其他事项

<table>
<tr><td rowspan="10">基本要求</td><td colspan="3">依法建账</td></tr>
<tr><td colspan="3">根据实际发生的经济业务进行会计核算</td></tr>
<tr><td rowspan="3">保证会计资料的真实和完整</td><td colspan="2">是会计资料最基本的质量要求</td></tr>
<tr><td rowspan="2">区分伪造变造</td><td>伪造——无中生有</td></tr>
<tr><td>变造——篡改内容</td></tr>
<tr><td>正确采用会计处理方法</td><td colspan="2">保证口径一致，不得随意变更</td></tr>
<tr><td rowspan="3">正确使用会计记录文字</td><td colspan="2">会计记录文字应当使用中文</td></tr>
<tr><td colspan="2">民族自治地方，可以同时使用当地通用的一种民族文字</td></tr>
<tr><td colspan="2">中国境内的外资企业、外国组织可以同时使用一种外国文字</td></tr>
<tr><td colspan="3">使用电子计算机进行会计核算必须符合法律规定</td></tr>
<tr><td>会计年度</td><td colspan="3">公历1月1日~12月31日</td></tr>
<tr><td rowspan="2">记账本位币</td><td colspan="3">会计核算原则上以人民币为记账本位币</td></tr>
<tr><td colspan="3">业务收支以人民币以外的货币为主的单位，可以选定其中一种货币为记账本位币，但是编制财务会计报告时应折算为人民币</td></tr>
</table>

【例题·单选题】甲单位业务人员王某在一家连锁酒店招待客户，发生招待费1000元。事后，他将酒店开出的收据金额改为4000元，并作为报销凭证进行了报销。王某的行为属于下列违法行为中的(　　)。

A. 伪造会计凭证行为　　　　B. 变造会计凭证行为

C. 做假账行为　　　　D. 违反招待费报销制度行为

『答案』B，变造会计凭证，是指用涂改、挖补等手段来改变会计凭证的真实内容，歪曲事实真相的行为，即篡改事实。王某将收据上的金额1000元改为4000元，显然属于变造会计凭证行为。

二、会计核算的具体要求

<table>
<tr><td rowspan="9">会计凭证</td><td rowspan="9">按填制程序和用途的不同</td><td rowspan="5">原始凭证</td><td>按来源不同——自制原始凭证、外来原始凭证</td></tr>
<tr><td>按填制手续及内容不同
——一次凭证、累计凭证(限额领料单)、汇总凭证</td></tr>
<tr><td>按格式不同——通用凭证(增值税专用发票)、专用凭证</td></tr>
<tr><td>会计机构、会计人员必须按照国家统一的会计制度的规定对原始凭证进行审核：
①对不真实、不合法的原始凭证有权不予接受，并向单位负责人报告
②对记载不准确、不完整的原始凭证予以退回，并要求按照国家统一的会计制度的规定更正、补充</td></tr>
<tr><td>原始凭证记载的各项内容均不得涂改
①原始凭证有错误的应由出具单位重开或更正，更正处应当加盖出具单位印章
②原始凭证金额有错误的应由出具单位重开，不得在原始凭证上更正</td></tr>
<tr><td rowspan="4">记账凭证</td><td>按其适用的范围不同——专用凭证(收、付、转)、通用凭证</td></tr>
<tr><td>记账凭证应当根据审核无误的原始凭证及有关资料编制</td></tr>
<tr><td>除结账和错账更正等事项外，记账凭证必须附有原始凭证</td></tr>
<tr><td>一张原始凭证所列的支出需要由两个以上的单位共同负担时，应当由保存该原始凭证的单位开具原始凭证分割单给其他应负担的单位</td></tr>
</table>

续表

会计账簿	日记账	现金日记账	订本式 （固定资产采用卡片式）
		银行存款日记账	
	分类账	总分类账	
		明细分类账	活页式
	备查账	为备忘备查而设置的。在实务中主要包括各种租借设备、物资的辅助登记或有关应收、应付款项的备查簿，担保、抵押备查簿等	
	登记要求	各种账簿按页次顺序连续登记，不得跳行、隔页。如果发生跳行、隔页，应当将空行、空页划线注销，或者注明“此行空白”“此页空白”字样，并由记账人员签名或盖章	
错账更正方法	划线更正法	记账凭证无错误，账簿记录有错误	
	红字冲销法	①记账凭证文字错误 ②记账凭证金额多记	
	补充登记法	记账凭证金额少记	
对账和财产清查	账实核对	保证会计账簿记录与实物及款项的实有数额相符	
	账证核对	保证会计账簿记录与会计凭证的有关内容相符	
	账账核对	保证会计账簿之间相对应的记录相符	
	对账工作每年至少进行一次		
	在编制年度财务会计报告之前，必须进行财产清查，并对账实不符等问题按规定会计处理		
财务会计报告	包括会计报表、会计报表附注和财务情况说明书 会计报表应当包括资产负债表、利润表、现金流量表、所有者（股东）权益变动表		
	按编制时间分为年度、半年度、季度和月度财务会计报告。季度、月度财务会计报告通常仅指会计报表，会计报表至少应当包括资产负债表和利润表		
	企业对外提供的财务会计报告应当由单位领导人、主管会计工作的负责人、会计机构负责人（会计主管人员）签名或盖章，设有总会计师的单位，还应由总会计师签名并盖章		
	国有企业、国有控股的或者占主导地位的企业，应当至少每年一次向本企业的职工代表大会公布财务会计报告		
	会计报表、会计报表附注和财务情况说明书须经注册会计师审计的，注册会计师及其会计师事务所出具的审计报告应当随同财务会计报告一并提供		

【例题·多选题】下列各项中，属于财务报表组成部分的有（　　）。

A. 资产负债表　　B. 现金流量表　　C. 附注　　D. 审计报告

『**答案**』ABC，企业财务报表包括四表一注，而凭证、账簿、计划、审计报告都不属于财务报表组成部分。

【例题·多选题】根据《中华人民共和国会计法》的规定，下列人员中，应当在单位财务会计报告上签名并盖章的有（　　）。

A. 单位负责人　　B. 总会计师

C. 会计机构负责人　　D. 出纳人员

『**答案**』ABC，对外提供的财务会计报告，应由单位负责人和主管会计工作的负责人、会计机构负责人（会计主管人员）签名并盖章；设置总会计师的单位，还须由总会计师签名并盖章。

【例题·多选题】下列关于会计账簿的说法中错误的有(　　)。

A. 会计账簿登记必须以会计凭证为依据

B. 各单位应当依法设置的会计账簿包括总账、明细账和日记账

C. 账目核对包括账证核对、账账核对、账实核对

D. 各单位应当定期将会计账簿与实物、款项实有数相互核对，以保证账实相符

『**正确答案**』ABD，选项 A，会计账簿登记必须以经过审核的会计凭证为依据；选项 B，各单位应当依法设置的会计账簿包括总账、明细账、日记账和其他辅助账簿；选项 D，各单位应当定期将会计账簿的记录与实物、款项实有数相互核对，以保证账实相符。

会计档案管理

<table>
<tr><td rowspan="3">会计档案</td><td colspan="4">会计凭证类、会计账簿类、财务报告类、其他类</td></tr>
<tr><td colspan="4">其他类包括“银行存款余额调节表”“银行对账单”，应当保存的会计核算专业资料，会计档案移交清册，会计档案保管清册，会计档案销毁清册</td></tr>
<tr><td colspan="4">各单位的“财务预算、计划、制度等文件材料”属于文书档案，不属于会计档案</td></tr>
<tr><td rowspan="9">管理程序</td><td>归档</td><td colspan="3">由会计机构编制会计档案保管清册
采用电算化的单位，应保存纸质档案
当年形成的会计档案会计年度终了后可由单位会计管理机构临时保管 1 年，再移交单位档案管理机构保管</td></tr>
<tr><td>移交</td><td colspan="3">期满由会计机构编制档案移交清册
临时保管期间出纳人员不得兼管会计档案</td></tr>
<tr><td>整理</td><td colspan="3">档案机构+会计机构+经办人员共同拆封整理</td></tr>
<tr><td>外借</td><td colspan="3">会计档案不得借出
特殊需要，经单位负责人批准，可以提供查阅或者复制
原始凭证不得外借
特殊原因，经会计机构负责人批准，可以复制</td></tr>
<tr><td rowspan="5">保管</td><td rowspan="2">定期</td><td>10 年</td><td>①月度、季度、半年度财务会计报告
②银行存款余额调节表
③银行对账单
④纳税申报表</td></tr>
<tr><td>30 年</td><td>①会计凭证
②会计账簿
③会计档案移交清册</td></tr>
<tr><td colspan="2">永久</td><td>①年度财务报告
②会计档案保管清册
③会计档案销毁清册
④会计档案鉴定意见书</td></tr>
<tr><td colspan="2">特殊</td><td>固定资产卡片在固定资产报废清理后保管 5 年</td></tr>
<tr><td colspan="3">期限是从会计年度终了后的第一天算起</td></tr>
</table>

续表

管理程序	销毁	①档案机构+会计机构提出意见，共同审查鉴定，并编制销毁清册 单位负责人、管理机构负责人(档案+会计)、管理机构经办人(档案+会计)在销毁清册上签署意见 ②监销：一般单位：档案机构+会计机构 国家机关：档案机构+会计机构+同级财政+同级审计 财政部门：档案机构+会计机构+同级审计 ③销毁后：监销人在会计档案销毁清册上签章 监销情况向本单位负责人报告
	不得销毁	①保管期满但未结清的债权债务原始凭证 ②涉及其他未了事项的会计凭证 ③正在项目建设期间的建设单位，保管期满的会计档案 不得销毁的会计档案，纸质会计档案应当单独抽出立卷，电子会计档案单独转存，保管到未了事项完结时为止
特殊情况处理	分立	①原单位存续：分立后存续方统一保管，其他方可查阅、复制与其业务相关会计档案 ②原单位解散： 未结清会计事项涉及凭证：单独抽出由业务相关方保存 业务移交其他单位办理所涉及的会计档案：由原单位保管，承接业务单位用与其业务相关的会计档案。其中未结清的抽出由承接业务单位保存，并按规定办理交接手续
	合并	①原各单位仍存续：仍应当由原各单位保管 ②原各单位解散或一方存续其他方解散：原各单位会计档案由合并后的单位统一保管
	建设单位在项目建设期间的会计档案需移交给项目接受单位应当在办理竣工财务决算后及时移交，并办理交接手续。	

【例题·多选题】下列各项中，属于会计档案的有(　　)。

A. 购货发票　　　　B. 应收账款明细账

C. 资产负债表　　　　D. 银行存款余额调节表

『答案』ABCD，本题考核会计档案的范围和种类。根据规定，会计档案包括会计凭证类、会计账簿类、财务报告类及其他类。购货发票属于原始凭证，应收账款明细账属于会计账簿，资产负债表属于会计报表，而银行存款余额调节表属于其他类会计档案

【例题·多选题】下列各项中，不属于会计档案的为(　　)。

A. 会计档案销毁清册　　　　B. 银行对账单

C. 营业执照　　　　D. 年初财务预算

『答案』CD，营业执照属于营业执照，年初财务预算属于文书档案，二者均不属于会计档案。

【例题·单选题】各单位保存的会计档案不得借出，如有特殊需要经(　　)批准，可以提供查阅或者复制。

A. 会计机构负责人　　　　B. 总会计师

C. 档案部门负责人　　　　D. 单位负责人

『答案』D，会计档案需经本单位负责人批准可以复制。

【例题·多选题】下列关于会计档案的表述中，不符合《会计档案管理办法》规定的

有(　　)。

A. 会计档案保管期限分为 10 年、30 年

B. 固定资产卡片的保管期限为 5 年

C. 单位会计档案销毁后单位负责人应在会计档案销毁清册上签署意见

D. 一般单位销毁会计档案，应当由档案机构和会计机构共同派员监销

『答案』ABC

三、会计监督

（一）三位一体的监督体系

<table>
<tr><td rowspan="8">单位内部会计监督</td><td colspan="3">监督主体：各单位的会计机构、会计人员</td></tr>
<tr><td colspan="3">监督对象：本单位的经济活动</td></tr>
<tr><td rowspan="4">要求</td><td colspan="2">记账人员与经济业务事项和会计事项的审批人员、经办人员、财物保管人员的职责权限应当明确，并相互分离、相互制约</td></tr>
<tr><td colspan="2">重大对外投资、资产处置、资金调度和其他重要经济业务事项的决策和执行的相互监督、相互制约的程序应当明确</td></tr>
<tr><td colspan="2">财产清查的范围、期限和组织程序应当明确</td></tr>
<tr><td colspan="2">对会计资料定期进行内部审计的办法和程序应当明确</td></tr>
<tr><td rowspan="2">职责</td><td colspan="2">依法开展会计核算和监督
对违反《会计法》和国家统一的会计制度规定的会计事项，有权拒绝办理或者按照职权予以纠正</td></tr>
<tr><td colspan="2">对单位内部的会计资料和财产物资实施监督
发现会计账簿记录与实物、款项及有关资料不相符的，按照国家统一的会计制度的规定有权自行处理的，应当及时处理；无权处理的，应当立即向单位负责人报告，请求查明原因，作出处理</td></tr>
<tr><td rowspan="7">政府监督</td><td>监督主体</td><td>县级以上财政部门</td><td>审计、税务、人民银行、证券监管、保险监管等</td></tr>
<tr><td>监督对象</td><td>会计行为</td><td>会计资料</td></tr>
<tr><td rowspan="5">财政部门实施会计监督的主要内容</td><td colspan="2">对单位依法设置会计账簿的检查</td></tr>
<tr><td colspan="2">对单位会计资料真实性、完整性的检查</td></tr>
<tr><td colspan="2">对单位会计核算情况的检查</td></tr>
<tr><td colspan="2">对单位会计人员从业资格和任职资格的监督检查</td></tr>
<tr><td colspan="2">对会计师事务所出具的审计报告的程序和内容的监督检查</td></tr>
<tr><td rowspan="2">社会监督</td><td>监督主体</td><td>注册会计师及其所在的会计师事务所</td><td>任何单位和个人</td></tr>
<tr><td>监督对象</td><td>委托单位的经济活动</td><td>单位的会计违法行为</td></tr>
</table>

【例题·判断题】根据《会计法》的规定，单位内部会计监督的对象是会计机构、会计人员。(　　)

『答案』×，单位内部监督的对象是单位的经济活动，而会计机构、会计人员是单位内部监督的主体

【例题·多选题】下列有关单位内部会计监督制度基本要求的表述中，符合规定的有(　　)。

A. 记账人员与经济业务的审批人员、经办人员、财物保管人员的职责权限应当明确，相互分离、相互制约

B. 重大对外投资、资产处置、资金调度和其他重要经济业务，应当明确其决策和执行程序，并体现相互监督、相互制约的要求

C. 财产清查的范围、期限和组织程序应当明确

D. 对会计资料定期进行内部审计是单位会计部门的职责所在

『**答案**』ABC，对会计资料定期进行内部审计是内部审计人员的职责所在。

【例题·判断题】会计机构和会计人员发现会计账簿记录与实物、款项及有关资料不相符的，应当立即向本单位负责人报告，请求查明原因，作出处理。(　　)

『**答案**』×，发现会计账簿记录与实物、款项及有关资料不相符的，按照国家统一的会计制度的规定有权自行处理的，应当及时处理；无权处理的，应当立即向单位负责人报告，请求查明原因，作出处理。

(二) 单位内部控制制度

原则	全面性原则	
	重要性原则	
	制衡性原则	
	适应性原则	
	成本效益原则(仅企业)	
措施	不相容职务相分离	授权批准与业务经办
		业务经办与会计记录
		会计记录与财产保管
		业务经办与稽核检查
		授权批准与监督检查
	授权审批控制	
	会计系统控制	
	财产保护控制	
	预算控制	
	运营分析控制	
	绩效考评控制	

【例题·多选题】下列关于内部控制的说法中正确的有(　　)。

A. 对企业而言，内部控制是指由企业董事会、监事会、经理层和全体员工实施的、旨在实现控制目标的过程

B. 对企业而言内部控制包括五大目标

C. 对企业和事业单位而言，内部控制的方法均包括不相容职务或岗位的分离控制

D. 对企业和事业单位而言，内部控制均需遵循成本效益原则

『**答案**』ABC，企业需遵循成本效益原则；事业单位不需遵循成本效益原则。

第三节　会计职业道德

一、会计职业道德与会计法律制度

联　系	区　别
①内容上相互渗透、相互吸收 ②作用上相互补充、相互协调 ③会计职业道德是对会计法律制度的重要补充； ④会计法律制度是对会计职业道德的最低要求	性质不同 作用范围不同 变现形式不同 实施保障机制不同 评价标准不同

二、会计职业道德规范

主要内容	基本要求
会计人员职业道德规范新规定	①坚持诚信，守法奉公：树立诚信理念，以诚立身，以信立业，学法守法，公私分明 ②坚持准则，守责敬业：严格执行准则制度，勤勉尽责、爱岗敬业，自觉抵制会计造假行为 ③坚持学习，守正创新：秉持专业精神，与时俱进、开拓创新
爱岗敬业	①正确认识会计职业，树立职业荣誉感 ②热爱会计工作，敬重会计职业 ③安心工作、任劳任怨 ④严肃认真、一丝不苟 ⑤忠于职守、尽职尽责
诚实守信	①做老实人、说老实话、办老实事、不搞虚假 ②保密守信、不为利益所诱惑 ③执业谨慎、信誉至上
廉洁自律	①树立正确的人生观和价值观 ②公私分明、不贪不占 ③遵纪守法、一身正气
客观公正	①端正态度、依法办事 ②实事求是、不偏不倚 ③如实反映、保持应有的独立性
坚持准则	①熟悉准则 ②遵循准则 ③敢于同违法行为作斗争
提高技能	①具有不断提高会计专业技能的意识和愿望 ②具有勤学苦练的精神和科学的学习方法
参与管理	①努力钻研业务，熟悉财经法规和相关制度，提高业务技能，为参与管理打下坚实的基础 ②熟悉本单位的经营活动和业务流程，主动提出合理化建议，使参与管理的决策更具针对性和有效性
强化服务	①树立服务意识 ②提高服务质量、努力维护和提升会计职业的良好社会形象

会计人员职业道德规范新规定：

一、坚持诚信，守法奉公。牢固树立诚信理念，以诚立身、以信立业，严于律己、心存敬畏。学法知法守法，公私分明、克己奉公，树立良好职业形象，维护会计行业声誉。

二、坚持准则，守责敬业。严格执行准则制度，保证会计信息真实完整。勤勉尽责、爱岗敬业，忠于职守、敢于斗争，自觉抵制会计造假行为，维护国家财经纪律和经济秩序。

三、坚持学习，守正创新。始终秉持专业精神，勤于学习、锐意进取，持续提升会计专业能力。不断适应新形势新要求，与时俱进、开拓创新，努力推动会计事业高质量发展。

【例题·多选题】下列关于会计职业道德和会计法律制度二者关系的观点中，正确的有(　　)。

A. 两者在实施过程中相互作用

B. 会计法律制度是会计职业道德的最低要求

C. 违反会计法律制度一定违反会计职业道德

D. 违反会计职业道德也一定违反会计法律制度

『答案』ABC，会计法律制度是对会计职业道德的最低要求，违反会计法律制度一定违反会计职业道德，违反会计职业道德不一定违反会计法律制度。

【例题·单选题】“活到老学到老”是会计职业道德(　　)的要求。

A. 坚持准则　　B. 提高技能　　C. 参与管理　　D. 廉洁自律

『答案』B

【例题·判断题】会计职业道德规范中“廉洁自律”的基本要求是树立正确的人生观和价值观、保密守信，不为利益所诱惑。(　　)

『答案』×，会计职业道德规范中的“廉洁自律”的基本要求是树立正确的人生观和价值观、公私分明，不贪不占。“保密守信，不为利益所诱惑”是诚实守信的内容。

【例题·多选题】下列关于参与管理的说法中正确的有(　　)。

A. 参与管理要求会计人员积极主动参与到企业管理工作中，对企业经营活动作出决策

B. 参与管理要求会计人员不断提高业务技能为参与管理打下基础

C. 参与管理要求会计人员熟悉服务对象的业务流程，使参与管理的决策更具针对性和有效性

D. 为保障单位的利润实现，在项目实施之前进行相关的税收筹划，是参与管理的体现

『答案』BCD，选项A，会计人员应该间接参与管理，不能直接对企业经营活动作出决策。

【例题·多选题】会计职业道德与会计法律制度既有区别又有联系，下列关于二者关系中表述错误的有(　　)。

A. 会计法律制度中包含会计职业道德规范的内容，同时，会计职业道德规范中也包含会计法律制度的某些条款

B. 会计职业道德是会计法律制度的最低要求

C. 会计职业道德不要求调整会计人员的外在行为，而侧重于调整会计人员内在精神世界

D. 会计法律制度既有成文的规定，也有不成文的规范

『答案』BCD，选项B，会计法律制度是会计职业道德的最低要求。选项C，会计职业道德既要求调整会计人员的外在行为，也要求调整会计人员内在精神世界。选项D，会计职业道德既有成文的规定，也有不成文的规范。

【例题·单选题】下列不属于爱岗敬业的基本要求的是(　　)。

A. 安心工作，任劳任怨　　B. 严肃认真，一丝不苟

C. 忠于职守，尽职尽责　　D. 依法办事，实事求是

『答案』D

第四节　违反会计法律制度的法律责任

一、会计法律制度

会计法律	制定部门：全国人民代表大会及其常务委员会 代表：《会计法》《注册会计师法》
会计行政法规	制定部门：国务院 代表：《总会计师条例》《企业财务会计报告条例》
会计部门规章	制定部门：国务院财政部门 代表：《企业会计准则》《会计基础工作规范》《会计档案管理办法》

二、会计法律责任

违反国家统一会计制度的行为	法律责任： ①责令限期改正 ②罚款 对单位： 处3000元以上5万元以下的罚款 对其直接负责的主管人员和其他直接责任人员： 处2000元以上2万元以下的罚款 ③国家工作人员给予行政处分 ④会计人员有上列行为，情节严重的，5年内不得从事会计工作 ⑤构成的犯罪的，依法追究刑事责任
伪造变造会计资料、编制虚假财务会计报告隐匿、故意销毁会计资料行为	法律责任： ①通报 ②罚款 对单位： 处5000元以上10万元以下的罚款 对其直接负责的主管人员和其他直接责任人员： 处3000元以上5万元以下的罚款 ③国家工作人员给予行政处分 ④会计人员，5年内不得从事会计工作 ⑤造成严重后果——依法追究刑事责任
授意、指使、强令行为	①罚款 对其直接负责的主管人员和其他直接责任人员： 处5000元以上5万元以下的罚款 ②国家工作人员给予行政处分 ③构成犯罪的，依法追究刑事责任
打击报复会计人员行为	①恢复会计人员原有名誉、职务、级别 ②不构成犯罪的，给予行政处分 ③构成犯罪的，依法追究刑事责任

【例题·单选题】在我国会计法律制度体系中，《企业财务会计报告条例》属于(　　)。

A. 会计法律　　B. 会计行政法规

C. 会计部门规章　　D. 会计规范性文件

『答案』B

【例题·单选题】根据《会计法》的规定，对随意变更会计处理方法的单位，县级以上人民政府财政部门责令限期改正，并可以处(　　)。

A. 2000元以上20000元以下的罚款　　B. 3000元以上50000元以下的罚款

C. 4000元以上50000元以下的罚款　　D. 5000元以上50000元以下的罚款

『答案』B，对随意变更会计处理方法的单位，县级以上人民政府财政部门责令限期改正，并可以处3000元以上50000元以下的罚款。

【例题·多选题】甲企业将出售原材料的收入10万元另设会计账簿进行核算，以解决行政管理部门的福利问题，则该企业及相关人员应承担的法律责任有(　　)。

A. 通报批评

B. 责令其限期改正

C. 对该企业并处3000元以上5万元以下的罚款

D. 对直接负责的主管人员处2000元以上2万元以下的罚款

『答案』BCD，私设会计账簿的行为应承担的法律责任不包括通报批评

【例题·多选题】乙公司由于经营不善，亏损已成定局。为了实现公司提出的当年实现利润500万元的目标，公司负责人张某指使财务部会计人员李某在会计账簿上做一些“技术处理”，李某请示财务经理王某后遵照办理。该公司行为尚未构成犯罪，请问该公司及相关人员应承担的法律责任有(　　)。

A. 对公司负责人张某处以5000元以上5万元以下的罚款

B. 吊销李某的会计从业资格证书

C. 对王某处以3000元以上5万元以下的罚款

D. 对该公司予以通报的同时，并处5000元以上10万元以下的罚款

『答案』ABCD

【例题·多选题】下列各项中，属于违反会计法行为的有(　　)。

A. 隐匿会计档案的行为

B. 随意变更会计处理方法的行为

C. 任用不具有会计从业资格的人员从事会计工作的行为

D. 伪造会计凭证、会计账簿，编制虚假财务会计报告的行为

『答案』ABCD

同步练习

第一节　会计法律制度概述

一、单项选择题

1. 下列属于会计部门规章的是(　　)。

A.《财政部门实施会计监督办法》　　B.《总会计师条例》

C.《企业财务会计报告条例》　　　　　　　D.《注册会计师法》

2. 下列关于会计监督检查的说法中，不正确的是(　　)。

A. 财政部组织实施对全国的会计信息质量检查，并对违法行为实施行政处罚

B. 县级以上财政部门组织实施本行政区域内的会计信息质量检查，并依法对本行政区域内单位或人员的违法会计行为实施行政处罚

C. 财政部组织实施全国会计师事务所的执业质量检查，并对违反《注册会计师法》的行为实施行政处罚

D. 县级以下人民政府财政部门组织实施本行政区域内的会计师事务所执业质量检查，并依法对本行政区域内的会计师事务所或注册会计师违反《注册会计师法》的行为实施行政处罚

3. 我国财政部门履行会计行政管理的最基本职能是(　　)。

A. 会计监督检查

B. 会计市场管理

C. 会计准则制度及相关标准规范的制定和组织实施

D. 会计专业人才评价

4. (　　)是指由国务院制定并发布，或者国务院有关部门拟定并经国务院批准发布，用以调整经济关系中某些方面会计关系的法律规范。

A. 会计法　　　B. 会计行政法规　　　C. 会计制度　　　D. 会计规章

5. 根据《中华人民共和国会计法》的规定，主管全国会计工作的政府部门是(　　)。

A. 国务院财政部门　　　B. 国家税务总局

C. 审计署　　　D. 商务部

6. 下列各项中，不属于单位负责人的是(　　)。

A. 总会计师　　　B. 有限责任公司董事长

C. 执行合伙企业事务的合伙人　　　D. 国有企业厂长

7. 单位内部的会计工作管理由(　　)负责。

A. 财务处处长　　　B. 单位负责人

C. 主管会计工作的副经理　　　D. 总会计师

8.《会计法》规定，企业实行会计电算化使用的会计软件必须符合(　　)的要求。

A. 国家统一会计制度　　　B. 企业会计工作规范

C. 各地方相关法规　　　D. 各项具体会计准则

二、多项选择题

1. (　　)办理会计事务必须依照《会计法》规定。

A. 国家机关　　　B. 社会团体

C. 公司、企业　　　D. 事业单位和其他组织

2. 依照《会计法》对单位的会计资料实施监督检查的部门包括(　　)。

A. 工商部门　　　B. 人民银行　　　C. 证券监管　　　D. 保险监管

3. 下列各项中，属于会计工作的自律管理的有(　　)。

A. 中国注册会计师协会组织实施注册会计师全国统一考试

B. 中国会计学会编辑出版会计刊物、专著、资料

C. 某高校开设会计专业学习

D. 某会计人员在家自学会计专业技术相关知识

4. 我国的会计法律制度主要包括(　　)。

A. 宪法　　B. 会计法律　　C. 会计行政法规　　D. 会计部门规章

5. 在市场经济条件下，政府必须加强对会计市场的管理，包括(　　)。

A. 会计市场的准入管理　　B. 会计市场的运行管理

C. 会计市场的退出管理　　D. 会计监督检查

6. 下列人员可以成为单位负责人的有(　　)。

A. 国家机关的最高行政长官　　B. 公司的董事长

C. 公司的财务总监　　D. 国有企业的厂长

7. 国有企业厂长为了粉饰业绩，指使财务负责人采取虚提返利、推迟财务费用列账等手段，虚增利润一千多万元，造成极坏的社会影响。事发后该厂长以会计工作应当由会计机构负责人承担责任、自己不懂会计为由推脱责任。下列说法中正确的是(　　)。

A. 国有企业厂长应对该事件负责

B. 国有企业会计机构负责人对该事件负全责

C. 国有企业厂长不得授意、指使、强令会计人员违法办理会计事项

D. 国有企业厂长对本单位的会计工作和会计资料的真实性、完整性负责

三、判断题

1. 会计法律是由全国各地人民代表大会或其常务委员会制定的。(　　)

2. 代表合伙企业中执行合伙企业事务的合伙人，是合伙企业中的单位负责人。(　　)

3. 会计法律制度中，会计部门规章的法律效力低于会计法律和会计行政法规。(　　)

4.《会计法》所指对本单位会计资料的真实性、完整性负责的单位负责人，是指单位财务部门的负责人。(　　)

第二节　会计核算与监督

一、单项选择题

1. 根据会计法律制度的规定，下列关于会计凭证保管的表述中，不符合法律规定的是(　　)。

A. 各种经济合同、存出保证金收据以及涉外文件等重要原始凭证，应当另编目录，单独登记保管

B. 其他单位如因特殊原因需要使用原始凭证时，经本单位会计机构负责人、会计主管人员批准，可以外借

C. 从外单位取得的原始凭证如有遗失，应当取得原开出单位盖有公章的证明，由经办单位相关人员批准后，代作原始凭证

D. 火车、轮船、飞机票等凭证如有遗失，由当事人写出详细情况，由经办单位相关人员批准后，代作原始凭证

2. 直接篡改财务会计报告的数据，使财务会计报告不真实，借以误导、欺骗会计资料使用者的行为，属于(　　)。

A. 伪造会计凭证　　B. 伪造会计账簿

C. 变造会计账簿　　D. 提供虚假的财务会计报告

3. 下列各项中，有权对各单位会计工作行使监督权，并依法对违法会计行为实施行政处罚的是(　　)。

A. 县级以上财政部门　　B. 县级以上税务部门

C. 县级以上审计部门　　D. 县级以上人民银行

4. 各单位内部会计监督制度要求，(　　)与经济业务或会计事项的审批人员、经办人员、财物保管人员的职责权限应当明确，并相互分离、相互制约。

A. 会计人员　　B. 记账人员　　C. 审计人员　　D. 审核人员

5. 根据《企业财务会计报告条例》的规定，财务会计报告分为年度、半年度、季度和月度财务会计报告，企业会计准则规定，企业至少应当按(　　)编制财务报表。

A. 月　　B. 季度　　C. 半年　　D. 年

6. 下列关于会计档案销毁的说法中，错误的是(　　)。

A. 对于保管期满但未结清的债权债务原始凭证和涉及其他未了事项的原始凭证，不得销毁

B. 销毁会计档案时，应当由单位的档案机构和会计机构共同派人监销

C. 正在项目建设期间的建设单位，其保管期满的会计档案可以销毁

D. 国家机关销毁会计档案时，应当由同级财政、审计部门派人监销

7. 会计账簿之间的核对不包括(　　)。

A. 会计部门的财产物资明细账与财产物资保管、使用部门的有关明细账核对

B. 总账与明细账核对

C. 总账与日记账核对

D. 会计账簿记录与财务报表有关内容核对

8. 我国单位内部会计监督的主体是(　　)。

A. 经理等高层管理人员　　B. 资产管理部门人员

C. 档案保管人员　　D. 会计人员

9. 下列关于会计机构和会计人员在单位内部会计监督中的职权说法中，错误的是(　　)。

A. 对违反《会计法》和国家统一的会计制度规定的会计事项，有权拒绝办理或者按照职权予以纠正

B. 发现会计账簿记录与实物、款项及有关资料不相符的，按照国家统一的会计制度的规定有权自行处理的，应当及时处理

C. 发现会计账簿记录与实物、款项及有关资料不相符的，按照国家统一的会计制度的规定无权处理的，应当立即向单位负责人报告，请求查明原因，作出处理

D. 发现会计账簿记录与实物、款项及有关资料不相符的，一律应当立即向单位负责人报告，请求查明原因，作出处理

10. 下列对编制财务会计报告基本表述不正确的是(　　)。

A. 财务会计报告应当依据会计账簿记录和有关会计资料编制

B. 财务会计报告的编制要求、提供对象、提供期限应当符合法定要求

C. 向不同的会计资料使用者提供的财务会计报告，其编制依据应当一致

D. 各单位的财务会计报告在上报有关部门前必须经注册会计师审核签字

11. 会计机构、会计人员发现会计账簿记录与实物、款项及有关资料不相符的，按照规定有权自行处理的应当及时处理，无权处理的应当(　　)。

A. 予以退回

B. 要求更正

C. 拒绝办理

D. 立即向单位负责人报告，请求查明原因，作出处理

12. 对于关键控制点和关键岗位企业应花费更大的成本，采取更严格的控制措施，使企业的内部控制风险降到最低，体现的是内部控制中(　　)原则。

A. 制衡性　　B. 全面性　　C. 重要性　　D. 成本效益

13. 单位之间会计档案交接完毕后，交接双方的(　　)应当在会计档案移交清册上签名或盖章。

A. 经办人　　B. 监交人

C. 会计机构负责人　　D. 经办人和监督人

14. 下列人员中，可以担任企业会计机构负责人的是(　　)。

A. 取得中级会计专业技术资格并从事会计工作 1 年 6 个月的张某

B. 中专毕业并从事会计工作 2 年 6 个月的刘某

C. 研究生毕业并从事会计工作 1 年的李某

D. 取得初级会计专业技术资格并从事会计工作 2 年的王某

二、多项选择题

1. 下列选项中，属于记账凭证必须具备的内容有(　　)。

A. 会计科目　　B. 经济业务摘要

C. 数量、单价和金额　　D. 记账人员的签名或盖章

2. 根据会计法律制度的规定，下列关于记账凭证填制基本要求的表述中，正确的有(　　)。

A. 不得将不同内容和类别的原始凭证汇总填制在一张记账凭证上

B. 一笔经济业务需要填制两张以上记账凭证的，可以采用分数编号法编号

C. 在填制记账凭证时发生错误，应当重新填制

D. 发现以前年度记账凭证有错误的，应当用蓝字填制一张更正的记账凭证

3. 根据会计法律制度的规定，下列关于会计账簿登记的表述中，符合法律规定的有(　　)。

A. 账簿中书写的文字和数字一般应占格距的三分之一

B. 在不设借贷等栏的多栏式账页中，登记减少数，可以用红色墨水记账

C. 现金日记账和银行存款日记账必须逐日结出余额

D. 登记账簿时发生错误，对于错误的数字，应当全部划红线更正，不得只更正其中的错误数字。对于文字错误，可只划去错误的部分

4. 下列(　　)情况下，可以用红色墨水记账。

A. 按照红字冲账的记账凭证，冲销错误记录

B. 在不设借贷等栏的多栏式记账页中，登记增加数

C. 在三栏式账户的余额栏前，如未印明余额方向的，在余额栏内登记负数余额

D. 在没借贷等栏的多栏式记账页中，登记减少数

5. 根据会计法律制度的规定，下列关于单位内部的会计监督表述中，符合法律规定的有(　　)。

A. 单位内部会计监督的主体是各单位的会计机构和会计人员

B. 记账人员与经济业务事项和会计事项的审批人员、经办人员、财务保管人员的职责权限应当明确，并相互分离、相互制约

C. 重大对外投资、资产处置、资金调度和其他重要经济业务事项的决策和执行的相互监督、相互制约程序应当明确

D. 会计机构、会计人员发现会计账簿记录与实物、款项及有关资料不相符的，按照国家统一的会计制度的规定有权自行处理的，应当及时处理；无权处理的，应当立即向单位负责人报告，请求查明原因，作出处理

6. 会计档案一般分为(　　)。

A. 会计凭证类　　B. 会计账簿类

C. 财务会计报告类　　D. 其他会计资料类

7. 其他单位因特殊原因需要使用原始凭证时，经本单位(　　)批准，可以复制。

A. 会计机构负责人　　B. 会计主管人员

C. 领导人　　D. 负责人

8. 根据会计法律制度的规定，企业和其他组织的下列会计档案保管期限为永久保管的有(　　)。

A. 年度财务报告　　B. 会计档案移交清册

C. 会计档案保管清册　　D. 会计档案销毁清册

9. 下列关于单位内部会计监督的相关说法中，正确的有(　　)。

A. 单位负责人应当支持和保障会计机构、会计人员行使好会计监督职权

B. 各单位的会计机构、会计人员对本单位的经济活动进行会计监督

C. 内部会计监督的对象是会计机构和会计人员

D. 单位负责人负责单位内部会计监督制度的组织实施，对本单位内部会计监督制度的建立及有效实施承担最终责任

10. 根据《会计档案管理办法》的规定，下列说法正确的是(　　)。

A. 原始凭证应保管 30 年　　B. 记账凭证应保管 30 年

C. 年度财务报告(决算)应保管 30 年　　D. 会计档案保管清册应保管 10 年

11. 会计档案由各级(　　)共同负责会计档案工作的指导、监督和检查。

A. 人民政府财政部门　　B. 档案行政管理部门

C. 人民政府税务部门　　D. 人民政府审计部门

12. 下列关于会计凭证的表述中，正确的有(　　)。

A. 原始凭证是会计核算的原始依据，记账凭证是登记会计账簿的直接依据

B. 记账凭证应当根据经过审核的原始凭证及有关资料编制

C. 除结账、更正错误外，记账凭证必须附有原始凭证并注明所附原始凭证的张数

D. 原始凭证不得外借，其他单位如因特殊原因需要使用原始凭证时，经本单位会计机构负责人、会计主管人员批准，可以复制

13. 下列属于原始凭证内容的有(　　)。

A. 凭证的名称　　B. 填制凭证的日期

C. 借、贷方向　　D. 会计科目

14. 对会计工作的社会监督包括(　　)。

A. 注册会计师对委托单位的经济活动进行审计

B. 注册会计师对委托单位的经济活动进行鉴证

C. 单位和个人检举违反会计法律制度规定的行为

D. 财政部门对单位会计人员和会计机构会计行为监督

15. 我国实行的会计监督体系包括(　　)。

A. 单位内部监督　B. 政府监督　C. 社会监督　D. 法律监督

16. 以下属于行政事业单位内部控制应遵循的原则有(　　)。

A. 全面性　B. 重要性　C. 制衡性　D. 成本效益

17. 非标准审计报告是指(　　)的审计报告。

A. 带强调事项段的无保留意见　　B. 带其他事项段的无保留意见

C. 带否定意见　　D. 带无保留意见

三、判断题

1. 会计工作的政府监督主体主要是县级以上的人民政府财政部门，财政部门实施会计监督的对象是会计行为。(　　)

2. 会计工作的政府监督主要是指财政部门代表国家对单位和单位中相关人员的会计行为实施的监督检查，以及对发现的违法会计行为实施的行政处罚，是一种内部监督。(　　)

3.《会计法》规定，财务会计报告虽然由多人签名并盖章，但单位负责人应当保证财务会计报告真实、完整。(　　)

4. 会计档案的保管期分为永久和定期两类。(　　)

5. 正在项目建设期间的建设单位，其保管期满的会计档案不得销毁。(　　)

6. 对于不同财务会计报告的使用者来说，会计人员所编制的会计报告的编制依据可以不一致。(　　)

7. 社会中介机构依法对委托单位的经济活动进行审计，是一种社会监督活动。(　　)

8. 银行对账单不属于会计档案。(　　)

9. 会计人员对不真实、不合法的原始凭证，有权不予受理。(　　)

四、不定项选择题

2017 年 2 月，甲公司会计机构负责人组织会计人员对纸质及电子会计资料进行整理，移交给甲公司档案管理机构。2018 年 2 月，甲公司档案管理机构负责人组织相关机构对已经到保管期限的会计档案进行鉴定。对确无保存价值可以销毁的会计档案，由档案管理员编制会计档案销毁清册，经相关人员签署意见后销毁。

要求：根据上述资料，不考虑其他因素，分析回答下列小题。

1. 甲公司下列会计资料中，应当按照会计档案归档的是(　　)。

A. 纳税申报表　　B. 财务会计报表　　C. 年度会计报告　　D. 银行对账单

2. 关于甲公司移交会计档案的下列表述中，正确的是(　　)。

A. 纸质会计档案移交时应当拆封整理重新封装

B. 接受电子会计档案时，应当对其准确性、完整性、可用性、安全性进行检验

C. 电子会计档案移交时应当将电子会计档案及其原数据一并移交

D. 应当编制会计档案移交清册

3. 关于甲公司对会计档案鉴定的下列表述中，正确的是(　　)。

A. 会计档案鉴定工作应当由单位会计机构牵头

B. 会计档案鉴定工作由会计、审计、纪检监察、档案等机构或人员共同进行

C. 应当定期对已到保管期限的会计档案进行鉴定

D. 鉴定后认为仍需继续保存的会计档案，应当重新划定保存期限

4. 除档案管理机构经办人外，还应当在会计档案销毁清册上签署意见的是(　　)。

A. 法定代表人　　B. 档案管理机构负责人

C. 会计机构经办人　　D. 会计机构负责人

第三节　会计机构和会计人员

一、单项选择题

1. 从事代理记账业务的中介机构是指(　　)。

A. 委托代理机构　　B. 委托代理记账机构

C. 代理记账机构　　D. 代理机构

2. (　　)情况下，会计机构负责人办理交接手续时，主管单位不需要派人会同监交。

A. 所属单位负责人不能监交　　B. 所属单位负责人不能及时监交

C. 所属单位负责人可以监交　　D. 所属单位负责人不宜单独监交

3. 根据规定，实行回避制度的单位，单位负责人的直系亲属不得担任本单位的(　　)。

A. 稽核　　B. 会计机构负责人　　C. 资金会计　　D. 成本会计

4. 下列关于会计岗位的说法中，不正确的是(　　)。

A. 根据单位会计业务的需要设置　　B. 贯彻内部牵制的原则

C. 只能一人一岗　　D. 定期轮换

5. 下列关于会计机构和会计人员的说法中，正确的是(　　)。

A. 各单位必须设置会计机构

B. 会计机构内部应当建立稽核制度

C. 国有企业单位负责人的直系亲属可在本单位担任会计机构负责人

D. 会计人员办理交接手续，由单位负责人负责监交

6. 下列各项中，属于中级会计专业职务的是(　　)。

A. 助理会计师　　B. 会计师　　C. 注册会计师　　D. 会计从业资格

7. 会计专业技术人员参加继续教育实行学分制管理。每年参加继续教育取得的学分不少于(　　)。

A. 90 学分　　B. 60 学分　　C. 48 学分　　D. 24 学分

8. 会计专业技术人员参加继续教育学习，专业科目一般不少于总学分的(　　)。

A. 二分之一　　B. 三分之二　　D. 三分之一　　D. 五分之三

9. 按照规定，(　　)任用会计人员应当实行回避制度。

A. 国家机关、国有企业、事业单位　　B. 国家机关、国有企业、企事业单位

C. 国有企业、企事业单位、外资企业　　D. 国有企业、事业单位、外资企业

二、多项选择题

1. 根据会计法律制度的规定，下列工作人员属于会计人员的有(　　)。

A. 总会计师　　B. 稽核

C. 出纳　　D. 档案机构内会计档案管理

2. 根据会计法律制度的规定，一般会计人员从事会计工作，应当符合的要求有(　　)。

A. 遵守《会计法》和国家统一的会计制度等法律法规

B. 具备良好的职业道德

C. 按照国家有关规定参加继续教育

D. 具备助理会计师专业职务

3. 根据会计法律制度的规定，下列关于会计人员办理移交手续前，必须及时做好的工作表述中，符合法律规定的有(　　)。

A. 已经受理的经济业务尚未填制会计凭证的，应当移交给接替人员填制

B. 尚未登记的账目，应当移交给接替人员登记

C. 整理应该移交的各项资料，对未了事项写出书面材料

D. 编制移交清册，列明应当移交的相关会计资料和物品等内容

4. 会计人员在办理工作交接时，交接双方移交点收的表述中，符合法律规定的有(　　)。

A. 现金、有价证券要根据会计账簿有关记录进行点交

B. 会计凭证、会计账簿、会计报表和其他会计资料必须完整无缺

C. 银行存款账户余额要与银行对账单核对，如不一致，应当编制银行存款余额调节表调节相符

D. 移交人员从事会计电算化工作的，要对有关电子数据在实际操作状态下进行交接

5. 设置会计工作岗位的基本原则包括(　　)。

A. 根据本单位会计业务的需要设置会计工作岗位

B. 要建立岗位责任制

C. 对会计人员的工作岗位要有计划地进行轮岗，以促进会计人员全面熟悉业务和不断提高业务素质

D. 符合内部牵制制度的要求

6. 下列各项中，属于代理记账机构及其从业人员义务的有(　　)。

A. 接受委托人示意其作出的会计处理

B. 对在执行业务中知悉的商业秘密应当保密

C. 按照委托合同办理代理记账业务

D. 对委托人提出的有关会计处理原则问题应当予以解释

7. 注册会计师及其所在的会计师事务所的业务范围包括(　　)。

A. 审查企业会计报表，出具审计报告

B. 验证企业资本，出具验资报告

C. 办理企业合并、分立、清算事宜中的审计业务，出具有关的报告

D. 法律、行政法规规定的其他审计业务

8. 根据《代理记账管理办法》的规定，下列属于法定代理记账业务范围的有(　　)。

A. 根据委托人提供的原始凭证和其他资料进行会计核算

B. 向税务机关提供税务资料

C. 对外提供财务会计报告

D. 代理申请工商登记

9. 会计工作交接完毕之后，必须在移交清单上签名或者盖章的人员有(　　)。

A. 接管人　　B. 移交人　　C. 监交人　　D. 会计机构负责人

10. 根据《会计基础工作规范》的会计回避制度规定，直系亲属中的“近姻亲”关系包括(　　)。

A. 夫妻关系　　B. 兄弟姐妹　　C. 儿女的配偶　　D. 配偶的兄弟姐妹

11. ABC 公司是一家国有工业企业，2020 年该公司对内部会计岗位进行了一系列调整，其中符合法律规定的有(　　)。

A. 单位负责人任命原从事出纳工作的小张担任往来款项核算会计

B. 单位负责人任命原从事总账会计工作的李某担任会计机构负责人，李某已在原岗位工作 5 年，并取得初级会计师资格

C. 单位负责人任命原会计机构负责人老赵担任总会计师，老赵已取得高级会计师资格，并主管本单位会计机构工作 10 年

D. 单位负责人任命原办公室职员小王担任出纳工作，小王没有会计证书及经验

12. 下列关于会计人员回避制度的表述中，正确的是(　　)。

A. 单位负责人的直系亲属不得担任本单位的会计机构负责人

B. 单位负责人的直系亲属不得担任本单位的出纳工作

C. 会计机构负责人的直系亲属不得担任本单位的出纳工作

D. 出纳不得兼任稽核、会计档案保管和债权债务的账目登记工作

三、判断题

1. 委托代理记账的委托人一般不再需要配备专人负责日常货币收支和保管。(　　)

2. 财政部只对从事会计工作人员的相关资格条件进行统一规定，会计人员取得相关资格或符合有关条件后，能否具体从事相关工作，由所在单位自行决定。(　　)

3. 定期、不定期地轮换会计人员的工作岗位，有利于会计人员全面熟悉会计业务，不断提高业务素质，同时也有利于增强会计人员之间的团结合作意识，进一步完善单位内部会计控制制度。(　　)

四、不定项选择题

(一) 某国有独资公司，生产经营规模不大，当地财政部门在对该公司进行执法检查的过程中发现下列问题：

(1) 该公司未设置总会计师，但设置了专门的会计机构；

(2) 该公司会计机构负责人李某，是该公司法定代表人王某的配偶；

(3) 该公司出纳系单位办公室主任的女儿小王，小王刚刚会计学本科毕业，同时她还兼管稽核、会计档案保管和固定资产账簿的登记工作；

(4) 该公司会计人员赵某1月份离职，办理工作交接时未发现任何异常，至6月份，接替人员张某方发现其中有部分会计资料不真实，张某和赵某互相推卸责任，此事目前仍未解决。

要求：根据上述资料，回答下列问题。

1. 针对事项(1)，下列说法中正确的有(　　)。

A. 该国有独资公司应当设置总会计师

B. 该国有独资公司可以不设置总会计师

C. 如果设置总会计师，该公司不得再设置与总会计师职责重叠的副职

D. 如果设置总会计师，应当将其作为单位领导成员

2. 针对事项(2)，下列说法中不正确的有(　　)。

A. 该公司由于生产经营规模不大，可以不实行会计人员回避制度

B. 会计机构负责人由李某担任不符合会计人员回避制度

C. 李某不得在该公司会计机构中担任出纳工作

D. 李某可以在该公司会计机构中担任出纳工作

3. 根据事项(3)，会计人员赵某离职办理交接时，应由(　　)监交。

A. 单位负责人　　B. 人事部门主管人员

C. 会计机构负责人　　D. 其他岗位会计人员

4. 根据事项(4)，对交接时未发现的不真实会计资料，(　　)应当承担相应的责任。

A. 法定代表人王某　　B. 会计机构负责人李某

C. 移交人员赵某　　D. 接替人员张某

第四节　会计职业道德

一、单项选择题

1. 某单位出纳员在报销差旅费时，对于同样是领导批准、主管会计审核无误的差旅费报销单，对和自己私人关系不错的人是随来随报，但对和自己有矛盾、私人关系较为疏远的人则以账面无款、库存无现金、整理账务等理由拖欠。这违反了(　　)。

A. 诚实守信　　B. 提高技能　　C. 参与管理　　D. 客观公正

2. 下面关于会计职业道德和会计法律的说法中不正确的是(　　)。

A. 会计法律侧重调整会计人员的外在行为和结果的合法化

B. 会计职业道德调整会计人员内心世界，不管会计人员的外在行为

C. 会计法律具有较强的客观性

D. 受到会计职业道德谴责的，不一定受到会计法律制裁

3. 不弄虚作假，(　　)是人们最基本的道德规范，也是会计职业道德的精髓。

A. 爱岗敬业　　B. 诚实守信　　C. 廉洁自律　　D. 客观公正

4. 会计职业道德中，(　　)就是间接参加管理活动，为管理者当参谋，为管理活动服务。

A. 廉洁自律　　B. 爱岗敬业　　C. 参与管理　　D. 强化服务

5. “不贪污钱财，不收受贿赂，保持清白”体现了会计职业道德中的(　　)。

A. 爱岗敬业　　B. 廉洁自律　　C. 诚实守信　　D. 客观公正

6. “严肃认真，一丝不苟”是会计职业道德中(　　)的基本要求。

A. 服务群众　　B. 爱岗敬业　　C. 提高技能　　D. 参与管理

7. 下列各项中，要求会计人员对于工作中知悉的商业秘密应依法保守，不得泄露的会计职业道德是(　　)。

A. 诚实守信　　B. 廉洁自律　　C. 客观公正　　D. 坚持准则

8. 努力钻研业务，熟悉财经法规和相关制度，提高业务技能，是(　　)坚实的基础。

A. 提高技能　　B. 廉洁自律　　C. 参与管理　　D. 强化服务

9. 不宜由会计法律制度进行规范的行为，可通过会计职业道德规范来实现，这体现出会计职业道德与会计法律制度(　　)。

A. 在作用上相互补充　　B. 在内容上相互借鉴、相互吸收

C. 在性质上的不同　　D. 在表现形式上不同

10. 会计小红是个时尚的00后女孩，有一点点的享乐主义和拜金主义，经常利用职务之便挪用公司钱财，小李的行为违反了(　　)的会计职业道德。

A. 爱岗敬业　　B. 诚实守信　　C. 廉洁自律　　D. 坚持准则

11. 会计人员小文认为自己管钱管账，就高人一等。小文这样的思想违背了会计职业道德的(　　)要求。

A. 坚持准则　　B. 爱岗敬业　　C. 诚实守信　　D. 强化服务

12. A市某公司财务部门年末时发现，该年度业务招待费超过规定的开支标准，于是会计人员按照领导意图，搞来一些假发票，准备将超支的业务招待费列入管理费用，会计人员的行为违反了会计职业道德中的(　　)。

A. 廉洁自律　　B. 爱岗敬业　　C. 参与管理　　D. 坚持准则

二、多项选择题

1. 下列各项中，不符合会计职业道德“强化服务”要求的有(　　)。

A. 出纳人员在稽核会计生病期间主动提出兼任稽核检查工作

B. 会计人员在采购部门人手不足的情况下，代理采购人员办理采购业务

C. 会计机构负责人在单位负责人苦于无法实现盈利目标时，主动提出虚构销售合同、虚增利润的建议

D. 总会计师在单位负责人外出开会的情况下，代替单位负责人在财务会计报告上签章

2. 坚持准则是会计职业道德的一项重要内容。“坚持准则”的基本要求有(　　)。

A. 熟悉准则　　B. 掌握准则

C. 遵循准则　　D. 敢于同违法行为作斗争

3. 会计职业道德中会计人员的“参与管理”主要体现在(　　)。

A. 熟悉财经法规，为单位管理者提供专业支持

B. 树立服务意识

C. 努力钻研业务，为参与管理打下基础

D. 全面熟悉服务对象的经营活动和业务流程

4. 会计职业道德与会计法律制度的主要区别有(　　)。

A. 性质不同　　B. 作用范围不同

C. 表现形式不同　　D. 实施保障机制不同

5. 参与管理要求会计人员(　　)。

A. 全面熟悉本单位经营活动和业务流程　　B. 主动提出合理化建议

C. 代替领导决策　　D. 积极参与管理

6. 某公交公司因经营管理不善而长年亏损，新上任财务部经理张某抓住公司经营管理中的薄弱环节，以强化成本核算和管理为突破口，将成本逐层分解至每一辆车及其司乘人员，并创建了成本监控中心，不仅使每日、每车的运营收支情况一目了然，而且对异常成本变动能立即采取应对措施。有效的成本管理为公司领导作出扩大购车规模、增加营运能力的决策提供了科学依据，经过努力，公司营业收入在3年内翻两番，彻底扭转了亏损局面。从会计职业道德角度分析，下列表述中，正确的有(　　)。

A. 张某的行为体现了客观公正会计职业道德的要求

B. 张某的行为体现了参与管理会计职业道德的要求

C. 张某的行为体现了诚实守信会计职业道德的要求

D. 张某的行为体现了强化服务会计职业道德的要求

7. 某单位制定的内部会计人员管理制度中，符合会计职业道德要求的有(　　)。

A. 会计人员在工作中应当树立良好的职业品质、严谨的工作作风，遵守工作纪律，努力提高工作效率和工作质量

B. 会计人员应当熟悉财经法律、法规、规章和国家统一的会计制度，并结合会计工作进行广泛宣传

C. 会计人员应当熟悉本单位的生产经营和业务管理情况，运用掌握的会计信息和会计方法，为改善单位内部管理、提高经济效益服务

D. 会计人员应当保守本单位的商业秘密。除法律规定和单位领导人同意外，不能私自向外界提供或者泄露单位的会计信息

8. 会计职业道德与会计法律制度存在很大区别，下列表述错误的有(　　)。

A. 会计职业道德不仅要求调整会计人员的外在行为，还要求调整会计人员内在的精神世界

B. 会计职业道德主要依靠会计人员的自觉性

C. 会计法律制度既有成文的规定，也有不成文的规范

D. 会计职业道德侧重于调整会计人员的外在行为和结果的合法化

9. 诚实守信的基本要求有(　　)。

A. 不弄虚作假　　B. 保守秘密　　C. 执业谨慎　　D. 信誉至上

10. 朱镕基同志在2001年视察北京国家会计学院时，为北京国家会计学院题词的内容包括(　　)。

A. 诚信为本　　B. 操守为重　　C. 坚持准则　　D. 不做假账

三、判断题

1. 会计职业道德与会计法律制度在内容上相互借鉴、相互吸收。(　　)

2. “吃了人家的嘴软，拿了人家的手短”从反面说明了会计职业道德中客观公正的重要性。(　　)

3. 会计职业道德既有国家法律相应要求，又要求会计人员自觉遵守。(　　)

4. 会计人员在任何情况下都不能向外界提供或者泄露本单位的会计信息。(　　)

5. 参与管理，简单地讲就是直接参加管理活动。(　　)

第五节　违反会计法律制度的法律责任

一、单项选择题

1. 编制虚假(　　)的行为，是指违反《会计法》和国家统一会计制度的规定，根据虚假的会计账簿记录编制财务会计报告，或者凭空捏造虚假的财务会计报告及对财务会计报告擅自进行没有依据的修改的行为。

A. 会计账簿　　B. 财务会计报告　　C. 原始凭证　　D. 记账凭证

2. 根据《中华人民共和国会计法》的规定，对故意销毁依法应当保存的会计凭证、会计账簿、财务会计报告，尚不构成犯罪的，县级以上财政部门除按规定对直接负责的主管人员和其他直接责任人员进行处罚外，对单位予以通报，可以并处罚款。对单位所处的罚款金额最低为(　　)。

A. 5000 元　　B. 2000 元　　C. 3000 元　　D. 1000 元

3. 会计人员私设会计账簿情节严重被吊销会计证书的，在(　　)内不得从事会计工作。

A. 1 年　　B. 2 年　　C. 5 年　　D. 永远

4. 某会计师事务所在审计某企业会计凭证和账簿中发现有挖补、涂改的痕迹，对于企业这种行为可以认定为(　　)。

A. 伪造会计凭证、会计账簿和其他会计资料

B. 变造会计凭证、会计账簿和其他会计资料

C. 提供虚假的账务会计报告

D. 胁迫会计人员记假账

5. 对于私设会计账簿的行为，在责令限期改正的同时，可以对直接负责的主管人员和其他直接责任人员处以(　　)的罚款。

A. 3000 元以上，5 万元以下　　B. 5000 元以上，10 万元以下

C. 1 万元以上，10 万元以下　　D. 2000 元以上，2 万元以下

6. 下列说法中，正确的是(　　)。

A. 对受打击报复的会计人员，应当恢复其待遇和原有岗位

B. 对受打击报复的会计人员，应当恢复其名誉和原有职务、级别

C. 对受打击报复的会计人员，应当恢复其职称和原有职务、级别

D. 对受打击报复的会计人员，应当恢复其名誉和原有岗位

7. 根据《刑法》规定，对依法履行职责、抵制会计违法行为的会计人员实行打击报复，情节严重的，处(　　)以下有期徒刑或拘役。

A. 1 年　　B. 2 年　　C. 3 年　　D. 5 年

8. 行政处分的对象是(　　)。

A. 法人　　B. 公民　　C. 国家工作人　　D. 其他组织

二、多项选择题

1. 根据《会计法》的规定，不依法设置会计账簿等违法行为应承担以下法律责任(　　)。

A. 责令限期改正　　B. 罚款

C. 吊销营业执照　　D. 给予行政处分

2. 以下属于会计违法行为的有(　　)。

A. 编制虚假财务会计报告　　B. 变造会计资料

C. 伪造会计资料　　D. 变更会计处理方法

3.《会计法》规定，对单位处 5000 元以上 100000 元以下罚款的行为有(　　)。

A. 伪造、变造会计凭证、会计账簿　　B. 隐匿应当保存的财务会计报告

C. 故意销毁应当保存的会计凭证　　D. 编制虚假财务会计报告

4. 根据《会计法》的规定，应当承担法律责任的违法行为包括(　　)。

A. 私设会计账簿

B. 向不同的会计资料使用者提供的财务会计报告编制依据不一致

C. 未按照规定建立并实施单位内部会计监督制度

D. 外商投资企业仅使用英文作为会计记录文字

5. 某公司由于经营不善，亏损已成定局。为了实现公司提出的当年实现利润 50 万元的目标，公司负责人张某指使财务部会计人员李某在会计账簿上做一些“技术处理”，李某请示财务经理王某后遵照办理。该公司行为尚未构成犯罪，则财政部门对该公司及相关人员的处罚正确的有(　　)。

A. 对公司负责人张某处以 4 万元的罚款

B. 吊销余某的会计证书

C. 对财务部经理处以 2500 元的罚款

D. 对该公司予以通报的同时，并处 8 万元的罚款

三、判断题

1. 违反《会计法》的规定，将检举人姓名和检举材料转给被检举单位和被检举人个人的行为，由所在单位或者有关单位依法给予行政处分。(　　)

2. 根据《会计法》规定，各单位发生的各项经济业务事项应当在统一设置的会计账簿上登记、核算，不得违反《会计法》和国家统一的会计制度私设会计账簿。(　　)

3. 单位负责人对依法履行职责、抵制违反《会计法》规定行为的会计人员进行打击报复的行为，同样属于违法行为。(　　)

四、不定项选择题

2020 年 1 月，甲公司一批会计档案保管期满，其中有尚未结清的债权债务原始凭证。甲公司档案管理机构请会计机构负责人张某及相关人员在会计档案销毁清册上签署意见，将该批会计档案全部销毁。

2020 年 9 月，出纳郑某调离，与接替其工作的王某办理了会计工作交接。

2020 年 12 月，为完成利润指标，会计机构负责人张某采取虚增营业收入等方法，调整了财务会计报告，并经法定代表人周某同意，向乙公司提供了未经审计的财务会计报告。

要求：

根据上述资料，不考虑其他因素，分析并回答下列小题。

1. 关于甲公司销毁会计档案的下列表述中，正确的是(　　)。

A. 档案管理机构负责人应在会计档案销毁清册上签署意见

B. 法定代表人周某应在会计档案销毁清册上签署意见

C. 会计机构负责人张某不应在会计档案销毁清册上签署意见

D. 保管期满但未结清的债权债务原始凭证不得销毁

2. 下列关于会计人员郑某与王某交接会计工作的表述中，正确的是(　　)。

A. 郑某与王某应按移交清册逐项移交，核对点收

B. 应由会计机构负责人张某监交

C. 移交完毕，郑某与王某以及监交人应在移交清册上签名或盖章

D. 移交完毕，王某可自行另立新账进行会计记录

3. 关于甲公司向乙公司提供财务会计报告的下列表述中，正确的是(　　)。

A. 财务会计报告经注册会计师审计后才能对乙公司提供

B. 会计机构负责人张某应在财务会计报告上签章

C. 主管会计工作的负责人应在财务会计报告上签章

D. 法定代表人周某应在财务会计报告上签章

4. 关于会计机构负责人张某采取虚增营业收入等方法调整财务会计报告行为性质及法律后果的下列表述中，正确的是(　　)。

A. 可对张某处以罚款

B. 该行为属于编制虚假财务会计报告

C. 张某5年之内不得从事会计工作

D. 可对张某处以行政拘留

第三章　支付结算法律制度

学情分析

本章重点掌握以下几点：

1. 银行结算账户：能准确区分银行结算账户的分类、用途；熟练掌握银行结算账户的开立、变更、撤销；

2. 票据法律制度：能准确区分票据种类、熟练掌握票据记载事项、票据行为、付款期限；

3. 银行卡：能准确区分银行卡的分类及使用规定；

4. 其他结算方式：熟练掌握汇兑、委托收款、国内信用证、预付卡的相关规定；

5. 支付结算法律责任：支付结算违法行为及相关法律责任。

主要内容导图

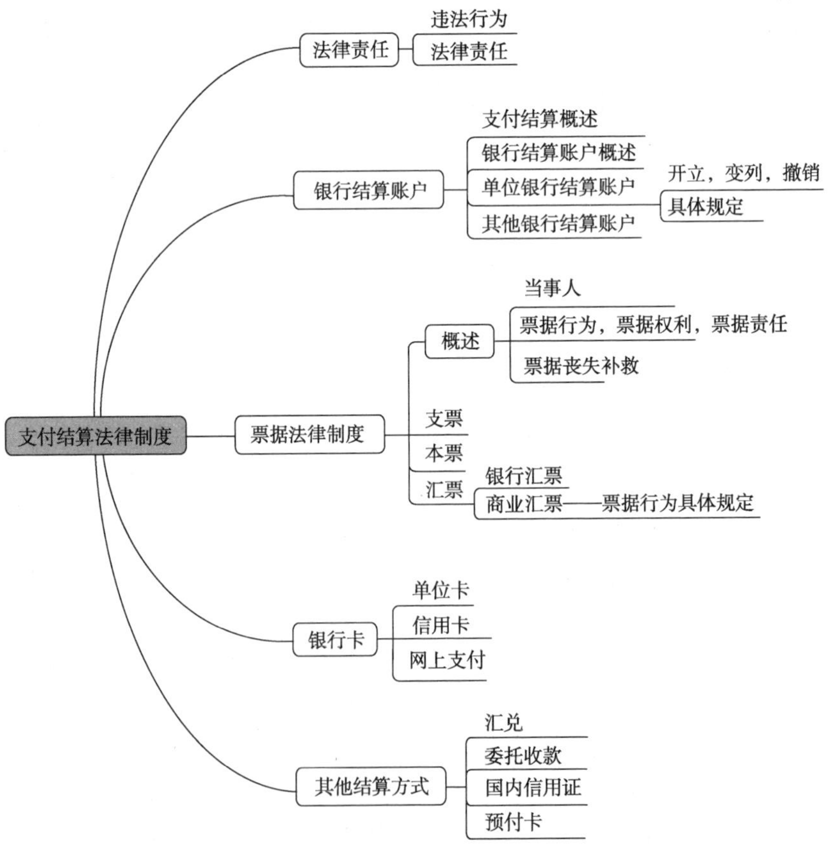

重、难点解析

一、银行结算账户

（一）支付结算概述

概念	单位、个人在社会经济活动中使用票据、银行卡和汇兑、托收承付、委托收款等结算方式进行货币给付及其资金清算的行为	
主要功能	完成资金从一方当事人向另一方当事人的转移	
主体	①主体是银行以及单位(含个体工商户)和个人 ②银行是支付结算和资金清算的中介机构 ③未经中国人民银行批准的非银行金融机构和其他单位不得作为中介机构办理结算业务	
工具	传统非现金支付工具	“三票一卡”：汇票、本票、支票、银行卡
		结算方式：汇兑、托收承付、委托收款
	我国已形成了以票据和银行卡为主体、以电子支付为发展方向的非现金支付工具体系	
原则	恪守信用、履约付款原则	
	谁的钱进谁的账、由谁支配原则	
	银行不垫款原则	
基本要求	单位、个人和银行办理支付结算，必须使用按中国人民银行统一规定印制的票据凭证和结算凭证	
	单位、个人和银行应该按照规定开立、使用账户 除国家法律、行政法规另有规定外，银行不得为任何单位或者个人查询账户情况，不得为任何单位或者个人冻结、扣划款项，不得停止单位、个人存款的正常支付	
	票据和结算凭证上的签章和其他记载事项应当真实，不得伪造、变造 ①伪造：无权限人假冒他人或者虚构他人名义签章的行为 ②变造：无权更改票据内容的人，对票据上签章以外的记载事项加以改变的行为 ③出票金额、出票日期、收款人名称不得更改，更改的票据无效；更改的结算凭证，银行不予受理	
	填写各种票据和结算凭证应当规范 ①收款人名称：单位和银行的名称应当记载全称或者规范化简称 ②出票日期： 必须使用中文大写(大写不规范的，银行可以受理，但由此造成的损失，由出票人自行承担) 加“零”：月为壹、贰、壹拾；日为壹~玖、壹拾、贰拾、叁拾 加“壹”：日为拾壹~拾玖 ③金额：票据和结算凭证金额以中文大写和阿拉伯数码同时记载，二者必须一致，二者不一致的票据无效；二者不一致的结算凭证银行不予受理	

【例题·单选题】某出纳在10月20日填写支票的出票日期，下列填写正确的是(　　)。

A. 零拾月零贰拾日　　B. 零壹拾月贰拾日

C. 零壹拾月零贰拾日　　D. 拾月零贰拾日

『答案』C，月为壹、贰、壹拾，日为壹~玖、壹拾、贰拾、叁拾的前面要加“零”

（二）银行结算账户

<table>
<tr><td>概念</td><td colspan="3">银行为存款人开立的办理资金收付结算的活期存款账户</td></tr>
<tr><td rowspan="3">分类</td><td rowspan="2">存款人不同</td><td colspan="2">单位银行结算账户：
按用途可分为基本存款账户、一般存款账户、专用存款账户、临时存款账户</td></tr>
<tr><td colspan="2">个人银行结算账户</td></tr>
<tr><td>开户地不同</td><td colspan="2">本地银行结算账户
异地银行结算账户</td></tr>
<tr><td rowspan="5">开立</td><td colspan="3">开立银行结算账户应遵循存款人自主原则
除国家法律、行政法规和国务院另有规定外，任何单位和个人不得强令存款人到指定银行开立银行结算账户</td></tr>
<tr><td colspan="3">开户证明文件：
①营业执照
②法定代表人/单位负责人有效身份证件
③授权他人办理的，出具授权书及被授权人的有效身份证件
④其他</td></tr>
<tr><td colspan="3">①先开立基本存款账户，再开立一般存款账户、专用存款账户、临时存款账户
②企业（在境内设立的企业法人、非法人企业和个体工商户）开立基本存款账户、一般存款账户、专用存款账户、临时存款账户，个人开立个人银行结算账户，实行备案制，系统生成基本存款账户编号
③银行应当审核企业开户证明文件的真实性、完整性、合规性</td></tr>
<tr><td colspan="3">预留签章：单位公章/财务专用章+法定代表人签章/授权代理人签章</td></tr>
<tr><td colspan="3">企业银行结算账户自开立之日即可办理收付款业务</td></tr>
<tr><td rowspan="3">变更</td><td>情形</td><td colspan="2">存款人变更账户名称、单位的法定代表人或主要负责人、地址</td></tr>
<tr><td rowspan="2">时间</td><td colspan="2">变更名称：5个工作日内向开户行提出变更申请</td></tr>
<tr><td colspan="2">变更法定代表人、地址：5个工作日内书面通知开户行</td></tr>
<tr><td rowspan="7">撤销</td><td rowspan="4">情形</td><td>被撤并、解散、宣告破产或关闭的</td><td rowspan="2">5个工作日内向开户行提出撤销申请</td></tr>
<tr><td>注销、被吊销营业执照的</td></tr>
<tr><td>因迁址需要变更开户银行的</td><td rowspan="2">撤销后10日内申请重新开立基本存款账户</td></tr>
<tr><td>其他原因需要撤销银行结算账户的</td></tr>
<tr><td colspan="3">存款人撤销银行结算账户，必须与开户银行核对银行结算账户存款余额，交回各种重要空白票据及结算凭证和开户许可证，银行核对无误后方可办理销户手续</td></tr>
<tr><td colspan="3">撤销银行结算账户时，应先撤销一般存款账户、专用存款账户、临时存款账户，将账户资金转入基本存款账户后，方可办理基本存款账户的撤销</td></tr>
<tr><td colspan="3">存款人尚未清偿其开户银行债务的，不得申请撤销该银行结算账户</td></tr>
</table>

【例题·多选题】根据支付结算法律制度的规定，下列关于银行结算账户开立、变更和撤销的说法中正确的有（　　）。

A. 开立银行结算账户，银行应建立存款人预留签章卡片

B. 存款人更改名称但不改变开户银行及账号的，应于5个工作日内书面通知开户银行

C. 存款人迁址应办理银行结算账户的撤销

D. 对按规定应撤销而未办理销户手续的单位银行结算账户，银行应通知存款人，自发出通知之日起30日内到开户银行办理销户手续

『**答案**』AD

<table>
<tr><td rowspan="4">基本存款账户</td><td colspan="3">办理日常转账结算和现金收付需要</td></tr>
<tr><td colspan="3">申请人：
企业法人、非法人企业；
机关、事业单位；
团级(含)以上军队
武警部队及武警部队及有关边防、分散执勤的支(分)队
社会团体、民办非企业组织
异地常设机构、外国驻华机构
个体工商户、居民委员会、村民委员会、社区委员会
单位设立的独立核算的附属机构，包括食堂、招待所、幼儿园
其他组织(如业主委员会、村民小组等)</td></tr>
<tr><td colspan="3">境外机构一个单位只能开立一个基本存款账户，是存款人主办账户</td></tr>
<tr><td colspan="3">开户证明文件：
营业执照正本、批文或登记证书、证明文件</td></tr>
<tr><td rowspan="4">一般存款账户</td><td colspan="3">办理借款转存、借款归还或其他结算需要</td></tr>
<tr><td colspan="3">可以办理现金缴存，但不得办理现金支取</td></tr>
<tr><td colspan="3">无数量限制</td></tr>
<tr><td colspan="3">开户证明文件：
出具开立基本存款账户规定的证明文件
基本存款账户开户许可证或基本存款账户编号、借款合同、有关证明</td></tr>
<tr><td rowspan="7">专用存款账户</td><td>基本建设资金、更新改造资金、政策性房地产开发资金</td><td colspan="2">需要支取现金的，开户时报中国人民银行当地分支行批准</td></tr>
<tr><td>证券交易结算资金，期货交易保证金，信托基金</td><td colspan="2">不得支取现金</td></tr>
<tr><td>粮、棉、油收购资金；
住房基金、社会保障基金；
党、团、工会经费等</td><td colspan="2">支取现金按国家现金管理规定办理</td></tr>
<tr><td>单位银行卡备用金</td><td colspan="2">必须由基本存款账户转入
不得办理现金收付</td></tr>
<tr><td>收入汇缴资金</td><td colspan="2">只收不付</td></tr>
<tr><td>业务支出资金</td><td colspan="2">支付不收</td></tr>
<tr><td colspan="3">开户证明文件：
出具开立基本存款账户规定的证明文件
基本存款账户开户许可证或基本存款账户编号、批文或证明</td></tr>
<tr><td rowspan="7">临时存款账户</td><td>设立临时机构</td><td colspan="2">驻在地主管部门批文</td></tr>
<tr><td>异地临时经营活动</td><td>营业执照正本+合同/批文</td><td rowspan="2">基本存款账户开户许可证或基本存款账户编号</td></tr>
<tr><td>增资验资</td><td>股东会/董事会决议</td></tr>
<tr><td>注册验资</td><td colspan="2">市场监督管理部门核发的企业名称预先核准通知书/批文</td></tr>
<tr><td>军队、武警单位承担基本建设或者异地执行作战、演习、抢险救灾、应对突发事件等临时任务</td><td colspan="2">批件/证明</td></tr>
<tr><td colspan="3">最长不得超过 2 年</td></tr>
<tr><td colspan="3">用于验资的账户，验资期间，只收不付
支取现金，按照国家现金管理的规定办理</td></tr>
</table>

续表

<table>
<tr><td rowspan="4">预算单位零余额账户</td><td colspan="2">向财政部门提出申请设立</td></tr>
<tr><td colspan="2">作为基本存款账户管理</td></tr>
<tr><td colspan="2">一个基层预算单位开设一个零余额账户</td></tr>
<tr><td colspan="2">用于财政授权支付，可以办理转账、提取现金等结算业务</td></tr>
<tr><td rowspan="6">个人银行结算账户</td><td colspan="2">存款人因投资、消费、结算等需要而凭个人身份证件以自然人名称开立的银行结算账户</td></tr>
<tr><td>Ⅰ类户</td><td>柜面+自助机具现场核验开立</td></tr>
<tr><td>Ⅱ类户</td><td>柜面+自助机具+网上银行/手机银行
日累计限额1万元、年累计限额20万元</td></tr>
<tr><td>Ⅲ类户</td><td>柜面+自助机具+网上银行/手机银行
任一时点账户余额不得超过2000元</td></tr>
<tr><td colspan="2">开户证明文件：
本人有效身份证件</td></tr>
<tr><td colspan="2">单位从其银行结算账户支付给个人银行结算账户的款项，每笔超过5万元(不包含5万元)的，应向其开户银行提供相应的付款依据
付款单位若在付款用途栏或备注栏注明事由，可不再另行出具付款依据，但付款单位应对支付款项事由的真实性、合法性负责</td></tr>
<tr><td>异地银行结算账户</td><td colspan="2">存款人在注册地或住所地行政区域之外开立的银行结算账户</td></tr>
<tr><td rowspan="2">实名制管理</td><td colspan="2">对出具的开户资料的真实性负责</td></tr>
<tr><td colspan="2">不得出租、出借银行结算账户，不得利用银行结算账户套取银行信用或进行洗钱活动</td></tr>
</table>

【例题·多选题】根据支付结算法律制度的规定，下列银行结算账户中，可以支取现金的有(　　)。

A. 因设立临时机构开立的临时存款账户　　B. 一般存款账户

C. 基本存款账户　　D. Ⅱ类个人银行结算账户

『答案』ACD，不得办理现金支取的账户有：①一般存款账户②证券交易结算资金、期货交易保证金、信托基金专户③单位银行卡账户④收入汇缴专户⑤验资账户⑥Ⅲ类个人银行账户

【例题·单选题】根据支付结算法律制度的规定，下列使用单位人民币卡的做法符合支付结算法律制度规定的是(　　)。

A. 某公司从基本存款账户向本单位人民币卡账户转账存入100万元

B. 某公司要求客户将销货款1万元直接汇入该公司单位人民币卡账户

C. 某公司财务人员为结算方便，经公司领导批准将公司单位人民币卡账户中的资金2万元转入本人的个人银行卡账户

D. 某公司决定不再使用单位人民币卡，于是将其销户，并将其中的资金转入本单位在该银行开立的一般存款账户

『答案』A

二、票据

（一）票据的概述

概念	广义：各种有价证券和凭证；狭义票据是指出票人签发的、约定自己或者委托付款人在见票时或指定的日期向收款人或持票人无条件支付一定金额的有价证券	
当事人	基本当事人	出票人、付款人、收款人
	非基本当事人	承兑人、背书人、被背书人、保证人
票据特征	完全有价证券：票据权利完全证券化	
	文义证券：文义记载票据权利与义务	
	无因证券：条件成立，权利成立	
	金钱债权证券：财产权利、金钱权利	
	要式证券：格式要求符合规定	
	流通证券	
票据功能	支付功能：充当支付工具、代替现金使用	
	汇兑功能：代替货币在不同地方之间运送，方便异地支付	
	信用功能：凭借信用，将未来才能获得的金钱作为现在的金钱使用	
	结算功能：债务抵消	
	融资功能：通过贴现、转贴现和再贴现实现	
票据权利	付款请求权	票载收款人、最后一手被背书人
	追索权	票载收款人、最后一手被背书人 代为清偿债务的保证人/背书人
	权利的取得	给付对价
		因税收、继承、赠与等无偿取得(票据权利不得优于其前手)
	丧失补救措施	挂失止付(不是必经措施，只是预防措施)： 应有明确的付款人 ①已承兑的商业汇票、支票 ②填明“现金”字样和代理付款行的银行汇票 ③填明“现金”字样的银行本票
		公示催告
		普通诉讼
	权利时效	对票据的出票人和承兑人的权利自到期日起2年
		见票即付的汇票、本票自出票日起2年
		对支票的出票人的权利，自出票日起6个月
		对前手的追索权，自被拒绝承兑或被拒绝付款之日起6个月
		对前手的再追索权，自清偿之日或被起提诉讼之日起3个月
	持票人因超过票据权利时效或因票据记载事项欠缺而丧失票据权利的，仍享有民事权利，可以请求出票人或者承兑人返还其与未支付的票据款金额相当的利益	
票据责任	付款责任	汇票承兑人、本票出票人、支票付款人
	清偿责任	背书人、汇票/支票的出票人、保证人
	票据债务人不得以自己与出票人或持票人前手之间的抗辩事由，对抗持票人	

（二）票据行为

<table>
<tr><td rowspan="12">出票</td><td colspan="3">概念：出票人签发票据并交付给收款人的票据行为</td></tr>
<tr><td colspan="3">基本要求：
出票人与付款人具有真实的委托付款关系
具有支付票据金额的可靠资金来源</td></tr>
<tr><td rowspan="10">记载事项</td><td rowspan="7">必须记载事项</td><td>表明“XX 票据”的字样</td></tr>
<tr><td>无条件支付的委托（银行汇票/本票是承诺）</td></tr>
<tr><td>出票金额</td></tr>
<tr><td>付款人名称（银行本票没有）</td></tr>
<tr><td>收款人名称（支票没有）</td></tr>
<tr><td>出票日期</td></tr>
<tr><td>出票人签章</td></tr>
<tr><td colspan="2">相对记载事项</td></tr>
<tr><td colspan="2">任意记载事项</td></tr>
<tr><td colspan="2">不产生法律效力的事项</td></tr>
<tr><td rowspan="8">背书</td><td colspan="3">概念：在票据背面或粘单上记载有关事项并签章的行为</td></tr>
<tr><td colspan="3">必须记载事项：背书人签章、被背书人名称</td></tr>
<tr><td colspan="3">相对记载事项：背书日期
背书未记载日期的，视为在票据到期日前背书</td></tr>
<tr><td colspan="3">粘单上的第一记载人，应当自票据和粘单的粘接处签章</td></tr>
<tr><td colspan="3">背书应当连续</td></tr>
<tr><td colspan="3">背书不得附有条件，附有条件的，所附条件不具有票据效力</td></tr>
<tr><td colspan="3">不得部分背书，部分背书属于无效背书</td></tr>
<tr><td colspan="3">不得背书转让的票据：
①记载了“不得转让”的。记载“不得转让”字样，其后手再背书转让的，原背书人对后手的被背书人不承担保证责任
②被拒绝承兑、被拒绝付款或者超过付款提示期限的</td></tr>
<tr><td rowspan="10">承兑</td><td colspan="3">概念：汇票付款人承诺在汇票到期日支付汇票金额并签章的行为
仅适用于商业汇票</td></tr>
<tr><td rowspan="4">提示承兑</td><td colspan="2">定日付款/出票后定期付款的汇票：到期日前提示承兑</td></tr>
<tr><td colspan="2">见票后定期付款的汇票：自出票日期 1 个月内提示承兑</td></tr>
<tr><td colspan="2">见票即付的汇票无需承兑</td></tr>
<tr><td colspan="2">汇票未按照规定期限提示承兑的，持票人丧失对前手的追索权</td></tr>
<tr><td>受理承兑</td><td colspan="2">付款人应当自收到提示承兑的汇票之日起 3 日内承兑或拒绝承兑</td></tr>
<tr><td colspan="3">必须记载事项：
汇票正面记载“承兑”字样、承兑人签章</td></tr>
<tr><td colspan="3">相对记载事项：承兑日期
未记载承兑日期的，应当以收到承兑的汇票之日起 3 日内最后一日为承兑日期</td></tr>
<tr><td colspan="3">见票后定期付款的汇票，应当在承兑时记载付款日期</td></tr>
<tr><td colspan="3">承兑不得附有条件，附有条件的，视为拒绝承兑</td></tr>
</table>

续表

保证	概念：票据债务人以外的人，为担保特定债务人履行票据债务而在票据上记载有关事项并签章的行为
	必须记载事项："保证"的字样、保证人签章
	相对记载事项： ①保证人名称和住所 ②被保证人的名称 未记载的，已承兑的汇票(承兑人)；未承兑的汇票(出票人) ③保证日期 未记载的，出票日期为保证日期
	国家机关、以公益为目的的事业单位、社会团体、企业法人的分支机构和职能部门作为票据保证人的，票据保证无效
	被保证的票据，保证人应当与被保证人对持票人承担连带责任
	保证人为两人以上的，保证人之间承担连带责任
	保证不得附有条件，附有条件的，不影响对票据的保证责任

【例题·多选题】根据支付结算法律制度的规定，下列关于票据权利的说法中，正确的有(　　)。

A. 票据权利包括付款请求权和追索权

B. 行使付款请求权的持票人可以是票据记载的收款人或最后的被背书人

C. 担负付款请求权付款义务的主要是主债务人

D. 票据追索权是第二顺序权利

『**答案**』ABCD

【例题·多选题】甲公司签发一张银行承兑汇票给乙公司，由A银行承兑，A银行在票据上注明"若票据到期时甲公司存款不足支付票款本银行不予付款"。该票据由丙公司提供保证，但丙公司未记载保证日期。票据到日期前乙公司将该票据背书转让给了丁公司。票据到期的第二天，丁公司持该票据向A银行提示付款时，A银行以甲公司账户余额不足为由拒绝付款，则丁公司可以依《票据法》向(　　)追索。

A. 甲公司　　B. 乙公司　　C. 丙公司　　D. A银行

『**答案**』ABC，承兑附条件的，视为拒绝承兑，票据有效，此时承兑人并不是票据的主债务人，因此选项D错误。未记载保证日期的，出票日期为保证日期，保证行为有效。甲公司为出票人、乙公司为背书人、丙公司为保证人，丁公司均可以追索。

【例题·多选题】根据《票据法》的规定，被追索人在向持票人支付有关金额及费用后，可以向其他汇票债务人行使再追索权。下列各项中，属于被追索人可请求其他汇票债务人清偿的款项有(　　)。

A. 被追索人已清偿的全部金额

B. 被追索人发出追索通知书的费用

C. 被追索人已清偿的全部利息

D. 持票人因票据金额被拒绝支付而导致的利润损失

『**答案**』ABC，追索人行使再追索权，可以请求其他汇票债务人支付下列金额和费用：

已清偿的全部金额及其自清偿日起至再追索清偿日止，按照中国人民银行规定的流动资金贷款利率计算的利息；发出通知书的费用。

（三）银行汇票

概念和适用范围	出票银行签发的，由其在见票时按照实际结算金额无条件支付给收款人或者持票人的票据，出票银行为银行汇票的付款人。银行汇票可以用于转载，填明“现金”字样的银行汇票也可以用于支取现金。单位和个人各种款项结算，均可使用银行汇票。
出票	①申请人填写“银行汇票申请书” ②出票银行受理银行汇票申请书，收妥款项后签发银行汇票，并将银行汇票和解讫通知一并交给申请人 ③申请人应将银行汇票和解讫通知一并交付给汇票上记明的收款人 ④申请人或收款人为单位的，银行不得为其签发现金银行汇票
实际结算金额	收款人应在出票金额以内，根据实际需要的款项办理结算，将实际结算金额和多余金额准确、清晰地填入银行汇票和解讫通知的有关栏内
	银行汇票的实际结算金额低于出票金额的，其多余金额由出票银行退交申请人
	未填明实际结算金额和多余金额或实际结算金额超过出票金额的，银行不予受理
	银行汇票的实际结算金额一经填写不得更改，更改实际结算金额的银行汇票无效
	银行汇票的背书转让以不超过出票金额的实际结算金额为准，未填写实际结算金额或实际结算金额超过出票金额的银行汇票不得背书转让
付款	银行汇票的提示付款期限自出票日期 1 个月，超过汇款期限提示付款的，代理付款人不予受理
	持票人向银行提示付款时，须同时提交银行汇票和解讫通知，缺少任何一联，银行不予受理
	持票人超过期限向代理付款银行提示付款不获付款的，须在票据权利时效内向出票银行作出说明，并提供本人身份证件或单位证明，持银行汇票和解讫通知向出票银行请求付款
退款	申请人因银行汇票超过付款提示期限或其他原因要求退款时，应将银行的汇票和解讫通知同时提交到出票银行。申请人缺少解讫通知要求退款的，出票银行应于银行汇票提示付款期满 1 个月后办理

（四）商业汇票

概念	出票人签发的、委托付款人在指定的日期无条件支付确定的金额给收款人或持票人的票据	
出票人	商业承兑汇票	资格条件： ①在银行开立存款账户的法人以及其他组织 ②与付款人具有真实的委托付款关系 ③具有支付汇票金额的可靠资金来源 可以由付款人签发并承兑，也可以由收款人签发交由付款人承兑
	银行承兑汇票	资格条件： ①在承兑银行开立存款账户的法人以及其他组织 ②与承兑银行具有真实的委托付款关系 ③资信状况良好 ④具有支付汇票金额的可靠资金来源 由在承兑银行开立存款账户的存款人签发

续表

付款期限	纸质商业汇票的付款期限，最长不得超过6个月 电子承兑汇票期限自出票日至到期日不超过一年	
承兑人	付款人承兑票据后称为“承兑人”，承担到期付款的责任	
	纸质银行承兑汇票：由银行承兑 纸质商业承兑汇票：由银行以外的付款人承兑	
	电子银行承兑汇票：由银行业金融机构、财务公司承兑 电子商业承兑汇票：由金融机构以外的法人或其他组织承兑	
	银行承兑汇票的承兑银行，应按票面金额向出票人收取万分之五的手续费	
贴现	按照交易方式：分为买断式和回购式	
	贴现条件： ①票据未到期 ②票据未记载“不得转让”事项 ③在银行存款账户的企业法人以及其他组织 ④与出票人或者直接前手之间具有真实的商品交易关系	
	贴现利息计算：实付贴现金额按票面金额扣除贴现日至汇票到期日前1日的利息计算；承兑人在异地的纸质商业汇票，贴现的期限以及贴现利息的计算应另加3天的划款日期	
	贴现收款：贴现到期，贴现银行应向付款人收取票款；不获付款的，贴现银行应向其前手追索票款；贴现银行追索票款时可从申请人的存款账户直接收取票款	
提示承兑期限	见票即付的商业汇票	无需承兑
	定日付款的汇票或出票后定期付款的商业汇票	汇票到期日前承兑
	见票后定期付款的汇票	出票后1个月内提示承兑
	逾期提示承兑的，丧失对出票人以外其他前手的追索权	
提示付款期限	定日付款、出票后定期付款的汇票	自到期日期10日内
	见票后定期付款	
	见票即付的汇票	出票后1个月内提示付款
	银行承兑汇票的出票人于汇票到期日未能足额交存票款时，承兑银行除凭票向持票人无条件付款外，对出票人尚未支付的汇票金额按照每天万分之五计收利息	
	商业承兑汇票承兑人账户余额不足以支付票款的，视同承兑人拒绝付款，承兑人开户行应当于提示付款日代承兑人作出拒付应答并说明理由，同时通过票据市场基础设施通知持票人	

（五）银行本票

概念	出票人签发的、承诺自己在见票时无条件支付确定的金额给收款人或持票人的票据
出票人	银行出票、银行付款
适用范围	单位、个人，同一票据交换区域
	银行本票可以用于转账，注明“现金”字样的银行本票可以用于支取现金
提示付款期限	银行本票见票即付，提示付款期自出票日起最长不得超过2个月

（六）支票

概念	出票人签发的、委托办理支票存款业务的银行在见票时无条件支付确定的金额给收款人或持票人的有价证券
付款人	出票人的开户银行
分类	现金支票：只能提取现金，不得转账
	转账支票：只能转账，不得提取现金
	普通支票：既能提取现金又能转账
	划线支票(普通支票左上角划2条平行线)：只能转账，不能提取现金
适用范围	单位、个人，同一票据交换区域
授权补记事项	金额、收款人名称，可以由出票人授权补记，未补记前不得背书转让和提示付款
提示付款期限	提示付款期限为自出票日起10日内
注意事项	支票限于见票即付不得另行记载付款日期，另行记载的该记载无效
	支票的出票人签发支票的金额不得超过“付款时”在付款人处实有的金额，禁止签发空头支票。支票的出票人不得签发与其预留本名的签名式样或印签不符的支票。
	支票的持票人超过提示付款期限提示付款的，出票人的开户银行不予受理，付款人不予付款。持票人丧失对前手的追索权，但出票人仍应当承担付款责任

【例题·单选题】下列各项中，可以贴现的是(　　)。

A. 现金支票　　B. 转账支票　　C. 银行汇票　　D. 商业汇票

『答案』D

【例题·单选题】根据支付结算法律制度的规定，下列关于票据提示付款期限的表述中，正确的是(　　)。

A. 支票的提示付款期限是自出票日起1个月

B. 银行汇票的提示付款期限是自出票日起1个月

C. 商业汇票的提示付款期限是自到期日起1个月

D. 银行本票的提示付款期限是自出票日起1个月

『答案』B

【例题·单选题】银行承兑汇票的承兑银行，应按票面金额向出票人收取一定比例的手续费，该比例为(　　)。

A. 千分之一　　B. 万分之五　　C. 千分之三　　D. 万分之三

『答案』B

【例题·多选题】根据支付结算法律制度的规定，下列关于商业汇票出票的表述中，正确的有(　　)。

A. 商业承兑汇票可以由收款人签发

B. 签发银行承兑汇票必须记载付款人名称

C. 银行承兑汇票应当承兑银行签发

D. 商业承兑汇票可以由付款人签发

『答案』ABD

【例题·多选题】根据支付结算法律制度的规定，下列选项所述票据丢失后，可以挂失止付的有(　　)。

A. 未承兑的商业汇票　　B. 转账支票

C. 现金支票　　　　　　　　　　　　D. 填明“现金”字样的银行本票

『**答案**』BCD，已承兑的商业汇票、支票、填明“现金”字样和代理付款人的银行汇票以及填明“现金”字样的银行本票丧失，可以由失票人通知付款人或者代理付款人挂失止付。

三、银行卡

<table>
<tr><td rowspan="9">分类</td><td rowspan="3">是否具有透支功能</td><td rowspan="2">信用卡</td><td rowspan="2">是否交存备用金</td><td>贷记卡</td></tr>
<tr><td>准贷记卡</td></tr>
<tr><td>借记卡</td><td>功能不同</td><td>转账卡、专用卡、储值卡</td></tr>
<tr><td rowspan="2">币种</td><td colspan="3">人民币卡</td></tr>
<tr><td colspan="3">外币卡</td></tr>
<tr><td rowspan="2">发行对象</td><td colspan="3">单位卡(商务卡)</td></tr>
<tr><td colspan="3">个人卡</td></tr>
<tr><td rowspan="2">信息载体</td><td colspan="3">磁条卡</td></tr>
<tr><td colspan="3">芯片卡</td></tr>
<tr><td rowspan="4">申领</td><td>单位卡</td><td colspan="3">开户许可证/基本存款账户编号</td></tr>
<tr><td rowspan="3">个人卡</td><td colspan="2" rowspan="3">本人有效身份证件</td><td>年满18周岁，有固定职业和稳定收入</td></tr>
<tr><td>持卡人处亲笔签字</td></tr>
<tr><td>提供身份证复印件</td></tr>
<tr><td>单位人民币卡</td><td colspan="4">①资金一律从基本存款账户转账存入，不得存取现金，不得存入销货收入
②可以办理商品交易和劳务供应款项的结算
③销户时，资金转入其基本存款账户，不得提取现金</td></tr>
<tr><td rowspan="5">贷记卡</td><td colspan="4">先消费后还款</td></tr>
<tr><td colspan="4">贷记卡持卡人非现金交易可享受免息还款期(银行记账日至还款日)或最低还款额待遇</td></tr>
<tr><td colspan="4">透支利率：
①上限日利率万分之五，下限是上限的0.7倍
②信用卡协议中应同时注明日利率和年利率
③利率调整发卡机构至少提前45日通知，持卡人有权在新利率生效前选择销户</td></tr>
<tr><td colspan="4">限额控制：
①信用卡ATM机提现，每卡每日累计≤1万元
②借记卡ATM机提现，每卡每日累计≤2万元
③储值卡面值或卡内币值≤1000元</td></tr>
<tr><td colspan="4">计息与收费：
①不得收取滞纳金
②提供超过授信额度用卡的，不得收取超限费
③不得收取违约金和年费、取现手续费、货币兑换费的利息</td></tr>
<tr><td>清算市场</td><td colspan="4">内外资企业均可申请
注册资本不低于10亿元人民币</td></tr>
<tr><td rowspan="3">收单结算收费</td><td colspan="4">借记卡：不高于0.35%(封顶13元)</td></tr>
<tr><td colspan="4">贷记卡：不高于0.45%</td></tr>
<tr><td colspan="4">非营利性的医疗、教育、社会福利、养老、慈善机构全额减免</td></tr>
</table>

【例题·单选题】根据支付结算法律制度的规定，下列支付工具中，可以透支的是(　　)。

A. 储蓄卡　　B. 信用卡　　C. 预付卡　　D. 储值卡

『**答案**』B

【例题·单选题】根据支付结算法律制度的规定，下列关于单位人民币卡账户使用的表述中，正确的是(　　)。

A. 支取现金　　B. 存入销货收入

C. 支付商品交易款项　　D. 透支

『**答案**』C，单位人民币卡账户的资金一律从其基本存款账户转账存入；不得存取现金，不得将销货收入存入单位卡账户；单位人民币卡可办理商品交易和劳务供应款项的结算，但不得透支。

【例题·单选题】根据支付结算法律制度规定，关于信用卡计息和收费的下列表述中，正确的是(　　)。

A. 发卡机构向信用卡持卡人按约定收取的违约金，不计收利息

B. 发卡机构向信用卡持卡人提供超过授信额度用卡的，应收取超限费

C. 发卡机构向信用卡持卡人收取的取现手续费，计收利息

D. 发卡机构向信用卡持卡人收取的年费，计收利息

『**答案**』A

四、网上支付

网上银行	分类	按服务对象	企业网上银行、个人网上银行
		按经营组织	分支型网上银行、纯网上银行
	功能	企业网上银行子系统	账户信息查询 支付指令 B2B 网上支付 批量支付
		个人网上银行子系统	账户信息查询 人民币转账业务 银证转账业务 外汇买卖业务 账户管理业务 B2C 网上支付
第三方支付	同一个人在同一家支付机构只能开立一个Ⅲ类账户		
	种类	线上支付	互联网在线支付、移动支付中的远程支付
		线下支付	POS 机刷卡支付、拉卡拉等自助终端支付、电话支付、手机近端支付、电视支付
	行业分类	金融型	银联商务、快钱、易宝支付、汇付天下、拉卡拉 不负有担保功能
		互联网型	支付宝、财付通

五、结算方式和其他支付工具

（一）结算方式

<table>
<tr><td rowspan="5">汇兑</td><td>分类</td><td colspan="2">信汇、电汇</td></tr>
<tr><td>适用</td><td colspan="2">单位、个人均可使用</td></tr>
<tr><td colspan="3">汇款回单只能作为汇出银行受理汇款的依据</td></tr>
<tr><td colspan="3">收账通知是银行将款项确已收入收款人账户的凭据</td></tr>
<tr><td colspan="3">撤汇：汇出银行尚未汇出的款项</td></tr>
<tr><td rowspan="2">委托收款</td><td>适用范围</td><td colspan="2">单位、个人、同城、异地均可使用</td></tr>
<tr><td colspan="3">凭已承兑的商业汇票、债券、存单等付款人债务证明办理款项的结算</td></tr>
<tr><td rowspan="9">国内
信用证</td><td>适用范围</td><td colspan="2">国内企业之间商品交易产生的货款结算</td></tr>
<tr><td>开证担保</td><td colspan="2">保证金、抵押、质押、保证均可</td></tr>
<tr><td>指定通知行</td><td colspan="2">由开证申请人指定，如开证申请人没有指定，开证行有权指定</td></tr>
<tr><td>转让</td><td colspan="2">可转让信用证可“部分或全部”转为可由第二受益人兑用，但只能转让一次</td></tr>
<tr><td>议付</td><td colspan="2">未明示可议付：
任何银行不得办理议付
明示可议付：
如开证行仅指定一家议付行，未被指定为议付行的银行不得办理议付，被指定的议付行可自行决定是否办理议付</td></tr>
<tr><td rowspan="3">付款</td><td>即期</td><td>收到相符单据次日起 5 个营业日内付款</td></tr>
<tr><td>远期</td><td>收到相符单据次日起 5 个营业日内确认到期付款，并在到期日付款</td></tr>
<tr><td colspan="2">信用证付款期限最长不超过 1 年
即使申请人交存的保证金及其存款账户余额不足支付，开证行仍应在规定的时间内付款</td></tr>
<tr><td>注销</td><td colspan="2">开证行、保兑行、议付行未在信用证有效期内收到单据的，开证行可在信用证逾有效期 1 个月后予以注销</td></tr>
</table>

【例题·多选题】根据支付结算法律制度的规定，下列关于办理汇兑业务的表述中，正确的有(　　)。

A. 汇款回单可以作为该笔汇款已转入收款人账户的证明

B. 汇兑凭证记载的汇款人、收款人在银行开立存款账户的，必须记载其账号

C. 汇款回单是汇出银行受理汇款的依据

D. 收款通知单是银行将款项确已转入收款人账户的凭据

『答案』BCD，汇款回单只能作为汇出银行受理汇款的依据，不能作为该笔汇款已转入收款人账户的证明。

【例题·判断题】国内信用证的受益人提交了相符单据，即使申请人交存的保证金及其存款账户余额不足支付，开证行仍应在规定的时间内付款。(　　)

『答案』√

（二）预付卡

限额	记载持卡人身份信息	限额不得超过5000元
	不记载持卡人身份信息	限额不得超过1000元
办理	①个人/单位购买记名预付卡/一次性购买不记名预付卡1万元以上的，应当使用实名并提供有效身份证件 ②单位一次性购买预付卡5000元以上、个人一次性购买预付卡5万元以上的，应当通过转账等非现金结算方式购买，不得使用现金 ③购卡人不得使用信用卡购买预付卡	
充值	只能通过现金或银行转账方式进行充值，不得使用信用卡充值	
	一次性充值5000元以上的，不得使用现金	
使用	①人民币计价 ②无透支功能 ③特约商户中使用 ④不得用于或变相用于提现 ⑤不得用于购买、交换非本机构发行的预付卡 ⑥卡内资金不得向银行账户或非本发卡机构开立的网络支付账户转移	
赎回	记名预付卡：购卡3个月后可赎回	
	不记名预付卡：不得赎回	

【例题·多选题】根据支付结算法律制度的规定，下列关于银行卡收单机构对特约商户管理的表述中，正确的有（　　）。

A. 特约商户是单位的，其收单银行结算账户可以使用个人银行结算账户

B. 对特约商户实行实名制管理

C. 对实体特约商户与网络特约商户分别进行风险评级

D. 对实体特约商户收单业务实行本地化经营，不得跨省域开展收单业务

『答案』BCD

【例题·判断题】非金融机构作为支付中介机构办理支付业务需经中国人民银行批准。（　　）

『答案』√

【例题·多选题】张某到发卡机构一次性购买3万元不记名预付卡，则下列说法中正确的有（　　）。

A. 发卡机构应当要求张某提供身份证件　　B. 张某可以使用现金购买

C. 张某可以使用信用卡购买　　D. 张某可以使用借记卡购买

『答案』ABD，一次性购买1万元以上的不记名预付卡需要提供身份证件；个人一次性购买预付卡5万元以上的，应通过银行转账等非现金结算方式购买，不得使用现金；购买预付卡不能通过信用卡付款。

六、结算纪律与法律责任

结算纪律	单位和个人办理支付结算	①不准签发没有资金保证的票据或远期支票、套取银行信用 ②不准签发、取得和转让没有真实交易和债权债务的票据，套取银行和他人资金 ③不准无理拒绝付款，任意占用他人资金 ④不准违反规定开立和使用账户
	银行办理支付结算	①不准以任何理由压票、任意退票、截留挪用资金 ②不准无理由拒绝支付应由银行支付的票据款项 ③不准受理无理拒付、不扣少扣滞纳金 ④不准违章签发、承兑、贴现票据，套取银行资金 ⑤不准签发空头银行汇票、银行本票和办理空头汇款 ⑥不准在制度外附加条件，影响汇路畅通 ⑦不准违反规定为单位和个人开立账户 ⑧不准拒绝受理、代理他行正常结算业务
法律责任	签发空头支票、印章与预留印鉴不符支票	未构成犯罪的： ①由中国人民银行处以票面金额5%但不低于1000元的罚款 ②持票人有权要求出票人赔偿支票金额2%的赔偿金
	无理拒付、占用他人资金	①处以压票、拖延支付期间内每日票据金额万分之7的罚款 ②银行违反的 责令改正 没收违法所得 违法所得5万元以上的，处1~5倍罚款 违法所得不足5万元的，处5万元以上~50万元的罚款
	违反账户规定行为	非经营性存款人：警告并处以1000元的罚款 经营性存款人： ①变更未及时通知：警告并处以1000元的罚款 ②使用中违法：警告并处5000~3万元的罚款 ③开立、撤销、伪造变造开户登记证违法：警告并处1万~3万元的罚款
	票据欺诈行为	依法追究刑事责任 情节轻微，不构成犯罪的，给予行政处罚

【例题·单选题】根据支付结算法律制度的规定，下列关于签发空头支票但尚未构成犯罪行为后果的表述中正确的是(　　)。

A. 出票人屡次签发空头支票，中国人民银行有权停止其开户银行办理支票业务

B. 出票人不以骗取财产为目的，应处以票面金额10%但不低于1万元的罚款

C. 出票人不以骗取财产为目的，持票人有权要求其赔偿支票余额10%的赔偿金

D. 出票人不以骗取财产为目的，应由中国人民银行给予处罚

『答案』D，对“屡次”签发的，(开户)银行应停止其签发支票。

【例题·单选题】经营性存款人的下列行为，中国人民银行可以给予5000元以上3万元以下罚款的是(　　)。

A. 出租、出借银行结算账户

B. 违反规定不及时撤销银行结算账户

C. 伪造、变造开户许可证

D. 伪造、变造证明文件欺骗银行开立结算账户

『答案』A

【例题·单选题】根据支付结算法律制度的规定，下列违反结算纪律的行为中，应由单位和个人承担法律责任的是(　　)。

A. 受理无理拒付、不扣少扣滞纳金

B. 签发空头银行汇票、银行本票和办理空头汇款

C. 签发、取得和转让没有真实交易和债权债务的票据，套取银行和他人资金

D. 压票、任意退票、截留挪用客户资金

『答案』C

【例题·单选题】存款人违反规定将单位款项转入个人银行结算账户的，对于经营性的存款人，给予警告并处以(　　)的罚款。

A. 1000 元　　　　B. 10000 元

C. 5000 元以上 3 万元以下　　　　D. 1 万元以上 3 万元以下

『答案』C

【例题·多选题】存款人在使用银行结算账户过程中，违反规定开立或不及时撤销银行结算账户的，正确的处罚表述为(　　)。

A. 非经营性的存款人，给予警告并处以 1000 元的罚款

B. 经营性的存款人，给予警告并处以 5000 元以上 3 万元以下的罚款

C. 经营性的存款人，给予警告并处以 1 万元以上 3 万元以下的罚款

D. 构成犯罪的，移交司法机关依法追究刑事责任

『答案』ACD

同步练习

第一节　支付结算概述

一、单项选择题

1. 下列办理支付结算和资金清算的主体中，属于中介机构性质的为(　　)。

A. 银行　　B. 国家　　C. 企业　　D. 个人

2. 根据《支付结算办法》的规定，下列各项中(　　)属于制定支付结算票据凭证和统一印制规定的法定机构。

A. 中国人民银行　　B. 财政部　　C. 国家税务总局　　D. 银监会

3. 某支付结算票据的出票日期为 10 月 19 日。下列各项中，票据日期的正确写法是(　　)。

A. 10 月 19 日　　B. 十月玖日　　C. 壹拾月壹拾玖日　　D. 零壹拾月壹拾玖日

4. 下列各项中，不属于单位、个人和银行办理支付结算业务时必须遵守的原则的是(　　)。

A. 银行不垫款　　B. 谁的钱进谁的账，由谁支配

C. 恪守信用履约付款　　D. 先保障收款人的利益

5. 票据出票的大写日期未按要求规范填写的，银行可以受理，但由此造成损失的，(　　)承担损失。

A. 银行　　B. 出票人　　C. 收票人　　D. 付款人

6. 下列说法错误的是(　　)。

A. 办理支付结算的形式要件包括票据和结算凭证的格式和书写规范要求等

B. 票据和结算凭证是办理支付结算的工具

C. 单位、个人和银行办理支付结算，未使用按中国人民银行统一规定印制的票据，票据无效

D. 单位、个人和银行办理支付结算，未使用中国人民银行统一规定格式的结算凭证，银行可以受理，但是造成损失的，由单位和个人承担责任

7. 根据《支付结算办法》的规定，签发票据时，可以更改的项目是(　　)。

A. 出票日期　　B. 收款人名称　　C. 票据金额　　D. 用途

8. 依据《支付结算办法》的规定，下列关于支付结算的表述中，正确的是(　　)。

A. 银行可以在适当范围内为存款人垫付资金

B. 银行有权支配存款人在银行账户里的资金

C. 支付结算可以通过任何金融机构进行

D. 银行在办理支付结算时必须遵循存款人的意志

二、多项选择题

1. 传统的人民币非现金支付工具主要包括(　　)和结算方式。

A. 汇票　　B. 本票　　C. 支票　　D. 银行卡

2. 使用中文大写填写票据出票日期时，应在其前面加“零”的月份有(　　)。

A. 壹月　　B. 贰月　　C. 叁月　　D. 壹拾月

3. 根据规定，下列属于办理支付结算的要求有(　　)。

A. 使用按统一规定印制的票据和结算凭证

B. 按规定开立和使用银行账户

C. 票据和结算凭证上签章和其他记载事项应当真实

D. 填写票据和结算凭证应当规范

4. 下列关于填写票据和结算凭证的描述中正确的是(　　)。

A. 中文大写金额数字应用正楷或行书填写，也可使用简化字

B. 中文大写金额数字到“元”为止的，在“元”之后应写“整”(或“正”)字

C. 中文大写金额数字前无需标明“人民币”字样

D. 阿拉伯小写金额数字中有“0”的，中文大写应按照汉语语言规律、金额数字构成和防止涂改的要求进行书写

5. 下列各项中，属于支付结算时应遵循的原则有(　　)。

A. 恪守信用，履约付款原则　　B. 谁的钱进谁的账，由谁支配原则

C. 银行不垫款原则　　D. 存款信息保密原则

6. 下列各项中，(　　)是支付结算的法律依据。

A. 与支付结算有关的法律

B. 与支付结算有关的行政法规及部门规章

C. 与支付结算有关的地方性规定

D. 中国人民银行颁布的有关支付结算的政策性文件

7. 下列各项中，(　　)属于单位、个人日常经济活动中主要使用的结算方式。

A. 票据　　B. 银行卡　　C. 委托收款　　D. 托收承付

三、判断题

1. 在我国，票据包括银行汇票、商业汇票、银行本票和支票。(　　)

2. 支付结算的主要功能是完成资金从一方当事人向另一方当事人的转移。(　　)

3. 银行不得为任何单位或者个人查询账户情况，不得为任何单位或者个人冻结、扣划款项，不得停止单位、个人存款的正常支付。(　　)

4. 支付结算必须通过中国银行批准的金融机构进行。(　　)

5. 票据和结算凭证金额以中文大写和阿拉伯数码同时记载，二者必须一致，二者不一致的票据银行可以受理，但由此造成的损失，由出票人自行承担。(　　)

6. "伪造"票据是指无权限人假冒他人或者虚构他人名义签章的行为。(　　)

第二节　银行结算账户

一、单项选择题

1. 根据《人民币银行结算账户管理办法》的规定，(　　)不可以申请开立基本存款账户。

A. 个体工商户　　B. 村民委员会　　C. 居民个人　　D. 外国驻华机构

2. 下列存款人中可以申请开立基本存款账户的有(　　)。

A. 异地常设机构　　B. 单位设立的非独立核算的附属机构

C. 营级以上军队　　D. 异地临时机构

3. 存款人名称、单位法定代表人或主要负责人、住址以及其他开户资料发生的变更是指(　　)。

A. 银行结算账户的开立　　B. 银行结算账户的变更

C. 临时存款账户的开立　　D. 异地存款账户的开立

4. 下列对基本存款账户与临时存款账户在管理上区别的表述中，正确的是(　　)。

A. 基本存款账户能支取现金而临时存款账户不能支取现金

B. 基本存款账户不能向银行借款而临时存款账户可以向银行借款

C. 基本存款账户没有数量限制而临时存款账户受数量限制

D. 基本存款账户没有时间限制而临时存款账户实行有效期管理

5. 存款人的营业执照注册地与经营地不在同一行政区域(跨省、市、县)，并出具注册地中国人民银行分支行的未开立基本存款账户的证明，可以根据需要在异地开立(　　)。

A. 一般存款账户　　B. 基本存款账户

C. 专用存款账户　　D. 临时存款账户

6. 根据《人民币银行结算账户管理办法》的规定，存款人按照法律、行政法规和规章，对其特定用途资金进行专项管理和使用而开立的银行结算账户是(　　)。

A. 专用存款账户　　B. 基本存款账户
C. 一般存款账户　　D. 临时存款账户

7. 单位银行结算账户的存款人可以在银行开立(　　)基本存款账户。

A. 1个　　B. 3个　　C. 10个　　D. 没有数量限制

8. 临时存款账户有效期为(　　)。

A. 最长不超过2年　　B. 最长不超过1年
C. 最短不得少于2年　　D. 最短不得少于1年

9. 按规定销户后的单位卡资金应转回该单位(　　)，不得提取现金。

A. 基本存款账户　　B. 一般存款账户
C. 单位银行结算账户　　D. 临时存款账户

10. 根据《人民币银行结算账户管理办法》的规定，不得申请撤销银行结算账户的情况是(　　)。

A. 存款人因迁址需要变更开户银行的
B. 存款人被注销、被吊销营业执照的
C. 存款人尚未清偿其开户银行债务，拟宣告破产的
D. 存款人被撤并、解散的

二、多项选择题

1. 根据《人民币银行结算账户管理办法》的规定，单位银行结算账户按用途不同分为(　　)。

A. 基本存款账户　　B. 一般存款账户　　C. 专用存款账户　　D. 临时存款账户

2. 根据人民币银行结算账户管理的有关规定，下列专用存款账户中，不可以支取现金的有(　　)。

A. 基本建设资金账户　　B. 政策性房地产开发资金账户
C. 证券交易结算资金专用存款账户　　D. 信托基金专用存款账户

3. 下列关于一般存款账户的表述中，正确的有(　　)。

A. 一般存款账户可以办理现金缴存，不得办理现金支取
B. 存款人开立一般存款账户没有数量的限制，可以开设无数个
C. 开立一般存款账户实行备案制，无须经中国人民银行核准
D. 在境内设立的企业法人开立一般存款账户的，银行应办理开户手续，并向中国人民银行当地分支行备案

4. 下列各项中，需要撤销银行结算账户的情形有(　　)。

A. 被撤并、解散、宣告破产或关闭的　　B. 注销、被吊销营业执照的
C. 因迁址需要变更开户银行的　　D. 单位负责人发生变更的

5. 银行结算账户根据开户地的不同，分为(　　)。

A. 本地银行结算账户　　B. 基本存款账户
C. 异地银行结算账户　　D. 一般存款账户

6. 下列关于银行结算账户的描述中正确的是(　　)。

A. 银行为存款人开立银行结算账户，应与存款人签订银行结算账户管理协议，明确双方的权利与义务

B. 存款人更改名称，但不改变开户银行及账号的，应于5个工作日内向开户银行提出银行结算账户的变更申请，并出具有关部门的证明文件

C. 单位的法定代表人或主要负责人、住址以及其他开户资料发生变更时，应于7个工作日内书面通知开户银行并提供有关证明

D. 属于变更开户许可证记载事项的，存款人办理变更手续时，应交回开户许可证，由中国人民银行当地分支行换发新的开户许可证

7. 下列关于专用存款账户的使用范围的说法中，正确的有(　　)。

A. 单位银行卡账户的资金必须由其基本存款账户转账存入

B. 期货交易保证金、财政预算外资金、证券交易结算资金和信托基金专用存款账户不得支取现金

C. 基本建设资金、更新改造资金、政策性房地产开发资金、金融机构存放同业资金账户需要支取现金的，应在开户时报中国人民银行当地分行批准

D. 粮、棉、油收购资金、社会保障基金、住房基金和党、团、工会经费等专用存款账户支取现金，应按现金管理条例的规定办理

8. 下列关于银行结算账户的描述中正确的是(　　)。

A. 存款人尚未清偿其开户银行债务的，不得申请撤销银行结算账户

B. 存款人撤销银行结算账户，必须与开户银行核对银行结算账户存款余额

C. 企业被注销营业执照的，应于5个工作日内向开户银行提出撤销银行结算账户的申请

D. 撤销银行结算账户时，应先撤销基本存款账户，再撤销一般存款账户

9. 存款人申请开立临时存款账户，应向银行出具(　　)。

A. 临时机构，应出具其驻在地主管部门同意设立临时机构的批文

B. 异地建筑施工及安装单位，应出具其营业执照正本或其隶属单位的营业执照副本，以及施工及安装地建设主管部门核发的许可证或建设施工及安装合同

C. 异地从事临时经营活动的单位，应出具其营业执照副本以及临时经营地工商行政管理部门的批文

D. 注册验资资金，应出具市场监督管理部门核发的企业名称预先核准通知书或有关部门的批文

10. 根据《人民币银行结算账户管理办法》的规定，下列各项中，属于存款人申请开立存款账户证明文件的有(　　)。

A. 借款合同

B. 个人的居民身份证

C. 政府人事部门或编制委员会的批文或登记证书和财政部门同意其开户的证明

D. 当地工商行政管理机关核发的营业执照正本

11. 下列关于个人银行结算账户的表述中，正确的有(　　)。

A. 单位从其银行结算账户支付给个人银行结算账户的款项，每笔超过5万元的，应向银行提供付款依据

B. 从单位银行结算账户支付给个人银行结算账户的款项应纳税的，税收代扣单位付款时，应向其开户银行提供完税证明

C. 居民申请开立个人银行结算账户的，应出具居民身份证或临时身份证

D. Ⅲ类户任一时点账户余额不得超过2000元

12. 在境内设立的企业法人开立(　　)实行备案制。

A. 一般存款账户　　B. 个人银行结算账户

C. 基本存款账户　　D. 临时存款账户

13. 根据《人民币银行结算账户管理办法》的规定，存款人因下列原因开立临时存款账户需要提供基本存款账户开户登记证或基本存款账户编号的有(　　)。

A. 设立临时机构　　B. 异地临时经营活动

C. 异地从事建筑施工及安装　　D. 注册验资

14. 通过自助机具受理个人银行账户开户申请的，银行可为开户申请人开立(　　)。

A. Ⅲ类户

B. Ⅱ类户

C. 银行工作人员现场核验身份信息的，可为其开立Ⅰ类户

D. 银行工作人员未现场核验身份信息的，可为其开立Ⅰ类户

15. 根据支付结算法律制度的规定，下列关于预算单位零余额账户的使用，表述正确的有(　　)。

A. 从零余额账户提取现金

B. 向本单位按账户管理规定保留的相应账户划拨工会经费、住房公积金及提租补贴

C. 通过零余额账户向下级单位划转资金，为下级单位购买设备

D. 通过零余额账户向本单位基本户划转资金，用于本单位日常零星支出

16. 下列关于各类银行结算账户的表述中，错误的有(　　)。

A. 预算单位零余额账户的开设没有数量限制

B. 一般存款账户的开设没有数量限制

C. 临时存款账户的有效期最长不超过 1 年

D. 注册验资的临时存款账户在验资期间只付不收

17. 下列关于个人银行结算账户的说法中，正确的有(　　)。

A. 赵某开立的Ⅰ类账户可以存取现金

B. 钱某开立的Ⅱ类账户可以存取现金

C. 银行可以为钱某开立Ⅱ类账户配发实体卡片

D. 孙某开立的Ⅲ类账户任一时点的余额不得超过 1000 元

18. 下列各项中，体现票据“完全有价证券”特征的有(　　)。

A. 交付证券　　B. 提示证券　　C. 设权证券　　D. 缴回证券

三、判断题

1. 单位银行结算账户的存款人只能在银行开立一个基本存款账户，不能多头开立基本存款账户。(　　)

2. 属于个人的合法收入可以将其转账存入其个人卡账户。(　　)

3. 银行结算账户是指银行为存款人开立的办理资金收付的活期存款账户和定期存款账户。(　　)

4. 与基本存款账户的存款人不在同一地点的附属非独立核算单位，可以申请开立一般存款账户，并须向开户银行出具基本存款账户的存款人同意其附属的非独立核算单位开户的证明。(　　)

5. 注册验资的临时存款账户在验资期间只付不收。(　　)

6. 银行结算账户按存款人不同，分为基本存款账户、一般存款账户、专用存款账户、临时存款账户。(　　)

7. 单位从其银行结算账户支付给个人银行结算账户的款项，每笔超过5万元(包含5万元)的，应向其开户银行提供付款依据。(　　)

8. 一个基层预算单位开设一个零余额账户，按一般存款账户进行管理。(　　)

四、不定项选择题

甲餐馆系有限责任公司，主要从事网上外卖业务。2019年10月2日，甲餐馆因办理日常结算需要，在P银行开立了基本存款账户。2020年9月5日，甲餐馆因贷款需要，在Q银行开立了一般存款账户。2021年11月16日，甲餐馆因经营不善停业，注销了营业执照，甲餐馆拟撤销银行结算账户。

已知：甲餐馆只有上述两个银行结算账户。

要求：

根据上述资料，不考虑其他因素，分析回答下列小题。

1. 下列关于甲餐馆在P银行开立的基本存款账户的表述中，正确的是(　　)。

A. 甲餐馆申请开立该账户时应出具企业法人营业执照

B. 甲餐馆可以通过该账户发放工资

C. 该账户是甲餐馆的主办账户

D. 甲餐馆可以自主选择另一家银行再开立一个基本存款账户

2. 下列业务中，属于甲餐馆在Q银行开立的一般存款账户可以办理的是(　　)。

A. 缴存现金2万元　　B. 转存借款20万元

C. 支取现金3万元　　D. 归还借款50万元

3. 甲餐馆应在2021年11月16日起的一定期限内向银行提出撤销银行结算账户的申请，该期限为(　　)。

A. 5个工作日　　B. 10个工作日　　C. 20个工作日　　D. 15个工作日

4. 下列关于甲餐馆撤销基本存款账户的表述中，正确的是(　　)。

A. 应将各种重要空白结算凭证、票据交回银行

B. 应先撤销在Q银行开立的一般存款账户

C. 应与P银行核对账户存款余额

D. 应清偿在Q银行的债务，并将在Q银行的账户资金转入基本存款账户

第三节　票据

一、单项选择题

1. 银行承兑汇票的出票人于汇票到期日未能足额交存票款时，承兑银行除凭票向持票人无条件付款外，对出票人尚未支付的汇票金额按照每天(　　)计收利息。

A. 千分之五　　B. 万分之五　　C. 千分之十　　D. 万分之十

2. 银行汇票的提示付款期限是自出票之日起(　　)。

A. 1周　　B. 2周　　C. 1个月　　D. 2个月

3. 在票据当事人中，在转让票据时，在票据背面签字或盖章并将该票据交付给受让人的票据收款人或持有人称为(　　)。

A. 背书人　　B. 出票人　　C. 收款人　　D. 付款人

4. 根据规定，见票后定期付款的汇票，持票人应当自出票日起(　　)内向付款人提示承兑。

A. 10 日　　B. 1 个月　　C. 3 个月　　D. 6 个月

5. 付款人承兑汇票，办理承兑手续时，应在汇票上记载事项中(　　)属于相对记载事项。

A. 承兑文句　　B. 承兑日期　　C. 承兑人签章　　D. “承兑”字样

6. 下列有关支票的说法不正确的是(　　)。

A. 支票限于见票即付，另行记载付款日期的，支票无效

B. 持票人应当自出票日起 10 日内提示付款

C. 支票的金额、收款人名称可以由出票人授权补记

D. 签发空头支票，不以骗取财物为目的的，按照票面金额对其处以 5%但不低于 1000 元的罚款

7. 在票据当事人中，依法定方式签发票据并将票据交付给收款人的人称为(　　)。

A. 背书人　　B. 出票人　　C. 收款人　　D. 付款人

8. 甲公司以支票方式向乙公司支付 16000 元货款，乙公司次日提示付款时，因甲公司实有存款金额仅为 10000 元而遭退票，银行应对甲公司处以(　　)元的罚款。

A. 500　　B. 800　　C. 1000　　D. 1800

9. 依据《票据法》的规定，下列票据中，需要提示承兑的是(　　)。

A. 支票　　B. 本票　　C. 商业汇票　　D. 银行汇票

10. 支票的基本当事人不包括(　　)。

A. 出票人　　B. 付款人　　C. 背书人　　D. 收款人

11. 汇票上未记载承兑日期的，以(　　)为承兑日期。

A. 3 天承兑期的第一日　　B. 3 天承兑期的第二日

C. 3 天承兑期的最后一日　　D. 3 天承兑期结束后的次日

12. 甲公司发现其持有的由乙公司签发的金额为 50 万元的转账支票为空头支票后，有权要求乙公司向其支付赔偿金的金额是(　　)元。

A. 25000　　B. 12000　　C. 10000　　D. 1000

13. 甲公司向乙公司购买货物，以一张丙公司为出票人的汇票支付货款，乙公司要求甲公司提供担保，甲公司请丁公司为该汇票作保证；丁公司在汇票背书栏签注：若该汇票出票真实，本公司愿意保证。后丙公司拒绝付款，那么丁公司对该汇票承担的责任是(　　)。

A. 应承担一定赔偿责任

B. 只承担一般保证责任，不承担票据保证责任

C. 应当承担票据保证责任

D. 不承担任何责任

14. 关于支票的付款，下列表述不正确的是(　　)。

A. 支票的提示付款期限自出票日起 10 日，但中国人民银行另有规定的除外

B. 超过提示付款期限提示付款的，持票人开户银行不予受理，付款人不予付款；出票人也免除票据责任

C. 持票人可以委托开户银行收款或直接向付款人提示付款，但用于支取现金的支票仅限于收款人向付款人提示付款

D. 持票人委托开户银行收款时，应作委托收款背书，在支票背面背书人签章栏签章、记载“委托收款”字样、背书日期，在被背书人栏记载开户银行名称，并将支票和填制的进账单送交开户银行

15. 甲银行为乙公司的银行承兑汇票办理承兑业务时，应当于一定期限内在票据市场基础设施完成相关信息登记工作。该期限是(　　)。

A. 不早于业务办理的次一工作日　　B. 不晚于业务办理的次一工作日

C. 不早于业务办理当日　　D. 不晚于业务办理当日

16. 甲公司向乙公司签发一张纸质商业承兑汇票，完成承兑后下列关于该汇票办理票据信息登记的说法中，错误的是(　　)。

A. 甲公司开户银行应当根据乙公司委托代其进行承兑信息登记

B. 若承兑信息未能及时登记，乙公司有权要求甲公司补充登记承兑信息

C. 若该汇票票面信息与登记信息不一致的，以纸质票据票面信息为准

D. 若甲公司向乙公司签发的为电子商业承兑汇票，则其签发及承兑的信息，将通过电子商业汇票系统同步传送至票据市场基础设施

17. 根据支付结算法律制度的规定，票据的持票人行使追索权，应当自将被拒绝事由书面通知其前手，通知的期限是(　　)

A. 自收到有关证明之日起 5 日内　　B. 自收到有关证明之日起 7 日内

C. 自收到有关证明之日起 3 日内　　D. 自收到有关证明之日起 10 日内

18. 甲公司向乙公司签发了一张见票后 3 个月付款的银行承兑汇票。乙公司持该汇票向付款人提示承兑的期限是(　　)

A. 自出票日起 10 日内　　B. 自出票日起 1 个月内

C. 自出票日起 6 个月内　　D. 自出票日起 2 个月内

19. 根据支付结算法律制度的规定，下列关于票据权利时效的表述中，正确的是(　　)。

A. 持票人对银行汇票出票人的权利自出票日起 2 年

B. 持票人对前手的追索权自被拒绝承兑或拒绝付款之日起 2 年

C. 持票人对商业汇票承兑人的权利自到期日起 1 年

D. 持票人对支票出票人的权利，自出票日起 1 年

20. 根据支付结算法律制度的规定，下列关于银行承兑汇票通过票据市场基础设施提示付款的表述中，不正确的是(　　)。

A. 承兑人于到期前进行付款确认的，应于提示付款日划付资金给持票人

B. 持票人在提示付款期限内提示付款的，承兑人应在提示付款日应答

C. 承兑人存在合法抗辩事由拒绝付款的，须在提示付款日出具拒绝付款证明

D. 承兑人在持票人提示付款后未在规定时间内应答的，视为同意付款

21. 根据支付结算法律制度的规定，下列关于银行本票的表述中，正确的是(　　)。

A. 银行本票见票即付

B. 超过提示付款期限，持票人向出票银行提示付款的，出票银行不受理

C. 银行本票一律不得用于支取现金

D. 银行本票一律不得背书转让

二、多项选择题

1. 在我国，票据包括(　　)。

A. 银行本票　　B. 支票　　C. 银行汇票　　D. 商业汇票

2. 某公司持有一张支票，未能在提示付款期限提示付款，由此造成的后果有(　　)。

A. 付款人与出票人承担连带付款责任　　B. 付款人不予付款

C. 出票人承担票据责任　　D. 丧失对出票人的追索权

3. 关于商业汇票的承兑的表述，正确的是(　　)。

A. 付款人对向其提示承兑的汇票，应当自收到提示承兑的汇票之日起 3 日内承兑或者拒绝承兑

B. 付款人收到持票人提示承兑的汇票时，应当向持票人签发收到汇票的回单

C. 回单上应当记明汇票提示承兑日期并签章

D. 回单实际是指持票人收到的付款人向其出具的已收到请求承兑汇票的证明，这一手续办理完毕，即意味着接受承兑。

4. 签发商业汇票必须记载(　　)。

A. 出票日期

B. 表明商业承兑汇票或银行承兑汇票的字样

C. 付款人名称

D. 出票人签章

5. 下列关于支票要求的说法正确的是(　　)。

A. 支票的出票人是经中国人民银行当地分支行批准办理支票业务的银行机构开立可以使用支票的存款账户的单位和个人

B. 支票的付款人为支票上记载的出票人开户银行

C. 支票上未记载付款地的，付款人的营业场所为付款地

D. 支票上未记载出票地的，出票人营业场所、住所或经常居住地为出票地

6. 以下属于票据的功能的有(　　)。

A. 支付功能　　B. 结算功能　　C. 流通功能　　D. 融资功能

7. 关于商业汇票的背书，说法正确的有(　　)。

A. 为了保证粘单的有效性和真实性，第一位使用粘单的背书人必须将粘单粘接在票据上，并且在汇票和粘单的粘接处签章，否则该粘单记载的内容即为无效

B. 如果背书不连续，付款人可以拒绝向持票人付款，否则付款人自行承担责任

C. 背书连续主要是指实质上的连续

D. 如果付款人明知持票人不是真正票据权利人，则不得向持票人付款，否则自行承担责任

8. 下列关于出票的其他法定条件的说法中，正确的是(　　)。

A. 支票的出票人委托付款人支付票款给收款人或持票人，作为支票付款人的银行并不是支票上的债务人，只是受出票人的委托从其账户支付票款

B. 出票人签发支票时，必须使用与其本名的签名式样和印鉴相一致的签章或使用相应的支付密码，否则，该支票即为无效

C. 出票人作成支票并交付之后，对出票人产生相应的法律效力

D. 出票人必须在付款人处存有足够可处分的资金，以保证支票票款的支付

9. 付款人在办理承兑手续时，应在汇票上记载承兑的事项包括(　　)。

A. 承兑文句　　B. 承兑日期　　C. 承兑人签章　　D. 承兑金额

10. 只能用于转账，不能支取现金的支票有(　　)。

A. 现金支票　　B. 转账支票　　C. 普通支票　　D. 划线支票

11. 以下票据可以提现的是(　　)。

A. 普通支票　　B. 商业汇票　　C. 银行汇票　　D. 银行本票

12. 根据支付结算法律制度的规定，下列票据背书行为中，属于非转让背书的有(　　)。

A. 票据贴现

B. 质押背书

C. 委托收款背书

D. 背书转让的票据，背书人未记载被背书人名称

13. 根据支付结算法律制度的规定，下列关于票据背书的说法中正确的有(　　)。

A. 使用粘单的背书人均应当在票据和粘单的粘接处签章

B. 以背书转让的票据，持票人以背书的连续，证明其票据权利

C. 非经背书转让，持票人依法举证，证明其票据权利

D. 将票据金额的一部分转让或者将票据金额分别转让给两人以上的背书无效

14. 根据支付结算法律制度的规定，下列各项中，属于保证的相对记载事项的有(　　)。

A. 保证人签章　　B. 保证日期

C. 被保证人名称　　D. 承担保证责任的前提条件

15. 支票的持票人超过提示付款期限提示付款，下列说法中正确的有(　　)。

A. 持票人的开户银行不予受理　　B. 付款人不予付款

C. 丧失对出票人的追索权　　D. 丧失对前手背书人的追索权

16. 下列关于银行汇票和银行本票的退款以及丧失的说法中正确的有(　　)。

A. 对银行汇票来说，只有符合规定填明“现金”的银行汇票的退款，才能退付现金

B. 对银行本票来说，只有现金银行本票的申请人申请退款，才能退付现金

C. 因超过提示付款期限或其他原因要求退款时，无论银行汇票还是本票，单位申请人均应当提供单位证明

D. 银行汇票和本票丧失的，失票人均可以凭人民法院出具的其享有票据权利的证明，向出票银行请求付款或退款

17. 下列关于电子商业汇票的说法中，正确的有(　　)。

A. 电子商业汇票按承兑人的不同可以分为电子商业承兑汇票、电子银行承兑汇票

B. 单张出票金额在100万元以上的商业汇票应全部通过电子商业汇票办理

C. 电子商业汇票的必须记载事项包括票据到期日、出票人名称等

D. 电子商业汇票的付款期限，自出票日至到期日最长不得超过1年

18. 关于电子商业汇票贴现的下列表述中，正确的有(　　)。

A. 电子商业汇票贴现必须记载的事项中包括贴人人名称及贴入人签章

B. 电子商业汇票回购式贴现赎回时应做成背书，并记载原贴出人名称及原贴出人签章

C. 办理电子商业汇票贴现及提示付款业务，可选择同城票据交换方式清算票据资金

D. 电子商业汇票当事人在办理回购式贴现业务时应明确赎回开放日、赎回截止日

19. 根据支付结算法律制度的规定，持票人行使票据追索权出具的下列证明中，具有法律效力的有(　　)。

A. 法院关于承兑人被依法宣告破产的司法文书

B. 承兑人出具的拒绝证明

C. 医院出具的付款人死亡的证明

D. 司法机关出具的付款人逃匿的证明

三、判断题

1. 根据《支付结算办法》的规定，付款人对商业汇票所作出的承兑是无条件的。(　　)

2. 支票的金额、收款人名称，可以由出票人授权补记，未补记前不得背书转让和提示付款。(　　)

3. 见票后定期付款的汇票，应当在承兑时记载付款日期。(　　)

4. 持票人向银行提示付款时，必须同时提交银行汇票和解讫通知，缺少任何一联，银行不予受理。(　　)

5. 现金支票不得背书转让。(　　)

6. 银行汇票、银行本票和商业汇票的签发人均为银行。(　　)

7. 票据责任是指票据债务人向持票人支付票据金额的责任。它是基于债务人特定的票据行为而应承担的义务，并具有制裁性质。(　　)

8. 出票人或背书人在票据上记载“不得转让”等类似文句，以禁止票据权利的转让，称为禁止背书。(　　)

9. 银行汇票的付款人为银行汇票的出票银行，银行汇票的付款地为代理付款人或出票人所在地。(　　)

10. 所有的票据当事人一定同时出现在某一张票据上。(　　)

11. 支票出票人所签发的支票金额不得超过其付款时付款人处实有的存款金额。(　　)

12. 保证人的保证责任不限于确定的票据债务人，凡对被保证的票据债务人享有权利的一切票据权利人，均可依该保证向保证人主张权利。(　　)

13. 持票人超过提示付款期限向代理付款银行提示付款不获付款的，必须在票据权利时效内向出票银行作出说明，并提供本人身份证件或单位证明，持银行汇票和解讫通知向出票

银行请求付款。(　　)

14. 出票是以创设票据权利为目的的票据行为。(　　)

15. 甲公司签发一张商业汇票给乙公司，乙公司将该汇票背书转让给丙公司并在票据背面注明“不得转让”字样，此行为属于附条件的背书。(　　)

四、不定项选择题

(一)

2020 年 5 月 10 日，甲公司向乙公司签发一张金额为 50 万元，出票后 1 个月付款的银行承兑汇票，经其开户银行 P 银行承兑后交付乙公司。5 月 15 日，乙公司将该票据背书转让给丙公司。5 月 20 日，丙公司将该票据背书转让给丁公司，并在票据上记载“不得转让”字样；5 月 25 日，丁公司在票据上记载“只有戊公司交货后，该背书转让方发生效力”的字样，将该票据背书转让给戊公司。6 月 12 日，戊公司向 P 银行提示付款时，P 银行以甲公司存款不足为由拒绝付款。

要求：

根据上述资料，不考虑其他因素，分析并回答下列小题。

1. 关于该票据当事人的下列表述中，正确的是(　　)。

A. 甲公司为出票人

B. 乙公司为收款人

C. 戊公司为最后一手背书的被背书人

D. P 银行为承兑人

2. 下列票据当事人中，丙公司应对其承担保证付款责任的是(　　)。

A. 丁公司　　B. 甲公司　　C. P 银行　　D. 戊公司

3. 关于丁公司附条件背书在票据上效力的下列表述中，正确的是(　　)。

A. 所附条件无效，该票据无效　　B. 所附条件有效，该背书有效

C. 所附条件无效，该背书有效　　D. 所附条件有效，该票据有效

4. 关于该汇票付款的下列表述中，正确的是(　　)。

A. P 银行应于 6 月 12 日足额支付

B. P 银行对甲公司尚未支付的汇票金额按照日万分之五计收利息

C. P 银行有权以甲公司存款不足为由拒绝付款

D. 甲公司应于 6 月 10 日前将票据款足额交付 P 银行

(二)

2020 年 6 月，甲公司在 P 银行开立基本存款账户。20120 年 6 月 12 日，财务人员王某代理甲公司向银行申请签发一张金额为 100 万元的银行汇票，交与业务员张某到异地乙公司采购货物。张某采购货物金额为 98 万元，与票面金额相差 2 万元。乙公司发货后，张某将汇票交付乙公司财务人员李某，李某审查后填写结算金额。2020 年 7 月 10 日，李某持票到本公司开户银行 Q 银行提示付款。

要求：

根据上述资料，不考虑其他因素，分析回答下列小题。

1. 下列关于王某代理甲公司办理银行汇票申请业务的表述中，正确的是(　　)。

A. 在“银行汇票申请书”上填明收款人为乙公司

B. 在“银行汇票申请书”上填明申请人为甲公司

C. 在“银行汇票申请书”上的出票金额栏填写“现金”字样

D. 在“银行汇票申请书”上加盖甲公司预留 P 银行签章

2. 下列各项中，属于李某接受银行汇票后应当审查的事项是(　　)。

A. 出票日期是否更改过

B. 汇票的大小写金额是否一致

C. 银行汇票与解讫通知的汇票号码和记载内容是否一致

D. 汇票上填写的收款人是否为乙公司

3. 下列对该汇票实际结算金额的填写表述中，李某应当采用的是(　　)。

A. 在汇票上不填写实际结算金额，填写多余金额 2 万元

B. 在汇票上填写实际结算金额为 100 万元

C. 在汇票上填写实际结算金额为 98 万元，不填写多余金额

D. 在汇票上填写实际结算金额 98 万元，填写多余金额 2 万元

4. 下列关于李某办理汇票提示付款的表述中，正确的是(　　)。

A. 应填写进账单

B. 应将汇票和解讫通知提交 Q 银行

C. 应出具乙公司营业执照正本

D. 应在汇票背面加盖乙公司预留 Q 银行签章

(三)甲公司于 2010 年 5 月在 W 市注册成立，在当地 P 银行开立基本存款账户，并长期保持良好支付记录。2018 年 12 月 10 日，甲公司向李某签发一张金额为 2 万元的现金支票，在支票提示付款期限内，李某向 P 银行提示付款，P 银行工作人员发现甲公司存款账户余额为 1 万元，遂告知李某甲公司存款余额不足以支付票款。

要求：根据上述资料，不考虑其他因素，分析回答下列小题。

1. 下列事项中，甲公司向李某签发支票必须记载的是(　　)。

A. 付款银行名称 P 银行　　B. 出票日期

C. 付款地 W 市　　D. 甲公司预留 P 银行签章

2. 下列日期中，在该支票提示付款期限内的是(　　)。

A. 2019 年 1 月 10 日　　B. 2018 年 12 月 12 日

C. 2018 年 12 月 19 日　　D. 2019 年 2 月 10 日

3. 下列事项中，李某向 P 银行提示付款时应当办理的是(　　)。

A. 在支票背面注明证件号码　　B. 向 P 银行交验身份证件

C. 在支票背面注明证件名称　　D. 在支票背面签章

4. 关于甲公司存款余额不足以支付票款的下列表述中，正确的是(　　)。

A. 李某应接受 P 银行退票并要求 P 银行出具拒绝付款证明

B. 李某有权要求甲公司支付赔偿金

C. 李某有权要求 P 银行支付现金 2 万元

D. P 银行可向李某支付现金 1 万元

第四节　银行卡

一、单项选择题

1. 根据支付结算法律制度规定，关于信用卡计息和收费的下列表述中，正确的是(　　)。

A. 发卡机构向信用卡持卡人按约定收取的违约金，不计收利息

B. 发卡机构向信用卡持卡人提供超过授信额度用卡的，应收取超限费

C. 发卡机构向信用卡持卡人收取的取现手续费，计收利息

D. 发卡机构向信用卡持卡人收取的年费，计收利息

2. 储值卡的面值或卡内币值不得超过(　　)。

A. 1000 元人民币　　B. 5000 元人民币

C. 10000 元人民币　　D. 3000 元人民币

3. 发卡机构向持卡人提供超过授信额度用卡的，(　　)。

A. 应当收取超限费　　B. 应当收取滞纳金

C. 不得收取超限费　　D. 不得收取年费

4. (　　)是唯一经国务院同意，由中国人民银行批准设立的银行卡清算机构。

A. 中国银行　　B. 中国银联股份有限公司

C. 上海票据交易所　　D. 内外资企业

5. 根据支付结算法律制度的规定，关于银行卡持卡人提取现金的下列表述中，不正确的是(　　)。

A. 贷记卡持卡人与发卡机构协议约定通过银行柜面提取现金限额

B. 借记卡持卡人不得通过银行柜面办理提取现金业务

C. 贷记卡持卡人在 ATM 机等自助机具每卡每日累计提取现金不得超过 1 万元人民币

D. 借记卡持卡人在 ATM 机等自助机具每卡每日累计提取现金不得超过 2 万元人民币

二、多项选择题

1. 根据支付结算法律制度的规定，下列关于个人申请贷记卡条件的说法中正确的有(　　)。

A. 年满 16 周岁，有固定职业和稳定收入，工作单位和户口在常住地的城乡居民

B. 填写申请表，并在持卡人处亲笔签字

C. 向发卡银行提供本人及附属卡持卡人、担保人的身份证复印件

D. 向发卡银行提供本人有效身份证件

2. 根据支付结算法律制度的规定，下列关于银行卡风险控制的说法中正确的有(　　)。

A. 信用卡持卡人通过 ATM 机办理现金提取业务，每卡每日累计不得超过人民币 2 万元

B. 借记卡持卡人通过 ATM 机办理现金提取业务，每卡每日累计不得超过人民币 1 万元

C. 储值卡面值或卡内币值不得超过 1000 元

D. 发卡机构可自主确定是否提供现金充值服务，并与持卡人协议约定每卡每日限额

3. 根据支付结算法律制度的规定，下列关于银行卡的说法中错误的有(　　)。

A. 刘某持贷记卡刷卡消费，可享受免息还款期待遇

B. 张某持贷记卡通过 ATM 机办理现金提取业务后，可享受最低还款额待遇

C. 王某持单位人民币卡与甲公司交易，透支 3 万元

D. 某银行为推广使用信用卡，可以将透支利率定为日万分之五的0.5倍

4. 根据支付结算法律制度规定，关于银行卡收单业务的下列表述中，正确的有(　　)。

A. 特约商户为个体工商户或自然人的，可以使用其同名个人结算账户作为收单银行结算账户

B. 特约商户使用单位银行结算账户作为收单银行结算账户的，收单机构应当审核其合法拥有该账户的证明文件

C. 收单机构向特约商户收取服务费由收单机构与特约商户协商确定具体费率

D. 收单机构应当对实体特约商户收单业务进行本地化经营和管理，不得跨省(自治区、直辖市)域开展收单业务

5. 个体工商户李某向某银行申请银行卡收单业务，该银行将李某认定为风险等级较高的特约商户，则银行有权采取的措施有(　　)。

A. 对开通的受理卡种和交易类型进行限制

B. 强化交易监测

C. 设置交易限额

D. 暂停银行卡交易

6. 甲公司的下列行为中，属于银行卡特约商户风险事件的有(　　)。

A. 移机　　　　B. 银行卡套现

C. 留存持卡人账户信息　　　　D. 延迟结算

7. 根据支付结算法律制度的规定，下列行业刷卡交易，发卡行服务费、网络服务费全额减免的有(　　)。

A. 公立学校　　B. 私人诊所　　C. 养老院　　D. 水电煤气缴费

三、判断题

1. 申请成为银行卡清算机构的，注册资本不低于5亿元人民币。(　　)

2. 外资企业不能申请在中国境内设立银行卡清算机构。(　　)

3. 银联商务属于互联网支付企业，其特点是依托自有电子商务网站，提供担保功能，以在线支付为主，立足于个人消费者端。(　　)

四、不定项选择题

(一)

2018年1月，张某为方便投资理财、网上购物等需求到P银行办理一张借记卡并开通网上银行业务，存入存款20万元。

2019年2月，张某在P银行申请一张信用卡用于日常生活消费。

2019年8月，因女儿李某(15周岁)，即将到外地生活，为便利其学习生活，张某拟为李某申办一张信用卡，到Q银行办理相关事宜。

2020年3月，张某的信用卡丢失，因担心被盗用，遂申请销户。

要求：根据上述资料，不考虑其他因素，分析并回答下列小题。

1. 张某通过网上银行可能办理的业务是(　　)。

A. 向张某的银行结算账户转款

B. 向张某的股票投资账户转款

C. 在某个网站购物向商家支付货款

D. 为张某的信用卡还款

2. 张某使用其信用卡可以办理的业务是(　　)。

A. 通过银行柜面在限额内提取现金

B. 将该卡预借现金额度内的资金划转到张某本人的银行结算账户

C. 通过 ATM 等自助机具在限额内提取现金

D. 将该卡预借现金额度内的资金划转到他人的银行结算账户

3. 关于张某为女儿李某申办信用卡的下列表述中，符合法律规定的是(　　)。

A. 张某可以自己的名义再办一张信用卡交由李某使用

B. 李某申办信用卡需要父母提供担保

C. 张某出示本人和李某的身份证即可为李某办理信用卡

D. 李某不符合信用卡申领条件，不能申领

4. 关于张某信用卡销户有关事项的下列表述中，符合法律规定的是(　　)。

A. 张某须还清该卡的全部透支本息

B. 张某须还清该卡的全部交易款项

C. 张某须还清该卡的有关费用

D. P 银行受理注销申请之日起 45 日后，被注销银行卡账户方能清户

（二）

2020 年 10 月，甲公司法定代表人王某在 P 银行为本公司开立了基本存款账户，同时本人在 P 银行申领一张借记卡。2020 年 11 月，甲公司在 Q 银行开立单位人民币卡账户并转入资金。2020 年 12 月，甲公司发生 4 笔业务，收到现金货款 2 万元、支付原材料采购款 6 万元、支付劳务费 4 万元、提取周转现金 1 万元。

已知：各账户存款余额充足。

要求：

根据上述资料，不考虑其他因素，分析并回答下列小题。

1. 王某在 P 银行申请开立甲公司基本存款账户的下列事项中，正确的是(　　)。

A. 代表甲公司与 P 银行签订银行结算账户管理协议

B. 填写开户申请书

C. 在开户申请书上加盖甲公司公章

D. 向 P 银行出具甲公司营业执照正本

2. 甲公司通过 P 银行存款账户可以办理的业务是(　　)。

A. 提取现金 1 万元　　B. 支付原材料采购款 6 万元

C. 存入现金货款 2 万元　　D. 支付劳务费 4 万元

3. 王某使用其个人借记卡可以办理的业务是(　　)。

A. 在 ATM 机上一次性提取现金 5 万元　　B. 购买 P 银行理财产品 10 万元

C. 存入甲公司的现金货款 2 万元　　D. 在商场刷卡消费 1 万元

4. 下列关于甲公司 Q 银行账户的表述中，正确的是(　　)。

A. 可以从甲公司 P 银行存款账户转入资金 10 万元

B. 可以存入现金货款 2 万元

C. 可以转账支付劳务费 4 万元

D. 可以提取周转现金 1 万元

第五节　网上支付

一、单项选择题

1. 根据支付结算法律制度的规定，下列情形中，属于线上支付的有(　　)。

A. 张某在超市购物，使用公交一卡通支付购物款

B. 李某在商场购物，通过 POS 机刷卡支付购物款

C. 王某在机场购物，使用手机近端支付购物款

D. 刘某网上购物，通过支付宝支付货款

2. 根据支付结算法律制度的规定，下列各项中，属于网上银行按服务对象进行的分类是(　　)。

A. 企业网上银行　　B. 分支型网上银行

C. 零售银行　　D. 批发银行

3. 个人网上银行具体业务功能不包括(　　)。

A. 个人余额查询　　B. 信用卡的购物明细查询

C. 网上支付　　D. B2B 支付

4. 网上银行又被称为(　　)。

A. 5A 银行　　B. 5W 银行　　C. 3A 银行　　D. 3W 银行

二、多项选择题

1. 电子交易的当事人包括(　　)。

A. 消费者　　B. 厂商　　C. 金融机构　　D. 政府部门

2. 网上银行按照经营组织分为(　　)。

A. 企业网上银行　　B. 分支型网上银行

C. 纯网上银行　　D. 个人网上银行

3. 以下属于企业网上银行主要业务功能的有(　　)。

A. 账户信息查询　　B. B2B 网上支付　　C. B2C 网上支付　　D. 批量支付

4. 以下属于线下支付方式的有(　　)。

A. POS 机刷卡支付　　B. 拉卡拉终端支付

C. 手机近端支付　　D. 电视支付

5. 目前第三方支付机构主要有(　　)模式。

A. 金融型支付企业　　B. 互联网支付企业

C. 现金支付企业　　D. 回购支付企业

三、判断题

1. 第三方支付模式负有担保功能。(　　)

2. 纯网上银行只有一个站点。(　　)

四、不定项选择题

2020年6月6日，甲公司在P银行开立主办账户，并与其签订协议开通网上银行业务。8月28日因借款200万元，在Q银行又开立一个银行结算账户。9月12日，甲公司一次性购买金额2万元的预付卡。10月拟发生3笔业务，从Q银行提取现金3万元，向Q银行缴存现金4万元，偿还Q银行借款利息1万元。

已知，甲公司各银行结算账户余额充足。

要求：

根据上述资料，不考虑其他因素，分析回答下列小题。

1. 关于甲公司在P银行申请开立的主办账户，下列说法正确的是(　　)。

A. 该账户是甲公司的基本存款账户

B. 甲公司日常转账结算和现金收付可以通过该账户办理

C. 甲公司申请开立该账户时，应当向P银行提供营业执照正本

D. 甲公司与P银行应当签订账户管理协议

2. 甲公司开通网上银行业务后，可以通过网上银行办理的业务是(　　)。

A. 账户信息查询　　B. B2B网上支付　　C. 批量支付　　D. B2C网上支付

3. 甲公司在Q银行开立的银行结算账户可以办理的业务是(　　)。

A. 提取现金3万元　　B. 存放借款200万元

C. 偿还借款利息1万元　　D. 缴存现金4万元

4. 甲公司购买预付卡，可以采用的方式是(　　)。

A. 通过P银行网上银行汇款2万元　　B. 现金支付2万元

C. 签发P银行转账支票2万元　　D. 在P银行柜台汇款2万元

第六节　结算方式和其他支付工具

一、单项选择题

1. 根据支付结算法律制度的规定，下列以汇兑方式结算的款项中，汇款人可以申请撤销的是(　　)。

A. 汇出银行已经汇出的款项　　B. 汇入银行已经发出收账通知的款项

C. 收款人拒绝接受的款项　　D. 汇出银行尚未汇出的款项

2. 根据支付结算法律制度的规定，下列关于不记名预付卡的表述中，正确的是(　　)。

A. 可以挂失　　B. 不得设置有效期

C. 不得使用信用卡购买　　D. 可以随时赎回

3. 根据支付结算法律制度的规定，下列关于预付卡使用的表述中，正确的是(　　)。

A. 超过有效期尚有资金余额的预付卡，可通过延期、激活等方式继续使用

B. 可用于交换非本发卡机构发行的预付卡

C. 可用提现

D. 可以透支

4. 根据支付结算法律制度的规定，下列各项关于预付卡的说法中，正确的是(　　)。

A. 单张不记名预付卡资金限额不得超过5000元

B. 购买不记名预付卡不需要提供购买人身份证件

C. 为预付卡一次性充值金额在5000元以上的不允许使用现金

D. 可以用于购买非本发卡机构发行的预付卡

5. 根据支付结算法律制度的规定，下列结算方式中，只能单位使用的是(　　)。

A. 银行卡　　B. 委托收款　　C. 国内信用证　　D. 支票

6. 2020 年 1 月 15 日，甲公司持一张到期银行承兑汇票到 P 银行办理委托收款，该汇票由 Q 银行承兑，甲公司在委托收款凭证上可以不记载的事项是(　　)。

A. 付款人 Q 银行　　B. 收款人甲公司　　C. 委托日期　　D. 甲公司地址

二、多项选择题

1. 根据支付结算法律制度的规定，下列关于办理汇兑业务的表述中，正确的有(　　)。

A. 汇款回单可以作为该笔汇款已转入收款人账户的证明

B. 汇兑凭证记载的汇款人、收款人在银行开立存款账户的，必须记载其账号

C. 汇款回单是汇出银行受理汇款的依据

D. 收款通知单是银行将款项确已转入收款人账户的凭据

2. 下列关于委托收款的说法中，正确的有(　　)。

A. 单位和个人均可以使用

B. 委托收款以银行以外的单位为付款人的，委托收款凭证必须记载付款人开户银行名称

C. 委托收款以银行以外的单位为收款人的，委托收款凭证必须记载收款人开户银行名称

D. 未在银行开立存款账户的个人，不能办理委托收款业务

3. 下列关于国内信用证办理和使用要求的表述中，符合支付结算法律制度规定的有(　　)。

A. 我国信用证为不可撤销的跟单信用证

B. 我国信用证付款期限最长不超过 1 年

C. 信用证未明示可议付，任何银行不得办理议付

D. 开证行可要求申请人交存一定数额的保证金

4. 王某到发卡机构一次性购买 3 万元不记名预付卡，则下列说法中正确的有(　　)。

A. 发卡机构应当要求王某提供身份证件　　B. 王某可以使用现金购买

C. 王某可以使用信用卡购买　　D. 王某可以使用借记卡购买

5. 根据支付结算法律制度的规定，关于预付卡的下列表述中，正确的有(　　)。

A. 单张记名预付卡资金限额不得超过 5000 元

B. 个人购买记名预付卡可不使用实名

C. 预付卡以人民币计价，不具有透支功能

D. 单张不记名预付卡资金限额不得超过 1000 元

三、判断题

1. 委托收款在同城、异地均可使用。(　　)

2. 国内信用证的受益人提交了相符单据，即使申请人交存的保证金及其存款账户余额不足支付，开证行仍应在规定的时间内付款。(　　)

3. 不准违章签发、承兑、贴现票据，套取银行资金是单位和个人办理支付结算所应遵循的结算纪律。(　　)

四、不定项选择题

2019年8月7日，王某为购物消费便利，到甲支付机构一次性购买一张记名预付卡和若干张不记名预付卡，共计金额6万元。购卡后，王某在生活中广泛使用。2020年5月王某因被派驻国外工作，将剩余不记名预付卡交由妻子刘某使用，同时委托妻子刘某将记名预付卡代理自己赎回。

要求：

根据上述材料，不考虑其他因素，分析并回答下列小题。

1. 甲支付机构向王某出售预付卡时，下列信息中，应当登记的是(　　)。

A. 王某的身份证名称和号码　　B. 王某的联系方式

C. 购卡总金额　　D. 预付卡卡号

2. 王某本次购买预付卡，下列拟使用的资金结算方式中，正确的是(　　)。

A. 借记卡刷POS机6万元　　B. 现金支付6万元

C. 手机银行转账6万元　　D. 信用卡刷POS机6万元

3. 下列各项中，王某可以使用记名预付卡办理的是(　　)。

A. 将卡内资金转入第三方支付账户

B. 在甲支付机构签约的特约商户中购物消费

C. 购买交通卡

D. 在商场购买预付卡

4. 刘某为王某代理赎回预付卡时，下列各项中，必须出示的是(　　)。

A. 王某的记名预付卡　　B. 刘某与王某的结婚证件

C. 刘某的有效身份证件　　D. 王某的有效身份证件

第7节　结算纪律与法律责任

一、单项选择题

1. 经营性存款人的下列行为，中国人民银行可以给予5000元以上3万元以下罚款的是(　　)。

A. 出租、出借银行结算账户

B. 违反规定不及时撤销银行结算账户

C. 伪造、变造开户许可证

D. 伪造、变造证明文件欺骗银行开立结算账户

2. 根据支付结算法律制度的规定，下列人员应当负刑事责任的是(　　)。

A. 赵某使用作废的信用卡　　B. 钱某使用信用卡提取现金

C. 孙某信用卡丢失未及时挂失　　D. 李某超过授信额度用卡

3. 根据支付结算法律制度的规定，下列关于签发空头支票但尚未构成犯罪行为后果的表述中正确的是(　　)。

A. 出票人屡次签发空头支票，中国人民银行有权停止其开户银行办理支票业务

B. 出票人不以骗取财产为目的，应处以票面金额10%但不低于1万元的罚款

C. 出票人不以骗取财产为目的，持票人有权要求其赔偿支票余额10%的赔偿金

D. 出票人不以骗取财产为目的，应由中国人民银行给予处罚

4. 存款人的开户资料的变更事项未在规定期限内通知银行的，对于经营性的存款人，

给予警告并处以(　　)的罚款。

A. 1000 元　　B. 10000 元

C. 5000 元以上 3 万元以下　　D. 1 万元以上 3 万元以下

5. 空头支票的处罚主体是(　　)。

A. 中国银行　　B. 开户银行　　C. 中国人民银行　　D. 财政部门

6. 甲银行在结算账户使用的过程中，违反规定为储蓄账户办理转账结算，应给予的处罚措施是( )。

A. 警告，并处以 1000 元以上 3 万元以下的罚款

B. 警告，并处以 3000 元以上 3 万元以下的罚款

C. 警告，并处以 5000 元以上 3 万元以下的罚款

D. 警告，并处以 1 万元以上 3 万元以下的罚款

二、多项选择题

1. 下列利用信用卡进行诈骗活动的情形中，数额较大应追究刑事责任的有(　　)。

A. 恶意透支的

B. 冒用他人信用卡的

C. 使用以虚假身份证明骗取的信用卡的

D. 使用伪造的信用卡的

2. 以下行为中，将对经营性存款人给予警告并处以 5000 元以上 3 万元以下的罚款的有(　　)。

A. 违反规定支取现金

B. 利用开立银行结算账户逃废银行债务

C. 出租、出借银行结算账户

D. 违反规定将单位款项转入个人银行结算账户

3. 银行机构违反票据承兑等结算业务规定，不予兑现，不予收付入账，压单、压票或者违反规定退票的，由国务院银行保险监督管理机构(　　)。

A. 责令其改正

B. 有违法所得的，没收违法所得

C. 违法所得 5 万元以上的，并处违法所得 1 倍以上 5 倍以下罚款

D. 违法所得不足 5 万元的，处 5 万元以上 30 万元以下罚款

4. 下列妨害信用卡管理的，应追究刑事责任的有(　　)。

A. 窃取他人信用卡资料的　　B. 出售伪造的信用卡

C. 使用虚假身份证明骗取信用卡的　　D. 非法持有他人信用卡

5. 经营性存款人的下列行为，中国人民银行可以给予 1 万元以上 3 万元以下罚款的是(　　)。

A. 伪造开户登记证　　B. 违反规定开立银行结算账户

C. 违反规定支取现金　　D. 违反规定不及时撤销银行结算账户

6. 出票人签发下列支票，银行应予以退票，并按票面金额处以 5%但不低于 1000 元罚款的为(　　)。

A. 空头支票

B. 支付密码错误的支票

C. 出票日期未使用中文大写规范填写的支票

D. 签章与其预留银行签章不符的支票

7. 存款人违反规定，伪造、变造开户登记证，对于其处罚，下列表述正确的有(　　)。

A. 非经营性的存款人，给予警告并处以 1000 元的罚款

B. 非经营性的存款人，给予警告并处以 1 万元以上 3 万元以下的罚款

C. 经营性的存款人，给予警告并处以 1 万元以上 3 万元以下的罚款

D. 构成犯罪的，移交司法机关依法追究刑事责任

第四章　增值税、消费税法律制度

第一节　税收法律制度概述

学情分析

本节属于基础性章节，内容难度不大，主要介绍了税收和税法的概念、构成要素等内容。学习本节时，大家应重点把握下列内容：

1. 税收的概念与特征，注意结合税收的本质一起理解；

2. 税收法律制度和税法的概念和分类；注意税收法律制度的级次划分。

3. 税制的构成要素，尤其是纳税人、征税对象、税率三大基本要素应重点掌握，这将为后面章节学习具体税种打下理论基础。

学习本节时，由于理论比较抽象，应注意将相关知识与典型例题结合起来理解掌握。初涉税法的同学们，首先要树立税法思维，准确理解税法基本原理，进而掌握各税种的基本计算，以便为今后的学习和工作打下良好的基础。

主要内容导图

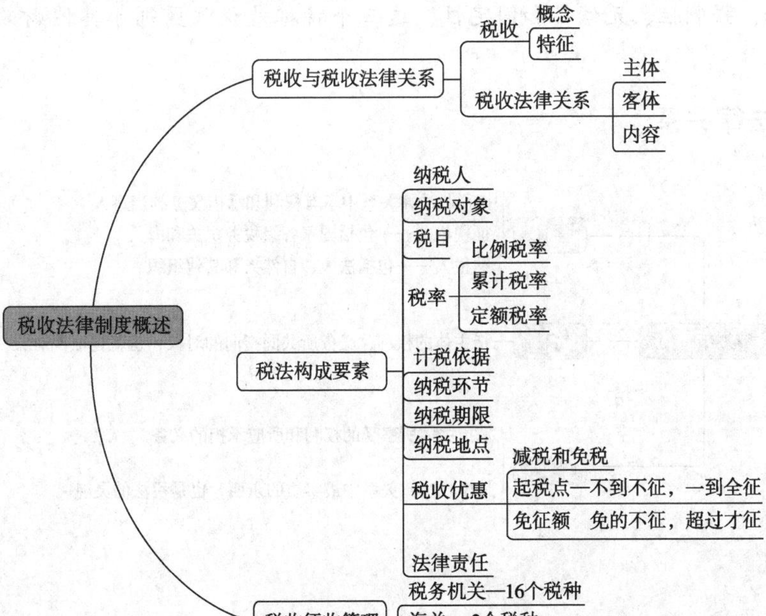

重、难点解析

一、税收的概念与特征

概念	税收是以国家为主体，为实现国家职能，凭借政治权力，按照法定标准，无偿取得财政收入的一种特定分配形式 【注意】结合税收的本质一起理解	
本质	1. 税收的主体是谁？国家和政府	
	2. 国家征税凭借的是什么？国家的政治权力	
	3. 国家征税的目的是什么？实现国家职能	
	4. 税收的实质是什么？是国家参与社会产品分配的一种特殊形式	
特征	1. 强制性	纳税人必须依法纳税，否则就要受到法律的制裁
	2. 无偿性	国家取得税收收入既不需偿还，也不需对纳税人付出任何对价 税收的无偿性是区分税收收入和其他财政收入形式的重要特征 【注意】税收的无偿性是税收"三性"的核心
	3. 固定性	包括时间上的连续性和征收比例的固定性 税收规定的标准，征税和纳税双方都必须共同遵守
关系	税收的"三性"特征是相互联系的统一体，其中税收的无偿性是核心，强制性是保证，固定性是上述两者的必然结果	

【例题·判断题】税收是指国家为满足社会公共需要，凭借经济权力，按照法定标准，无偿取得财政收入的一种形式。(　　)

【答案】×，税收凭借的是政治权力，而非经济权力。

【例题·多选题】下列各项中，属于税收特征的有(　　)。

A. 强制性　　B. 灵活性　　C. 无偿性　　D. 固定性

【答案】ACD，强制性、无偿性和固定性，这三个特征是税收区别于其他财政收入的基本标志。

二、税收法律关系

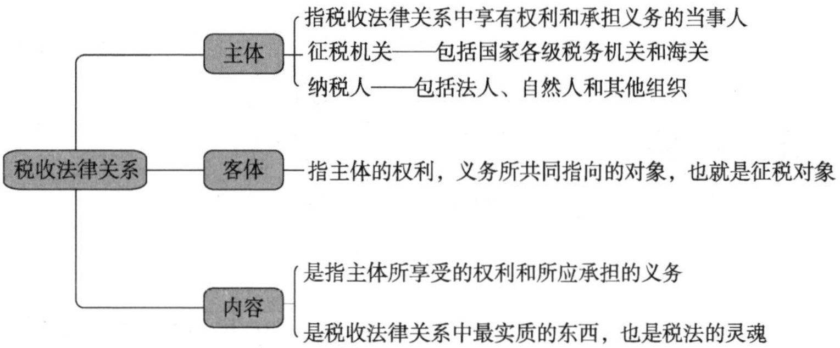

三、税法的分类

税法	概念	税法是国家制定的用以调整国家与纳税人之间在纳税方面的权利及义务关系的法律规范的总称		
	分类★	功能作用	税收实体法	针对某一具体税种 例：《中华人民共和国企业所得税法》等
			税收程序法	针对税务管理程序 例：《税收征收管理法》《海关法》《进出口关税条例》
		法律级次	法律	全国人大及常委会
			行政法规	国务院
			部门规章 规范性文件	国务院财税主管部门（主要是财政部、国家税务总局、海关总署和国务院关税税则委员会）
			效力排序：法律>行政法规>部门规章和规范性文件	

【例题·单选题】有权制定税收法律的是（　　）。

A. 全国人民代表大会及其常委会　　B. 国务院

C. 财政部　　D. 国家税务总局

【答案】A，《中华人民共和国立法法》第八条规定，税收基本制度，只能由全国人民代表大会及其常务委员会制定法律。

【例题·多选题】根据税法的功能作用的不同，可以将税法分为（　　）。

A. 税收行政法规　　B. 税收实体法

C. 税收程序法　　D. 国际税法

【答案】BC，按照税法的功能作用的不同，将税法分为税收实体法和税收程序法。

【例题·多选题】下列属于税收实体法的有（　　）。

A.《税收征管法》　　B.《增值税暂行条例》

C.《中华人民共和国企业所得税法》　　D.《进出口关税条例》

【答案】BC，税收实体法针对某一具体税种，如增值税、企业所得税等。AD属于税收程序法。

四、税制的构成要素

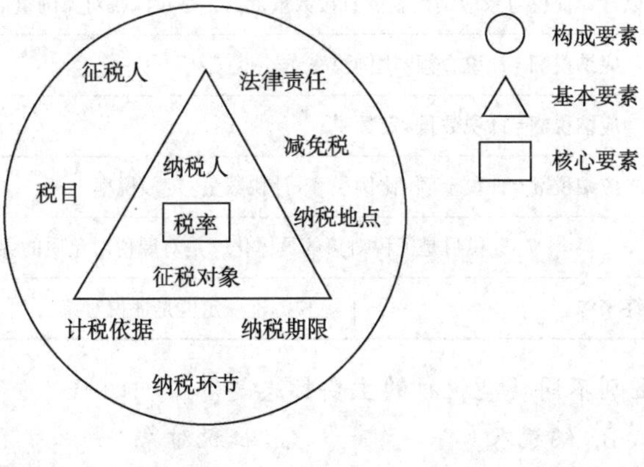

【注意】税制的构成要素(10 项)——纳税义务人、征税对象、税目、税率、计税依据、纳税环节、纳税期限、纳税地点、减免税和法律责任。

税制的基本要素(3 项)——纳税义务人、征税对象、税率。

税制的核心要素(1 项)——税率

【例题·多选题】下列各项中属于税法基本要素的有(　　)。

A. 征税人　　B. 纳税义务人　　C. 征税对象　　D. 计税依据

【答案】BC，税制的基本要素是纳税义务人。征税对象。税率。

(一) 纳税人

纳税义务人	依法直接负有纳税义务的单位和个人	纳税人包括法人、自然人和其他组织
代扣代缴义务人	有义务从持有的纳税人收入中扣除应纳税款并代为缴纳的企业或单位	出版社代扣作者稿酬所得的个人所得税
代收代缴义务人	指虽不承担纳税义务，但依照有关规定，在向纳税人收取商品或劳务收入时，有义务代收代缴其应纳税款的单位和个人	委托加工的应税消费品，由受托方代收代缴消费税
负税人	最终负担税款的单位和个人	纳税人不一定就是负税人 两者可能一致，也可能不一致

【例题·多选题】下列关于纳税人的说法正确的有(　　)。

A. 纳税人是纳税义务人的简称

B. 纳税人即纳税主体

C. 由于存在税务转移的可能性，纳税人就是负税人

D. 纳税人只包括法人

【答案】AB

【解析】C 项由于存在税务转移的可能性，纳税人不一定就是负税人。D 项纳税人包括自然人和法人。

(二) 征税对象——最基本要素

<table>
<tr><td>征税对象★</td><td colspan="3">又称课税对象、征税客体、征税范围
即对什么征税，不同的征税对象是区别不同税种的主要标志</td></tr>
<tr><td rowspan="4">税基
(计税依据)</td><td colspan="3">税基是据以计算征税对象应纳税款的直接数量依据，是对课税对象的量的规定</td></tr>
<tr><td>从价计征</td><td colspan="2">应纳税额=计税金额×比例税率</td></tr>
<tr><td>从量计征</td><td colspan="2">应纳税额=计税数量×定额税</td></tr>
<tr><td>复合计征</td><td colspan="2">应纳税额=计税金额×比例税率+计税数量×定额税率</td></tr>
<tr><td>税目</td><td colspan="3">税目是征税对象的具体化，是对课税对象质的界定</td></tr>
<tr><td>税源</td><td colspan="2">税收的最终来源</td><td>税源不一定就是征税对象</td></tr>
</table>

【例题·单选题】区别不同类型税种的主要标志是(　　)。

A. 税率　　B. 纳税人　　C. 征税对象　　D. 纳税期限

【答案】C，不同的征税对象是区别不同税种的主要标志。

（三）税率——核心要素

<table>
<tr><td rowspan="11">★税率</td><td colspan="3">计算税额的尺度，反映了征税的深度，是衡量税负轻重与否的重要标志</td></tr>
<tr><td rowspan="5">比例税率
同一对象，
不论多少，
同一比例</td><td>单一比例税率</td><td>对同一征税对象的所有纳税人都适用同一比例税率</td></tr>
<tr><td rowspan="3">差别比例税率</td><td>产品差别比例税率，如增值税</td></tr>
<tr><td>行业差别比例税率，如企业所得税</td></tr>
<tr><td>地区差别比例税率，如城市维护建设税</td></tr>
<tr><td>幅度比例税率</td><td>税法只规定一个具有上下限的幅度税率，具体税率授权地方根据本地实际情况在该幅度内予以确定。</td></tr>
<tr><td rowspan="4">累进税率
数额越大，
税率越高；
数额越小，
税率越低</td><td>全额累进税率</td><td>我国不采用这种税率</td></tr>
<tr><td>超额累进税率</td><td>代表税种：个人所得税中的综合所得</td></tr>
<tr><td>超率累进税率</td><td>代表税种：土地增值税</td></tr>
<tr><td colspan="2">【注意】我国现行税法体系采用的累进税率形式只有超额累进税率、超率累进税率。</td></tr>
<tr><td>定额税率</td><td colspan="2">固定税额，一般适用于从量计征的税种，
如部分消费税（黄酒、啤酒、成品油）、城镇土地使用税、车船税</td></tr>
</table>

【例题·单选题】企业所得税的税率形式是（　　）。

A. 累进税率　　B. 定额税率　　C. 比例税率　　D. 其他税率

【答案】C

【例题·单选题】我国个人所得税中的工资薪金所得采取的税率形式属于（　　）。

A. 比例税率　　B. 超额累进税率　　C. 超率累进税率　　D. 全额累进税率

【答案】B，个人所得税中的工资薪金所得是按照超额累进税率计算的。

（四）减免税

<table>
<tr><td rowspan="6">减免税</td><td colspan="3">减免税是根据国家政策，对某些纳税人和征税对象给予鼓励和照顾的一种特殊规定
【注意】区分减税和免税
减税是从应征税款中减征部分税款；免税是免征全部税款
与减免税相对立的，是加重税负的措施，包括：税收附加、税收加成</td></tr>
<tr><td rowspan="3">税基式减免</td><td>起征点</td><td>税法规定对征税对象开始征税的起点数额
征税对象的数额“达到”起征点的就“全部数额征税”，“未达到”起征点的“不征税”（不到不征，一到全征）</td></tr>
<tr><td>免征额</td><td>征税对象总额中免予征税的数额，只就减除后的“剩余部分”计征税款，是对所有纳税人的照顾（免的不征，超过才征）</td></tr>
<tr><td colspan="2">【注意】区分起征点和免征额，不达起征点和免征额时都不交税，但是一旦达到起征点是全额征税，超过免征额是只对超过部分征税</td></tr>
<tr><td>税率式减免</td><td colspan="2">包括重新确定税率、选用其他税率、零税率等形式</td></tr>
<tr><td>税额式减免</td><td colspan="2">包括全部免征、减半征收、核定减免率、抵免税额以及另定减征额等形式</td></tr>
</table>

【例题·判断题】如果税法规定某一税种的起征点是800元，那么，超过起征点的，只对超过800元的部分征税。（　　）

【答案】×，起征点是800元，那么超过起征点则对全额征税的。

（五）其他要素

纳税环节	税法规定的征税对象在从生产到消费的流转过程中应当缴纳税款的环节 如流转税在生产和流通环节纳税；所得税在分配环节纳税
纳税期限	按期纳税；按次纳税；按年计征、分期预交
纳税地点	根据各个税种纳税对象的纳税环节，有利于税款的源泉控制
法律责任	对违反国家税法规定的行为人采取的处罚措施 纳税人和税务人员违反税法规定，都将依法承担法律责任

【例题·多选题】我国现行的纳税期限有（　　）形式。

A. 按期纳税　　B. 按次纳税

C. 按年计征，分期预交　　D. 固定期限纳税

【答案】ABC

同步练习

第一节　税收概述

一、单项选择题

1. 税收的主体是（　　）。

A. 国家和政府　　B. 企业单位　　C. 个人　　D. 税务机关

2. 国家征税凭借的是（　　）。

A. 经济权力　　B. 财产权力　　C. 政治权力　　D. 以上三者均有

3. 税收的（　　）特征是区别于其他财政收入形式的最本质的特征。

A. 固定性　　B. 强制性　　C. 经常性　　D. 无偿性

4. 税收的特征的核心是（　　）。

A. 强制性　　B. 固定性　　C. 无偿性　　D. 公益性

5. （　　）是指国家征税必须通过法律形式，事先规定课税对象和课征额度。

A. 强制性　　B. 无偿性　　C. 固定性　　D. 灵活性

二、多项选择题

1. 国家征税的目的是（　　）

A. 参与社会产品的分配，取得物质财富，用于行使国家职能

B. 满足公民物质文化生活的需要和各项法定权利的实现

C. 满足企事业单位经济发展的需要

D. 积累大量的资金用于工农业基础建设、公共设施建设、发展科、卫、文、教等事业

2. 下列各项中，属于税收特征的有（　　）。

A. 强制性　　B. 固定性　　C. 分配性　　D. 无偿性

3. 关于税法与税收关系的表述中，正确的有（　　）。

A. 税收是一种经济活动，税法是一种法律制度

B. 税收必须以税法为其依据和保障

C. 税法对税收活动的有序进行和税收目的的有效实现起着重要的法律保障作用

D. 税法是税收的法律依据和法律保障

二、判断题

(　　)1. 税收的无偿性是核心，固定性是保证，强制性是上述两者的必然结果。

(　　)2. 税收的“三性”是区别于其他财政收入形式的基本标志。

(　　)3. 税收是作为国家财政收入最主要的一种形式存在的。

第二节　税收制度与税法

一、单项选择题

1. 由国务院制定的是(　　)。

A.《中华人民共和国增值税暂行条例》

B.《中华人民共和国企业所得税法》

C.《中华人民共和国消费税暂行条例实施细则》

D.《税收征管法》

2. 我国税收立法权规定地方人民代表大会及其常务委员会有权制定的是(　　)。

A. 税收法律　　B. 地方性法规　　C. 部门规章　　D. 地方规章

3. 下列法规中，属于地方税收规章的是(　　)。

A.《中华人民共和国海关法》

B.《中华人民共和国城镇土地使用税暂行条例》实施办法

C.《中华人民共和国税收征收管理法实施细则》

D.《中华人民共和国个人所得税法实施细则》

4. 按照税法法律级次，可以将税法分为(　　)。

A. 税收实体法与税收程序法

B. 中央税法与地方税法

C. 税收法律、税收行政法规、税收规章和税收规范性文件

D. 国际税法与国内税法

5. 按照功能作用，税法可以分为(　　)。

A. 中央税法和地方税法　　B. 税收基本法和税收普通法

C. 税收实体法和税收程序法　　D. 所得税法和流转税法

二、多项选择题

1. 属于税收程序法的有(　　)。

A.《税收管理法》　　B.《发票管理法》

C.《纳税程序法》　　D.《企业所得税法》

2. 国务院财税主管部门，主要是(　　)。

A. 财政部　　B. 国家税务总局

C. 海关总署　　D. 国务院关税税则委员会

3. 下列税种中，由税务机关负责征收和管理的有(　　)。

A. 环境保护税　　B. 车船税　　C. 船舶吨税　　D. 关税

三、判断题

(　　)1. 税收程序法是税法的核心部分，没有税收程序法，税法体系就不能成立。

(　　)2. 税收行政法规由人大常委会根据有关法律的规定制定，其法律地位和法律效力低于宪法，高于税收法律。

第三节　税制的构成要素

一、单项选择题

1. 不属于构成税法的最基本的要素的是(　　)。

A. 纳税义务人　　B. 征税人　　C. 征税对象　　D. 税率

2. 区分不同税种的主要标志是(　　)。

A. 征税对象　　B. 税目　　C. 纳税主体　　D. 税率

3. (　　)是征税对象的具体化。

A. 计税依据　　B. 税源　　C. 税目　　D. 税率

4. (　　)就是以同一征税对象不分数额大小，规定相同的征收比例的税率。

A. 比例税率　　B. 累进税率　　C. 定额税率　　D. 复合税率

5. 我国目前采用定额税率的税种是(　　)。

A. 增值税　　B. 城建税　　C. 房产税　　D. 车船税

6. 我国目前采用超率累进税率的是(　　)。

A. 个人所得税　　B. 消费税　　C. 土地增值税　　D. 企业所得税

7. 免征额是指对(　　)中免于征税的数额。

A. 征税对象总额　　B. 征税对象扣除额　　C. 征税项目　　D. 应征收的数额

8. 我国个人所得税的计算中，按税法规定，可以按扣除 5000 元后的金额计算应纳税额，该 5000 元指的是(　　)。

A. 直接减税　　B. 起征点　　C. 直接免税　　D. 免征额

9. 下列关于起征点与免征额的说法中，不正确的有(　　)。

A. 征税对象的数额未达到起征点的不征税

B. 当课税对象大于免征额时，仅对免征额部分征税

C. 当课税对象小于免征额时，不予征税

D. 征税对象的数额达到起征点的就全部数额征税

10. 下列关于税法的构成要素说法正确的是(　　)。

A. 征税对象是税收法律关系中征纳双方权利义务所指的物品

B. 计税依据又叫税基

C. 负税人是指直接负有纳税义务的自然人、法人和其他组织

D. 超额累进税率是指以征税对象数额的相对率划分若干级距，分别规定相应的差别税率，我国的土地增值税就是采用这种税率

二、多项选择题

1. 税法的构成要素包括(　　)。

A. 纳税环节　　B. 纳税地点　　C. 征收对象　　D. 税率

2. 下列关于税法的构成要素表述正确的有(　　)。

A. 纳税人就是履行纳税义务的法人

B. 征税人是指税务机关，其他机构无权征税

C. 征税对象是区别不同类型税种的主要标志

D. 我国现行的税率主要有比例税率、定额税率和累进税率

3. 我国现行税法规定的税率有(　　)。

A. 比例税率　　B. 超额累进税率　　C. 超率累进税率　D. 定额税率

4. 下列关于税率的表述正确的有(　　)。

A. 个人所得税采用超额累进税率

B. 增值税、城市维护建设税、企业所得税采用比例税率

C. 土地增值税采用超率累进税率

D. 车船税采用定额税率

5. 我国目前采用定额税率(　　)。

A. 土地增值税　　B. 城镇土地使用税

C. 城市维护建设税　　D. 车船税

6. 减税免税是国家对某些(　　)给予鼓励和照顾的一种特殊规定。

A. 纳税期限　　B. 征税对象　　C. 税率　　D. 纳税人

7. 关于纳税环节和纳税期限的表述正确的是(　　)。

A. 纳税环节主要指税法规定的征税对象在从生产到消费的流转过程中应当缴纳税款的环节

B. 纳税期限是指纳税人的纳税义务发生后应依法缴纳税款的期限

C. 纳税期限包括纳税义务发生时间和纳税期限

D. 规定纳税期限是为了保证国家财政收入的及时实现，也是税收强制性和固定性的体现

8. 下列关于税法构成要素的说法中，错误的有(　　)。

A. 税目是区分不同税种的主要标志

B. 税率是衡量税负轻重的重要标志

C. 纳税人就是履行纳税义务的法人

D. 征税对象是税收法律关系中征纳双方权利义务所指的物品

三、判断题

(　　)1. 纳税人即负税人。

(　　)2. 比例税率即征税对象数额越大，税率越高。

(　　)3. 纳税地点主要是指根据各个税种的纳税环节和有利于对税款的源泉控制而规定的纳税人的具体纳税地点，不包括代征、代扣、代缴义务人。

(　　)4. 免征额是对应征税款全部予以免征。

第二节　增值税法律制度

学情分析

本节重点掌握以下几点：

1. 纳税人：能准确划分一般纳税人和小规模纳税人。

2. 征税范围：能准确掌握征税范围的基本规定及视同销售行为，正确区分混合销售和兼营。

3. 税率与征收率：与征税范围紧密结合，识记不同行业的税率与征收率。

4. 应纳税额的计算：分别掌握一般纳税人的一般计税方法、小规模纳税人的简易计税方法和进口货物的计税方法。其中，一般纳税人的计税方法应重点掌握，并能够熟练灵活运用。销项税的主要难点是正常销售、特殊销售、视同销售销售额的确认；进项税的主要难点是可抵扣进项税与不可抵扣进项税的划分，以及不得抵扣进项税和“进项税额转出”的处理。

5. 征收管理：纳税义务发生时间要注意和销项税额的确认一起把握、纳税期限和纳税地点。

主要内容导图

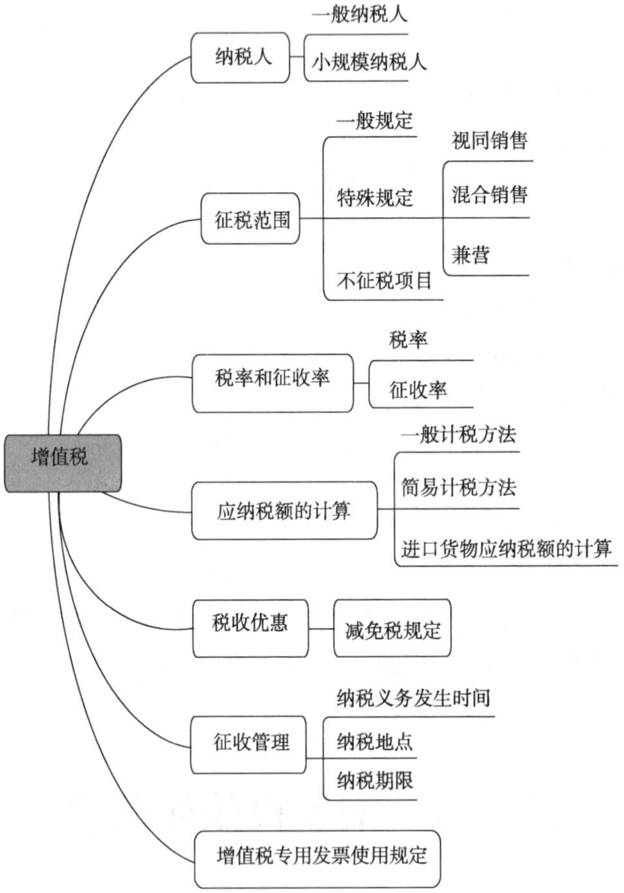

重、难点解析

一、增值税概述

概念	增值税是以商品(含应税劳务和应税服务)在流转过程中产生的增值额作为征税对象而征收的一种流转税；是对在我国境内“销售或者进口货物，提供加工、修理修配劳务，销售服务、无形资产或者不动产”的单位和个人取得的增值额为计税依据征收的一种税	
分类	生产型增值税	不允许纳税人在计算增值税时扣除外购固定资产的进项税额
	收入型增值税	允许纳税人在计算增值税时，将外购固定资产折旧部分扣除
	消费型增值税	允许纳税人在计算增值税时，将外购固定资产的进项税额一次性全部扣除 【注意】我国从2009年1月1日起全面实行消费型增值税
特点	实行税款抵扣制	应纳增值税额=当期销项税额-当期进项税额
	实行比例税率	规定基本税率13%和低税率(9%、6%)
	实行价外税	作为计税依据的销售额中是不含增值税税额的
	具有转嫁性	增值税是一种间接税

【补充】增值税改革史

时间	次数	改革内容
1979年		试行阶段
1984年	第一次改革	过渡性阶段
1993年	第二次改革	规范阶段
2009年1月1日	第三次改革	生产型向消费型转型
2012年1月1日	第四次改革	营改增阶段(上海)
2012年8月1日		10省市试行营改增
2013年8月1日		全国范围试行营改增
2014年1月1日		铁路运输和邮政业营改增
2014年6月1日		电信业营改增
2016年5月1日		全面营改增
2019年4月1日		减税降费

【例题·单选题】我国现行的增值税属于(　　)。

A. 消费型增值税　B. 收入型增值税　C. 生产型增值税　D. 积累型增值税

【答案】A，我国从2009年1月1日起全面实行消费型增值税。

二、增值税的纳税人与扣缴义务人

(一) 纳税人

1. 概念

在中华人民共和国境内销售货物或者加工、修理修配劳务，销售服务、无形资产、不动产以及进口货物的单位和个人，为增值税的纳税人。

2. 特殊情况下纳税人的确定

(1) 单位以承包、承租、挂靠方式经营的，承包人“以发包人名义对外经营并由发包人承担相关法律责任”的，以该发包人为纳税人。否则，以承包人为纳税人。

(2) 资管产品运营过程中发生的增值税应税行为，以“资管产品管理人”为增值税纳税人。

3. 一般纳税人与小规模纳税人

(1) 分类标准

区分纳税人的标准包括：“经营规模”和“会计核算的健全程度”。

(2) 具体分类

	小规模纳税人	一般纳税人
标准	年应税销售额“500 万元以下”	超过小规模纳税人标准
特殊情况	①其他个人(非个体户)；【必须】 ②非企业性单位；【可选择】 ③不经常发生应税行为的企业【可选择】 【注意】①“必须”按小规模纳税人纳税，②、③“可选择”按小规模纳税人纳税	小规模纳税人“会计核算健全”，可以申请登记为一般纳税人
计税规定	简易征税；使用增值税普通发票 【注意】小规模纳税人除“销售其取得的不动产向税务机关申请代开”外，可以自行开具增值税专用发票	执行税款抵扣制； 可以使用增值税专用发票

4. 纳税人登记的不可逆性

(1) 除国家税务总局另有规定外，纳税人一经登记为一般纳税人后，不得转为小规模纳税人。

(2) 年应税销售额 500 万元以下，但“已登记”为增值税一般纳税人的单位和个人，在 2018 年 12 月 31 日前，可转登记为小规模纳税人，其未抵扣的进项税额作转出处理。

(二) 扣缴义务人

境外单位或个人在境内销售劳务，在境内未设有经营机构的，以其境内代理人为扣缴义务人；在境内没有代理人的，以购买方为扣缴义务人。

【例题·单选题】根据增值税法律制度的规定，年应税销售额在一定标准以下的纳税人为小规模纳税人。该标准是(　　)。

A. 50 万元　　B. 80 万元　　C. 500 万元　　D. 1000 万元

【答案】C

【例题·单选题】下列关于小规模纳税人征税规定的表述中，不正确的是(　　)。

A. 实行简易征税办法　　B. 一律不使用增值税专用发票

C. 不允许抵扣增值税进项税额　　D. 可以申请税务机关代开增值税专用发票

【答案】B

【例题·多选题】下列选项中，可以选择按小规模纳税人标准纳税的有(　　)。

A. 年应税销售额未超过一般纳税人认定标准，但会计核算健全的企业

B. 年应税销售额超过小规模纳税人标准的其他个人

C. 年应税销售额超过小规模纳税人标准的非企业性单位

D. 年应税销售额超过小规模纳税人标准的不经常发生应税行为的企业

【答案】ACD，选项 B 个人只能是小规模纳税人。

【例题·判断题】甲酒店为增值税小规模纳税人，出售其拥有的临街店铺，可自行开具增值税专用发票。(　　)

【答案】×

【例题·判断题】中国境外单位或者个人在境内发生应税行为，在境内未设有经营机构的，以境内代理人为增值税扣缴义务人。(　　)

【答案】√

三、征税范围

<table>
<tr><td rowspan="12">一般范围</td><td colspan="2">销售及进口货物</td><td colspan="2">货物指“有形动产”，包括电力、热力、气体</td></tr>
<tr><td colspan="2">提供应税劳务</td><td colspan="2">包括“加工、修理修配劳务”</td></tr>
<tr><td rowspan="7">提供应税服务</td><td>交通运输业</td><td colspan="2">包括“水、陆、空、管”</td></tr>
<tr><td>邮政服务</td><td colspan="2">除“邮政储蓄”(金融服务)外</td></tr>
<tr><td>电信服务</td><td colspan="2">基础电信服务、增值电信服务</td></tr>
<tr><td>建筑服务</td><td colspan="2">建造、修缮、装饰、安装</td></tr>
<tr><td>金融服务业</td><td colspan="2">贷款服务、直接收费金融服务、保险服务、金融商品转让</td></tr>
<tr><td>现代服务业</td><td colspan="2">包括研发和技术服务、信息技术服务、文化创意服务、物流辅助服务、租赁服务、鉴证咨询服务、广播影视服务、商务辅助服务、其他服务</td></tr>
<tr><td>生活服务业</td><td colspan="2">包括文化体育服务、教育医疗服务、旅游娱乐服务、餐饮住宿服务、居民日常服务和其他生活服务</td></tr>
<tr><td colspan="2">销售不动产</td><td colspan="2">建筑物、构筑物</td></tr>
<tr><td colspan="2">转让无形资产</td><td colspan="2">技术、商标、著作权、商誉、自然资源使用权和其他权益性无形资产(如土地使用权)</td></tr>
<tr><td colspan="4">【注意】(1)“程租”“期租”“湿租”属交通运输业；“光租”“干租”属现代服务业——有形动产租赁税目
(2)装卸搬运、仓储属于物流辅助服务</td></tr>
<tr><td>视同销售</td><td colspan="4">(1)视同销售货物：①委托代销货物；②销售代销货物；③异地(非同一县市)移送；④“自产、委托加工”的货物，无论“对内、对外”均视同销售；⑤“购进”的货物只有“对外”才视同销售。
对内行为：非增值税应税项目、集体福利、个人消费。
对外行为：投资、分配股利、无偿赠送。
【理解要点】税收公平原则；纳税链条的完整；内外有别。
(2)视同销售服务、无形资产或者不动产。
①单位或者个体工商户向其他单位或者个人“无偿”提供服务。
②单位或者个人向其他单位或者个人“无偿”转让无形资产或者不动产。
【注意】用于“公益事业”或者以“社会公众”为对象的除外</td></tr>
<tr><td rowspan="2">混合销售</td><td rowspan="2">“一项”销售行为，既涉及货物又涉及服务</td><td>货物混合销售</td><td>经营主体从事货物生产、批发或零售</td><td>按销售货物缴纳增值税</td></tr>
<tr><td>服务混合销售</td><td>经营主体从事其他行业</td><td>按提供服务缴纳营增值税</td></tr>
<tr><td>兼营行为</td><td>纳税人“多元化”经营</td><td>增值税不同税目混业经营</td><td>不同时发生在同一购买者身上，也不发生在同一项销售行为中</td><td>分别核算分别缴纳；未分别核算的“从高”适用税率</td></tr>
</table>

【注意】纳税人销售活动板房、机器设备、钢结构件等自产货物的同时提供建筑、安装服务，不属于混合销售，应“分别核算”货物和建筑服务的销售额，“分别适用”不同的税率或者征收率。

【提示】判断混合销售的关键词为“同时”，判断兼营的关键词为“并”。

【例题·多选题】下列属于增值税征税范围的有(　　)。

A. 单位聘用的员工为本单位提供的运输服务

B. 航空运输企业提供的湿租业务

C. 广告公司提供的广告代理业务

D. 房地产评估咨询公司提供的房地产评估业务

【答案】BCD，选项 A 不属于增值税的征税范围。

【例题·多选题】下列业务中，属于销售服务、无形资产或者不动产的有(　　)。

A. 建筑安装　　B. 零售商品　　C. 提供加工修配　　D. 提供交通运输服务

【答案】AD，选项 B 属于销售货物，选项 C 属于提供加工、修理修配劳务。

【例题·多选题】依据“营改增”的政策规定，下列行为中属于商务辅助服务的有(　　)。

A. 企业管理服务　　B. 代理报关服务

C. 场所住宅保安服务　　D. 认证服务

【答案】ABC，选项 D 属于鉴证咨询服务。

【例题·多选题】增值税一般纳税人的下列行为中，应视同销售货物，征收增值税的有(　　)。

A. 食品厂将自产的月饼发给职工作为中秋节的福利

B. 商场将购进的服装发给职工用于运动会入场式

C. 电脑生产企业将自产的电脑分配给投资者

D. 纺织厂将自产的窗帘用于职工活动中心

【答案】ACD，选项 B 属于进项税额不得抵扣，不属于视同销售的情况。

【例题·多选题】增值税一般纳税人的下列行为中，应视同销售货物，征收增值税的有(　　)。

A. 将自产货物用于集体福利　　B. 将外购货物用于个人消费

C. 将自产货物无偿赠送他人　　D. 将外购货物分配给股东

【答案】ACD，选项 B 属于进项税额不得抵扣，不属于视同销售的情况。

【例题·多选题】根据增值税法律制度的规定，企业发生的下列行为中，属于视同销售货物行为的有(　　)。

A. 将服装交付他人代销　　B. 将自产服装用于职工福利

C. 将购进服装无偿赠送给某小学　　D. 销售代销服装

【答案】ABCD

【例题·多选题】根据增值税法律制度的规定，下列行为中，应当按销售货物征收增值税的有(　　)。

A. 贸易公司销售电梯同时负责安装

B. 百货商店销售商品同时负责运输

C. 建材商店销售建材，并从事装修、装饰业务

D. 餐饮公司提供餐饮服务的同时销售酒水

【答案】AB，选项C属于兼营，应该分别核算分别缴纳；未分别核算的从高适用税率。选项D应该按照提供餐饮服务缴纳增值税。

【例题·单选题】下列关于混合销售与兼营的说法中错误的是（　　）。

A. 混合销售是指一项销售行为既涉及货物又涉及服务

B. 兼营是指纳税人的经营中包括销售货物、加工修理修配劳务以及销售服务、无形资产或者不动产

C. 混合销售行为发生在一项销售行为中，兼营不发生在同一项销售行为中

D. 兼营发生在一项销售行为中，混合销售行为不发生在同一项销售行为中

【答案】D

四、不征收增值税的特殊规定

1. 资产重组

纳税人在资产重组过程中，通过合并、分立、出售、置换等方式，将全部或者部分实物资产以及与其相关联的债权、负债和劳动力一并转让给其他单位和个人，不属于增值税的征税范围，其中涉及的"货物、不动产、土地使用权"转让，不征收增值税。

2. 非营业活动

（1）行政单位收取的"满足条件"的政府性基金或者行政事业性收费。

① 够级别：由国务院或者财政部批准设立的政府性基金，由国务院或者省级人民政府及其财政、价格主管部门批准设立的行政事业性收费。

② 有证据：收取时开具省级以上财政部门印制的财政票据。

③ 全上缴：所收款项全额上缴财政。

（2）单位或者个体工商户聘用的"员工"为本单位或者雇主提供取得工资的服务。

（3）单位或者个体工商户为聘用的员工提供"服务"。

3. 非在境内提供应税服务

（1）境外单位或者个人向境内单位或者个人销售"完全在境外"发生的服务；

（2）境外单位或者个人向境内单位或者个人销售"完全在境外"使用的无形资产；

（3）境外单位或者个人向境内单位或者个人出租"完全在境外"使用的有形动产。

【注意】必须同时满足"提供方在境外"并"完全在境外发生或使用"两个条件。

4. 其他不征收增值税的项目

（1）根据国家指令无偿提供的铁路运输服务、航空运输服务，属于《营业税改征增值税试点实施办法》规定的用于公益事业的服务。

（2）存款利息。

【注意】区别"贷款利息"。

（3）被保险人获得的保险赔付。

（4）房地产主管部门或者其指定机构、公积金管理中心、开发企业以及物业管理单位代收的住宅专项维修资金。

五、税率和征收率

<table>
<tr><th>类型</th><th>税率</th><th colspan="2">适用范围</th></tr>
<tr><td>基本税率</td><td>13%</td><td colspan="2">①销售和进口除执行 9%低税率的货物以外的货物
②提供加工、修理修配劳务
③有形动产租赁服务</td></tr>
<tr><td rowspan="4">低税率</td><td rowspan="3">9%</td><td>四大类</td><td>基本温饱、精神文明、农业生产、生活用能源</td></tr>
<tr><td>注意</td><td>①低税率中的农产品是指“一般纳税人”销售或进口农产品
②农产品指初级农产品不包括再加工产品
③农产品、食用盐、居民用煤炭、农机为易错点</td></tr>
<tr><td colspan="2">交通运输、邮政、基础电信、建筑、不动产租赁、销售不动产、转让土地使用权
【记忆口诀】“房地产”是“交友”的“基础”</td></tr>
<tr><td>6%</td><td colspan="2">增值电信、现代服务业(除租赁服务外)、金融、生活服务业、转让无形资产(除土地使用权外)</td></tr>
<tr><td>零税率</td><td>0</td><td colspan="2">①“出口”货物(国务院另有规定的除外)
②境内单位和个人“跨境销售”国务院规定范围内的“服务、无形资产”</td></tr>
<tr><td rowspan="4">征收率</td><td>3%</td><td colspan="2">征收率(小规模纳税人及一般纳税人一些特殊情况适用)
【特点】执行简易办法征收，不得抵扣进项税额</td></tr>
<tr><td>减按 2%</td><td colspan="2">纳税人销售自己使用过的固定资产、旧货</td></tr>
<tr><td>5%</td><td colspan="2">小规模纳税人销售不动产、租赁不动产
房地产开发企业中的小规模纳税人销售房地产项目</td></tr>
<tr><td>减按 1.5%</td><td colspan="2">其他个人出租不动产</td></tr>
</table>

【提示】旧货，是指进入二次流通的具有部分使用价值的货物，但“不包括自己使用过的物品”。

【补充 1】一般纳税人下列销售行为，暂按照 3%的征收率纳税：

① 寄售商店代销寄售物品；

② 典当业销售死当物品。

【补充 2】一般纳税人销售下列自产货物，“可选择”按照 3%的征收率纳税：

① 县级及以下小型水力发电单位生产的电力；

② 建筑用和生产建筑材料所用的砂、土、石料；

③ 以自己采掘的砂、土、石料或其他矿物连续生产的砖、瓦、石灰(不含黏土实心砖、瓦)；

④ 用微生物、微生物代谢产物、动物毒素、人或动物的血液或组织等制成的生物制品；

⑤ 自来水；

⑥ 商品混凝土。

【注意 1】上述六项内容是否执行 3%的征收率由纳税人选择，如：自来水可以选择执行 9%的税率，也可以执行 3%的征收率。执行 9%的税率可以抵扣进项税额，执行 3%的征收率按简易办法征税。

【注意 2】选择简易办法后，“36 个月”内不得变更。

【补充3】下列行业一般纳税人“可以选择”适用简易计税方法的应税行为：

① 公共交通运输服务；

② 动漫产品的设计、制作服务，以及在境内转让动漫版权；

③ 电影放映服务；

④ 仓储服务；

⑤ 装卸搬运服务；

⑥ 收派服务；

⑦ 文化体育服务；

⑧ 以营改增试点前取得的有形动产，提供的“有形动产经营租赁服务”；

⑨ 营改增试点前签订的，尚未执行完毕的“有形动产租赁”合同。

【例题·单选题】下列各项增值税服务中，增值税税率为13%的是(　　)。

A. 邮政服务　　B. 交通运输服务

C. 有形动产租赁服务　　D. 增值电信服务

【答案】C

【例题·多选题】根据增值税法律制度的规定，一般纳税人销售的下列货物中，适用9%的税率的有(　　)。

A. 洗衣液　　B. 文具盒　　C. 杂粮　　D. 玉米胚芽

【答案】CD

【例题·单选题】根据增值税法律制度的规定，一般纳税人销售的下列货物中，适用9%的税率的是(　　)。

A. 农机配件　　B. 农产品　　C. 淀粉　　D. 煤炭

【答案】B

【例题·单选题】下列项目中，适用增值税零税率的是(　　)。

A. 国际运输服务　　B. 在境外提供的广播影视节目的播映服务

C. 工程项目在境外的建筑服务　　D. 存储地点在境外的仓储服务

【答案】A

【例题·多选题】根据增值税法律制度的规定，下列各项中，符合条件的一般纳税人，可以选择简易计税方式的有(　　)。

A. 装卸搬运服务　　B. 公共交通运输服务

C. 文化体育服务　　D. 电影放映服务

【答案】ABCD

【例题·多选题】根据增值税法律制度的规定，一般纳税人销售的下列货物中，可以选择简易计税方法计缴增值税的有(　　)。

A. 食品厂销售的食用植物油　　B. 县级以下小型水力发电单位生产的电力

C. 自来水公司销售自产的自来水　　D. 煤气公司销售的煤气

【答案】BC

【例题·单选题】甲企业为增值税小规模纳税人。2019年7月，甲企业销售自己使用过3年的小货车，取得含税销售额41200元；销售自己使用过的包装物，取得含税销售额82400元。甲企业当月应缴纳的增值税税额的下列计算列式正确的是(　　)。

A. $41200 \div (1+3\%) \times 3\% + 82400 \div (1+3\%) \times 2\% = 2800$(元)

B. $(41200+82400)\div(1+3\%)\times3\%=3600$(元)

C. $41200\div(1+3\%)\times2\%+82400\div(1+3\%)\times3\%=3200$(元)

D. $(41200+82400)\div(1+3\%)\times2\%=2400$(元)

【答案】C

【解释】依照3%征收率“减按2%”征收。

应税项目		计算方法
销售旧货		含税售价÷(1+3%)×2%
销售自己使用过的购入时不得抵扣且“未抵扣”过进项税固定资产	(1)小规模纳税人 (2)2009年以前购入的固定资产 (3)2013年8月1日以前购入的小汽车、摩托车和游艇(2车1艇) (4)购入固定资产时取得普通发票	
销售自己使用过的物品	按照3%的征收率征收	含税售价÷(1+3%)×3%

六、一般计税方法应纳税额的计算

应纳税额=销项税额-进项税额

(一)销项税额

销项税额=不含税销售额×税率

1. 一般销售方式下的销售额

销售额包含项目	销售额中不包含的项目
①向购买方收取的全部价款 ②向购买方收取的价外费用 【注意】价外费用全部为价税合计金额 ③消费税、关税等价内税金(自身应缴的消费税或关税)	①向购买方收取的“销项税额” ②受托加工应征消费税的消费品所“代收代缴”的消费税 ③符合条件的“代垫”运费。承运部门的运费发票开具给购货方,纳税人将该项发票转交给购货方 ④同时符合一定条件“代为收取”的政府性基金或者行政事业性收费 ⑤销售货物的同时“代办”保险等而向购买方收取的保险费,以及向购买方收取的“代”购买方缴纳的车辆购置税、车辆牌照费 ⑥以委托方名义开具发票“代”委托方收取的款项

【例题·多选题】根据增值税法律制度的规定,纳税人销售货物向购买方收取的下列款项中,属于价外费用的有(　　)。

A. 延期付款利息　B. 赔偿金　C. 手续费　D. 包装物租金

【答案】ABCD

【例题·多选题】下列各项中,应计入增值税的应税销售额的有(　　)。

A. 向购买方收取的违约金

B. 销售货物的同时代办保险而向购买方收取的保险费

C. 因销售货物向购买方收取的手续费

D. 受托加工应征消费税的消费品所代收代缴的消费税

【答案】AC

2. 含税销售额的换算

不含税销售额=含税销售额÷(1+适用税率)

【注意】题目出现以下说法则给出的金额为含税销售额：

（1）明确告知“含税销售额”；

（2）零售价格；

（3）价外费用；

（4）普通发票上注明的金额（仅适用于考试）；

（5）包装物押金。

【例题·单选题】甲公司为增值税一般纳税人，2017 年 5 月取得咨询服务不含税收入 318 万元，另收取奖励费 5.3 万元。已知咨询服务增值税税率为 6%。计算甲公司业务增值税销项税额的下列算式中，正确的是（　　）。

A.（318+5.3）÷（1+6%）×6%＝18.3（万元）

B. 318×6%＝19.08（万元）

C.［318+5.3÷（1+6%）］×6%＝19.38（万元）

D. 318÷（1+6%）×6%＝18（万元）

【答案】C

3. 视同销售货物行为销售额的确定

纳税人销售价格明显“偏低”且无正当理由或者“偏高”且不具有合理商业目的的，或“视同销售”货物而无销售额的，按下列“顺序”确定销售额：

（1）按纳税人最近时期同类货物的平均销售价格确定；

（2）按其他纳税人最近时期同类货物的平均销售价格确定；

（3）按组成计税价格确定：组成计税价格＝成本×（1+成本利润率）

成本利润率由国家税务总局确定，目前为 10%

【理解】偏低调整是防止少纳增值税；偏高调整是防止出口虚报价格，骗取退税款。

【例题·单选题】甲公司为增值税一般纳税人，2019 年 10 月将两台自产的 A 型洗衣机奖励给职工，已知 A 型洗衣机的生产成本为 1500 元/台，成本利润率为 10%，市场最高不含税售价为 2500 元/台，平均不含税售价为 2200 元/台，则甲公司当月该笔业务增值税销项税额的下列计算中，正确的是（　　）。

A. 1500×2×13%＝390（元）

B. 1500×（1+10%）×2×13%＝429（元）

C. 2200×2×13%＝572（元）

D. 2500×2×13%＝650（元）

【答案】C

【例题·单选题】（2018 年改）甲服装厂为增值税一般纳税人，2019 年 10 月将自产的 100 件新型羽绒服作为福利发给本厂职工，该新型羽绒服生产成本为 1130 元/件，无同类销售价格。已知增值税税率为 13%，成本利润率为 10%。计算甲服装厂当月该笔业务增值税销项税额的下列算式中，正确的是（　　）。

A. 100×1130×13%＝14690（元）

B. 100×1130×（1+10%）×13%＝16159（元）

C. 100×1130÷（1+13%）×13%＝13000（元）

D. 100×1130×（1+10%）÷（1+13%）×13%＝14300（元）

【答案】B

【例题·单选题】甲公司为增值税一般纳税人，本月将一批新研制的高档美白化妆品赠送给老顾客使用，甲公司并无同类产品销售价格，其他公司也无同类货物，已知该批产品的生产成本为 10 万元，甲公司的成本利润率为 10%，高档化妆品的消费税税率为 15%，增值税税率为 13%，则甲公司当月该笔业务增值税销项税额的下列计算中，正确的是(　　)。

A. 100000×13% = 13000(元)

B. [100000×(1+10%)÷(1−15%)]×13% = 16823.53(元)

C. 100000×(1+10%)×13% = 14300(元)

D. [100000×(1+10%)÷(1+15%)]×13% = 12434.78(元)

【答案】B

4. 特殊销售方式下销售额的确定

(1) 折扣销售、销售折扣、销售折让与销售退回

<table>
<tr><th>考点</th><th colspan="3">具体规定</th></tr>
<tr><td rowspan="3">折扣销售</td><td rowspan="2">销售额和折扣额在“同一张发票”上分别注明</td><td>均记录在金额栏</td><td>按折扣后的销售额征收增值税</td></tr>
<tr><td>销售额记录在“金额”栏，折扣额记录在“备注”栏</td><td>不得从销售额中减除折扣额</td></tr>
<tr><td colspan="2">销售额和折扣额分别开具发票</td><td>不得从销售额中减除折扣额</td></tr>
<tr><td rowspan="2">销售折让与退回</td><td colspan="2">按规定开具红字增值税专用发票</td><td>从发生退回或折让当期的销项税额中扣减</td></tr>
<tr><td colspan="2">未按规定开具红字增值税专用发票的</td><td>不得扣减销项税额或者销售额</td></tr>
</table>

【例题·单选题】甲公司为增值税一般纳税人，2019 年 10 月采取折扣方式销售货物一批，该批货物不含税销售额 166000 元，因购买数量大，给予购买方 10%的价格优惠，销售额和折扣额在同一张发票上分别注明。已知增值税税率为 13%。计算甲公司当月该笔业务增值税销项税额的下列算式中，正确的是(　　)元。

A. 166000×(1−10%)÷(1−13%)×13% = 22324.14

B. 166000×(1−10%)×13% = 19422

C. 166000×13% = 21580

D. 166000÷(1−13%)×13% = 24804.6

【答案】B

(2) 包装物押金

产　　品	取得时	逾期时
除酒类产品以外的其他货物	×	√
白酒、其他酒	√	×
啤酒、黄酒	×	√

【注意 1】“逾期”是指超过合同约定的期限或者虽未超过合同约定期限，但已经超过 1 年的。

【注意 2】与“包装费、包装物租金”进行区分，“包装费、包装物租金”属于价外费用，包装物押金不一定属于价外费用。

【例题·单选题】(2019 年改)甲公司为增值税一般纳税人，2019 年 9 月销售啤酒取得含税价款 226 万元，另收取包装物租金 1.13 万元，包装物押金 3.39 万元，已知增值税适用税率为 13%，计算甲公司当月上述业务增值税销项税额的下列算式中，正确的是(　　)。

A. (226+1.13)÷(1+13%)×13%=26.13(万元)

B. 226÷(1+13%)×13%=26(万元)

C. 226×13%=29.38(万元)

D. (226+1.13+3.39)÷(1+13%)×13%=26.52(万元)

【答案】A

(3) 其他特殊销售方式

销售方式	具体规定
①以旧换新	非金银首饰：按“新货物”的同期销售价格确定销售额，不得扣减旧货物的收购价格。新货物的销售价格=实际收取的价款+旧货物的收购价格
	金银首饰：按销售方“实际收取”的不含增值税的全部价款确定销售额 实际收取的价款=新货物的销售价格-旧货物的收购价格
②以物易物	以物易物“双方都应作购销处理”，以各自发出的货物核算销售额并计算销项税额，以各自收到的货物按规定核算购货额并计算进项税额
③还本销售	销售额=货物销售价格(不得在销售额中减除还本支出)

【例题·单选题】甲公司为一般纳税人，2019 年 6 月销售新型冰箱 50 台，每台含税价格 5650 元；采取以旧换新方式销售同型号冰箱 20 台，收回的旧冰箱每台作价 226 元，实际每台收取款项 5424 元。计算甲公司当月增值税销项税额的下列算式中，正确的是(　　)。

A. [50×5650+20×(5424-226)]×13%=50239.8(元)

B. (50×5650+20×5424)÷(1+13%)×13%=44980(元)

C. (50+20)×5650÷(1+13%)×13%=45500(元)

D. (50×5650+20×5424)×13%=50827.4(元)

【答案】C

【例题·单选题】甲首饰店是增值税一般纳税人。2019 年 11 月采取“以旧换新”方式销售一批金项链。该批金项链含增值税售价为 135600 元，换回的旧项链作价 124300 元，甲首饰店实际收取差价款 11300 元。已知增值税税率为 13%。甲首饰店当月该笔业务增值税销项税额的下列计算中，正确的是(　　)。

A. 135600÷(1+13%)×13%=15600(元)　B. 124300÷(1+13%)×13%=14300(元)

C. 135600×13%=17628(元)　D. 11300÷(1+13%)×13%=1300(元)

【答案】D

(4) 余额计税——在无法凭票抵扣的情况下为了避免重复征税

项目	计算公式	适用范围
金融商品转让	销售额=卖出价-买入价 【注意】如上期交易额为“负差”，则还应当减除上期“负差”，如年末时仍出现负差，不得结转下一会计年度	适用一般纳税人，但不得开具增值税专用发票
旅游服务	销售额=全部价款+价外费用-住宿费、餐饮费、交通费、签证费、门票费、地接费	

续表

项目	计算公式	适用范围
销售不动产	销售额=全部价款+价外费用-土地出让金	适用房地产开发企业中的一般纳税人(选择简易计税方法的房地产老项目除外)
建筑服务	销售额=全部价款+价外费用-分包费	适用执行“简易征收”办法的纳税人
【注意】除上述内容外“经纪代理服务”扣除行政事业性收费和政府基金;“航空运输企业”扣除代收的机场建设费等;“客运场站服务”扣除支付给承运方的运费,均属于合理的代收款项,不作为价外费用处理,此处不再赘述		

【例题·单选题】甲商业银行W分行为增值税一般纳税人,2019年11月销售一批债券,卖出价805.6万元,该批债券买入价795万元,除此之外无其他金融商品买卖业务,上一纳税期金融商品买卖销售额为正差且已纳税。W分行该笔业务增值税的销项税额的下列计算式,正确的是(　　)。

A. 805.6×6%=48.34(万元)

B. (805.6-795)×(1+6%)×6%=0.67(万元)

C. (805.6-795)×6%=0.64(万元)

D. (805.6-795)÷(1+6%)×6%=0.6(万元)

【答案】D

【例题·判断题】航空运输企业的增值税销售额包括代收的机场建设费(民航发展基金)和代售其他航空运输企业客票而代收转付的价款。(　　)

【答案】×

(二)进项税额

1. 准予抵扣的进项税额

抵扣方法	具体规定
凭票抵扣	①销售方取得的“增值税专用发票”(含税控机动车销售统一发票)上注明的增值税额 ②从海关取得的“海关进口增值税专用缴款书”上注明的增值税额 ③纳税人购进服务、无形资产或不动产,取得的增值税专用发票上注明的增值税额为进项税额,准予从销项税额中抵扣 ④纳税人从境外单位或者个人购进劳务、服务、无形资产或者境内的不动产,从税务机关或者扣缴义务人取得的代扣代缴税款的完税凭证上注明的增值税额
“农产品”计算抵扣	①购进农产品取得增值税专用发票或海关进口增值税专用缴款书的,“凭票抵扣”进项税额 ②从适用“3%征收率”的小规模纳税人处购入农产品,取得(3%税率的)“增值税专用发票”以及购进免税农产品,取得或开具“农产品收购(销售)发票”根据用途分别适用规定的扣除率计算抵扣进项税额 后续用于生产或委托加工13%税率的货物:适用10%的扣除率 后续用于生产或委托加工9%税率的货物或6%税率的服务:适用9%的扣除率 进项税额计算公式为:进项税额=买价(金额)×扣除率(9%或10%)
购进境内旅客运输服务的抵扣政策	①增值税电子普通发票:发票上注明的税额(凭票抵扣) ②注明旅客身份信息的航空运输电子客票行程单:(票价+燃油附加费)÷(1+9%)×9% ③注明旅客身份信息的铁路车票:票面金额÷(1+9%)×9% ④注明旅客身份信息的公路、水路等其他客票:票面金额÷(1+3%)×3%

【例题·单选题】某大型水果超市为增值税一般纳税人,某日从农民手中收购一批苹果,农产品收购发票上注明的收购价款为8000元,该超市对苹果做了清洗包装后,出售给了甲

企业，开具增值税专用发票上注明的金额为 12000 元。已知，该超市销售农产品适用的税率为 9%，则该超市应缴纳增值税的下列计算列式中，正确的是(　　)。

A. 12000×9%−8000×9%＝360(元)

B. 12000÷(1+9%)×9%−8000×9%＝270.83(元)

C. 12000÷(1+13%)×13%−8000×9%＝660.53(元)

D. 12000×13%−8000×9%＝840(元)

【答案】A

【例题·单选题】2019 年 8 月，甲公司员工赵某出差乘坐飞机取得航空运输电子客票行程单上注明票价 3002 元，燃油附加费 50 元；乘坐高铁取得铁路车票上注明的票价为 1308 元，乘坐渡轮取得船票注明的价格为 360.5 元，乘坐网约车，取得国内旅客运输服务的增值税电子普通发票注明的金额为 200 元，税额为 6 元，已知：航空运输电子客票行程单、铁路车票适用的增值税税率为 9%，公路、水路等其他客票适用的扣除率为 3%。则甲公司本月准予抵扣的进项税额的下列计算中，正确的是(　　)。

A. (3002+50+1308)÷(1+9%)×9%+360.5÷(1+3%)×3%+6＝376.5(元)

B. (3002+50+1308+360.5)÷(1+9%)×9%+6＝395.77(元)

C. (3002+50+1308+360.5)÷(1+3%)×3%+6＝143.49(元)

D. (3002+50+1308+360.5)×3%+6＝147.62(元)

【答案】A

【例题·多选题】甲公司为增值税一般纳税人，本月进口产品 20 万元，取得进口增值税专用缴款书上注明的增值税额为 3.2 万元；发生运输费用，取得增值税普通发票上注明的价税合计金额为 2200 元；向农业生产者购入免税农产品 3 万元，经简单加工后用于直接销售；购入原材料 30 万元，增值税专用发票上注明的增值税额为 4.8 万元。已知该企业取得发票、缴款书等均符合规定，并已认证、比对。则下列关于准予抵扣的进项税额中，说法正确的有(　　)。

A. 进口产品准予抵扣的进项税额为 3.2 万元

B. 运输费用准予抵扣的进项税额为 200 元

C. 购入免税农产品准予抵扣的进项税额为 2700 元

D. 购入原材料准予抵扣的进项税额为 4.8 万元

【答案】ACD

【例题·多选题】(根据增值税法律制度的规定，一般纳税人购进货物取得的下列合法凭证中，属于增值税扣税凭证的有(　　)。

A. 税控机动车销售统一发票　　B. 海关进口增值税专用缴款书

C. 农产品收购发票　　D. 国内旅客运输增值税电子普通发票

【答案】ABCD

2. 不得抵扣的进项税额

不得抵扣项目	解析	举例说明
用于简易计税方法计税项目、免征增值税项目、集体福利或者个人消费的购进货物、加工修理修配劳务、服务、固定资产、无形资产和不动产	①个人消费包括纳税人的交际应酬消费 ②涉及的固定资产、无形资产、不动产，仅指专用于上述项目的固定资产、无形资产、不动产；发生兼用于上述项目的可以抵扣	①生产免税产品接受的设计服务 ②外购一批涂料用于装修职工食堂

续表

不得抵扣项目	解析	举例说明
非正常损失的购进货物，以及相关的加工修理修配劳务和交通运输服务	①非正常损失，指因管理不善造成货物被盗、丢失、霉烂变质，以及因违反法律法规造成货物被依法没收、销毁的情形 ②非正常损失货物在增值税中不得扣除（需做进项税额转出处理）；在企业所得税中，经批准准予作为财产损失扣除	购入的大麦因管理不善而霉烂
非正常损失的在产品、产成品所耗用的购进货物、加工修理修配劳务和交通运输服务		因管理不善被盗窃的产成品所耗用的外购原材料
非正常损失的不动产，以及该不动产所耗用的购进货物、设计服务和建筑服务	①纳税人新建、改建、扩建、修缮、装饰不动产，均属于不动产在建工程 ②非正常损失指因违反法律法规造成不动产被依法没收、销毁、拆除的情形	被执法部门依法拆除的不动产所接受的设计服务的进项税额
非正常损失的不动产在建工程所耗用的购进货物、设计服务和建筑服务		
购进的“贷款服务、餐饮服务、居民日常服务和娱乐服务”		
纳税人接受贷款服务向贷款方支付的与该笔贷款直接相关的投融资顾问费、手续费、咨询费等，其进项税额不得从销项税额中抵扣		
一般纳税人“会计核算不健全”，不能够准确提供税务资料，或应当办理一般纳税人资格登记而未办理，按照13%税率征收增值税，不得抵扣进项税额，不得使用增值税专用发票		

【注意1】非正常损失，是指因“管理不善”造成被盗、丢失、霉烂变质的损失及被执法部门“依法没收、销毁、拆除”的货物或不动产。

【注意2】因地震等“自然灾害”造成的非正常损失，进项税额准予抵扣；生产经营过程中的“合理损耗”进项税额准予抵扣。

【例题·多选题】根据增值税法律制度的规定，一般纳税人购进的下列货物、服务中，其进项税额不得从销项税额中抵扣的有（　　）。

A. 购进生产免税货物耗用材料所支付的进项税额

B. 购进国内旅客运输服务所支付的进项税额

C. 购进试制新产品耗用材料所支付的进项税额

D. 购进贷款服务所支付的进项税额

【答案】AD

【例题·多选题】根据增值税法律制度的规定，下列各项中，外购货物进项税额准予从销项税额中抵扣的有（　　）。

A. 将外购货物无偿赠送给客户　　B. 将外购货物作为投资提供给联营单位

C. 将外购货物分配给股东　　D. 将外购货物用于本单位职工福利

【答案】ABC

【例题·多选题】根据增值税法律制度的规定，一般纳税人购进货物的下列进项税额中，不得从销项税额中抵扣的有（　　）。

A. 因管理不善造成被盗的购进货物的进项税额

B. 被执法部门依法没收的购进货物的进项税额

C. 被执法部门强令自行销毁的购进货物的进项税额

D. 因地震造成毁损的购进货物的进项税额

【答案】ABC

3. 不得抵扣进项税额的具体处理方法：

（1）购入时不予抵扣：直接计入购货的成本。

（2）已抵扣后改变用途、发生非正常损失：作进项税额转出处理。

① 直接计算进项税额转出的方法——适用于已抵扣过进项税的材料、服务、无形资产和不动产的非正常损失、改变用途等。

② 还原计算进项税额转出的方法——适用于计算抵扣进项税的农产品的非正常损失。

③ 比例计算进项税额转出的方法——适用于半成品、产成品的非正常损失。

【例题·计算题】某制造设备的生产企业 2019 年 6 月业务如下（所含该抵税的凭证均经过认证）：

① 购入一批原材料用于生产，价款 200000 元，增值税 26000 元；

② 外购一批床单用于职工福利，价款 10000 元，增值税 1300 元；

③ 外购一批涂料用于装修职工食堂，价款 50000 元，增值税 6500 元；

④ 外购一批食品用于交际应酬，价款 3000 元，增值税 390 元；

⑤ 外购一批打印纸用于管理部门使用，价款 4000 元，增值税 520 元；

计算该企业当月可抵扣的增值税进项税额。

【答案】该企业当月可抵扣的增值税进项税 = 26000+520 = 26520（元）。

【例题·计算题】某化妆品厂为增值税一般纳税人，10 月产品、材料领用情况：在建的职工文体中心领用外购材料，购进成本 25 万元，其中包括运费 5 万元；生产车间领用外购原材料，购进成本 125 万元。计算该厂不可以抵扣进项税额。

【答案】进项税转出 = (25−5)×13%+5×9% = 3.05（万元），将购进材料用于集体福利，不可以抵扣进项税额。

【例题·单选题】某食品加工厂为增值税一般纳税人，从某粮食购销企业购进粮食 100 吨，取得增值税专用发票，注明价款 150000 元；从农民手中收购花生，收购凭证上注明收购价款为 50000 元；购入的以上货物均已入库，支付运输企业运输费用 4000 元，取得运输企业开具的运输发票。将本期购进的粮食和花生各 1/4 发给职工作为福利，则本期可以抵扣的进项税额为（　　）元。

A. 126280　　B. 18270　　C. 19720　　D. 19547

【答案】B，进项税额 = (150000×13%+50000×9%+4000×9%)×3/4 = 18270（元）

（三）一般计税方法应纳税额的计算

【例题·计算机】甲企业为增值税一般纳税人，4 月发生以下业务：

（1）购进挖掘机一台，取得的增值税专用发票上注明的价款为 60 万元，增值税税额为 7.8 万元。

（2）购进一批低值易耗品，取得的增值税专用发票上注明的增值税税额为 8 万元。

（3）采取分期收款方式销售原煤 9000 吨，每吨不含税单价 500 元。购销合同约定，本月应收取 1/3 的价款，但实际只收取不含税价款 120 万元。

（4）为职工宿舍供暖，使用本月开采的原煤 200 吨；另将本月开采的原煤 500 吨无偿赠送给某有长期业务往来的客户。

（5）月末盘点时发现月初购进的低值易耗品的1/5因管理不善而丢失。

已知：相关票据在本月通过主管税务机关认证并申报抵扣；增值税月初留抵税额为0。

要求：

（1）计算该企业当月可以抵扣的增值税进项税额；

（2）计算该企业当月的增值税销项税额；

（3）计算该企业当月应缴纳的增值税税额。

【答案】

（1）可以抵扣的进项税额＝7.8+8×(1−1/5)＝14.2(万元)。

（2）销项税额＝9000×0.05×1/3×13%+(200+500)×0.05×13%＝24.05(万元)。

（3）应缴纳的增值税税额＝24.05—14.2＝9.85(万元)。

【解析】

（1）取得的增值税专用发票，凭票抵扣，进项税额＝7.8(万元)。

（2）取得的增值税专用发票，凭票抵扣，进项税额＝8(万元)；月初购进的低值易耗品的1/5因管理不善而丢失，不得抵扣，进项税额转出＝8×1/5＝1.6(万元)；

（3）采取分期收款方式销售，按购销合同约定收1/3，

销项税额＝9000×0.05×1/3×13%＝19.5(万元)

将开采的原煤用于职工宿舍供暖和无偿赠送，属于视同销售行为。

销项税额＝(200+500)×0.05×13%＝4.55(万元)

【例题·不定项】甲食品厂为增值税一般纳税人，主要从事食品生产和销售业务，2019年10月有关经济业务如下：

（1）购进生产用原材料取得增值税专用发票注明税额26000元；购进办公设备取得增值税专用发票注明税额8500元；支付包装设计费取得增值税专用发票注明税额1200元；购进用于集体福利的食用油取得增值税专用发票注明税额2600元。

（2）销售袋装食品取得含税价款678000元，另收取合同违约金56500元。

（3）采取分期收款方式销售饮料，含税总价款113000元，合同约定分3个月收取货款，本月应收取含税价款45200元。

（4）赠送给儿童福利院自产瓶装乳制品，该批乳制品生产成本2260元，同类乳制品含税销售价款3390元。

已知：除了食用油适用10%的增值税税率外，本题涉及的其他货物适用的增值税税率均为13%，成本利润率为10%；取得的增值税专用发票已通过税务机关认证。

【提示】2019年3月1日后增值税专用发票已不通过税务机关认证。

1. 下列甲食品厂当月发生的进项税额中，准予从销项税额中抵扣的是(　　)。

A. 购进办公设备的进项税额8500元

B. 购进用于集体福利的食用油的进项税额2600元

C. 购进生产用原材料的进项税额26000元

D. 支付包装设计费的进项税额1200元

【答案】ACD，选项B：购进货物用于集体福利、个人消费的，对应的进项税额不得抵扣。

2. 甲食品厂当月销售袋装食品增值税销项税额的下列计算列式中，正确的是(　　)。

A. 678000÷(1+13%)×13%＝78000(元)

B. (678000+56500)×13%=95485(元)

C. (678000+56500)÷(1+13%)×13%=84500(元)

D. [678000+56500÷(1+13%)]×13%=94640(元)

【答案】C，销售货物收取的合同违约金56500元属于价外费用(视为含税收入)，应价税分离后并入销售额计税。

3. 甲食品厂当月销售饮料增值税销项税额的下列计算列式中，正确的是(　　)。

A. 45200×13%=5876(元)　　B. 45200÷(1+13%)×13%=5200(元)

C. 113000÷(1+13%)×13%=13000(元)　　D. 113000×13%=14690(元)

【答案】B，采取分期收款方式销售货物，增值税纳税义务发生时间为合同约定的收款日期的当天。在本题中，合同约定本月应收款项为45200元，本月应当按照45200元计算销项税额，而且题目明确交代"45200元"为含税价款，应当作价税分离处理。

4. 甲食品厂当月赠送自产瓶装乳制品增值税销项税额的下列计算列式中，正确的是(　　)。

A. 2260÷(1+13%)×13%=260(元)　　B. 3390÷(1+13%)×13%=390(元)

C. 2260×(1+10%)×13%=323.18(元)　　D. 3390×13%=440.7(元)

【答案】B，该批乳制品有同类乳制品价格，应按同类乳制品的平均销售价格确定销售额，不能按照组成计税价格确定销售额。此外，题目明确交代"3390元"为含税价款，应当作价税分离处理。

七、简易计税方法应纳税额的计算

(一) 一般业务

1. 征收率

小规模纳税人执行简易征收办法，征收率为3%。

2. 计算公式

应纳税额=不含税销售额×征收率

不含税销售额=含税销售额÷(1+征收率)

(二) 折让、退回

纳税人适用简易计税方法计税的，因销售折让、中止或者退回而退还给购买方的销售额，应当从当期销售额中扣减。扣减当期销售额后仍有余额造成多缴的税款，可以从以后的应纳税额中扣减。

【注意】小规模纳税人发生销售折让、中止或者退回，同样应当开具"红字增值税发票"。

【例题·单选题】甲便利店为增值税小规模纳税人，2016年第四季度零售商品取得收入103000元，将一批外购商品无偿赠送给物业公司用于社区活动，该批商品的含税价格为721元。已知增值税征收率为3%。计算甲便利店第四季度应缴纳增值税税额的下列算式中，正确的是(　　)。

A. [103000+721÷(1+3%)]×3%=3111(元)

B. (103000+721)×3%=3111.63(元)

C. [103000÷(1+3%)+721]×3%=3021.63(元)

D. [(103000+721)÷(1+3%)]×3%=3021(元)

【答案】D

【例题·单选题】甲设计公司为增值税小规模纳税人，2014 年 6 月提供设计服务取得含增值税价款 206000 元；因服务中止，退还给客户含增值税价款 10300 元。已知小规模纳税人增值税征收率为 3%，甲设计公司当月应缴纳增值税税额的下列计算中，正确的是(　　)。

A. [206000÷(1+3%)]×3%=6000(元)

B. 206000×3%=6180(元)

C. [(206000-10300)÷(1+3%)]×3%=5700(元)

D. (206000-10300)×3%=5871(元)

【答案】C

八、进口货物应纳税额的计算

进口货物计税一律使用组成计税价格计算应纳增值税，进口货物应纳税额的计算公式为：

应纳税额=组成计税价格×税率

组成计税价格

1. 一般货物组成计税价格

组成计税价格=关税完税价格+关税

2. “从价计征应税消费品”组成计税价格

组成计税价格=关税完税价格+关税+消费税

=(关税完税价格+关税)÷(1-消费税比例税率)

【注意 1】进口货物不分一般纳税人和小规模纳税人；适用增值税税率，不使用征收率，但有特殊优惠税率。

【注意 2】在进口环节采用组成计税价格计税，无任何抵扣(包括在国外已纳的任何税额)。

【注意 3】关税完税价格：海关审定的成交价格为基础的到岸价格。到岸价格=成交价格(货价)+货物运抵我国境内输入地点起卸前(境外)的运输费、保险费等

【注意 4】进口环节缴纳的增值税作为国内销售环节的进项税额抵扣。

【例题·单选题】甲公司为增值税一般纳税人，2019 年 9 月进口货物一批，海关审定的关税完税价格为 116 万元。已知增值税税率为 13%；关税税率为 10%。计算甲公司当月该笔业务应缴纳增值税税额的下列算式中，正确的是(　　)。

A. 116×(1+10%)÷(1+13%)×13%=14.68(万元)

B. 116÷(1+13%)×13%=13.35(万元)

C. 116×(1+10%)×13%=16.59(万元)

D. 116×13%=15.08(万元)

【答案】C

【例题·单选题】2019 年 6 月甲贸易公司进口一批高档化妆品，关税完税价格 85 万元，已知增值税税率为 13%，消费税税率为 15%，关税税率为 5%，计算甲贸易公司当月该笔业务应缴纳增值税税额的下列算式中，正确的是(　　)。

A. 85÷(1-15%)×13%=13(万元)

B. (85+85×5%)÷(1-15%)×13%=13.65(万元)

C. $85\times13\%=11.05$（万元）

D. $(85+85\times5\%)\times13\%=11.6$（万元）

【答案】B

九、税收优惠

（一）法定免税项目

（1）农业生产者销售的自产农产品。

（2）避孕药品和用具。

（3）古旧图书。

（4）直接用于科学研究、科学试验和教学的进口仪器、设备。

（5）外国政府、国际组织（不包括外国企业）无偿援助的进口物资和设备。

（6）由残疾人的组织直接进口供残疾人专用的物品。

（7）销售的自己（指其他个人）使用过的物品。

【注意1】纳税人兼营免税、减税项目的，应当分别核算免税、减税项目的销售额；未分别核算销售额的，不得免税、减税。

【注意2】纳税人销售货物或者应税劳务适用免税规定的，可以放弃免税，依照《增值税暂行条例》的规定缴纳增值税。放弃免税后，“36个月”内不得再申请免税。

【例题·单选题】根据增值税法律制度的规定，下列各项中，属于免税项目的是（　　）。

A. 超市销售保健品

B. 外贸公司进口供残疾人专用的物品

C. 商场销售儿童玩具

D. 外国政府无偿援助的进口物资

【答案】D

【例题·单选题】一般纳税人销售下列货物或者应税劳务适用免税规定的是（　　）。

A. 农产品　　B. 避孕药品　　C. 图书　　D. 自己使用过的汽车

【答案】B

（二）营改增“境内”服务免税项目

（1）托儿所、幼儿园提供的保育和教育服务；

（2）养老机构提供的养老服务；

（3）残疾人福利机构提供的育养服务；

（4）婚姻介绍服务；

（5）殡葬服务；

（6）残疾人员本人为社会提供的服务；

（7）医疗机构提供的医疗服务；

（8）从事学历教育的学校（不包括职业培训机构）提供的教育服务；

（9）学生勤工俭学提供的服务；

（10）农业机耕、排灌、病虫害防治、植物保护、农牧保险以及相关技术培训业务，家禽、牲畜、水生动物的配种和疾病防治；

（11）纪念馆、博物馆、文化馆、文物保护单位管理机构、美术馆、展览馆、书画院、图书馆在自己的场所提供文化体育服务取得的第一道门票收入；

(12) 寺院、宫观、清真寺和教堂举办文化、宗教活动的门票收入；

(13) 行政单位之外的其他单位收取的符合规定的政府性基金和行政事业性收费；

(14) 个人转让著作权；

(15) 个人销售自建自用住房；

(16) 金融同业往来利息收入；

(17) 纳税人提供技术转让、技术开发和与之相关的技术咨询、技术服务；

(18) 政府举办的从事学历教育的高等、中等和初等学校(不含下属单位)，举办进修班、培训班取得的全部归该学校所有的收入；

(19) 家政服务企业由员工制家政服务员提供家政服务取得的收入；

(20) 福利彩票、体育彩票的发行收入；

(21) 将土地使用权转让给农业生产者用于农业生产；

(22) 涉及家庭财产分割的个人无偿转让不动产、土地使用权；

(23) 土地所有者出让土地使用权和土地使用者将土地使用权归还给土地所有者；

(24) 提供社区养老、抚育、家政等服务取得的收入。

(三) 起征点

原则：纳税人发生应税销售行为的销售额未达到起征点的，免征增值税；达到起征点的，全额计算缴纳增值税。

适用范围：限于个人，且不适用于登记为一般纳税人的个体工商户。

具体规定：

(1) 按期纳税：月销售5000~20000元(含本数)

(2) 按次纳税：每次(日)销售额300~500元(含本数)

起征点调整由财政部和国税总局规定，省、自治区、直辖市，可在幅度内调整，并报财政部国税总局备案。

(四) 小微企业免税

(1) 自2019年1月1日至2021年12月31日，增值税小规模纳税人发生增值税应税销售行为，合计月销售额未超过10万元的(扣除销售不动产的销售额)，免征增值税。

(2) 增值税小规模纳税人月销售额未超过10万元的，当期因开具增值税专用发票已经缴纳的税款，在专用发票全部联次追回或按规定开具红字专用发票后，可以向税务机关申请退还。

(3) 其他个人采取一次性收取租金形式出租不动产，可在租赁期内平均分摊，分摊后月租金收入不超过3万元的，可享受小微企业免征增值税的优惠政策。

(五) 其他减免税

(1) 纳税人兼营减免税项目的，未分别核算销售额的，不得减免税；

(2) 纳税人适用免税规定的，可以放弃免税，放弃后36个月内不得再申请免税；

(3) 纳税人同时适用免税和零税率的，可以选择适用免税或零税率。

【例题·多选题】根据增值税法律制度的规定，下列各项中属于增值税免税项目的有(　　)。

A. 除个体工商户以外的其他个人销售自己使用过的物品

B. 古旧图书

C. 直接用于科学研究的进口设备

D. 农业生产者销售的自产农产品

【答案】ABCD

【例题·单选题】根据增值税法律制度的规定，下列各项中，免征增值税的是(　　)。

A. 商店销售糖果　　B. 木材加工厂销售原木

C. 粮店销售面粉　　D. 农民销售自产粮食

【答案】D

【例题·单选题】根据营业税改征增值税试点相关规定，下列各项中，不属于免税项目的是(　　)。

A. 养老机构提供的养老服务　　B. 装修公司提供的装饰服务

C. 婚介所提供的婚姻介绍服务　　D. 托儿所提供的保育服务

【答案】B

【例题·多选题】根据增值税法律制度的规定，下列服务中，免征增值税的有(　　)。

A. 学生勤工俭学提供的服务　　B. 火葬场提供的殡葬服务

C. 残疾人福利机构提供的育养服务　　D. 婚姻介绍所提供的婚姻介绍服务

【答案】ABCD

【例题·单选题】根据增值税法律制度的规定，下列各项中，属于免税项目的是(　　)。

A. 养老机构提供的养老服务　　B. 装修公司提供的装饰服务

C. 企业转让著作权　　D. 福利彩票的代销手续费收入

【答案】A

【例题·单选题】根据增值税法律制度的规定，纳税人销售货物或者应税劳务适用免税规定的，可以放弃免税，但放弃免税后，一定期限内不得再申请免税。该期限为(　　)。

A. 42 个月　　B. 36 个月　　C. 60 个月　　D. 48 个月

【答案】B

十、增值税征收管理

(一) 增值税纳税义务发生时间

销售方式		纳税义务发生时间
直接收款		收到销售款或取得索取销售款凭据
托收承付、委托收款		发出货物“并”办妥托收手续
赊销、分期收款		书面合同约定的收款日期 【注意】无合同或有合同无约定，为货物发出
预收货款	货物	货物发出 【注意】生产工期超过 12 个月的，为收到预收款或书面合同约定的收款日期
	租赁服务	收到预收款
委托代销		收到代销清单或全部、部分货款 【注意】未收到代销清单及货款，为发出货物满 180 天
金融商品转让		所有权转移
视同销售		货物移送、转让完成或权属变更
进口		报关进口
扣缴义务		纳税义务发生
先开发票		开具发票

【例题·单选题】根据增值税法律制度的规定，下列关于增值税纳税义务发生时间的表述中，正确的是(　　)。

A. 委托他人代销货物的，为货物发出的当天

B. 从事金融商品转让的，为金融商品所有权转移的当天

C. 采用预收货款方式销售货物，货物生产工期不超过12个月的，为收到预收款的当天

D. 采取直接收款方式销售货物的，为货物发出的当天

【答案】B

【例题·单选题】根据增值税法律制度的规定，下列关于增值税纳税义务发生时间的表述中，不正确的是(　　)。

A. 进口货物，为报关进口的当天

B. 从事金融商品转让的，为金融商品所有权转移的当天

C. 采取托收承付和委托银行收款方式销售货物，为收到银行款项的当天

D. 提供租赁服务采取预收款方式的，为收到预收款的当天

【答案】C

（二）纳税地点

<table>
<tr><th colspan="3">业户</th><th>申报纳税地点</th></tr>
<tr><td rowspan="5">固定户</td><td colspan="2">一般情况</td><td>机构所在地</td></tr>
<tr><td colspan="2" rowspan="2">总分机构不在同一县(市)</td><td>分别申报</td></tr>
<tr><td>经批准，可以由总机构汇总向总机构所在地的税务机关申报</td></tr>
<tr><td rowspan="2">外出经营</td><td>报告外出经营事项</td><td>机构所在地</td></tr>
<tr><td>未报告</td><td>销售地或劳务发生地；没申报的，由其“机构所在地”税务机关补征税款</td></tr>
<tr><td colspan="3">非固定户</td><td>销售地或劳务发生地</td></tr>
<tr><td colspan="3">其他个人提供建筑服务，销售或者租赁不动产，转让自然资源使用权</td><td>建筑服务发生地、不动产所在地、自然资源所在地</td></tr>
<tr><td colspan="3">进口</td><td>报关地海关</td></tr>
</table>

【例题·单选题】李某户籍所在地在Q市，居住地在L市，工作单位在M市。2018年9月李某将位于N市的住房出售，则出售该住房增值税的纳税地点是(　　)。

A. Q市税务机关　　B. L市税务机关　　C. M市税务机关　　D. N市税务机关

【答案】D

【例题·多选题】根据增值税法律制度的规定，下列关于固定业户纳税地点的表述中，不正确的有(　　)。

A. 销售商标使用权，应当向商标使用权购买方所在地税务机关申报纳税

B. 销售采矿权，应当向矿产所在地税务机关申报纳税

C. 销售设计服务，应当向设计服务发生地税务机关申报纳税

D. 销售广告服务，应当向机构所在地税务机关申报纳税

【答案】ABC

（三）纳税期限

1. 纳税期限

增值税的纳税期限分别为1日、3日、5日、10日、15日、1个月或1个季度。

【注意1】不能按期纳税的，可以按次纳税。

【注意2】以1个季度为纳税期限：小规模纳税人、银行、财务公司、信托投资公司、信用社。

2. 纳税申报

（1）以1个月或1个季度为纳税期

期满之日起"15日内"申报纳税。

（2）以1日、3日、5日、10日、15日为纳税期

期满之日起5日内预缴税款，于次月1日起"15日内"申报纳税并结清上月税款。

（3）纳税人进口货物

自海关填发海关进口增值税专用缴款书之日起"15日内"缴纳税款。

十一、增值税专用发票的使用规定

（一）联次及用途

基本联次	持有方	用　途
发票联	购买方	核算采购成本和增值税进项税额的记账凭证
抵扣联		报送税务机关认证和留存备查的扣税凭证
记账联	销售方	核算销售收入和增值税销项税额的记账凭证

（二）最高开票限额管理

（1）最高开票限额由"区县"税务机关依法审批。

（2）一般纳税人申请增值税专用发票最高开票限额"≤10万元"的，主管税务机关"不需要"事前进行实地查验。

（三）一般纳税人不得领购开具增值税专用发票的情形

（1）会计核算不健全，不能向税务机关准确提供增值税销项税额、进项税额、应纳税额数据及其他有关增值税税务资料的；

（2）有《税收征收管理法》规定的税收违法行为，拒不接受税务机关处理的；

（3）有涉及发票的税收违法行为，经税务机关责令限期改正而仍未改正的。

（四）一般纳税人不得开具增值税专用发票的情形

（1）零售(不包括劳保用品)；

（2）应税销售行为的"购买方为消费者个人"的；

（3）发生应税销售行为适用"免税"规定的。

【例题·单选题】根据增值税法律制度的规定，下列关于增值税专用发票记账联用途的表述中正确的是(　　)。

A. 作为购买方报送税务机关认证和留存备查的扣税凭证

B. 作为销售方核算销售收入和增值税销项税额的记账凭证

C. 作为购买方核算采购成本的记账凭证

D. 作为购买方核算增值税进项税额的记账凭证

【答案】B

【例题·单选题】根据增值税法律制度的规定，一般纳税人发生的下列行为中，可以开具增值税专用发票的是（　　）。

A. 律师事务所向消费者个人提供咨询服务　B. 生产企业向一般纳税人销售货物

C. 商业企业向消费者个人零售食品　D. 书店向消费者个人销售图书

【答案】B

【例题·单选题】根据增值税法律制度的规定，一般纳税人发生的下列业务中，允许开具增值税专用发票的是（　　）。

A. 房地产开发企业向消费者个人销售房屋

B. 百货公司向小规模纳税人零售食品

C. 超市向消费者个人销售红酒

D. 住宿业小规模纳税人向一般纳税人提供住宿服务

【答案】D

同步练习

第一节　增值税纳税人和扣缴义务人

一、单项选择题

1. 增值税是对从事销售货物和进口货物、提供加工、修理修配劳务、销售应税服务、销售不动产及转让无形资产的单位和个人取得的（　　）为计税依据征收的一种税。

A. 销售额　B. 营业额　C. 增值额　D. 收入额

2. 下列各项中，不属于增值税纳税人的有（　　）。

A. 进口货物的企业

B. 收取满足特定条件的行政事业性收费的行政单位

C. 批发货物的超市

D. 提供修理劳务的汽车行

3. 单位以承包、承租、挂靠方式经营的，承包人以发包人名义对外经营并由发包人承担相关法律责任的，以（　　）为纳税人。

A. 发包人　B. 承包人　C. 承租人　D. 挂靠人

4. 增值税小规模纳税人标准为年应税销售额在（　　）万元以下。

A. 500　B. 600　C. 700　D. 800

5. 年应税销售额超过小规模纳税人标准的（　　），必须按小规模纳税人纳税。

A. 不经常发生应税行为的企业　B. 企业

C. 个人　D. 非企业性单位

6. 下列关于小规模纳税人征税规定的表述中，不正确的是（　　）。

A. 实行简易征税办法

B. 一律不使用增值税专用发票

C. 不允许抵扣增值税进项税额

D. 可以申请税务机关代开增值税专用发票

二、多项选择题

1. 下列属于增值税税纳税人的有(　　)。

A. 提供建筑业的建筑公司　　B. 提供金融保险业的保险公司

C. 转让无形资产的单位　　D. 销售不动产的个人

2. 下列关于增值税小规模纳税人的说法中，正确的有(　　)。

A. 年应税销售额超过小规模纳税人标准的其他个人按小规模纳税人纳税

B. 年应税销售额超过小规模纳税人标准的非企业性单位、不经常发生应税行为的企业，可选择按小规模纳税人纳税

C. 小规模纳税人会计核算健全，能提供准确税务资料，可申请不作为小规模纳税人

D. 已认定为小规模纳税人的企业一律不得再转为一般纳税人

三、判断题

1. 增值税纳税人中的个人仅指个体工商户，不包括其他个人。(　　)

2. 中华人民共和国境外的单位或者个人在境内发生应税行为，在境内未设有经营机构的，以购买方为扣缴义务人。(　　)

3. 对于规模较大、会计核算较为健全、能够提供完整的核算资料的企业，不需要任何手续而直接作为一般纳税人申报纳税。(　　)

4. 增值税纳税人一经认定为一般纳税人后，不符合一般纳税人条件的，可以转为小规模纳税人。(　　)

5. 赵某于2016年5月出售自有房屋一套，售价880万元，由于销售服务、无形资产或不动产的年应税销售额超过500万元，因此应当登记为一般纳税人。(　　)

第二节　增值税征税范围(一般规定)

一、单项选择题

1. 下列各项中，不属于增值税征税范围的有(　　)。

A. 提供加工劳务

B. 修理修配劳务

C. 建筑劳务

D. 单位或者个体工商户聘用的员工为本单位或者雇主提供取得工资的服务

2. 根据增值税法律制度的规定，下列属于“销售服务”的有(　　)。

A. 修理业　　B. 娱乐服务　　C. 进口货物　　D. 加工业

3. 下列业务中，不属于“邮政服务”的有(　　)。

A. 邮政普遍服务　　B. 邮政一般服务　　C. 邮政特殊服务　　D. 其他邮政服务

4. 下列业务中，不属于“生活服务”税目的有(　　)。

A. 旅游娱乐服务　　B. 住宿服务　　C. 物流辅助服务　　D. 餐饮服务

5. 下列各项中，属于“现代服务业”的范围的是(　　)。

A. 邮政储蓄服务　　B. 航空运输服务　　C. 文化创意服务　　D. 金融服务

6. 管道的安装属于(　　)服务。

A. 建筑服务　　B. 交通运输服务　　C. 物流辅助服务　　D. 生活服务

7. 下列各项中，应按照“销售服务—建筑服务”税目计缴增值税的是(　　)。

A. 平整土地　　B. 出售住宅

C. 出租办公楼　　D. 转让土地使用权

8. 下列各项中，应按照“销售服务—生活服务”税目计缴增值税的是(　　)。

A. 文化创意服务　　B. 车辆停放服务　　C. 广播影视服务　　D. 旅游娱乐服务

9. 下列关于租赁服务的表述中，不正确的是(　　)。

A. 将建筑物、构筑物等不动产或者飞机、车辆等有形动产的广告位出租给其他单位或者个人用于发布广告，按照经营租赁服务缴纳增值税

B. 技术转让按销售服务缴纳增值税

C. 水路运输的光租业务、航空运输的干租业务，属于经营租赁

D. 车辆停放服务，按不动产经营租赁服务缴纳增值税

10. 不属于销售无形资产的是(　　)。

A. 转让专利权　　B. 转让建筑永久使用权

C. 转让网络虚拟道具　　D. 转让采矿权

二、多项选择题

1. 下列项目中，属于增值税征收范围的有(　　)。

A. 单位为员工提供班车　　B. 转让商标专用权

C. 销售房屋　　D. 销售家电

2. 下列各项中，属于提供应缴纳增值税的应税服务的是(　　)。

A. 交通运输服务　　B. 建筑服务　　C. 贷款服务　　D. 旅游服务

3. 下列各项中属于“交通运输服务”税目的有(　　)。

A. 铁路运输　　B. 管道运输

C. 远洋运输的程租、期租　　D. 航空运输的干租

4. 下列各项中属于“电信服务”税目的有(　　)。

A. 邮政储蓄服务　　B. 基础电信服务　　C. 增值电信服务　　D. 鉴证咨询服务

5. 下列各项中属于“现代服务业”的有(　　)。

A. 研发和技术服务　　B. 文化创意服务　　C. 不动产租赁服务　　D. 物流辅助服务

6. 下列行为中属于“物流辅助服务”的有(　　)。

A. 打捞救助服务　　B. 收派服务　　C. 装卸搬运服务　　D. 仓储服务

7. 下列行为中属于“鉴证咨询服务”的有(　　)。

A. 认证服务　　B. 鉴证服务　　C. 经纪代理服务　　D. 咨询服务

8. 下列服务中，属于“经纪代理服务”的有(　　)。

A. 代理记账　　B. 代理报关服务　　C. 劳务派遣　　D. 货物运输代理

9. 下列各项中，应按照“生活服务业”计算缴纳增值税的是(　　)。

A. 出租文化场所　　B. 经营网吧　　C. 经营音乐茶座　　D. 金融经纪业务

10. 下列增值税应税服务的具体内容，正确的是(　　)。

A. 交通运输业是指使用运输工具将货物或者旅客送达目的地，使其空间位置得到转移的业务活动

B. 现代服务业是指围绕制造业、文化产业、现代物流产业等提供技术性、知识性服务的业务活动

C. 现代服务业包括物流辅助服务、有形动产租赁服务等

D. 广播影视服务不属于现代服务业

三、判断题

1. 物业管理按照“生活服务业”征收增值税。(　　)

2. 水路运输的光租业务按照“交通运输业”征收增值税。(　　)

3. 航空运输的湿租业务按照“交通运输业”征收增值税。(　　)

4. 研发和技术服务，包括研发服务、专业技术服务、合同能源管理服务、工程勘察勘探服务。(　　)

5. 销售无形资产，是指转让无形资产所有权的业务活动。(　　)

第三节　增值税征税范围(特殊规定)

一、单项选择题

1. 不属于视同销售货物的是(　　)。

A. 将购进的货物用于集体福利或个人消费

B. 将自产、委托加工的货物用于非增值税应税项目

C. 将自产、委托加工或购进的货物分配给股东或投资者

D. 将自产、委托加工或购进的货物无偿赠送其他单位或个人

2. 下列各项中，不应视同销售货物征收增值税的有(　　)。

A. 将委托加工的货物用于非应税项目

B. 用自产货物换取生产资料

C. 销售代销货物

D. 用自产产品对外投资

3. 下列各项中，不属于以销售货物为主的增值税混合销售行为的是(　　)。

A. 纳税人销售林木的同时提供林木管护劳务的行为

B. 饭店为现场餐饮消费的顾客销售酒水

C. 电梯销售商销售电梯并负责安装电梯

D. 苏宁电器销售空调并负责安装

4. 下列业务属于增值税兼营行为的有(　　)。

A. 手机制造商销售手机，出租仓库

B. 软件厂销售软件并同时收取安装费、培训费

C. 餐厅为现场餐饮消费的顾客提供销售香烟

D. 服装厂为航空公司设计并制作工作服

5. 根据增值税法律制度的规定，下列关于混合销售与兼营的说法中错误的是(　　)。

A. 混合销售是指一项销售行为既涉及货物又涉及服务

B. 兼营是指纳税人的经营范围既包括销售货物和应税劳务，又包括销售服务、无形资产或者不动产

C. 混合销售行为是发生在一项销售行为中，兼营不发生在同一项销售行为中

D. 兼营非发生在一项销售行为中，混合销售行为不发生在同一项销售行为中

6. 下列选项中，应征收增值税的是(　　)。

A. 被保险人获得的保险赔付

B. 房地产主管部门或者其指定机构、公积金管理中心、开发企业以及物业管理单位代收的住宅专项维修资金

C. 银行销售金银

D. 存款利息

7. 根据增值税法律制度的规定，下列各项中，应征收增值税的是(　　)。

A. 行政单位收取的符合条件的行政事业性收费

B. 单位聘用的员工为本单位提供取得工资的服务

C. 个体工商户为聘用的员工提供服务

D. 甲运输公司无偿向乙企业提供交通运输服务

二、多项选择题

1. 根据增值税规定，下列行为应视同销售征收增值税的有(　　)。

A. 将购买来的货物用于集体福利或个人消费

B. 将自产、委托加工或购买来的货物作为投资

C. 将货物交给他人代销或者销售代销货物

D. 设有两个以上机构并实行统一核算的纳税人，将货物异地(不在同一县市)移送销售

2. 根据"营改增"的有关规定，下列属于视同提供应税服务的有(　　)。

A. 为本单位员工无偿提供搬家运输服务　　B. 向客户无偿提供信息咨询服务

C. 销售货物同时无偿提供运输服务　　D. 为客户无偿提供广告设计服务

3. 下列各项中，属于增值税混合销售行为的是(　　)。

A. 电梯生产企业销售电梯后为客户安装电梯的业务

B. 商场销售商品，并设餐饮区提供餐饮服务

C. 电信局提供电话安装的同时又销售所安装的电话

D. 汽车制造厂既生产销售汽车，又提供汽车修理服务

4. 根据税收相关法律制度的规定，下列销售行为中，属于兼营行为的有(　　)。

A. 建筑安装公司提供建筑安装劳务的同时销售自产铝合金门窗

B. 汽车修理厂修车，并销售汽车零配件

C. 建材商店销售建材，并从事装修、装饰业务

D. 花店销售鲜花，并承接婚庆服务业务

5. 下列说法正确的有(　　)。

A. 一项销售行为如果既涉及货物又涉及服务，则为混合销售

B. 从事货物的生产、批发或者零售的单位和个体工商户的混合销售行为，按照销售货物缴纳增值税；其他单位和个体工商户的混合销售行为，按照销售服务缴纳增值税

C. 兼营不同税率的销售货物、加工修理修配劳务、服务、无形资产或者不动产，从高适用税率

D. 试点纳税人销售货物、劳务、服务、无形资产或者不动产适用不同税率或者征收率的，应当分别核算适用不同税率或者征收率的销售额

6. 根据"营改增"的有关规定，下列情形不属于在境内提供应税服务的有(　　)。

A. 境外单位或个人向境内单位或个人提供完全在境外消费的应税服务

B. 境内单位或个人向境内单位或个人提供完全在境外消费的应税服务

C. 境内单位或个人向境内单位或个人出租完全在境外使用的有形动产

D. 境外单位或个人向境内单位或个人出租完全在境外使用的有形动产

7. 根据增值税法律制度的规定，下列关于纳税人发生兼营行为，未分别核算销售额的

处理中，说法正确的有(　　)。

A. 纳税人兼有不同税率的销售货物、劳务、服务、无形资产或者不动产，从高适用税率

B. 纳税人兼有不同征收率的销售货物、劳务、服务、无形资产或者不动产，从高适用征收率

C. 纳税人兼有不同税率和征收率的销售货物、劳务、服务、无形资产或者不动产，从高适用税率

D. 纳税人兼有不同税率和征收率的销售货物、劳务、服务、无形资产或者不动产，从高适用征收率

三、判断题

1. 将自产、委托加工或购进的货物作为投资，提供给其他单位或个体工商户不属于视同销售行为。(　　)

2. 混合销售不仅是指服务和货物的混合，还包括劳务、不动产和无形资产。(　　)

3. 单位或者个体工商户聘用的员工为本单位或雇主提供工资性服务，不属于提供应税服务，不征收增值税。(　　)

第四节　税率与征收率

一、单项选择题

1. 我国增值税的基本税率为(　　)。

A. 9%　　B. 3%　　C. 6%　　D. 13%

2. 根据增值税有关规定，一般纳税人销售的下列产品中，适用13%的税率的是(　　)。

A. 农机配件　　B. 自来水　　C. 花生油　　D. 居民用煤炭

3. 根据增值税有关规定，下列各项中执行9%税率的是(　　)。

A. 增值电信服务　　B. 提供装卸搬运服务

C. 提供邮政业服务　　D. 有形动产租赁

4. 下列各项，适用6%增值税税率的是(　　)。

A. 金融保险业　　B. 不动产租赁服务

C. 建筑业　　D. 转让土地使用权

5. 根据《中华人民共和国增值税暂行条例》，(　　)适用9%增值税税率。

A. 汽车零配件　　B. 卷烟　　C. 暖气　　D. 柴油

6. 依照《中华人民共和国增值税暂行条例》的规定，下列货物销售，不适用9%增值税税率的是(　　)。

A. 食用植物油　　B. 暖气、热水

C. 养殖的水产品　　D. 农业生产者销售自产农产品

二、多项选择题

1. 我国增值税采用的是比例税率，其税率分为(　　)。

A. 基本税率13%　　B. 低税率9%　　C. 零税率　　D. 低税率3%

2. 下列货物适用于9%增值税税率的有(　　)。

A. 交通运输服务　　B. 生活服务

C. 建筑服务　　D. 转让土地使用权

3. 下列货物适用于6%增值税税率的有(　　)。

A. 有形动产租赁服务　　B. 广告设计服务

C. 物流辅助服务　　D. 商务辅助服务

4. 根据“营改增”的规定，下列应税行为适用零税率的有(　　)。

A. 在境内载运旅客或者货物出境　　B. 在境外载运旅客或者货物入境

C. 航天运输服务　　D. 在境外载运旅客或者货物

5. 下列说法正确的有(　　)。

A. 提供邮政业服务，税率为7%

B. 提供现代服务业服务(租赁服务除外)，税率为6%

C. 零税率，即税率为零，仅适用于法律不限制或不禁止的报关出口的货物。国务院另有规定的某些货物，不适用零税率

D. 单位和个人提供的国际运输服务、向境外单位提供的完全在境外消费的研发服务和设计服务以及财政部和国家税务总局规定的其他服务，税率为零

三、判断题

1. 小规模纳税人增值税法定征收率为6%。(　　)

2. 纳税人出口货物，税率一律为零。(　　)

3. 食用盐应按照13%的基本税率征收增值税。(　　)

4. 零税率等同于免税。(　　)

5. 小规模纳税人销售不动产征收率为3%。(　　)

6. 其他个人出租不动产，减按1.5%征收率。(　　)

7. 纳税人销售旧货，按照简易办法依照3%征收率征收增值税。(　　)

8. 小规模纳税人销售自己使用过的物品，减按2%征收增值税。(　　)

9. 一般纳税人销售或者提供财政部和国家税务总局规定的特定货物、应税劳务、应税行为，可以选择适用简易计税方法计税，一经选择，12个月内不得变更。(　　)

10. 小规模纳税人销售货物、提供应税劳务和应税行为适用一般计税方法计税。(　　)

第五节　一般计税方法应纳税额的计算

一、单项选择题

1. 增值税一般纳税人销售货物或者应税劳务，采用销售额和销项税额合并定价方法的，其计算销售额的公式是(　　)。

A. 销售额=含税销售额/(1+税率)　　B. 销售额=不含税销售额/(1+税率)

C. 销售额=含税销售额/(1-税率)　　D. 销售额=不含税销售额/(1-税率)

2. 根据增值税法律制度的规定，纳税人销售货物向购买方收取的下列款项中，不属于价外费用的有(　　)。

A. 延期付款利息　　B. 赔偿金　　C. 手续费　　D. 包装物押金

3. 公司为增值税一般纳税人，2019年8月销售一批钢材，不含税销售额为8000元，税率13%，该公司8月增值税销项税额为(　　)元。

A. 1040　　B. 1300　　C. 1000　　D. 1162

4. 某企业为增值税一般纳税人，2019年10月销售自产电视机10台，开具增值税专用发票注明价款30000元，另外取得延期付款利息2260元，则该企业当月应缴纳增值税(　　)元。

A. 4160　　B. 4698.97　　C. 4160　　D. 5497.8

5. 甲公司为增值税一般纳税人，本月销售产品一批，取得不含税销售额 10 万元，同时向对方收取包装费 1000 元，已知增值税税率为 13%，则甲公司本月增值税销项税额为(　　)元。

A. 14675　　B. 17000　　C. 13115.04　　D. 17170

6. 某酒厂为增值税一般纳税人，2019 年 12 月向一小规模纳税人销售白酒，开具的普通发票上注明含税金额为 113000 元，同时收取包装物押金 2000 元。此业务酒厂应计算的销项税额为(　　)元。

A. 17000　　B. 19890　　C. 3407.76　　D. 13230.09

7. 甲公司为增值税一般纳税人，本月将一批新研制的产品赠送给老顾客使用，甲公司并无同类产品销售价格，其他公司也无同类货物，已知该批产品的生产成本为 10 万元，甲公司的成本利润率为 10%，则甲公司本月视同销售的增值税销项税为(　　)元。

A. 17000　　B. 18500　　C. 14300　　D. 18700

8. 甲公司为增值税一般纳税人，本月采用以旧换新的方式零售冰箱 50 台，冰箱每台售价 2260 元，同时收到旧冰箱 50 台，每台折价 200 元，实际收到销售款 9 万元，已知甲公司适用的增值税税率为 13%，则甲公司本月销售冰箱的增值税销项税额为(　　)元。

A. 13077　　B. 13000　　C. 15300　　D. 17000

9. 某金店(中国人民银行批准的金银首饰经营单位)为增值税一般纳税人，2019 年 9 月采取“以旧换新”方式向消费者销售金项链 20 条，每条新项链的零售价格为 2500 元，每条旧项链作价 1370 元，每条项链取得差价款 1130 元(含税)；取得首饰修理费 2260 元(含税)，销售包金首饰 15 条，取得不含税销售额 5000 元。该金店上述业务应纳增值税税额(　　)元。

A. 5800　　B. 6020　　C. 3510　　D. 5400

10. 某商场为增值税一般纳税人，2020 年 5 月实行还本销售家具，家具现零售价 25000 元，5 年后还本，该商场增值税的计税销售额为(　　)元。

A. 25000　　B. 24038.46　　C. 22123.89　　D. 不征税

11. 某白酒生产企业为增值税一般纳税人，2019 年 10 月份销售白酒取得不含税销售收入 80 万元，收取包装物押金 2.26 万元。当月没收 3 个月前收取的逾期未退还的包装物押金 5.4 万元，则该白酒生产企业 2019 年 10 月应纳增值税(　　)万元。

A. 10.66　　B. 8.25　　C. 6.86　　D. 9.78

12. 根据增值税法律制度的规定，下列各项中，说法正确的是(　　)。

A. 采取折扣销售方式的，销售额为扣除折扣后的金额

B. 采取以旧换新方式的，销售额为实际收取的全部价款

C. 采取还本销售方式的，不得从销售额中减除还本支出

D. 采取以物易物方式的，以实际收取的差价款为销售额

13. 根据增值税法律制度的规定，下列情形中进项税额准予抵扣的是(　　)。

A. 用于非增值税应税项目的购进货物

B. 因自然灾害造成的购进原材料损失

C. 接受国际旅客运输服务

D. 属于一般纳税人但选择按照简易办法征税的自来水公司销售自来水

14. 生产企业2019年12月外购原材料取得增值税专用发票上注明价款100000元，增值税13000元，已入库。支付运输企业的运输费654元(货物运输增值税专用发票上注明运费600元，增值税54元)。该企业12月可以抵扣的进项税额的金额为(　　)元。

A. 13054　　B. 17660　　C. 17000　　D. 17600

15. 某增值税一般纳税人2019年12月购进免税农产品一批，支付给农业生产者收购价格为40000元，该项业务准予抵扣的进项税额为(　　)元。

A. 4000　　B. 0　　C. 3600　　D. 6800

16. 某食品加工厂从某粮食购销企业购进粮食100吨，取得专用发票，注明价款150000元，从农民手中收购花生收购凭证上注明收购价格为50000元，货已入库，支付运输企业运输费用4000元(有发票)。则可以抵扣的进项税为(　　)元。

A. 18520　　B. 18360　　C. 24360　　D. 26520

17. 某食品厂为增值税一般纳税人，2019年10月将以前月份外购的副食品用于集体福利，该批外购副食品在购进时已经抵扣了进项税额，账面成本为10000元(其中含运费2000元)，则该食品厂2019年10月应转出进项税额为(　　)元。

A. 1017.09　　B. 1400　　C. 1452.99　　D. 1700

18. 某企业为增值税一般纳税人，某日从农民手中收购一批苹果，农产品收购发票上注明的收购价款为80000元，该企业将这一批苹果加工成果汁对外销售，本月取得不含税销售额150000万元，此外由于市场上原料紧缺，该企业又转让给兄弟企业一批苹果，开具普通发票上注明的金额为20000元，则该企业当月应缴纳的增值税为(　　)元。

A. 15682.52　　B. 13151.38　　C. 18005.89　　D. 18500

19. 某广播影视公司为增值税一般纳税人，2020年8月份提供广告设计服务取得不含税销售额80万元，提供广告发布服务取得不含税销售额250万元。当月接受国内高铁旅客运输服务，支付不含税价款20万元，则该广播影视公司2020年8月份应缴纳增值税(　　)万元。

A. 15.5　　B. 17.6　　C. 18.15　　D. 25.54

二、多项选择题

1. 下列有关增值税的计算公式中，正确的有(　　)。

A. 销售额=含税销售额÷(1+税率)　　B. 销项税额=销售额×适用税率

C. 销售额=销项税额×适用税率　　D. 销售额=含税销售额÷税率

2. 价外费用包括(　　)。

A. 补贴　　B. 基金　　C. 返还利润　　D. 滞纳金

3. 下列各项中，应计入增值税的应税销售额的有(　　)。

A. 向购买者收取的包装物租金

B. 向购买者收取的销项税额

C. 因销售货物向购买者收取的手续费

D. 受托加工应征消费税的消费品所代收代缴的消费税

4. 下列关于纳税人以特殊方式销售货物的税务处理，错误的有(　　)。

A. 纳税人发生视同销售货物行为，按组成计税价格确定其销售额

B. 纳税人用以旧换新方式销售金银首饰，按新货物的同期销售价格确定销售额

C. 纳税人以折扣方式销售货物，若将折扣额另开增值税专用发票，可从销售额中减除折扣额

D. 还本销售本质为筹资，税法规定，该行为不缴纳增值税

5. 根据《中华人民共和国增值税暂行条例》的规定，下列关于包装物的增值税处理正确的有（　　）。

A. 随同货物销售而出租包装物的租金一律在收取时作为价外费用并入销售额计征增值税

B. 一般货物包装物押金一律在收取时作为价外费用并入销售额计征增值税

C. 白酒包装物押金一律在收取时作为价外费用并入销售额计征增值税

D. 啤酒包装物押金一律在收取时作为价外费用并入销售额计征增值税

6. 准予从销项税额中抵扣的进项税额的有（　　）。

A. 从销售方取得的增值税专用发票上注明的增值税税额

B. 运输费用普通发票上注明的运输费用金额计算的进项税额

C. 从海关取得的海关进口增值税专用缴款书上注明的增值税额

D. 销售发票上注明的农产品买价计算的进项税额

7. 根据增值税法律制度的规定，下列各项可以作为增值税的扣税凭证的有（　　）。

A. 税控机动车销售统一发票

B. 海关进口增值税专用缴款书

C. 接受境外单位提供的应税服务，从境内代理人处取得的解缴税款的税收缴款凭证

D. 增值税普通发票

8. 增值税一般纳税人的下列行为中，外购货物进项税额准予从销项税额中抵扣的有（　　）。

A. 将外购货物无偿赠送给客户

B. 将外购货物作为投资提供给联营单位

C. 将外购货物分配给股东

D. 将外购货物用于本单位职工福利

9. 增值税一般纳税人的下列行为中，涉及的进项税额可以从销项税额中抵扣的有（　　）。

A. 购进节日礼品发放给职工做福利

B. 购进实木地板用于办公楼的装修

C. 购进一台机器设备用于应税产品和免税产品的生产

D. 购进布料用于生产服装

10. 甲公司外购一批货物 6000 元，取得增值税专用发票，委托乙公司加工，支付加工费 1000 元，并取得乙公司开具的增值税专用发票。货物加工好收回后，甲公司将这批货物直接对外销售，开出的增值税专用发票上注明的价款为 8000 元。根据以上所述，以下各种说法正确的有（　　）。

A. 甲应当缴纳增值税 510 元

B. 乙应该缴纳增值税 130 元

C. 乙不须缴纳增值税

D. 甲应当缴纳增值税 130 元

三、判断题

1. 根据《中华人民共和国增值税暂行条例》规定，销售额为纳税人销售货物或应税劳务向购买方收取的全部价款，但不包括价外费用。（　　）

2. 在计算增值税销项税额时的销售额应包括向购买方收取的销项税额和其他符合税法规定的费用。（　　）

3. 纳税人应以其提供应税服务、转让无形资产或者销售不动产向对方收取的全部价款

和价外费用为计税依据计算应缴纳的增值税。(　　)

4. 视同销售货物行为而无销售额的，由物价部门核定销售额。(　　)

5. 纳税人采用折扣销售方式销售货物，只要折扣额与销售额在同一张发票上注明，可按折扣后的净额计算缴纳增值税。(　　)

6. 因销货退回还给购买方的增值税税额，应从发生销货退回下期的销项税额中冲减。(　　)

7. 纳税人因进货退回而收回的增值税税额，不允许从当期发生的进项税额中冲减。(　　)

8. 增值税专用发票、机动车销售统一发票，应在开具之日起180日内到税务机关办理认证，并在认证通过的当月申报期内，向主管税务机关申报抵扣进项税额。(　　)

9. 增值税纳税人初次购买增值税税控系统专用设备(包括分开票机)支付的费用：凭购买的增值税专用发票，在增值税应纳税额中全额抵减(即价税合计额)。(　　)

10. 已抵扣进项税额的购进货物改变用途，用于个人消费的，应当将该项购进货物的进项税从当期进项税额中扣减；无法确定该项进项税额的，按当期外购项目的对外销售额计算应扣减的进项税额。(　　)

四、计算题

1. 某商店为一般纳税人，2020年10月销售货物，开具增值税专用发票取得不含税销售额50万元，开具普通发票取得含税销售额67.8万元。

要求：计算该商店当月的销售额和销项税额。

2. 中秋节将至，某食品厂(一般纳税人)特地制作了一款月饼发给本厂职工。当月及以前月份均无同类月饼售价。已知制作这款月饼的总成本为1.6万元。

要求：分别计算该食品厂当月的销售额和销项税额。

3. 某企业(一般纳税人)2020年2月采取以旧换新方式销售彩电，开出普通发票38张，收到货款80000元，并注明已扣除旧货折价30000元。

要求：计算该商店当月的销项税额。

4. 2020年3月，某酒厂(增值税一般纳税人)销售粮食白酒和啤酒给副食品公司，其中白酒开具增值税专用发票，收取不含税价款50000元，另外收取包装物押金3000元；啤酒开具普通发票，收取的价税合计款22600元，另外收取包装物押金1500元。副食品公司按合同约定，于2020年12月将白酒、啤酒包装物全部退还给酒厂，并取回全部押金。

要求：计算该酒厂当月的销项税额。

5. 某饮料厂当月批发零售销售饮料，实现销售额79.1万元。当月从一般纳税人处购进白糖、柠檬酸等原材料，购货金额15万元；从小规模纳税人处购进香料5万元；为本厂食堂购进一台大冰柜，取得增值税专用发票上注明税款4.8万元；为本厂职工幼儿园购进一批童桌、童椅、木床，取得增值税专用发票上注明税款0.234万元。

要求：计算该厂当月应纳增值税税额。

五、案例分析题

(一)

甲食品厂为增值税一般纳税人，2019年10月发生以下业务：

(1) 从农民手中购进大米用于生产雪饼，支付价款100000元，取得农产品销售发票。

(2) 销售零食取得不含税销售额700000元，增值税专用发票注明税额为91000元。

（3）乙企业向甲食品厂购买了1000000元（不含税）货物，甲食品厂给予乙企业10%的折扣，销售额和折扣额在同一张发票且折扣额在备注栏标明。

（4）甲食品厂销售自己使用过的生产设备取得含税销售额25750元，该设备为2008年5月购入。

已知：甲食品厂销售食品适用增值税税率为13%，纳税人取得的专票已通过认证。一般纳税人销售自己使用过的不得抵扣且未抵扣进项税额的固定资产，按简易办法依3%征收率减按2%征收增值税。

要求：根据上述资料，不考虑其他因素，分析回答下列小题。

1. 针对业务（1），甲食品厂购进大米可抵扣的进项税额为（　　）元。

A. 0　　B. 100000×9%＝9000

C. 100000×10%＝10000　　D. 100000×13%＝13000

2. 针对业务（3），甲企业应缴纳的销项税额为（　　）元。

A. 1000000×13%＝130000

B. 1000000×（1－10%）×13%＝117000

C. 1000000÷（1+13%）×13%＝115044.248

D. 1000000×（1－10%）÷（1+13%）×13%＝103539.823

3. 针对业务（4），甲食品厂应缴纳的增值税额为（　　）元。

A. 25750÷（1+13%）×13%＝2962.39　　B. 25750÷（1+3%）×2%＝500

C. 25750÷（1+3%）×3%＝750　　D. 25750÷（1+13%）×2%＝455.75

4. 甲厂当月可以抵扣的进项税额为（　　）元。

A. 10000　　B. 91000+13000＝104000

C. 9000+91000＝100000　　D. 10000+91000＝101000

（二）

甲公司为增值税一般纳税人，主要从事高尔夫球的生产与销售，2019年10月有关经营活动如下：

（1）10月8日将10套高尔夫球具赊销给乙公司，双方未订立书面合同，甲公司于10月9日开具了增值税专用发票，注明价款250000元；甲公司于10月12日发出货物，乙公司于10月20日支付货款。

（2）甲公司对外转让一台自己使用过的生产设备，取得含税转让价169500元，该固定资产于2009年7月1日购进。

（3）甲公司采取以旧换新销售高尔夫球具30套，旧高尔夫球具作价13000元/套（不含税），新高尔夫球具作价25000元/套（不含税）。

（4）甲公司将50套高尔夫球具用于职工福利，同类高尔夫球具含税的售价为28250元/套。

已知：增值税税率为13%，高尔夫球具适用消费税税率为10%。

要求：

根据上述资料，不考虑其他因素，分析并回答下列小题。

1. 上述事项（1）中甲公司的增值税纳税义务发生时间是（　　）。

A. 10月8日　　B. 10月9日　　C. 10月12日　　D. 10月20日

2. 上述事项（2）中甲公司应缴纳的增值税是（　　）。

A. 169500×13%＝22035(元)

B. 169500÷(1+3%)×2%＝3291.26(元)

C. 169500÷(1+3%)×3%＝4936.89(元)

D. 169500÷(1+13%)×13%＝19500(元)

3. 甲公司10月以旧换新方式销售高尔夫球具的增值税销项税额，下列算式正确的是(　　)。

A. 13000×30×13%

B. 25000×30÷(1+13%)×13%

C. (25000−13000)×30÷(1+13%)×13%

D. 25000×30×13%

4. 计算甲公司当月应缴纳的消费税税额的下列算式中，正确的是(　　)。

A. (250000+25000×30)÷(1+13%)×10%+50×28250÷(1+13%)×10%

B. (250000+25000×30)×10%+50×28250×10%

C. (250000+25000×30)÷(1+13%)×10%+50×28250×13%×10%

D. (250000+25000×30)×10%+50×28250÷(1+13%)×10%

第六节　简易计税方法应纳税额的计算

一、单项选择题

1. 小规模纳税人销售货物或者提供劳务，对其增值税进项税额的处理规定是(　　)。

A. 取得增值税专用发票的，可按发票上注明的增值税额进行抵扣

B. 没有取得增值税专用发票的可按3%的抵扣率抵扣进项税额

C. 取得增值税专用发票的可按13%抵扣进项税额

D. 即使取得增值税专用发票，也不得抵扣任何进项税额

2. 某从事商品零售的小规模纳税人，2020年1月份销售商品取得含税收入10300元，当月该企业应纳的增值税是(　　)元。

A. 300　　B. 309　　C. 396.2　　D. 412

3. 2019年2月，某个体工商户(增值税小规模纳税人)购进皮鞋200双，单价60元，当月以每双120元的含税价格全部零售出去。该个体工商户当月销售这些皮鞋应纳增值税为(　　)元。

A. 360　　B. 699.03　　C. 720　　D. 349.51

4. 某建材商店为小规模纳税人，5月销售给大型建材城公司建材一批，共取得收入为154500元；当月购进货物时取得增值税专用发票上注明价款为16000元，则该建材商店本月应纳增值税税额为(　　)元。

A. 4020　　B. 4033.98　　C. 4155　　D. 4500

5. 某企业为增值税小规模纳税人，2019年10月销售自产货物取得含税收入10300元，销售自己使用过2年的设备一台，取得含税收入80000元，当月购入货物取得的增值税专用发票上注明金额8000元，增值税税额1360元，则该企业当月应缴纳增值税(　　)元。

A. 493.40　　B. 1270.10　　C. 2630.10　　D. 1853.40

6. 某汽修厂为增值税小规模纳税人，12月取得修理收入为60000元；处置使用过的举升机一台，取得收入5000元。汽修厂12月份应缴纳增值税(　　)元。

A. 1747.57　　B. 1844.66　　C. 1893.20　　D. 1980.58

7. 其他个人出租其取得的不动产(不含住房)，应按照(　　)的征收率计算应纳税额。

A. 5%　　B. 3%　　C. 1.5%　　D. 2%

二、多项选择题

1. 下列有关小规模纳税人征税和管理的说法，正确的有(　　)。

A. 销售货物不得使用增值税专用发票

B. 购进货物可以使用扣税凭证抵扣税款

C. 不享有税款抵扣权

D. 应纳税额采用简易征收办法计算

三、判断题

1. 甲公司是一家按月纳税的从事货物零售的小规模纳税人，2016 年 3 月甲公司销售额为 20600 元，已知小规模纳税人适用的征收率为 3%，则甲公司应纳的增值税为 600 元。(　　)

2. 纳税人销售旧货，按照简易办法依照 3%的征收率缴纳增值税。(　　)

3. 房地产开发企业中的小规模纳税人，销售自行开发的房地产项目，按照 3%的征收率计税。(　　)

4. 小规模纳税人取得的销售额与一般纳税人一样，都是销售货物或提供应税劳务和应税服务向购买方收取的全部价款和价外费用，不包括收取的增值税税额。(　　)

5. 一般纳税人提供财政部和国家税务总局规定的特定应税服务，可以选择适用简易计税方法计税，但一经选择，12 个月内不得变更。(　　)

四、计算题

1. 某五金工具厂为小规模纳税人，适用的增值税征收率为 3%。2019 年 1 月份，该厂取得销售收入 18540 元。

要求：计算该厂 1 月份应缴纳的增值税税额。

2. 某生产企业是增值税小规模纳税人，2019 年 6 月销售边角废料，由税务机关代开增值税专用发票，取得不含税收入 8 万元；销售使用过的小汽车 1 辆，取得含税收入 5.2 万元；当月购进货物支付价款 3 万元。

要求：计算该企业上述业务应缴纳的增值税税额。

五、不定项选择题

某商品流通企业属于增值税小规模纳税人，2019 年 5 月份有关购销业务如下：

(1) 购进服装 100 套，进价 150 元/套，取得普通发票，价款已付；另支付货物运费 200 元，取得运输单位开具货物运输发票。

(2) 购入办公设备，取得普通发票，注明价款 3000 元。

(3) 销售服装 100 套，售价 515 元/套，开具普通发票上注明价款 51500 元，价款已全部收到。

(4) 转让厂房，取得转让收入 1000000 元(含税价)。

要求：根据上述资料，回答下列问题。

(1) 下列关于增值税小规模纳税人的说法，正确的有(　　)。

A. 从事货物批发或零售的纳税人，年应税销售额在 80 万元以下的，属于小规模纳税人

B. 从事货物生产或提供应税劳务的纳税人，以及以从事生产或者提供应税劳务为主，并兼营货物批发或零售的纳税人，应税销售额在 50 万元以下的，属于小规模纳税人

C. 年应税销售额超过小规模纳税人标准的个人、非企业性单位、不经常发生应税行为的企业，视同小规模纳税人纳税

D. 小规模纳税人应纳增值税与购进货物没有关系，购进货物的全部支出都将计入货物的成本

(2) 小规模纳税人增值税的征收率为(　　)。

A. 3%　　B. 6%　　C. 7%　　D. 13%

(3) 该企业销售服装应缴纳的增值税税额为(　　)元。

A. 1545　　B. 1500　　C. 8500　　D. 3500

(4) 该企业转让厂房应缴纳的增值税为(　　)元。

A. 30000　　B. 29126.21　　C. 47619.05　　D. 50000

(5) 下列各项说法正确的是(　　)。

A. 该企业外购服装可抵扣的进项税额为 0 元

B. 该企业外购服装发生的运费可抵扣的进项税额为 22 元

C. 该企业购入办公用品可抵扣的进项税额为 90 元

D. 该企业可按 3%的征收率计算可抵扣的进项税额

第七节　进口货物应纳增值税的计算

一、单项选择题

1. 按照《海关法》和《进出口关税条例》的规定，一般贸易下进口货物的关税完税价格以海关审定的成交价格为基础的(　　)作为完税价格。

A. 到岸价格　　B. 申报价格　　C. 实际成交价格　　D. 离岸价格

2. 下列项目中，不应计入进口货物完税价格的有(　　)。

A. 机器设备进口后的安装费用　　B. 运抵我国境内起卸前的运输费

C. 运抵我国境内起卸前的保险费　　D. 买方支付的进口货物的货价

3. 某生产企业为增值税一般纳税人，2020 年 3 月进口一批钢材，关税完税价格为 400 万元，进口关税为 80 万元，则进口时应缴纳的增值税为(　　)万元。

A. 54.4　　B. 68　　C. 62.4　　D. 69.74

4. 甲公司为增值税一般纳税人，2020 年 8 月从国外进口一批音响，海关核定的关税完税价格为 113 万元，缴纳关税 11.3 万元。已知增值税税率为 13%，甲公司该笔业务应缴纳增值税税额的下列计算中，正确的是(　　)。

A. $113\times13\%=19.89$(万元)

B. $(113+11.3)\times13\%=16.159$(万元)

C. $113\div(1+13\%)\times13\%=13$(万元)

D. $(113+11.3)\div(1+13\%)\times13\%=14.3$(万元)

5. 某公司为增值税一般纳税人，本月从国外进口一批高档化妆品，海关核定的关税完税价格为 100 万元。已知进口关税税率为 26%，消费税税率为 30%，增值税税率为 13%。则该公司进口环节应缴纳的增值税是(　　)万元。

A. 17　　B. 21.42　　C. 28.7　　D. 23.4

6. 某具有进出口经营权的企业为增值税小规模纳税人，2 月从国外进口小汽车一辆，关税完税价格折合人民币 185500 元，假定小汽车的关税税率 20%，消费税税率 5%，其进口环节应纳增值税(　　)元。

A. 30461.05　　B. 31535　　C. 37842　　D. 36040

二、多项选择题

1. 下列属于进口货物的征税范围是(　　)。

A. 从国外进口的设备　　B. 国外捐赠的货物

C. 企业出口的设备　　D. 我国已出口而转销国内的货物

2. 下列属于进口货物增值税征收范围的是(　　)。

A. A 公司从国外进口先进自动化设备一套

B. 某公益社团接受国际组织无偿援助进口物资一批

C. 张某委托新西兰亲属邮寄进境 5 罐奶粉自用

D. 某贸易公司进口圣诞树等节庆物资一批，商品标识注明“made in china”(中国制造)

3. 下列不属于进口货物的纳税义务人是(　　)。

A. 进口货物的收货人　　B. 办理报关手续的单位

C. 出口货物的发货人　　D. 进口货物的代理人

4. 下列属于进口货物的适用税率是(　　)。

A. 3%　　B. 5%　　C. 13%　　D. 9%

5. 下列关于进口货物计算增值税组成计税价格计算公式正确的是(　　)。

A. 组成计税价格=关税完税价格+关税+消费税

B. 组成计税价格=关税完税价格+关税-消费税

C. 组成计税价格=(关税完税价格+关税)÷(1-消费税税率)

D. 组成计税价格=(关税完税价格+关税)÷(1+消费税税率)

三、判断题

1. 对进口货物是否减免税由国家税务总局统一规定，任何地方、部门都无权规定减免税项目。(　　)

2. 进口环节按组价公式直接计算出的是应纳税额，在进口环节不能抵扣任何境外税款。(　　)

3. 进口货物增值税的组成计税价格中包括已纳关税税额，不包括已纳消费税税额。(　　)

4. 一般贸易下进口货物以海关审定的成交价格为基础的离岸价格作为关税完税价格。(　　)

5. 对代理进口货物以海关开具的完税凭证的纳税人为增值税纳税人。(　　)

四、计算题

1. 甲企业为增值税小规模纳税人，2020 年 5 月进口一批货物，买价为 70000 元，支付境外运抵我国海关境内输入地点起卸前的运输费及保险费 5000 元。海关开具了进口增值税专用缴款书，甲企业缴纳进口环节税金后海关放行。(假定该批货物关税税率为 15%)

要求：

(1) 计算关税完税价格及应纳关税税额。

(2) 计算进口环节应纳增值税的组成计税价格。

(3) 计算进口环节应缴纳增值税的税额。

2. 某市日化厂为增值税一般纳税人，8 月进口一批高档化妆品，买价 85 万元，境外运费及保险费共计 5 万元，海关于 8 月 15 日开具了完税凭证，日化厂缴纳进口环节税金后海关放行。已知关税税率为 10%，消费税税率为 15%，增值税率 13%。

要求：

（1）计算关税完税价格及应纳关税税额。

（2）计算进口环节应纳增值税的组成计税价格。

（3）计算进口环节应缴纳增值税额。

3. 某企业是增值税一般纳税人。2020 年 1 月从国外进口实木地板一批，海关审定的完税价格为 100 万元，已知该批实木地板关税税率为 10%，消费税率 5%，该企业适用的增值税率 13%，货物报关后企业向海关缴纳了进口环节相关税金，并取得了海关完税凭证。

要求：

（1）计算进口环节应纳增值税的组成计税价格。

（2）计算进口环节应缴纳增值税税额。

4. 某贸易公司某年 8 月进口货物一批，该批货物在国外的买价为 400 万元，另该批货物运抵我国海关前发生的包装费、运费、保险费等共计 50 万元。货物报送后，公司按规定缴纳了进口环节的税金并取得海关开具的完税凭证。假定该批货物在国内全部销售，取得不含税销售额 900 万元。假定该货物关税税率 15%，增值税税率 13%。

要求：

（1）计算关税的完税价格及应纳关税税额。

（2）计算进口环节应纳增值税的组成计税价格。

（3）计算进口环节应缴纳增值税的税额。

（4）计算国内销售环节的销项税额。

（5）计算国内销售环节应缴纳增值税税额。

第八节　税收优惠

一、单项选择题

1. 根据《中华人民共和国增值税暂行条例》的规定，免征增值税的是（　　）。

A. 销售农药化肥　　B. 销售电子出版物

C. 提供缝纫服务　　D. 销售古旧图书

2. 一般纳税人销售下列货物或者应税劳务适用免税规定的是（　　）。

A. 农产品　　B. 避孕药品

C. 图书　　D. 自己使用过的汽车

3. 下列不属于免征增值税的项目是（　　）。

A. 农业生产者销售的自产农产品

B. 古旧图书

C. 直接用于科学研究、科学试验和教学的进口仪器、设备

D. 销售的自己使用过的物品

4. 根据增值税法律制度的规定，下列各项中，免征增值税的是（　　）。

A. 农业生产者销售外购农产品　　B. 销售避孕药品

C. 企业销售使用过的机器设备　　D. 外国企业无偿援助的进口物资

二、多项选择题

1. 根据增值税法律制度的规定，下列各项中，属于增值税免税项目的有（　　）。

A. 药店销售的避孕药品　　B. 农民销售的自产农产品

C. 残疾人个人提供广告服务

D. 航空公司提供飞机播洒农药服务

2. 根据“营改增”试点实施办法的规定，下列各项中，免征增值税的有(　　)。

A. 残疾人员个人为社会提供的劳务

B. 境内保险机构为出口货物提供的保险产品

C. 宗教场所举办宗教活动的门票收入

D. 残疾人福利机构提供的育养服务

3. 根据增值税法律制度的规定，下列各项中，免征增值税的有(　　)。

A. 托儿所提供的保育服务

B. 养老机构提供的养老服务

C. 学生勤工俭学提供的服务

D. 个人销售自建自用住房

4. 根据增值税的规定，下列各项免征增值税的有(　　)。

A. 超市销售蔬菜

B. 农业生产者销售自产的水果

C. 商场销售的水产品罐头

D. 销售宠物饲料

5. 下列各项业务免征增值税的有(　　)。

A. 外国政府、国际组织无偿援助的进口物资和设备

B. 自然人销售自己使用过的物品

C. 由残疾人组织直接进口供残疾人专用的物品

D. 销售自行开发生产的软件产品

6. 下列关于增值税起征点幅度的表述中，不正确的是(　　)。

A. 按期纳税的，为月销售额 5000~20000 元

B. 按期纳税的，为月销售额 2000~10000 元

C. 按次纳税的，为每次(日)销售额 200~500 元

D. 按次纳税的，为每次(日)销售额 300~500 元

7. 根据增值税法律制度的规定，纳税人提供的下列服务，享受增值税免税优惠的有(　　)。

A. 病虫害防治

B. 金融同业往来利息

C. 个人转让书籍

D. 提供学历教育的学校收取的赞助费

三、判断题

1. 商贸企业进口的供残疾人专用的物品，免增值税。(　　)

2. 根据增值税法律制度的规定，纳税人兼营免税、减税项目的，应当分别核算免税、减税项目的销售额；未分别核算销售额的，由税务机关确定减税、免税销售额。(　　)

3. 境内单位和个人向中华人民共和国境外单位提供电信业服务，免征增值税。(　　)

4. 增值税一般纳税人初次购买税控系统专用设备支付的费用以及缴纳的技术维护费在增值税应纳税额中全额抵减的，还可凭增值税专用发票从销项税额中抵扣该笔业务的进项税额。(　　)

5. 个人将购买 2 年以上(含 2 年)的住房对外销售的，免征增值税。(　　)

6. 福利彩票、体育彩票的发行收入免征增值税。(　　)

7. 将土地使用权转让给农业生产者用于农业生产免征增值税。(　　)

8. 纳税人提供技术转让、技术开发和与之相关的技术咨询、技术服务免征增值税。(　　)

9. 个人从事金融商品转让业务应当缴纳增值税。(　　)

10. 保险公司开办的一年期以上人身保险产品取得的保费收入免征增值税。(　　)

第九节　征收管理

一、单项选择题

1. 关于增值税纳税义务发生时间的表述错误的是(　　)。

A. 采取直接收款方式销售货物，不论货物是否发出，均为收到销售款或者取得索取销售款凭据的当天

B. 采取托收承付和委托银行收款方式销售货物，为收到货款的当天

C. 销售应税劳务，为提供劳务同时收讫销售款或者取得索取销售款的凭据的当天

D. 采取预收货款方式销售货物，为货物发出的当天

2. 根据增值税法律制度的规定，纳税人采取托收承付和委托银行收款方式销售货物的，其纳税义务的发生时间为(　　)。

A. 货物发出的当天　　B. 合同约定的收款日期的当天

C. 收到销货款的当天　　D. 发出货物并办妥托收手续的当天

3. 根据增值税法律制度的规定，关于增值税纳税义务发生时间的下列表述中，不正确的是(　　)。

A. 纳税人采取预收货款结算方式销售货物的，为收到预收款的当天

B. 纳税人采取赊销方式销售货物的，为书面合同约定的收款日期的当天

C. 纳税人发生视同销售货物行为，为货物移送的当天

D. 纳税人进口货物，为报关进口的当天

4. 委托其他纳税人代销货物，增值税纳专用发票开具时间为收到代销单位销售的代销清单或者收到全部或者部分货款的当天。未收到代销清单及货物的，为发出代销货物满(　　)天的当天。

A. 150　　B. 210　　C. 90　　D. 180

5. 根据增值税的规定，纳税人以 1 个月或者 1 个季度为 1 个纳税期的，自期满之日起(　　)日内申报纳税。

A. 10　　B. 5　　C. 15　　D. 7

6. 根据《中华人民共和国增值税暂行条例》规定，增值税纳税期限分别为(　　)。

A. 15 日、1 个月或者 1 个季度

B. 5 日、10 日、15 日、1 个月或者 1 个季度

C. 1 日、3 日、5 日、10 日、15 日、1 个月或者 1 个季度

D. 1 日、3 日、5 日、10 日、15 日或者 1 个月

7. 北京 A 市民将其在承德市的一块土地使用权转让给石家庄市的 B 公司。双方已经办理了相关过户手续。根据《营业税改征增值税试点实施办法》的规定，A 市民增值税纳税申报的地点应当是(　　)。

A. 石家庄市　　B. 承德市　　C. 天津市　　D. 北京市

8. 根据《营业税改征增值税试点管理办法》的规定，纳税人销售不动产，其申报缴纳增值税的地点是(　　)。

A. 纳税人居住地　　B. 不动产所在地

C. 纳税人机构所在地　　D. 销售不动产行为发生地

9. 根据增值税的规定，下列关于固定业户到外县(市)销售货物或者应税劳务，其纳税

地点的说法中，不正确的是(　　)。

A. 未向销售地或者劳务发生地的主管税务机关申报纳税的，由其机构所在地的主管税务机关补征税款

B. 未开具外出经营活动税收管理证明的，应当向销售地或者劳务发生地的主管税务机关申报纳税

C. 未向其机构所在地的主管税务机关申报纳税的，由销售地或者劳务发生地的主管税务机关补征纳税

D. 应当向其机构所在地的主管税务机关申请开具外出经营活动税收管理证明，并向其机构所在地的主管税务机关申报纳税

二、多项选择题

1. 根据增值税的规定，下列关于纳税期限的说法中，正确的有(　　)。

A. 增值税的纳税期限分别为 5 日、10 日、15 日、1 个月或者 1 个季度

B. 纳税人不能按照固定期限纳税的，可以按次纳税

C. 纳税人以 1 个月或者 1 个季度为一个纳税期的，自期满之日起 15 日内申报纳税

D. 纳税人以 5 日、10 日或者 15 日为一个纳税期的，自期满之日起 5 日内预缴税款，于次月 1 日起 15 日内申报纳税并结清上月应纳税款

2. 下列关于增值税纳税人纳税义务发生时间的表述，正确的有(　　)。

A. 委托其他纳税人代销货物，在收到代销清单以前收到货款的，为收到代销单位销售的代销清单的当天

B. 委托其他纳税人代销货物，在收到代销清单以前收到货款的，为收到货款的当天

C. 委托其他纳税人代销货物，对发出代销商品超过 180 天仍未收到代销清单及货款的，为收到代销单位销售的代销清单的当天

D. 委托其他纳税人代销货物，对发出代销商品超过 180 天仍未收到代销清单及货款的，为发出代销商品满 180 天的当天

3. 下列关于增值税纳税义务发生时间的说法中，不正确的有(　　)。

A. 销售应税劳务，为提供劳务同时收讫销售额或取得索取销售额的凭据的当天

B. 采取预收货款方式销售货物，为收到预收款的当天

C. 采取委托银行收款方式销售货物，为发出货物并办妥托收手续的当天

D. 进口货物，为货物验收入库的当天

4. 下列关于增值税纳税义务发生时间的说法中，正确的有(　　)。

A. 采取托收承付销售货物，为发出货物并办妥托收手续的当天

B. 纳税人发生视同销售货物中法律规定的特定行为的，为对方收到货物的当天

C. 进口货物，为报关进口的当天

D. 采取赊销和分期收款方式销售货物，为按合同约定的收款日期的当天

5. 下列关于增值税纳税义务发生时间的表述中正确的有(　　)。

A. 采取托收承付方式销售货物，为办妥托收手续的当天

B. 采取分期收款方式销售货物，为书面合同约定的收款日期的当天

C. 采取预收款方式租赁有形动产，为收到预收款的当天

D. 委托他人代销货物，为收到代销清单或者收到全部或部分货款的当天

6. 下列关于增值税纳税地点的表述中，正确的有(　　)。

A. 非固定业户销售货物或者应税劳务，未向销售地或者劳务发生地的主管税务机关申报纳税的，由其机构所在地或者居住地的主管税务机关补征税款

B. 扣缴义务人应当向其机构所在地或者居住地的主管税务机关申报缴纳其扣缴的税款

C. 进口货物，应当向报关地海关申报纳税

D. 固定业户到外县(市)销售货物或者应税劳务，未开具外出经营活动税收管理证明的，应当向销售地或者劳务发生地的主管税务机关申报纳税

7. 下列关于“营改增”行业增值税纳税义务发生时间的表述，正确的有(　　)。

A. 纳税人提供建筑服务采取预收款方式的，纳税义务发生时间为收到预收款的当天

B. 纳税人从事金融商品转让的，为金融商品所有权转移的当天

C. 纳税人提供不动产租赁服务采取预收款方式的，纳税义务发生时间为出租不动产的当天

D. 纳税人发生视同销售服务，纳税义务发生时间为服务完成的当天

E. 纳税人发生视同转让不动产情形的，纳税义务发生时间为不动产权属变更的当天

8. 根据增值税法律制度的规定，关于增值税的纳税地点下列表述正确的有(　　)。

A. 其他个人提供建筑服务，应向建筑服务发生地申报纳税

B. 纳税人跨县(市)提供建筑服务，在建筑服务发生地纳税申报

C. 纳税人销售不动产，向不动产所在地进行纳税申报

D. 纳税人出租不动产，在不动产所在地预缴税款后，向机构所在地主管税务机关进行纳税申报

E. 其他个人销售不动产，应向不动产所在地主管税务机关申报纳税

9. 纳税人(　　)采用预收款方式的，其纳税义务发生时间为收到预收款的当天。

A. 销售货物　　B. 提供建筑服务　　C. 提供租赁服务　　D. 提供电信服务

三、判断题

1. 增值税的纳税期限分别为 1 日、3 日、5 日、10 日、20 日、1 个月或者 1 个季度。(　　)

2. 纳税人进口货物，应当自海关填发海关进口增值税专用缴款书之日起 20 日内缴纳税款。(　　)

3. 增值税扣缴义务发生时间为纳税人支付货款的当天。(　　)

4. 纳税人销售货物或者应税劳务，先开具发票的，其增值税纳税义务发生时间为实际收到款项的当天。(　　)

5. 纳税人委托其他纳税人代销货物的，其增值税纳税义务的发生时间为发出代销货物的当天。(　　)

6. 纳税人发生视同销售货物中法律规定的特定行为的，其纳税义务发生时间为货物移送的当天。(　　)

7. 采取委托银行收款方式销售货物时，增值税纳税义务发生时间是银行收到货款的当天。(　　)

8. 增值税非固定业户销售货物或者应税劳务，应当向销售地或劳务发生地的主管税务机关申报纳税，进口货物应当向报关地海关申报纳税。(　　)

9. 根据增值税的规定，非固定业户销售货物或者应税劳务，未向销售地或者劳务发生地的主管税务机关申报纳税的，由其机构所在地或者居住地的主管税务机关补征税款。(　　)

10. 增值税纳税人固定业户到外县(市)销售货物或者应税劳务，应当向销售地或者劳务发生地的主管税务机关申报纳税。(　　)

11. 固定业户到外县(市)销售货物或者应税劳务，未开具外出经营活动税收管理证明的，应当向销售地或者劳务发生地的主管税务机关申报纳税；未向销售地或者劳务发生地的主管税务机关申报纳税的，由其机构所在地的主管税务机关补征税款。(　　)

12. 根据增值税法律制度的规定，固定业户应当向其机构所在地的主管税务机关申报纳税，如总机构和分支机构不在同一县(市)，则应由总机构汇总向总机构所在地的主管税务机关申报纳税。(　　)

第十节　增值税专用发票的使用及管理

一、单项选择题

1. 将货物交付他人代销，开具增值税专用发票的时间为(　　)。

A. 收到货款的当天　　B. 合同约定的收款日期当天

C. 收到受托人送交的代销清单的当天　　D. 货物移送当天

2. 下列有关增值税专用发票的表述中，不正确的是(　　)。

A. 增值税专用发票是指专门用于结算销售货物和提供加工、修理修配劳务使用的一种发票

B. 只有经国家税务机关认定为增值税一般纳税人的才能领购增值税专用发票，小规模纳税人和法定情形的一般纳税人不得领购使用

C. 增值税专用发票由省、自治区、直辖市税务机关指定的企业统一印刷

D. 增值税专用发票应当使用防伪税控系统开具

3. 企业有下列(　　)情形的，不得领购开具增值税专用发票。

A. 发生借用他人增值税专用发票的违法行为，在税务机关规定的期限内已改正的

B. 会计核算不健全，不能准确提供增值税进项税额、销项税额、应纳税额等资料

C. 发生私自印制增值税专用发票的违法行为，在税务机关规定的期限内已改正的

D. 发生未按规定保管增值税专用发票的违法行为，在税务机关规定的期限内已改正的

4. 增值税专用发票的领购使用只限于(　　)。

A. 增值税一般纳税人　　B. 增值税小规模纳税人

C. 特殊纳税人　　D. 个体工商户

5. 根据《增值税专用发票使用规定》，一般纳税人的下列销售行为中，应开具增值税专用发票的是(　　)。

A. 向消费者个人销售应税货物　　B. 向小规模纳税人转让专利权

C. 销售免税货物　　D. 向一般纳税人销售应税货物

6. 根据增值税法律制度的规定，下列情形中，纳税人可以自行开具增值税专用发票的是(　　)。

A. 商业企业一般纳税人零售烟酒　　B. 一般纳税人销售免税货物

C. 小规模纳税人销售货物　　D. 生产企业一般纳税人销售机器设备

7. 增值税专用发票最高开票限额的审批机关是(　　)。

A. 国家税务总局　　B. 省级税务机关

C. 地级税务机关　　D. 区县级税务机关

8. 增值税小规模纳税人发生下列销售行为，不可以申请税务机关代开增值税专用发票的是(　　)。

A. 销售旧货　　B. 销售自己使用过的固定资产

C. 销售边角余料　　D. 销售免税货物

二、多项选择题

1. 下列各项中，属于增值税专用发票基本联次的有(　　)。

A. 发票联　　B. 抵扣联　　C. 存根联　　D. 记账联

2. 增值税专用发票开具时限，必须按照(　　)规定。

A. 采用预收货款、托收承付、委托银行收款结算方式的，为货物发出的第二天

B. 采用交款提货结算方式的，为收到货款的当天

C. 采用赊销、分期付款结算方式的，为合同约定的收款日期的当天

D. 将货物交付他人代销，为收到受托人送交的代销清单的当天

3. 不得领购使用增值税专用发票的单位或个人是(　　)。

A. 年应税销售额超过小规模纳税人标准的个人

B. 一般纳税人有私自印刷专用发票行为，税务机关责令限期改正而认为改正的

C. 销售货物全部属于免税项目的

D. 年应税销售额在500万元以下的商品批发企业

4. 一般纳税人不得领购使用专用发票的法定情形有(　　)。

A. 会计账簿不健全的

B. 未按规定保管专用发票，经责令改正仍未改正者

C. 一般纳税人经营商业批发烟、酒、食品等

D. 会计核算不健全

5. 根据增值税法律制度的规定，下列各项中，不得领购开具增值税专用发票的是(　　)。

A. 虚开增值税专用发票，经税务机关责令限期改正而仍未改正的

B. 未按规定接受税务机关检查，经税务机关责令限期改正而仍未改正的

C. 有《税收征管法》规定的税收违法行为，拒不接受税务机关处理的

D. 会计核算不健全，不能向税务机关准确提供增值税销项税额、进项税额、应纳税额数据及其他有关增值税税务资料的

6. 下列各项关于发票开具要求的表述中，正确的是(　　)。

A. 未发生经营业务一律不得开具发票

B. 发票联和抵扣联盖单位财务印章或发票专用章

C. 填写发票可使用外文

D. 可自行拆本使用发票

7. 一般纳税人销售货物不得开具增值税专用发票的有(　　)。

A. 零售劳保专用品　　B. 向消费者个人销售货物

C. 批发计生用品　　D. 销售非自用二手车

三、判断题

1. 增值税一般纳税人不得开具使用普通发票。(　　)

2. 增值税专用发票的基本联次主要有存根联、抵扣联、发票联三联。(　　)

3. 增值税专用发票应由省、自治区、直辖市国家税务局指定的企业印制。(　　)

4. 一般纳税人必须按规定时限开具增值税专用发票，不得滞后，但可以提前。(　　)

5. 一般纳税人会计核算不健全，或者不能够提供准确税务资料的，应当按照销售额和增值税税率计算应纳税额，不得抵扣进项税额，但可以使用增值税专用发票。(　　)

6. 商业企业一般纳税人零售的烟、酒、食品、服装、鞋帽(不包括劳保专用部分)、化妆品等消费品可以开具专用发票。(　　)

7. 纳税人取得符合规定的发票，应自开具之日起 90 天内到税务机关办理认证，并于认证通过的次月申报期内抵扣。(　　)

第三节　消费税法律制度

学情分析

本节重点掌握以下几点：

1. 消费税纳税人：能准确区分消费税的纳税人；
2. 税目：能准确掌握消费税的征税范围及具体税目；
3. 纳税环节：能掌握消费税具体的纳税环节包括一般情况和特殊规定；
4. 计税方法：能掌握消费税的计税方法及公式；
5. 应纳税额：能掌握消费税应纳税额的计算方法；
6. 征收管理：能掌握消费税的纳税义务发生的时间和纳税地点。

主要内容导图

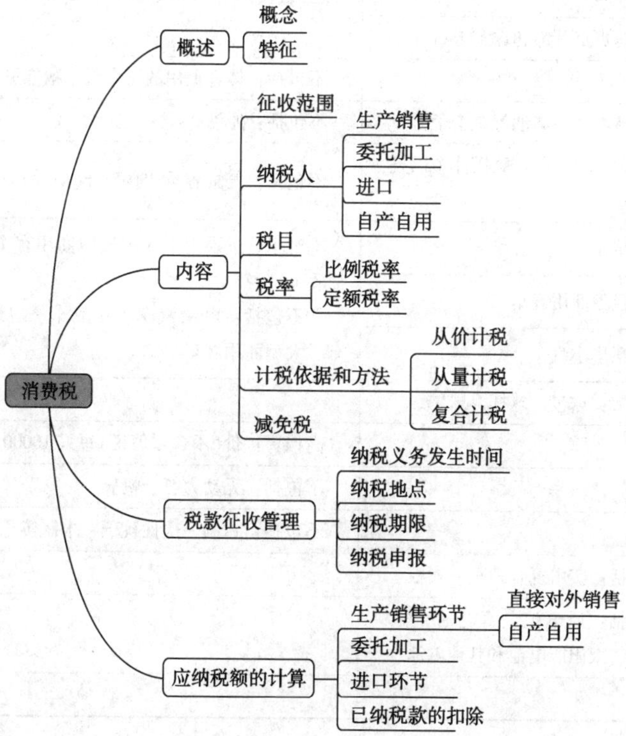

重、难点解析

一、消费税的纳税人

在我国境内“生产、委托加工和进口”应税消费品的单位和个人以及国务院确定的销售《消费税暂行条例》规定的消费品的其他单位和个人，为消费税的纳税人。

二、消费税税目

税目	子目	注　　释
烟	卷烟	不包括：烟叶
	雪茄烟	
	烟丝、电子烟	
酒	白酒	①不包括：调味料酒、酒精 ②娱乐业、饮食业、商业自制啤酒应征收消费税 ③配制酒按白酒、其他酒
	黄酒	
	啤酒	
	其他酒	
高档化妆品	高档美容、修饰类化妆品	①高档：生产（进口）环节销售（完税）价格（不含增值税）在10元/毫升（克）或15元/片（张）及以上 ②不包括：舞台、戏剧、影视演员化妆用的上妆油、卸装油、油彩等
	高档护肤类化妆品	
	成套化妆品	
贵重首饰及珠宝玉石	金银首饰、铂金首饰、钻石及钻石饰品	包括：翡翠、珍珠、宝石、宝石胚
	其他贵重首饰和珠宝玉石	
鞭炮、焰火		不包括：体育上用的发令纸、鞭炮引线
成品油	包括汽油、柴油等7个子目	不包括：原油
摩托车	轻便摩托车、摩托车（两轮、三轮）	不包括：气缸容量250毫升（不含）以下的小排量摩托车
小汽车	乘用车	①对于购进乘用车或中轻型商用客车整车改装生产的汽车，征收消费税 ②不包括：电动汽车、沙滩车、雪地车、卡丁车、高尔夫车、大型商用客车
	中轻型商用客车	
	超豪华小汽车	
高尔夫球及球具	包括：球包、球杆、球袋	
高档手表		高档：售价（不含增值税）每只10000元以上
游艇		不包括：无动力艇、帆艇
木制一次性筷子		不包括：竹制一次性筷子、木制筷子
实木地板	包括：实木复合地板、素板	
电池	包括：原电池、蓄电池、燃料电池、太阳能电池和其他电池	
涂料		

【例题·单选题】根据消费税法律制度的规定，下列各项中，不属于消费税征税范围的是(　　)。

A. 成品油　　B. 酒精　　C. 烟丝　　D. 实木地板

『答案』B

【例题·单选题】根据消费税法律制度的规定，下列各项中，不属于消费税征税范围的是(　　)。

A. 果木酒　　B. 调味料酒　　C. 药酒　　D. 葡萄酒

『答案』B

【例题·多选题】根据消费税法律制度的规定，下列各项中征收消费税的有(　　)。

A. 晾晒烟叶　　B. 批发烟叶　　C. 生产烟丝　　D. 生产卷烟

『答案』CD

【例题·多选题】下列各项中，应按照"高档化妆品"税目计缴消费税的有(　　)。

A. 高档护肤类化妆品　　B. 成套化妆品

C. 高档修饰类化妆品　　D. 高档美容类化妆品

『答案』ABCD

【例题·判断题】企业加工生产的宝石坯不属于消费税的征税范围。(　　)

『答案』×

三、消费税征税环节

(一) 基本规定

纳税环节		适用应税消费品	是否单一环节纳税
基本环节	生产销售环节	除"金银首饰、铂金首饰、钻石及钻石饰品"以外的其他应税消费品	√
	委托加工环节		
	进口环节		
特殊环节	零售环节	金银首饰、铂金首饰、钻石及钻石饰品	√
		超豪华小汽车	×(加征)
	批发环节	卷烟	×(加征)

【例题·多选题】根据消费税法律制度的规定，下列各项中，属于消费税纳税人的有(　　)。

A. 委托加工白酒的超市　　B. 进口白酒的贸易商

C. 销售白酒的商场　　D. 生产白酒的厂商

『答案』ABD

【例题·单选题】根据消费税法律制度的规定，企业将自产应税消费品用于下列情形中，不缴纳消费税的是(　　)。

A. 地板厂将自产的实木地板用于装修办公室

B. 摩托车厂将自产的摩托车用于赞助

C. 化妆品厂将自产的高档化妆品用于广告

D. 卷烟厂将自产的烟丝用于连续生产卷烟

『答案』D

【例题·单选题】根据消费税法律制度的规定，下列行为中，应缴纳消费税的是(　　)。

A. 卷烟厂销售自产的卷烟　　B. 汽车厂销售自产的载货汽车

C. 外贸公司进口高档电器产品　　D. 银行销售金银纪念币

『答案』A

【例题·单选题】根据消费税法律制度的规定，下列各项中，属于消费税纳税人的是(　　)。

A. 白酒批发商　　B. 卷烟生产商　　C. 钻石进口商　　D. 高档化妆品零售商

『答案』B

【例题·单选题】根据消费税法律制度的规定，下列各项中，在零售环节加征消费税的是(　　)。

A. 电池　　B. 高档手表　　C. 游艇　　D. 超豪华小汽车

『答案』D

【例题·多选题】根据消费税法律制度的规定，下列情形中，属于消费税征税范围的有(　　)。

A. 甲服装厂生产销售服装

B. 丙烟草批发企业将卷烟销售给其他烟草批发企业

C. 丁商场零售金银首饰

D. 乙汽车贸易公司进口小汽车

『答案』CD

(二) 具体规定

1. 生产应税消费品

(1) 直接对外销售，于“销售时”纳税。

(2) 移送使用：

① 用于连续生产“应税消费品”，移送使用时不纳税，待生产的最终应税消费品“销售时”纳税。

② 用于连续生产“非应税消费品”“移送使用时”纳税，生产的最终非应税消费品销售时不再纳税。

③ 用于其他方面(在建工程、管理部门、非生产机构、提供劳务、馈赠、赞助、集资、广告、样品、职工福利、奖励)，视同销售，于“移送使用时”纳税。

2. 委托加工应税消费品

(1) 委托加工行为判定

应税行为	判定依据
委托加工	委托方提供原料和主要材料，受托方只收取加工费和代垫部分辅助材料
“受托方”销售自产应税消费品	①由受托方提供原材料生产的应税消费品 ②受托方先将原材料卖给委托方，然后再接受加工的应税消费品 ③由受托方以委托方名义购进原材料生产的应税消费品

(2) 委托加工业务的税务处理

受托方身份	税务处理
单位	由“受托方”在向委托方交货时代收代缴消费税
个人	由“委托方”收回后自行缴纳消费税

(3) 委托方收回后的税务处理

用途	税务处理
用于连续生产应税消费品	所缴纳的消费税税款准予“按规定”抵扣
直接出售	不再缴纳消费税 【注意】以“不高于”受托方的计税价格出售的，为直接出售
以高于受托方的计税价格出售	按规定申报缴纳消费税，在计税时准予扣除受托方已代收代缴的消费税

3. 进口应税消费品

单位和个人进口应税消费品，于报关进口时缴纳消费税。

4. 销售应税消费品

(1) 零售环节征收消费税——金银首饰、铂金首饰、钻石及钻石饰品。

① 金银首饰仅限于金、银以及金基、银基合金首饰和金基、银基合金的镶嵌首饰，不包括镀金首饰和包金首饰。

② 金银首饰在零售环节缴纳消费税，生产环节不再缴纳。

③ 对既销售金银首饰，又销售非金银首饰的生产、经营单位，应将两类商品划分清楚，分别核算销售额。凡划分不清楚或不能分别核算的，在生产环节销售的，一律从高适用税率征收消费税；在零售环节销售的，一律按金银首饰征收消费税。

【举例 1】某首饰加工厂，既生产销售“金银首饰”又生产销售“珠宝玉石首饰”，未分别核算，则全部销售额按生产销售“珠宝玉石首饰”计征消费税。

【举例 2】某商场既销售“金银首饰”又销售“珠宝玉石首饰”，未分别核算，则全部销售额按销售“金银首饰”计征消费税。

④ 金银首饰连同“包装物”一起销售的，“无论包装物是否单独计价”，也无论会计上如何核算，均应并入金银首饰的销售额，计征消费税。

⑤ 带料加工的金银首饰，应按“受托方”销售同类金银首饰的销售价格确定计税依据征收消费税，没有同类金银首饰销售价格的，按照组成计税价格计算纳税。

(2) 零售环节“加征”消费税——超豪华小汽车(单一环节纳税的例外)。

① 界定：单价在 130 万元以上；

② 纳税人：将超豪华小汽车销售给消费者的单位和个人；

③ 税务处理：对超豪华小汽车，在生产(进口)环节按现行税率征收消费税的基础上，在零售环节加征消费税，税率为 10%。

(3) 批发环节“加征”消费税——卷烟(单一环节纳税的例外)。

① 烟草批发企业将卷烟销售给“零售单位”的，要再征一道消费税。

【注意 1】烟草批发企业将卷烟销售给其他烟草批发企业的，不缴纳消费税。

【注意 2】纳税人兼营卷烟批发和零售业务的应当分别核算，未分别核算的按照全部销售额、销售数量计征批发环节消费税。

② 加征税率——复合计征。

比例税率：11%；

定额税率：0.005 元/支。

【例题·单选题】2019 年 10 月，甲烟草批发企业向乙卷烟零售店销售卷烟 200 标准条，取得不含增值税销售额 20000 元；向丙烟草批发企业销售卷烟 300 标准条，取得不含增值税销售额为 30000 元。已知卷烟批发环节消费税比例税率为 11%，定额税率为 0.005 元/支；每标准条 200 支卷烟。甲烟草批发企业上述业务应缴纳消费税税额的下列计算列式中，正确的是（　　）。

A. 20000×11%+200×200×0.005=2400(元)

B. 20000×11%+200×200×0.005+30000×11%+300×200×0.005=6000(元)

C. 20000×11%+30000×11%=5500(元)

D. 30000×11%+300×200×0.005=3600(元)

『答案』A

【例题·判断题】委托加工的应税消费品，除受托方为个人之外，应由受托方在向委托方交货时代收代缴消费税。（　　）

『答案』√

【例题．多选题】下列在零售环节征收消费税的有（　　）。

A. 金银首饰　　B. 珍珠　　C. 铂金首饰　　D. 钻石首饰

『答案』ACD

四、消费税税率

（一）基本规定

基本形式：比例税率、定额税率。

特殊情况：定额税率和比例税率并用——复合计税。

消费税税率形式、适用税目、计算公式概览表

税率形式	适用税目	计税公式
定额税率(从量计征)	啤酒、黄酒、成品油	应纳税额=销售数量(交货数量、进口数量)×定额税率
比例税率和定额税率并用(复合计税)	卷烟、白酒	应纳税额=销售数量(交货数量、进口数量)×定额税率+销售额(同类消费品价格、组成计税价格)×比例税率
比例税率(从价计征)	除上述以外的其他项目	应纳税额=销售额(同类消费品价格、组成计税价格)×比例税率

（二）从高适用税率的两种情况

经营形式	消费税计税原则
兼营不同税率应税消费品	分别核算，分别计税； 未分别核算的，从高计税
将不同税率应税消费品组成成套消费品销售	从高计税(分别核算也从高适用税率)

【例题·多选题】根据消费税制度的规定，下列应税消费品中，采取比例税率和定额税率复合征收形式的有（　　）。

A. 白酒　　B. 雪茄烟　　C. 卷烟　　D. 黄酒

『答案』AC

【例题·多选题】根据消费税法律制度的规定，下列应税消费品中，采用从量计征办法计缴消费税的有(　　)。

A. 黄酒　　B. 葡萄酒　　C. 啤酒　　D. 药酒

『答案』AC

【例题·多选题】下列各项中，采取从价计征消费税的有(　　)。

A. 高档手表　　B. 高尔夫球　　C. 烟丝　　D. 黄酒

『答案』ABC

【例题·单选题】甲公司是一家化妆品生产企业，属于增值税一般纳税人，2023 年 8 月，该厂销售高档化妆品取得不含增值税销售收入 100 万元，销售普通化妆品取得不含增值税销售收入 80 万元，将高档化妆品与普通化妆品组成礼盒成套销售，取得不含增值税销售额 50 万元，已知高档化妆品的消费税税率为 15%，增值税税率为 13%。则该企业当月应纳消费税的下列计算中正确的是(　　)。

A. 100×15%＝15(万元)　　B. 100×13%＝13(万元)

C. (100+50)×15%＝22.5(万元)　　D. (100+50)×13%＝19.5(万元)

『答案』C，纳税人将“非应税消费品”与“应税消费品”组成成套销售的，依销售额全额计算消费税。

五、消费税应纳税额的计算

(一) 基本规定

计税方法	计算公式	注　释
从价定率	应纳税额＝销售额×税率	销售额是纳税人销售应税消费品向购买方收取的全部价款和价外费用 【注意】不包括向购买方收取的增值税税款。
从量定额	应纳税额＝应税消费品的销售数量×单位税额	①销售应税消费品的，为应税消费品的“销售”数量 ②自产自用应税消费品的，为应税消费品的“移送使用”数量 ③委托加工应税消费品的，为纳税人“收回”的应税消费品数量 ④进口应税消费品的，为海关核定的应税消费品“进口”征税数量
复合计征	应纳税额＝销售额×比例税率+销售数量×定额税率	

【例题·单选题】2023 年 5 月甲药酒厂生产 240 吨药酒，对外销售 140 吨，取得不含增值税销售额 1000 万元，增值税税额 130 万元。甲药酒厂当月销售药酒计算消费税的计税依据为(　　)。

A. 1000 万元　　B. 1130 万元　　C. 240 吨　　D. 140 吨

『答案』A

【例题·单选题】甲公司为增值税小规模纳税人，2023 年 10 月销售自产葡萄酒，取得含增值税销售额 150174 元。已知增值税征收率为 3%；葡萄酒消费税税率为 10%。计算甲公司当月该笔业务应缴纳消费税税额的下列算式中，正确的是(　　)。

A. 150174×(1−10%)×10%＝13515.66(元)

B. 150174÷(1−10%)×10%＝16686(元)

C. 150174÷(1+3%)×10%＝14580(元)

D. 150174×10%＝15017.4(元)

『答案』C

【例题·单选题】2022年12月甲啤酒厂生产150吨啤酒，销售100吨，取得不含增值税销售额30万元，增值税税额3.9万元。甲啤酒厂当月销售啤酒消费税计税依据为(　　)。

A. 33.9万元　　B. 30万元　　C. 150吨　　D. 100吨

『答案』D

【例题·单选题】甲公司为增值税一般纳税人，2023年10月销售自产柴油4000吨，馈赠客户自产柴油30吨，本厂工程车辆领用自产柴油20吨，已知柴油1吨＝1176升，消费税税率为1.2元/升，计算甲公司当月上述业务应缴纳的消费税的下列算式中，正确的是(　　)。

A. (4000+30)×1176×1.2＝5687136(元)

B. (4000+30+20)×1176×1.2＝5715360(元)

C. 4000×1176×1.2＝5644800(元)

D. (4000+20)×1176×1.2＝5673024(元)

『答案』B

【例题·单选题】甲酒厂为增值税一般纳税人，2023年5月销售白酒50吨，取得含增值税销售额3390000元，已知增值税税率为13%，白酒消费税比例税率为20%，定额税率为0.5元/500克。计算甲酒厂当月应当缴纳消费税税额的下列计算式中，正确的是(　　)。

A. 3390000×20%＝678000(元)

B. 3390000÷(1+13%)×20%＝600000(元)

C. 3390000÷(1+13%)×20%+50×2000×0.5＝650000(元)

D. 3390000×20%+50×2000×0.5＝728000(元)

『答案』C

(二)特殊情况下销售额的确定

(1)纳税人通过自设“非独立核算”门市部销售的自产应税消费品，应当按照“门市部”对外销售额或者销售数量征收消费税。

(2)纳税人用于“换取生产资料和消费资料、投资入股和抵偿债务”等方面的应税消费品，应当以纳税人同类应税消费品的“最高销售价格”作为计税依据计算消费税。

【记忆提示】“换、抵、投”按最高销售价格。

【注意】上述业务同时属于增值税视同销售行为，在计算增值税时须按“平均销售价格”。

(3)包装物押金的税务处理：

<table>
<tr><th>包装物押金</th><th>增值税处理</th><th>消费税处理</th></tr>
<tr><td>一般货物</td><td rowspan="2">逾期未退时价税分离并入销售额</td><td>逾期未退时价税分离并入销售额</td></tr>
<tr><td>啤酒、黄酒</td><td>不征收消费税</td></tr>
<tr><td>白酒、其他酒类</td><td colspan="2">收取时价税分离并入销售额</td></tr>
</table>

(4)品牌使用费：

白酒生产企业向商业销售单位收取的“品牌使用费”应并入白酒的销售额中缴纳消费税。

（5）以旧换新：

分类	具体规定
非金银首饰	以“新货物的销售额”作为消费税的计税基础，不扣减旧货物的回收价格。
金银首饰	按“实际收取”的不含增值税的全部价款征收消费税。

【例题·单选题】某摩托车生产企业为增值税一般纳税人，6月份将生产的某型号摩托车30辆，以每辆出厂价12000元(不含增值税)给自设非独立核算的门市部；门市部又以每辆15820元(含增值税)全部销售给消费者。已知：摩托车适用消费税税率10%，则该摩托车生产企业6月份应缴纳消费税的下列计算中正确的是(　　)。

A. 12000×30×10%＝36000(元)

B. 15820÷(1+13%)×30×10%＝42000(元)

C. 15820×(1+13%)×30×10%＝53629.8(元)

D. 15820×30×10%＝47460(元)

『答案』B

【例题·单选题】根据消费税法律制度的规定，企业发生下列事项，应根据企业同类应税消费品最高计税价格计征消费税的是(　　)。

A. 用于职工福利的自产高档化妆品　　B. 用于运输车队的自产柴油

C. 用于抵偿债务的自产小汽车　　D. 用于广告宣传的自产白酒

『答案』C

【例题·单选题】甲公司为增值税一般纳税人，2023年10月将1辆生产成本5万元的自产小汽车用于抵偿债务，同型号小汽车含增值税平均售价11.3万元/辆，含增值税最高售价13.56万元/辆。已知增值税税率为13%；消费税税率为5%。计算甲公司当月该笔业务应缴纳消费税税额的下列算式中，正确的是(　　)。

A. 5×5%＝0.25(万元)　　B. 11.3÷(1+13%)×5%＝0.5(万元)

C. 5×(1+5%)×5%＝0.26(万元)　　D. 13.56÷(1+13%)×5%＝0.6(万元)

『答案』D

【例题·单选题】2023年5月，甲酒厂销售自产红酒，取得含增值税价款45.2万元，另收取包装物押金2.26万元、手续费1.13万元。已知红酒增值税税率为13%，消费税税率为10%。甲酒厂该笔业务应缴纳消费税的下列计算中，正确的是(　　)。

A. (45.2+1.13)÷(1+13%)×10%＝4.1(万元)

B. 45.2÷(1+13%)×10%＝4(万元)

C. (45.2+2.26+1.13)÷(1+13%)×10%＝4.3(万元)

D. (45.2+2.26)÷(1+13%)×10%＝4.2(万元)

『答案』C

【例题·多选题】甲酒厂主要从事白酒生产销售业务，该酒厂销售白酒取得的下列款项中，应并入销售额缴纳消费税的有(　　)。

A. 向W公司收取的产品优质费　　B. 向X公司收取的包装物租金

C. 向Y公司收取的品牌使用费　　D. 向Z公司收取的储备费

『答案』ABCD

（三）组成计税价格

<table>
<tr><th></th><th colspan="3">具体规定</th></tr>
<tr><td rowspan="3">自产自用</td><td colspan="3">①按照纳税人生产的“同类”消费品的销售价格计算纳税；
【注意】“一般”情况按“平均”销售价格；“换、抵、投”按“最高”销售价格</td></tr>
<tr><td rowspan="2">②没有同类消费品销售价格的，按照组成计税价格计算纳税；</td><td>从价计征应税消费品的组成计税价格公式</td><td>组成计税价格=成本×(1+成本利润率)÷(1-消费税比例税率)
应纳消费税=组成计税价格×消费税比例税率</td></tr>
<tr><td>复合计征应税消费品组成计税价格公式</td><td>组成计税价格=[成本×(1+成本利润率)+自产自用数量×消费税定额税率]÷(1-消费税比例税率)
应纳消费税=组成计税价格×消费税比例税率+自产自用数量×消费税定额税率</td></tr>
<tr><td rowspan="3">委托加工</td><td colspan="3">①按照“受托方”的同类消费品的销售价格计算纳税</td></tr>
<tr><td rowspan="2">②没有同类消费品销售价格的，按照组成计税价格计算纳税</td><td>一般应税消费品组成计税价格公式</td><td>组成计税价格=(材料成本+加工费)÷(1-消费税比例税率)
应纳消费税=组成计税价格×消费税比例税率</td></tr>
<tr><td>复合计征应税消费品组成计税价格公式：</td><td>组成计税价格=(材料成本+加工费+委托加工数量×消费税定额税率)÷(1-消费税比例税率)
应纳消费税=组成计税价格×消费税比例税率+委托加工数量×消费税定额税率</td></tr>
<tr><td rowspan="3">进口</td><td colspan="3">按照组成计税价格计算纳税</td></tr>
<tr><td>①一般应税消费品组成计税价格公式</td><td colspan="2">组成计税价格=(关税完税价格+关税)÷(1-消费税比例税率)
应纳消费税=组成计税价格×消费税比例税率</td></tr>
<tr><td>②复合计征应税消费品组成计税价格公式：</td><td colspan="2">组成计税价格=(关税完税价格+关税+进口数量×消费税定额税率)÷(1-消费税比例税率)
应纳消费税=组成计税价格×消费税比例税率+进口数量×消费税定额税率</td></tr>
</table>

【例题·单选题】甲化妆品公司为增值税一般纳税人，2022年12月销售高档化妆品元旦套装400套，每套含增值税售价678元，将同款元旦套装30套用于对外赞助，已知增值税税率为13%，消费税税率为15%，计算甲化妆品公司当月元旦套装应缴纳消费税税额的下列算式中，正确的是(　　)。

A. 400×678÷(1+13%)×15%=36000(元)

B. 400×678×15%=40680(元)

C. (400+30)×678÷(1+13%)×15%=38700(元)

D. (400+30)×678×15%=43731(元)

『**答案**』C

【例题·单选题】2023年5月甲化妆品厂将一批自产高档化妆品用于馈赠客户，该批高档化妆品生产成本为17000元，无同类高档化妆品销售价格，已知消费税税率为15%；成本利润率为5%。计算甲化妆品厂当月该笔业务应缴纳消费税税额的下列算式中，正确的是(　　)。

A. 17000×(1+5%)×15%=2677.5(元)

B. 17000×(1+5%)÷(1-15%)×15%=3150(元)

C. 17000÷(1-15%)×15%=3000(元)

D. 17000×15%=2550(元)

『**答案**』B

【**例题·单选题**】某白酒厂春节前，将新研制的白酒1吨作为过节福利发放给员工饮用，该白酒无同类产品市场销售价格。已知该批白酒生产成本20000元，成本利润率为5%，白酒消费税比例税率为20%；定额税率为0.5元/斤。则该批白酒应纳消费税为(　　)元。

A. 5250　　B. 6250　　C. 5500　　D. 6500

『**答案**』D

【**例题·单选题**】甲卷烟厂为增值税一般纳税人，受托加工一批烟丝，委托方提供的烟叶成本49140元，甲卷烟厂收取含增值税加工费2373元。已知增值税税率为13%，消费税税率为30%，无同类烟丝销售价格，计算甲卷烟厂该笔业务应代收代缴消费税税额的下列算式中，正确的是(　　)。

A. [49140+2373÷(1+13%)]÷(1-30%)×30%=21960(元)

B. (49140+2373)÷(1-30%)×30%=22077(元)

C. 49140÷(1-30%)×30%=21060(元)

D. (49140+2373)÷(1+13%)÷(1-30%)×30%=19537.17(元)

『**答案**』A

【**例题·单选题**】某汽酒进口公司，2023年10月进口一批汽酒，已知该批汽酒的关税完税价格10800元；消费税税率10%，关税税率14%。该批汽酒进口环节应缴纳消费税税额的下列计算中正确的是(　　)。

A. 10800×10%=1080(元)

B. 10800×(1+14%)×10%=1231.2(元)

C. 10800×14%×10%=151.2(元)

D. 10800×(1+14%)÷(1-10%)×10%=1368(元)

『**答案**』D

（四）已税消费税的扣除

“外购”和“委托加工收回”应税消费品，“连续生产应税消费品”，在计征消费税时，可以按“当期生产领用数量”计算准予扣除外购和委托加工的应税消费品已纳消费税税款。

【**注意**】区别用“自产”的应税消费品，连续生产应税消费品。

扣除范围	①已税烟丝为原料生产的卷烟 ②已税高档化妆品原料生产的高档化妆品 ③已税珠宝、玉石原料生产的贵重首饰及珠宝、玉石 ④已税鞭炮、焰火原料生产的鞭炮、焰火 ⑤已税杆头、杆身和握把为原料生产的高尔夫球杆 ⑥已税木制一次性筷子原料生产的木制一次性筷子 ⑦已税实木地板原料生产的实木地板 ⑧已税石脑油、润滑油、燃料油为原料生产成品油 ⑨已税汽油、柴油为原料生产的汽柴油
计算方法	按当期生产领用数量扣除其已纳消费税
计算公式	当期准予扣除的应税消费品已纳税款=当期生产领用数量×单价×应税消费品的适用税率

【**注意**】掌握下列不得扣除的项目，采用排除法应对此知识点更加容易。

“不得扣除”的原因	具体内容
“特殊”应税消费品	酒类产品(不包括葡萄酒)、手表、烧油的(小汽车、摩托车、游艇)、电池、涂料
纳税环节“不同”	如用已税“珠宝玉石”加工“金银镶嵌首饰”
用于生产“非应税消费品”	如用已税“高档化妆品”连续生产“普通化妆品”

【**例题·单选题**】根据消费税法律制度的规定，下列各项中，可以按当期生产领用数量计算准予扣除外购的应税消费品已纳消费税税款的是(　　)。

A. 外购已税白酒生产的药酒

B. 外购已税烟丝生产的卷烟

C. 外购已税翡翠生产加工的金银翡翠首饰

D. 外购已税钻石生产的高档手表

『**答案**』B

【**例题·单选题**】甲企业为增值税一般纳税人，2022 年 12 月初库存烟丝不含增值税买价 5 万元，本月外购烟丝不含增值税买价 40 万元，月末库存烟丝不含增值税买价 10 万元，领用的烟丝当月全部用于连续生产卷烟。已知烟丝消费税税率为 30%，计算甲企业本月准予扣除的外购烟丝已缴纳消费税额的下列算式中，正确的是(　　)。

A. (5+40)×30%＝13.50(万元)　　B. (5+40−10)×30%＝10.5(万元)

C. 40×30%＝12(万元)　　D. (40−10)×30%＝9(万元)

『**答案**』B

六、消费税征收管理

<table>
<tr><td>纳税义务发生时间</td><td colspan="3">①纳税人销售应税消费品的，其纳税义务发生时间“同增值税销售货物”
②纳税人自产自用应税消费品的，为“移送使用”的当天
③纳税人委托加工应税消费品的，为纳税人提货的当天
④纳税人进口应税消费品的，为“报关进口”的当天</td></tr>
<tr><td>纳税期限</td><td colspan="3">同增值税</td></tr>
<tr><td rowspan="6">纳税地点</td><td rowspan="2">委托加工</td><td>受托方为“单位”</td><td>受托方所在地代收代缴</td></tr>
<tr><td>受托方为“个人”</td><td>委托方机构所在地或居住地申报纳税</td></tr>
<tr><td colspan="3">到外县(市)销售：机构所在地或居住地</td></tr>
<tr><td colspan="3">自产自用：机构所在地或居住地</td></tr>
<tr><td colspan="3">进口：报关地海关</td></tr>
<tr><td colspan="3">总机构与分机构不在同一县市：同增值税</td></tr>
</table>

【**例题·单选题**】根据消费税法律制度的规定，下列关于消费税纳税义务发生时间的表述中，不正确的是(　　)。

A. 委托加工应税消费品的，为纳税人提货的当天

B. 采取托收承付方式销售应税消费品的，为收到货款的当天

C. 进口应税消费品的，为报关进口的当天

D. 自产自用应税消费品的，为移送使用的当天

『**正确答案**』B

【例题·多选题】甲公司为增值税一般纳税人，机构所在地在S市。2017年2月，在S市销售货物一批；在W市海关报关进口货物一批；接受Y市客户委托加工应缴纳消费税的货物一批。下列关于甲公司上述业务纳税地点的表述中，正确的有(　　)。

A. 委托加工货物应向Y市税务机关申报缴纳增值税

B. 委托加工货物应向S市税务机关解缴代收的消费税

C. 进口货物应向W市海关申报缴纳增值税

D. 销售货物应向S市税务机关申报缴纳增值税

『正确答案』BCD

【例题·单选题】下列关于消费税纳税地点的表述中，正确的是(　　)。

A. 纳税人销售的应税消费品，除另有规定外，应当向纳税人机构所在地或者居住地的税务机关申报纳税

B. 纳税人的总机构与分支机构不在同一省的，由总机构汇总向总机构所在地的税务机关申报缴纳消费税

C. 进口的应税消费品，由进口人或者其代理人向机构所在地的税务机关申报纳税

D. 委托加工的应税消费品，受托方为个人的，由受托方向居住地的税务机关申报纳税

『答案』A

同步练习

第一节　消费税纳税人及征税范围

一、单项选择题

1. 根据消费税法律制度的规定，下列各项中，不属于消费税征税范围的是(　　)。

A. 成品油　　B. 酒精　　C. 烟丝　　D. 实木地板

2. 根据消费税法律制度的规定，下列各项中，不属于消费税征税范围的是(　　)。

A. 果木酒　　B. 调味料酒　　C. 药酒　　D. 葡萄酒

3. 根据消费税法律制度的规定，下列各项中，属于消费税纳税人的是(　　)。

A. 白酒批发商　　B. 卷烟生产商　　C. 钻石进口商　　D. 高档化妆品零售商

4. 根据消费税法律制度的规定，下列各项中，在零售环节加征消费税的是(　　)。

A. 电池　　B. 高档手表　　C. 游艇　　D. 超豪华小汽车

5. 根据消费税法律制度的规定，下列各项中，应征收消费税的是(　　)。

A. 电动汽车　　B. 实木地板　　C. 调味料酒　　D. 农用拖拉机

6. 根据消费税法律制度的规定，下列各项中，不征收消费税的是(　　)。

A. 体育上用的发令纸　　B. 爆竹　　C. 礼花弹　　D. 组合烟花

7. 下列各项中，属于消费税征税范围的是(　　)。

A. 中轻型商用客车　　B. 高档西服　　C. 进口音响　　D. 平板电脑

8. 下列消费品中，实行从价定率和从量定额相结合的复合计征办法征收消费税的是(　　)。

A. 啤酒　　B. 汽油　　C. 卷烟　　D. 高档手表

9. 下列各项中，不征收消费税的是(   )。

A. 酒厂用于交易会样品的自产白酒

B. 卷烟厂用于连续生产卷烟的自产烟丝

C. 日化厂用于职工奖励的自产高档化妆品

D. 地板厂用于本厂办公室装修的自产实木地板

10. 下列各项中，应征收消费税的是(   )。

A. 超市零售白酒　　B. 汽车厂销售自产电动汽车

C. 地板厂销售自产实木地板　　D. 百货公司零售高档化妆品

11. 根据消费税法律制度的规定，下列各项中，在零售环节加征消费税的是(   )。

A. 超豪华小汽车　　B. 游艇　　C. 电池　　D. 高档手表

12. 根据消费税法律制度的规定，下列行为中，不缴纳消费税的是(   )。

A. 首饰店零售金银首饰

B. 烟草批发企业将卷烟销售给其他烟草批发企业

C. 外贸公司进口高档手表

D. 小汽车生产企业将自产小汽车奖励给优秀员工

13. 根据消费税法律制度的规定，企业将自产应税消费品用于下列情形中，不缴纳消费税的是(   )。

A. 地板厂将自产的实木地板用于装修办公室

B. 摩托车厂将自产的摩托车用于赞助

C. 化妆品厂将自产的高档化妆品用于广告

D. 卷烟厂将自产的烟丝用于连续生产卷烟

14. 根据消费税法律制度的规定，下列行为中，应缴纳消费税的是(   )。

A. 卷烟厂销售自产的卷烟　　B. 汽车厂销售自产的载货汽车

C. 外贸公司进口高档电器产品　　D. 银行销售金银纪念币

二、多项选择题

1. 根据消费税法律制度的规定，下列各项中征收消费税的有(   )。

A. 晾晒烟叶　　B. 批发烟叶　　C. 生产烟丝　　D. 生产卷烟

2. 下列各项中，应按照“高档化妆品”税目计缴消费税的有(   )。

A. 高档护肤类化妆品　　B. 成套化妆品

C. 高档修饰类化妆品　　D. 高档美容类化妆品

3. 根据消费税法律制度的规定，下列各项中，属于消费税纳税人的有(   )。

A. 委托加工白酒的超市　　B. 进口白酒的贸易商

C. 销售白酒的商场　　D. 生产白酒的厂商

4. 根据消费税法律制度的规定，下列情形中，属于消费税征税范围的有(   )。

A. 甲服装厂生产销售服装

B. 丙烟草批发企业将卷烟销售给其他烟草批发企业

C. 丁商场零售金银首饰

D. 乙汽车贸易公司进口小汽车

5. 2016 年 12 月甲酒厂发生的下列业务中，应缴纳消费税的有(　　)。

A. 将自产高度白酒继续加工成低度白酒

B. 将自产低度白酒奖励职工

C. 将自产高度白酒馈赠客户

D. 将自产低度白酒用于市场推广

6. 下列各项中，应征收消费税的有(　　)。

A. 甲电池厂生产销售电池　　B. 丁百货公司零售钻石胸针

C. 丙首饰厂生产销售玉手镯　　D. 乙超市零售啤酒

7. 根据消费税法律制度的规定，下列各项中，属于消费税征税范围的有(　　)。

A. 电动汽车　　B. 汽油　　C. 烟丝　　D. 啤酒

8. 根据消费税法律制度的规定，下列各项中，应缴纳消费税的有(　　)。

A. 生产销售高档化妆品　　B. 零售金银首饰

C. 进口高档手表　　D. 委托加工白酒

9. 下列各项中，应按照“高档化妆品”税目计缴消费税的有(　　)。

A. 高档护肤类化妆品　　B. 成套化妆品

C. 高档修饰类化妆品　　D. 高档美容类化妆品

10. 下列应税消费品中，实行从量定额计征消费税的有(　　)。

A. 涂料　　B. 柴油　　C. 电池　　D. 黄酒

11. 根据消费税制度的规定，下列应税消费品中，采取比例税率和定额税率复合征收形式的有(　　)。

A. 白酒　　B. 雪茄烟　　C. 卷烟　　D. 黄酒

12. 根据消费税法律制度的规定，下列应税消费品中，采用从量计征办法计缴消费税的有(　　)。

A. 黄酒　　B. 葡萄酒　　C. 啤酒　　D. 药酒

13. 下列各项中，采取从价计征消费税的有(　　)。

A. 高档手表　　B. 高尔夫球　　C. 烟丝　　D. 黄酒

三、判断题

1. 企业加工生产的宝石坯不属于消费税的征税范围。(　　)

2. 雪茄烟适用从价定率和从量定额相结合的复合计征办法征收消费税。(　　)

3. 委托加工的应税消费品，除受托方为个人之外，应由受托方在向委托方交货时代收代缴消费税。(　　)

第二节　消费税应纳税额的计算

一、单项选择题

1. 2023 年 5 月甲药酒厂生产 240 吨药酒，对外销售 140 吨，取得不含增值税销售额 1000 万元，增值税税额 130 万元。甲药酒厂当月销售药酒计算消费税的计税依据为(　　)。

A. 1000 万元　　B. 1130 万元　　C. 240 吨　　D. 140 吨

2. 2023 年 12 月甲啤酒厂生产 150 吨啤酒，销售 100 吨，取得不含增值税销售额 30 万元，增值税税额3.9万元。甲啤酒厂当月销售啤酒消费税计税依据为(　　)。

A. 33.9万元　　B. 30万元　　C. 150吨　　D. 100吨

3. 甲公司为增值税小规模纳税人，2022年10月销售自产葡萄酒，取得含增值税销售额150174元。已知增值税征收率为3%；葡萄酒消费税税率为10%。计算甲公司当月该笔业务应缴纳消费税税额的下列算式中，正确的是(　　)。

A. 150174×(1−10%)×10%=13515.66(元)　B. 150174÷(1−10%)×10%=16686(元)

C. 150174÷(1+3%)×10%=14580(元)　D. 150174×10%=15017.4(元)

4. 甲公司为增值税一般纳税人，2022年10月销售自产柴油4000吨，馈赠客户自产柴油30吨，本厂工程车辆领用自产柴油20吨，已知柴油1吨=1176升，消费税税率为1.2元/升，计算甲公司当月上述业务应缴纳的消费税的下列算式中，正确的是(　　)。

A. (4000+30)×1176×1.2=5687136(元)

B. (4000+30+20)×1176×1.2=5715360(元)

C. 4000×1176×1.2=5644800(元)

D. (4000+20)×1176×1.2=5673024(元)

5. 某摩托车生产企业为增值税一般纳税人，6月份将生产的某型号摩托车30辆，以每辆出厂价12000元(不含增值税)给自设非独立核算的门市部；门市部又以每辆15820元(含增值税)全部销售给消费者。已知：摩托车适用消费税税率10%，则该摩托车生产企业6月份应缴纳消费税的下列计算中正确的是(　　)。

A. 12000×30×10%=36000(元)

B. 15820÷(1+13%)×30×10%=42000(元)

C. 15820×(1+13%)×30×10%=53629.8(元)

D. 15820×30×10%=47460(元)

6. 根据消费税法律制度的规定，企业发生下列事项，应根据企业同类应税消费品最高计税价格计征消费税的是(　　)。

A. 用于职工福利的自产高档化妆品　　B. 用于运输车队的自产柴油

C. 用于抵偿债务的自产小汽车　　D. 用于广告宣传的自产白酒

7. 甲公司为增值税一般纳税人，2019年10月将1辆生产成本5万元的自产小汽车用于抵偿债务，同型号小汽车含增值税平均售价11.3万元/辆，含增值税最高售价13.56万元/辆。已知增值税税率为13%；消费税税率为5%。计算甲公司当月该笔业务应缴纳消费税税额的下列算式中，正确的是(　　)。

A. 5×5%=0.25(万元)　　B. 11.3÷(1+13%)×5%=0.5(万元)

C. 5×(1+5%)×5%=0.26(万元)　　D. 13.56÷(1+13%)×5%=0.6(万元)

8. 2023年5月，甲酒厂销售自产红酒，取得含增值税价款45.2万元，另收取包装物押金2.26万元．手续费1.13万元。已知红酒增值税税率为13%，消费税税率为10%。甲酒厂该笔业务应缴纳消费税的下列计算中，正确的是(　　)。

A. (45.2+1.13)÷(1+13%)×10%=4.1(万元)

B. 45.2÷(1+13%)×10%=4(万元)

C. (45.2+2.26+1.13)÷(1+13%)×10%=4.3(万元)

D. (45.2+2.26)÷(1+13%)×10%=4.2(万元)

9. 甲酒厂为增值税一般纳税人，2023年5月销售白酒50吨，取得含增值税销售额3390000元，已知增值税税率为13%，白酒消费税比例税率为20%，定额税率为0.5元/500克。计算甲酒厂当月应当缴纳消费税税额的下列计算式中，正确的是(　　)。

A. 3390000×20%=678000(元)

B. 3390000÷(1+13%)×20%=600000(元)

C. 3390000÷(1+13%)×20%+50×2000×0.5=650000(元)

D. 3390000×20%+50×2000×0.5=728000(元)

10. 甲汽车厂将1辆生产成本5万元的自产小汽车用于抵偿债务，同型号小汽车不含增值税平均售价10万元/辆，不含增值税最高售价12万元/辆。已知小汽车消费税税率5%。甲汽车厂该笔业务应缴纳消费税税额的下列计算列式中，正确的是(　　)。

A. 1×10×5%=0.5(万元)　　B. 1×12×5%=0.6(万元)

C. 1×5×5%=0.25(万元)　　D. 1×5×(1+5%)×5%=0.26(万元)

11. 甲酒厂为增值税一般纳税人，2023年6月销售果木酒，取得不含增值税销售额10万元，同时收取包装费0.565万元．优质费2.26万元。已知果木酒消费税税率为10%，增值税税率为13%，甲酒厂当月销售果木酒应缴纳消费税税额的下列计算中，正确的是(　　)。

A. (10+0.565+2.26)×10%=1.2825(万元)

B. (10+0.565)×10%=1.0565(万元)

C. [10+(0.565+2.26)÷(1+13%)]×10%=1.25(万元)

D. [10+0.565÷(1+13%)]×10%=1.05(万元)

12. 2022年10月，甲烟草批发企业向乙卷烟零售店销售卷烟200标准条，取得不含增值税销售额20000元；向丙烟草批发企业销售卷烟300标准条，取得不含增值税销售额为30000元。已知卷烟批发环节消费税比例税率为11%，定额税率为0.005元/支；每标准条200支卷烟。甲烟草批发企业上述业务应缴纳消费税税额的下列计算列式中，正确的是(　　)。

A. 20000×11%+200×200×0.005=2400(元)

B. 20000×11%+200×200×0.005+30000×11%+300×200×0.005=6000(元)

C. 20000×11%+30000×11%=5500(元)

D. 30000×11%+300×200×0.005=3600(元)

13. 甲卷烟厂为增值税一般纳税人，受托加工一批烟丝，委托方提供的烟叶成本49140元，甲卷烟厂收取含增值税加工费2373元。已知增值税税率为13%，消费税税率为30%，无同类烟丝销售价格，计算甲卷烟厂该笔业务应代收代缴消费税税额的下列算式中，正确的是(　　)。

A. [49140+2373÷(1+13%)]÷(1-30%)×30%=21960(元)

B. (49140+2373)÷(1-30%)×30%=22077(元)

C. 49140÷(1-30%)×30%=21060(元)

D. [(49140+2373)÷(1+13%)]÷(1-30%)×30%=19537.17(元)

14. 2022 年 3 月甲公司进口一批高档手表，海关审定的关税完税价格为 100 万元，缴纳关税 30 万元，已知高档手表消费税税率为 20%，甲公司当月进口高档手表应缴纳消费税的下列计算中，正确的是(　　)。

A. (100+30)×20%=26(万元)　　B. (100+30)÷(1−20%)×20%=32. 5(万元)

C. 100×20%=20(万元)　　D. 100÷(1−20%)×20%=25(万元)

15. 2023 年 10 月，甲烟草批发企业向乙卷烟零售店销售卷烟 200 标准条，取得不含增值税销售额 20000 元；向丙烟草批发企业销售卷烟 300 标准条，取得不含增值税销售额为 30000 元。已知卷烟批发环节消费税比例税率为 11%，定额税率为 0. 005 元/支；每标准条 200 支卷烟。甲烟草批发企业上述业务应缴纳消费税税额的下列计算列式中，正确的是(　　)。

A. 20000×11%+200×200×0. 005=2400(元)

B. 20000×11%+200×200×0. 005+30000×11%+300×200×0. 005=6000(元)

C. 20000×11%+30000×11%=5500(元)

D. 30000×11%+300×200×0. 005=3600(元)

16. 2022 年 5 月甲化妆品厂将一批自产高档化妆品用于馈赠客户，该批高档化妆品生产成本为 17000 元，无同类高档化妆品销售价格，已知消费税税率为 15%；成本利润率为 5%。计算甲化妆品厂当月该笔业务应缴纳消费税税额的下列算式中，正确的是(　　)。

A. 17000×(1+5%)×15%=2677. 5(元)

B. 17000×(1+5%)÷(1−15%)×15%=3150(元)

C. 17000÷(1−15%)×15%=3000(元)

D. 17000×15%=2550(元)

17. 某白酒厂春节前，将新研制的白酒 1 吨作为过节福利发放给员工饮用，该白酒无同类产品市场销售价格。已知该批白酒生产成本 20000 元，成本利润率为 5%，白酒消费税比例税率为 20%；定额税率为 0. 5 元/斤。则该批白酒应纳消费税为(　　)元。

A. 5250　　B. 6250　　C. 5500　　D. 6500

18. 甲卷烟厂为增值税一般纳税人，受托加工一批烟丝，委托方提供的烟叶成本 49140 元，甲卷烟厂收取含增值税加工费 2373 元。已知增值税税率为 13%，消费税税率为 30%，无同类烟丝销售价格，计算甲卷烟厂该笔业务应代收代缴消费税税额的下列算式中，正确的是(　　)。

A. [49140+2373÷(1+13%)]÷(1−30%)×30%=21960(元)

B. (49140+2373)÷(1−30%)×30%=22077(元)

C. 49140÷(1−30%)×30%=21060(元)

D. (49140+2373)÷(1+13%)÷(1−30%)×30%=19537. 17(元)

19. 某汽酒进口公司，2018 年 10 月进口一批汽酒，已知该批汽酒的关税完税价格 10800 元；消费税税率 10%，关税税率 14%。该批汽酒进口环节应缴纳消费税税额的下列计算中正确的是(　　)。

A. 10800×10%=1080(元)

B. 10800×(1+14%)×10%=1231. 2(元)

C. 10800×14%×10%＝151.2(元)

D. 10800×(1+14%)÷(1-10%)×10%＝1368(元)

20. 根据消费税法律制度的规定，企业发生的下列经营行为中，外购应税消费品已纳消费税税额不准从应纳消费税税额中扣除的是(　　)。

A. 以外购已税白酒生产白酒

B. 以外购已税烟丝生产卷烟

C. 以外购已税(高档)化妆品为原料生产(高档)化妆品

D. 以外购已税实木地板为原料生产实木地板

二、多项选择题

1. 甲酒厂主要从事白酒生产销售业务，该酒厂销售白酒取得的下列款项中，应并入销售额缴纳消费税的有(　　)。

A. 向W公司收取的产品优质费　　B. 向X公司收取的包装物租金

C. 向Y公司收取的品牌使用费　　D. 向Z公司收取的储备费

2. 确定消费税的销售额时可以不计入销售额的有(　　)。

A. 向购买方收取的增值税

B. 符合条件的代垫运费

C. 受托加工应税消费品代收代缴消费税

D. 违约金

3. 实行从量定额办法计算的应纳税额＝销售数量×定额税率，这里的销售数量是指应税消费品的数量，具体是指(　　)。

A. 销售应税消费品的，为应税消费品的销售数量

B. 自产自用应税消费品的，为应税消费品的移送使用数量

C. 委托加工应税消费品的，为纳税人收回的应税消费品数量

D. 进口应税消费品的，为纳税人报关进口的应税消费品数量

4. 纳税人自产的应税消费品(　　)项目时，应视同销售计征消费税。

A. 用于在建工程　　B. 用于连续生产应税消费品

C. 用于广告　　D. 用于赞助

5. 下面准予扣除外购消费品已缴纳消费税的情况是(　　)。

A. 外购已税烟丝生产的卷烟

B. 外购已税珠宝玉石生产的贵重首饰及珠宝玉石

C. 外购已税实木地板为原料生产的实木地板

D. 外购已税鞭炮焰火生产的鞭炮焰火

6. 某公司进口一批高尔夫球具，海关应征进口关税18万元(关税税率假定为20%)，则进口环节还需要缴纳(　　)。(消费税税率为10%)

A. 消费税12万元　　B. 消费税9.81万元

C. 增值税15.6万元　　D. 增值税10.8万元

7. 下列不可抵扣外购应税消费品的已纳税额的项目有(　　)。

A. 为生产化妆品而领用的酒精　　B. 为零售金银首饰而出库的金银首饰

C. 为研制口红而购入的化工染料　　　　D. 领用外购已税白酒勾兑白酒

8. 纳税人自产自用的应税消费品，没有同类消费品销售价格的，按照组成计税价格计算纳税。组成计税价格公式如下(　　)。

A. 实行从价定率办法计算纳税的组成计税价格计算公式：

组成计税价格=(成本+利润)÷(1-比例税率)

B. 实行复合计税办法计算纳税的组成计税价格计算公式：

组成计税价格=(成本+利润+自产自用数量×定额税率)÷(1-比例税率)

C. 实行复合计税办法计算纳税的组成计税价格计算公式：

组成计税价格=(成本+利润)÷(1-比例税率)+自产自用数量×定额税率

D. 以上都不对

9. 委托加工的应税消费品，受托方没有同类消费品销售价格的，按照组成计税价格计算纳税。组成计税价为(　　)。

A. 实行从价定率办法计算纳税的组成计税价格计算公式：

组成计税价格=(材料成本+加工费)÷(1-比例税率)

B. 实行复合计税办法计算纳税的组成计税价格计算公式：

组成计税价格=(材料成本+加工费+委托加工数量×定额税率)÷(1-比例税率)

C. 实行复合计税办法计算纳税的组成计税价格计算公式：

组成计税价格=(材料成本+加工费)÷(1-比例税率)+委托加工数量×定额税率

D. 以上都不对

10. 进口的应税消费品，按照组成计税价格计算纳税。组成计税价是(　　)。

A. 组成计税价格=(关税完税价格+关税)÷(1+消费税比例税率)

B. 实行从价定率办法计算纳税的组成计税价格计算公式：

组成计税价格=(关税完税价格+关税)÷(1-消费税比例税率)

C. 实行复合计税办法计算纳税的组成计税价格计算公式：

组成计税价格=(关税完税价格+关税+进口数量×消费税定额税率)÷(1-消费税比例税率)

D. 实行复合计税办法计算纳税的组成计税价格计算公式：

组成计税价格=(关税完税价格+关税)÷(1-消费税比例税率)+进口数量×消费税定额税率

三、判断题

1. 某卷烟厂通过自设独立核算门市部销售自产卷烟，应当按照门市部对外销售额或销售数量计算征收消费税。(　　)

2. 纳税人采用以旧换新方式销售的金银首饰，应按实际收取的不含增值税的全部价款征收消费税。(　　)

3. 消费税中的销售额为纳税人销售应税消费品向购买方收取的全部价款和价外费用，以及向购买方收取的增值税款。(　　)

4. 将委托加工收回的应税消费品继续生产应税消费品销售的，不得扣除委托加工收回应税消费品已缴纳的消费税。(　　)

5. 在计算消费税时，应将含增值税的销售额换算为不含增值税税款的销售额的换算公式为：应税消费品的销售额=含增值税的销售额÷(1+增值税税率或征收率)。(　　)

6. 纳税人自产自用的应税消费品，按照纳税人生产的同类消费品的销售价格计算纳税；没有同类消费品销售价格的，按照其他纳税人生产的同类消费品的销售价格计算纳税。(　　)

7. 纳税人兼营不同税率的应税消费品，将不同税率的应税消费品组成成套消费品销售的，凡是分别核算不同税率的消费品的销售额，应按各自适用税率计算缴纳消费税。(　　)

8. 某纳税人用外购已税小汽车生产超豪华小汽车，销售超豪华小汽车计征消费税时允许扣除当期生产领用的已税小汽车的已纳消费税税金。(　　)

9. 某汽车厂用自产小客车的底盘改装成小货车销售，则销售时应缴纳增值税和消费税。(　　)

10. 委托加工应税消费品是指受托方提供原料和主要材料，并收取加工费加工的应税消费品。(　　)

第三节　消费税征收管理

一、单项选择题

1. 下列关于消费税纳税义务发生时间的表述中，不正确的是(　　)。

A. 纳税人自产自用应税消费品的，为移送使用的当天

B. 纳税人进口应税消费品的，为报关进口的当天

C. 纳税人委托加工应税消费品的，为支付加工费的当天

D. 纳税人采取预收货款结算方式销售应税消费品的，为发出应税消费品的当天

2. 下列关于消费税纳税地点的表述中，正确的是(　　)。

A. 纳税人销售的应税消费品，除另有规定外，应当向纳税人机构所在地或者居住地的税务机关申报纳税

B. 纳税人的总机构与分支机不在同一省的，由总机构汇总向总机构所在地的税务机关申报缴纳消费税

C. 进口的应税消费品，由进口人或者其代理人向机构所在地的税务机关申报纳税

D. 委托加工的应税消费品，受托方为个人的，由受托方向居住地的税务机关申报纳税

3. 消费税纳税人以1日、3日、5日、10日或者15日为1个纳税期的，自期满之日起5日内预缴税款，于次月(　　)内申报纳税并结清上月应纳税款。

A. 1日起15日　　B. 1日起7日　　C. 1日起10日　　D. 1日起5日

4. 下列各项中，符合消费税纳税义务发生时间规定的是(　　)。

A. 分期收款结算方式下为实际收款的日期

B. 赊销方式下为收到货款的当天

C. 预收货款结算方式下为收到货款的当天

D. 预收货款结算方式下为发出应税消费品的当天

5. 纳税人委托个体经营者加工应税消费品，一律于(　　)缴纳消费税。

A. 受托方代扣后在受托方所在地　　B. 受托方代扣后在委托方所在地

C. 委托方收回后在委托方所在地　　D. 委托方收回后在受托方所在地

6. 消费税纳税人以 1 个月为一期纳税的自期满之日起(　　)内申报纳税。

A. 5 日　　B. 10 日　　C. 15 日　　D. 30 日

7. 消费税纳税人采用赊销和分期收款结算方式的，其纳税义务发生时间为(　　)。

A. 发出货物的当天　　B. 收到货款的当天

C. 合同规定的收款日期当天　　D. 双方约定的任一时间

8. 纳税人采用预收货款方式销售应税消费品的，其纳税义务发生时间为(　　)。

A. 销售合同规定的收款日期的当天　　B. 发出应税消费品的当天

C. 办妥托收手续的当天　　D. 收到货款的当天

9. 纳税人进口应税消费品，应当自海关填发海关进口消费税专用缴款书之日起(　　)日内缴纳税款。

A. 5 日　　B. 7 日　　C. 10 日　　D. 15 日

10. 纳税人采用分期收款方式销售应税消费品的，其纳税义务发生时间为(　　)。

A. 发出应税消费品的当天

B. 发出应税消费品并办妥托收手续的当天

C. 销售合同规定的收款日期的当天

D. 收讫销售款或者取得索取销售款的凭据的当天

二、多项选择题

1. 根据消费税法律制度的规定，下列关于消费税纳税义务发生时间的表述中，正确的有(　　)。

A. 纳税人自产自用应税消费品的，为移送使用的当天

B. 纳税人委托加工应税消费品的，为支付加工费的当天

C. 纳税人进口应税消费品的，为报关进口的当天

D. 纳税人销售应税消费品采取预收款方式的，为发出应税消费品的当天

2. 消费税的纳税期限分别为(　　)。

A. 1 日、3 日、5 日、10 日、15 日

B. 1 个月

C. 1 个季度

D. 不能按照固定期限纳税的，可以按次纳税

3. 消费税纳税人的总机构与分支机构不在同一县(市)的，(　　)。

A. 分别向各自机构所在地的主管税务机关申报纳税

B. 经财政部、国家税务总局或者其授权的财政、税务机关批准，可以由总机构汇总向总机构所在地的主管税务机关申报纳税

C. 经财政部、国家税务总局或者其授权的财政、税务机关批准，可以选择一处申报纳税

D. 以上都可以

4. 下列关于消费税纳税地点的表述中，正确的有(　　)。

A. 纳税人销售应税消费品，除国家另有规定外，应当向纳税人核算地主管税务机关申报纳税

B. 纳税人总机构和分支机构不在同一县的，应当分别向各自机构所在地的主管税务机关申报纳税

C. 纳税人销售应税消费品，除国家另有规定外，应在零售商所在地向主管税务机关申报纳税

D. 委托加工应税消费品，由受托方(受托方为个体经营者除外)向其所在地主管税务机关申报缴纳消费税

5. 甲公司为增值税一般纳税人，机构所在地在S市。2017年2月，在S市销售货物一批；在W市海关报关进口货物一批；接受Y市客户委托加工应缴纳消费税的货物一批。下列关于甲公司上述业务纳税地点的表述中，正确的有(　　)。

A. 委托加工货物应向Y市税务机关申报缴纳增值税

B. 委托加工货物应向S市税务机关解缴代收的消费税

C. 进口货物应向W市海关申报缴纳增值税

D. 销售货物应向S市税务机关申报缴纳增值税

三、判断题

1. 我国的消费税主要在生产和委托加工环节课征，实行单一环节征税，批发、零售等环节一律不征收消费税。(　　)

2. 纳税人销售的应税消费品，以及自产自用的应税消费品，除国务院财政、税务主管部门另有规定外，应当向销售地的主管税务机关申报纳税。(　　)

3. 纳税人进口应税消费品，应当自海关填发海关进口消费税专用缴款书之日起10日内缴纳税款。(　　)

4. 应税消费品采取赊销和分期收款结算方式的，为书面合同约定的收款日期的当天，书面合同没有约定收款日期或者无书面合同的，为发出应税消费品的当天。(　　)

5. 委托个人加工的应税消费品，由委托方向其机构所在地或者居住地主管税务机关申报纳税。(　　)

6. 委托加工收回的应税消费品，由于受托方未代收代缴消费税，委托方应补交委托加工环节应缴的消费税(　　)

7. 纳税人自产自用的应税消费品，除用于连续生产应税消费品外，凡用于其他方面的，于移送使用时纳税。(　　)

8. 进口的应税消费品，应当向主管税务机关申报纳税。(　　)

第四节　消费税综合练习

一、单项选择题

1. 根据消费税法律制度规定，下列各项中，不属于消费税征税范围的是(　　)。

A. 葡萄酒　　B. 果木酒　　C. 药酒　　D. 调味料酒

2. 根据消费税法律制度规定，下列各项中，不征收消费税征税范围的是(　　)。

A. 体育课上用的发令纸　　B. 爆竹

C. 礼花弹　　　　　　　　　　　　　D. 组合烟花

3. 下列各项中，属于消费税应税消费品的是(　　)。

A. 高档西服　　　B. 汽油　　　C. 电冰箱　　　D. 电视机

4. 根据消费税法律制度规定，下列各项中，在零售环节加征消费税的是(　　)。

A. 超豪华小汽车　　　B. 游艇　　　C. 电池　　　D. 高档手表

5. 根据消费税法律制度的规定，下列行为中，不缴纳消费税的是(　　)。

A. 外贸公司进口高档手表

B. 首饰店零售金银首饰

C. 小汽车生产企业将自产小汽车奖励给优秀员工

D. 烟草批发企业将卷烟销售给其他烟草批发企业

6. 下列各项中，不征收消费税的是(　　)。

A. 将自产白酒赠送给其他客户　　　B. 将自产的卷烟发放给员工当福利

C. 零售金银首饰　　　D. 零售高档化妆品

7. 根据消费税法律制度的规定，下列各项中，应缴纳消费税的是(　　)。

A. 汽车厂销售雪地车　　　B. 手表厂销售高档手表

C. 珠宝店销售珍珠项链　　　D. 商场销售木制一次性筷子

8. 根据消费税法律制度的规定，下列各项中，应当缴纳消费税的是(　　)。

A. 商场销售卷烟　　　B. 商场销售白酒

C. 商场销售金银首饰　　　D. 商场销售高档化妆品

9. 根据消费税法律制度的规定，下列消费品中，实行从价定律和从量定额相结合的复合计征办法征收消费税的是(　　)。

A. 汽油　　　B. 卷烟　　　C. 啤酒　　　D. 实木地板

10. 下列项目中，进口时从量计征消费税的是(　　)。

A. 红酒　　　B. 啤酒　　　C. 摄像机　　　D. 摩托车

11. 甲地板厂为增值税一般纳税人，2023 年 10 月销售自产实木地板取得含增值税销售额 107.35 万元。已知实木地板增值税税率为 13%，消费税税率为 5%，甲地板厂当月该业务应缴纳消费税税额的下列算式中，正确的是(　　)。

A. $107.35\div(1+13\%)\times5\%$　　　B. $107.35\div(1-5\%)\times5\%$

C. $107.35\times5\%$　　　D. $107.35\div(1+13\%)\div(1-5\%)\times5\%$

12. 甲酒厂为增值税一般纳税人，2023 年 8 月销售自产白酒 10 吨，取得含增值税销售额 226000 元。已知白酒增值税税率为 13%。消费税比例税率为 20%，定额税率为 0.5 元/500 克。计算甲酒厂当月应缴纳消费税额的下列算式中，正确的是(　　)。

A. $226000\times20\%=45200$(元)

B. $226000\div(1+13\%)\times20\%=40000$(元)

C. $226000\times20\%+10\times2000\times0.5=55200$(元)

D. $226000\div(1+13\%)\times20\%+10\times2000\times0.5=50000$(元)

13. 根据消费税法律制度的规定，下列各项中，应当以纳税人同类小汽车的最高销售价格作为计税依据计算缴纳消费税的是(　　)。

A. 将自产小汽车用于广告宣传　　B. 将自产小汽车用于抵偿债务

C. 将自产小汽车用于管理部门　　D. 将自产小汽车用于职工奖励

14. 甲酒厂为增值税一般纳税人，2023 年 10 月销售果木酒，取得不含增值税销售额 10 万元，同时收取包装物押金 1.13 万元，优质费 2.26 万元。已知果木酒消费税税率为 10%，增值税税率为 13%，甲酒厂当月销售果木酒应缴纳消费税税额的下列计算中，正确的是(　　)。

A. $(10+1.13+2.26)\times10\%$　　B. $(10+1.13)\times10\%$

C. $[10+(1.13+2.26)\div(1+13\%)]\times10\%$　　D. $[10+1.13\div(1+13\%)]\times10\%$

15. 某酒厂 2016 年 5 月研发生产一种新型粮食白酒 800 公斤，成本为 20 万元，作为礼品赠送品尝，没有同类售价。已知粮食白酒的成本利润率 10%，粮食白酒消费税税率为 20%加 0.5 元/斤，则该批白酒应纳消费税金额为(　　)万元。

A. 4.80　　B. 5.60　　C. 8.20　　D. 4.78

16. 根据消费税法律制度的规定，企业发生的下列经营行为中，外购应税消费品已纳消费税税额不准从应纳消费税税额中扣除的是(　　)。

A. 以外购已税白酒生产白酒

B. 以外购已税烟丝生产卷烟

C. 以外购已税高档化妆品为原料生产高档化妆品

D. 以外购已税实木地板为原料生产实木地板

17. 某公司为增值税一般纳税人，外购高档护肤类化妆品生产高档修饰类化妆品，2023 年 10 月份生产销售高档修饰类化妆品取得不含税销售收入 100 万元。该公司 10 月初库存的高档护肤类化妆品 0 万元，10 月购进高档护肤类化妆品 100 万元，10 月底库存高档护肤类化妆品 20 万元。已知高档化妆品适用的消费税税率为 15%，则该公司当月应缴纳消费税(　　)万元。

A. $100\times15\%-100\times15\%=0$　　B. $100\times15\%-(100-10)\times15\%=1.5$

C. $100\times15\%-10\times15\%=13.5$　　D. $100\times15\%=15$

18. 根据消费税法律制度的规定，下列关于消费税纳税义务发生时间的表述中，不正确的是(　　)。

A. 委托加工应税消费品的，为纳税人提货的当天

B. 采取托收承付方式销售应税消费品的，为收到货款的当天

C. 进口应税消费品的，为报关进口的当天

D. 自产自用应税消费品的，为移送使用的当天

二、多项选择题

1. 根据消费税法律制度的规定，下列各项中，应按照“高档化妆品”税目计缴消费税的有(　　)。

A. 高档护肤类化妆品　　B. 成套化妆品

C. 高档修饰类化妆品　　D. 高档美容类化妆品

2. 下列属于消费税纳税人的有(　　)。

A. 委托加工白酒的超市　　B. 进口白酒的贸易商

C. 商场销售白酒　　D. 生产白酒厂商

3. 根据消费税法律制度的规定，下列各项中，应缴纳消费税的有(　　)。

A. 生产销售高档化妆品　　B. 零售金银首饰

C. 进口高档手表　　D. 委托加工白酒

4. 根据消费税法律制度的规定，下列情形中，应缴纳消费税的有(　　)。

A. 卷烟厂将自产的卷烟用于个人消费

B. 化妆品厂将自产的高档化妆品赠送客户

C. 酒厂将自产的啤酒赞助啤酒节

D. 地板厂将自产的实木地板用于办公室装修

5. 根据消费税法律制度的规定，下列应税消费品中，实行从量定额计征消费税的有(　　)。

A. 电池　　B. 涂料　　C. 柴油　　D. 黄酒

6. 根据消费税法律制度的规定，下列各项中，实行从价计征消费税的有(　　)。

A. 高档手表　　B. 烟丝　　C. 高尔夫球　　D. 黄酒

7. 根据消费税法律制度的规定，下列有关卷烟批发环节消费税的表述中，正确的有(　　)。

A. 卷烟批发环节消费税目前采用复合计税办法计征

B. 烟草批发企业将卷烟销售给其他烟草批发企业的，不缴纳消费税

C. 卷烟批发企业在计算应纳税额时可以扣除已含的生产环节的消费税税款

D. 烟草批发企业兼营卷烟批发和零售业务，单位分别核算批发和零售环节的销售额、销售数量的，按全部销售额、销售数量计征批发环节消费税。

8. 下列有关应税消费品销售数量的确定，下列表述正确的有(　　)。

A. 销售应税消费品的，为应税消费品的销售数量

B. 自产自用应税消费品的，为应税消费品移送使用数量

C. 委托加工应税消费品的，为纳税人收回后对外出售的应税消费品数量

D. 进口应税消费品的，为海关核定的应税消费品进口征税数量

9. 酒厂生产销售白酒，收取的下列款项中，应并入销售额缴纳消费税的有(　　)。

A. 品牌使用费　　B. 优质费　　C. 包装物租金　　D. 储备费

10. 根据消费税法律制度的规定，下列行为中，应当以纳税人同类应税消费品的最高销售价格作为计税依据的有(　　)。

A. 将自产应税消费品用于对外捐赠　　B. 将自产应税消费品用于投资入股

C. 将自产应税消费品用于换取生产资料　　D. 将自产应税消费品用于抵偿债务

11. 某高尔夫球生产企业是增值税一般纳税人，其生产的高尔夫球不含增值税的平均价格为25000元/箱，最高销售价格为26000元/箱；该企业10月份将5箱自产高尔夫球用于换取一批生产材料。已知，增值税税率为13%，消费税税率为10%。有关该企业上述业务应缴纳的增值税和消费税，下列计算列式中，正确的有(　　)。

A. 应纳增值税 $=25000\times5\times13\%=16250$(元)

B. 应纳增值税 $=26000\times5\times13\%=16900$(元)

C. 应纳消费税 $=25000\times5\times10\%=12500$(元)

D. 应纳消费税＝26000×5×10%＝13000(元)

12. 甲礼花厂2023年10月委托乙厂加工一批烟火，甲礼花厂提供的原材料成本为37.5万元。当月乙厂将加工完毕的焰火交付甲厂，开具增值税专用发票注明收取加工费5万元(乙厂无同类焰火销售价格)。已知，销售加工、修理修配劳务适用增值税税率为13%，鞭炮、焰火适用消费税税率为15%。有关甲礼花厂上述业务的税务处理，下列说法正确的是(　　)。

A. 甲礼花厂应缴纳的增值税＝5×13%

B. 甲礼花厂应缴纳的消费税＝(37.5+5)×15%

C. 乙厂应缴纳的增值税＝5×13%

D. 乙厂应代收代缴的消费税＝(37.5+5)÷(1−15%)×15%

13. 甲礼花厂将其生产的焰火以分期收款方式对外销售，合同约定不含税销售额36万元，6月28日收取货款的70%，7月28日收取货款的30%。6月份的应收货款当月付讫，而7月份的应收货款直至8月初仍未收到。已知，鞭炮、焰火适用消费税税率为15%。根据消费税法律制度的规定，下列说法正确的有(　　)。

A. 甲礼花厂6月份应缴纳的消费税＝36×15%＝5.4(万元)

B. 甲礼花厂7月份应缴纳的消费税＝36×70%×15%＝3.78(万元)

C. 甲礼花厂7月份应缴纳的消费税＝36×30%×15%＝1.62(万元)

D. 由于未收到货款，甲礼花厂7月份不需要缴纳消费税

14. 下列有关消费税纳税地点的表述中，正确的有(　　)。

A. 纳税人销售的应税消费品，除国务院财政、税务主管部门另有规定外，应当向纳税人机构所在地或者居住地的税务机关申报纳税

B. 纳税人委托外县(市)代销自产的应税消费品，于应税消费品销售后，向机构所在地或者居住地税务机关申报纳税

C. 委托个人加工的应税消费品，由受托方向机构所在地的税务机关解缴消费税税款

D. 进口的应税消费品，由进口人或者其代理人向报关地海关申报纳税

三、判断题

1. 购进中轻型商用客车整车改装生产的汽车，不征收消费税。(　　)

2. 企业加工生产的宝石坯不属于消费税的增税范围。(　　)

3. 酒厂将自产的5箱普通白酒移送到厂工会用于奖励先进员工，在移送使用环节不缴纳消费税。(　　)

4. 烟草批发企业将卷烟销售给其他烟草批发企业的，应缴纳消费税。(　　)

5. 纳税人通过自设非独立核算门市部销售的自产应税消费品，应当按照门市部对外销售额或者销售数量征收消费税。(　　)

6. 红酒生产企业销售红酒收取的包装物押金并入红酒销售额，征收消费税。(　　)

7. 纳税人采用以旧换新方式销售的金银首饰，应按实际收取的不含增值税的全部价款征收消费税。(　　)

8. 根据消费税法律制度的规定，金银首饰与其他产品组成成套消费品销售的，按销售全额征收消费税。(　　)

9. 委托加工的应税消费品收回后出售的，不论售价高低，均不再缴纳消费税。(　　)

10. 某汽车厂为增值税一般纳税人，主要生产销售小汽车，下设一非独立核算门市部，

本月将其生产的一批成本价为 150 万元的小汽车移送门市部，门市部将其中的 90%销售，取得增值税销售额为 226 万元。已知，消费税税率为 9%，成本利润率为 8%。该项业务汽车厂应缴纳的消费税 = 150×(1+8%)÷(1-9%)×90%×9% = 14.42(万元)。(　　)

四、不定项选择题

（一）

甲企业为增值税一般纳税人，主要从事小汽车的制造和销售业务。2023 年 7 月有关业务如下：

(1) 销售一辆定制小汽车取得含增值税价款 226000，另收取手续费 33900 元。

(2) 将 20 辆小汽车对外投资，小汽车生产成本 10 万元/辆，甲企业同类小汽车不含增值税最高销售价格 16 万元/辆，平均销售价格 15 万元/辆，最低销售价格为 14 万元/辆。

(3) 采取预收款方式销售给 4S 店一批小汽车，5 日签订合同，10 日收到预收款，15 日发出小汽车，20 日开具发票。

(4) 生产中轻型商用客车 500 辆，其中 480 辆用于销售，10 辆用于广告，8 辆用于企业管理部门，2 辆用于赞助。

已知，小汽车增值税税率为 13%，消费税税率为 5%。

要求：根据上述资料，不考虑其他因素，分析并回答下列小题。

1. 甲企业销售定制小汽车应缴纳的消费税税额的下列计算正确的是(　　)。

A. 226000×5% = 11300(元)

B. (226000+33900)÷(1+13%)×5% = 11500(元)

C. 226000÷(1+13%)×5% = 10000(元)

D. (226000+33900)×5% = 12995(元)

2. 甲企业以小汽车投资应缴纳消费税税额的下列计算中，正确的是(　　)。

A. 20×16×5% = 16(万元)　　B. 20×15×5% = 15(万元)

C. 20×10×5% = 10(万元)　　D. 20×14×5% = 14(万元)

3. 甲企业采用预收款方式销售小汽车，消费税的纳税义务发生时间是(　　)。

A. 7 月 10 日　　B. 7 月 5 日　　C. 7 月 15 日　　D. 7 月 20 日

4. 甲企业将自产的小汽车用于下列行为中，应缴纳消费税的是(　　)。

A. 480 辆用于销售　　B. 10 辆用于广告

C. 8 辆用于企业管理部门　　D. 2 辆用于赞助

（二）

甲企业主要从事高档化妆品的生产和销售业务，2023 年 10 月有关经营情况如下：

(1) 销售自产 W 型高档化妆品一批，取得不含增值税销售额 203 万元，另收取包装费 1.13 万元。

(2) 当月赠送自产的 Y 型高档化妆品一批，该批化妆品成本 8.5 万元，按照甲企业同类化妆品的平均销售价格确定的不含增值税金额为 17 万元。

(3) 当月将闲置房产出租，合同约定每月含增值税租金 3.15 万元，本月一次性收取一年的租金 37.8 万元。

(4) 购进生产用设备一台，取得增值税专用发票注明税额 13 万元；购进健身器材一批用于职工福利，取得增值税专用发票注明税额 0.26 万元；支付企业招待客户餐饮费用，取得增值税普通发票注明税额 0.3 万元；支付员工出差住宿费用，取得增值税专用发票注明税额 0.6 万元。

已知：高档化妆品增值税税率为13%，消费税税率为15%；出租不动产选择简易计税方法，增值税征收率为5%。甲企业取得的增值税专用发票均已勾选认证。

要求：

根据上述资料，不考虑其他因素，分析并回答下列小题。

1. 甲企业当月销售自产W型高档化妆品应缴纳消费税税额的下列计算中，正确的是（　　）。

A. 203÷(1+13%)×15%=26.95(万元)

B. (203+1.13)÷(1+13%)×15%=27.1(万元)

C. [203+1.13÷(1+13%)]×15%=30.6(万元)

D. 203×15%=30.45(万元)

2. 甲企业当月赠送自产Y型高档化妆品增值税销项税额的下列计算中，正确的是（　　）。

A. 8.5×13%=1.105(万元)　　B. 8.5÷(1−15%)×13%=1.3(万元)

C. 17÷(1−15%)×13%=2.6(万元)　　D. 17×13%=2.21(万元)

3. 甲企业当月出租闲置房产应缴纳增值税税额的下列计算中，正确的是（　　）。

A. 3.15×5%=0.1575(万元)　　B. 37.8÷(1+5%)×5%=1.8(万元)

C. 3.15÷(1+5%)×5%=0.15(万元)　　D. 37.8×5%=1.89(万元)

4. 甲企业的下列进项税额中，不得从销项税额中抵扣的是（　　）。

A. 支付员工出差住宿费用的进项税额0.6万元

B. 购进生产用设备的进项税额13万元

C. 支付招待客户餐饮费用的进项税额0.3万元

D. 购进健身器材的进项税额0.26万元

（三）

甲公司为增值税一般纳税人，主要从事化妆品生产和销售业务，2019年10月有关经营情况如下：

(1) 进口一批高档护肤类化妆品，海关核定的关税完税价格85万元，已缴纳关税4.25万元。

(2) 购进生产用化妆包，取得增值税专用发票注明税额16万元；支付其运输费，取得增值税专用发票注明税额0.4万元。因管理不善该批化妆包全部丢失。

(3) 委托加工高档美容类化妆品，支付加工费取得增值税专用发票注明税额68万元。

(4) 购进生产用酒精，取得增值税专用发票注明税额13.6万元。

(5) 销售自产成套化妆品，取得含增值税价款678万元，另收取包装物押金3.39万元。

已知：增值税税率为13%，高档化妆品消费税税率为15%，甲公司取得的增值税专用发票均已勾选认证。

要求：根据上述资料，不考虑其他因素，分析并回答下列小题。

1. 甲公司进口高档护肤类化妆品应缴纳增值税税额的下列计算中，正确的是（　　）。

A. (85+4.25)×13%=11.60(万元)

B. 85÷(1−15%)×13%=13(万元)

C. (85+4.25)÷(1−15%)×13%=13.65(万元)

D. 85×13%=11.05(万元)

2. 甲公司的下列进项税额中，准予从销项税额中抵扣的是(　　)。

A. 支付加工费的进项税额 68 万元

B. 支付运输费的进项税额 0.4 万元

C. 购进生产用酒精的进项税额 13.6 万元

D. 购进生产用化妆包的进项税额为 16 万元

3. 甲公司的下列业务中，应缴纳消费税的是(　　)。

A. 委托加工高档美容类化妆品

B. 购进生产用酒精

C. 购进生产用化妆包

D. 进口高档护肤类化妆品

4. 甲公司销售自产成套化妆品应缴纳消费税税额的下列计算中，正确的是(　　)。

A. $678\div(1+13\%)\times15\%=90$(万元)

B. $678\times15\%=101.7$(万元)

C. $[678\div(1+13\%)+3.39]\times15\%=90.51$(万元)

D. $(678+3.39)\div(1+13\%)\times15\%=90.45$(万元)

第五章　企业所得税、个人所得税法律制度

第一节　企业所得税法律制度

学情分析

本节重点掌握以下内容：

1. 纳税人：能准确划分居民企业和非居民企业；

2. 征税对象：能准确划分居民企业和非居民企业的征税对象及所得来源的确定；

3. 税率：识记基本税率、低税率及优惠税率；

4. 应纳税额的计算：分别掌握企业应纳税所得额直接法和间接法的两种计算方法，尤其间接法的计算应重点掌握，并能够熟练灵活运用；

5. 征收管理：纳税义务发生时间、纳税期限和纳税地点。

主要内容导图

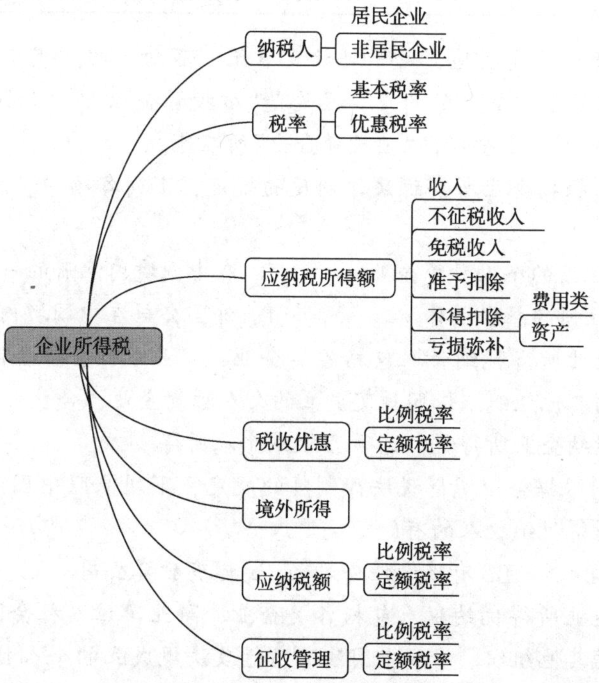

重、难点解析

一、企业所得税概述

定义	是对我国境内的企业和其他取得收入的组织的生产经营所得和其他所得征收的一种税 【提示】个人独资企业、合伙企业不缴纳企业所得税		
分类	居民企业		依法在中国境内成立，或者依照外国（地区）法律成立但实际管理机构在中国境内的企业
	非居民企业		非居民企业是指依照外国（地区）法律成立且实际管理机构不在中国境内，但在中国境内设立机构、场所的，或者在中国境内未设立机构、场所，但有来源于中国境内所得的企业
征税对象	居民纳税人		来源于中国境内、境外的所得
	非居民纳税人		境内设立机构、场所的，应当就所设机构、场所取得的来源于境内的所得，及发生在境外但与其所设机构、场所有实际联系的所得
			境内未设立机构、场所的，或虽设立但取得的所得与其所设机构、场所没有实际联系，应当就其来源于中国境内的所得纳税
所得来源的确定	销售货物		交易活动发生地
	提供劳务		劳务发生地
	转让财产所得	不动产转让	不动产所在地
		动产转让	转让动产的企业或者机构、场所所在地
		权益性投资资产转让	被投资企业所在地
	股息、红利等权益性投资		分配所得的企业所在地
	利息、租金和特许权使用费所得		负担支付所得的企业或者个人机构、场所所在地、住所地

【所得来源】主营业务发生地，动产转让反着记。不动产按常规记，其他全是对方地。什么是对方地？我们站在收钱方的角度，无论是“被投资企业”，“分配”所得的企业，“负担、支付所得”的企业实际上全指向“被投资企业”所在地。

【例题·多选题】根据企业所得税法律制度的规定，下列各项中，属于企业所得税纳税人的有（　　）

A. 在中国境内注册的个人独资企业　　B. 在中国境内注册的一人有限责任公司

C. 在中国境内注册的社会团体　　D. 外国公司在中国境内的分公司

『**答案**』BCD，企业所得税纳税人包括各类企业、事业单位、社会团体、民办非企业单位和从事经营活动的其他组织。依照规定成立的个人独资企业、合伙企业，不属于企业所得税纳税义务人，不缴纳企业所得税。选项 A 缴纳个人所得。

【例题·多选题】根据企业所得税法律制度的规定，下列依照中国法律在中国境内设立的企业，属于企业所得税纳税人的有（　　）。

A. 股份有限公司　　B. 有限责任公司　　C. 国有独资公司　　D. 个人独资公司

『**答案**』ABC，企业所得税纳税人包括各类企业、事业单位、社会团体、民办非企业单位和从事经营活动的其他组织。依照中国法律、行政法规成立的个人独资企业、合伙企业，不属于企业所得税纳税义务人，不缴纳企业所得税。

【例题·判断题】居民企业来源于中国境外的租金所得不征收企业所得税。(　　)

『答案』×，居民企业应当就其来源于中国境内、境外的所得缴纳企业所得税。

【例题·单选题】根据企业所得税法律制度的规定，下列关于来源于中国境内、境外所得确定来源地的表述中，不正确的是(　　)。

A. 提供劳务所得，按照劳务发生地确定

B. 股息、红利等权益性投资收益所得，按照分配所得的企业所在地确定

C. 动产转让所得，按照转让动产活动发生地确定

D. 销售货物所得，按照交易活动发生地确定

『答案』C，动产转让所得按照转让动产的企业或者机构、场所所在地确定。

税率		适用对象
25%		居民企业
		在中国境内设立机构场所且取得所得与所设机构场所有实际联系的非居民企业
20%		在中国境内未设立机构、场所的非居民企业
		虽设立机构、场所，但取得的所得与其所设机构、场所没有实际联系的非居民企业
优惠税率	10%	执行20%税率的非居民企业
	15%	高新技术企业、技术先进型服务企业
		设在西部地区，以《鼓励类产业目录》项目为主营业务，主营业务收入占总收入70%以上的企业
	20%	小型微利企业 2021～2022年年所得≤100万元，减按25%计入应纳税所得额；100万元<年所得≤300万元，减按50%计入应纳税所得额。自2023年1月1日至2024年12月31日，对小微企业年应纳税所得额不超过300万元的部分，减按25%计入应纳税所得额

【例题·单选题】根据企业所得税法律制度的规定，对设在西部地区以《西部地区鼓励类产业目录》中新增鼓励类产业项目为主营业务，且其当年度主营业务收入占企业收入总额70%以上的企业，优惠税率为(　　)。

A. 10%　　B. 15%　　C. 20%　　D. 25%

『答案』B

二、企业所得税应纳税所得额的计算

(一) 计算方法

(1) 直接法：应纳税所得额＝收入总额－不征税收入－免税收入－各项扣除－以前年度亏损

(2) 间接法：应纳税所得额＝利润总额＋纳税调整增加额－纳税调整减少额

(二) 收入总额

1. 销售货物收入

定义	企业销售商品、产品、原材料、包装物、低值易耗品以及其他存货取得的收入 【提示】不含增值税，考试中要将含税收入转换成不含税的收入，下同
时间	(1)托收承付：办妥托收手续时；增值税：发出货物并办妥托收手续当天 (2)预收款：发出商品时；增值税：货物发出当天 (3)需要安装和检验：购买方接受商品及安装和检验完毕时 (4)安装程序比较简单：发出商品时 (5)支付手续费方式委托代销：收到代销清单时

金额	(1)售后回购： 符合：销售商品售价确认，回购商品按购进商品处理 不符合：收到的款项确认为负债，回购价格大于原售价的差额在回购期间确认利息费用 (2)商业折扣：扣除商业折扣后的金额；@增值税：折扣销售 (3)现金折扣：扣除现金折扣前的金额确认，现金折扣实际发生时作为财务费用扣除 (4)销售折让和销售退回：发生当期冲减当期销售收入 (5)以旧换新：销售商品按收入确认条件确认收入，回收商品作为购进商品处理

【例题·单选题】根据企业所得税法律制度的规定，下列关于企业销售货物收入确认的表述中，正确的是(　　)。

A. 企业已经确认销售收入的售出商品发生销售折让，不得冲减当期销售商品收入

B. 销售商品以旧换新的，应当以扣除回收商品价值后的余额确定销售商品收入金额

C. 销售商品涉及现金折扣的，应当以扣除现金折扣后的金额确定销售商品收入金额

D. 销售商品采用支付手续费方式委托代销的，在收到代销清单时确认收入

『**答案**』D，选项A，企业已经确认销售收入的售出商品发生销售折让和销售退回，应当在发生当期冲减当期销售商品收入；选项B，销售商品以旧换新的，销售商品应当按照销售商品收入确认条件确认收入，回收的商品作为购进商品处理；选项C，销售商品涉及现金折扣的，应当按扣除现金折扣前的金额确定销售商品收入金额，现金折扣在实际发生时作为财务费用扣除。

【例题·单选题】2020年9月A电子公司销售一批产品，含增值税价格45.2万元。由于购买数量多，甲电子公司给予购买方9折优惠。已知增值税税率为13%，甲电子公司在计算企业所得税应纳税所得额时，应确认的产品销售收入为(　　)。

A. 40万元　　B. 45.2万元　　C. 40.68万元　　D. 36万元

『**答案**』D，商品销售涉及商业折扣的，应当按照扣除商业折扣后的金额确定销售商品收入金额；应确认的产品销售收入=45.2÷(1+13%)×90%=36(万元)。

2. 提供劳务

(1) 定义：企业从事建筑安装、修理修配、交通运输、仓储租赁、金融保险、邮电通信、咨询经纪、文化体育、科学研究、技术服务、教育培训、餐饮住宿、中介代理、卫生保健、社区服务、旅游、娱乐、加工以及其他劳务服务活动取得的收入。

(2) 企业在各个纳税期末，提供劳务交易的结果能够可靠估计的，应采用完工进度(百分比)法确认提供劳务收入。

当期劳务收入=合同或协议价款×完工进度-以前年度累计已确认劳务收入

当期劳务成本=劳务估计总成本×完工进度-以前年度累计已确认劳务成本

3. 其他一般收入(7项)

转让财产收入	企业转让固定资产、生物资产、无形资产、股权、债权等财产取得的收入
	转让财产收入应当按照从财产受让方已收或应收的合同或协议价款确认收入
股息、红利等权益性投资收益	企业因权益性投资从被投资方取得的收入
	按照被投资方作出利润分配决定日期确认收入的实现

续表

利息收入	企业将资金提供他人使用但不构成权益性投资，或者因他人占用本企业资金取得的收入，包括存款利息、贷款利息、债券利息、欠款利息等收入
	按照合同约定的债务人应付利息的日期确认收入的实现
租金收入	企业提供固定资产、包装物或者其他有形资产的使用权取得的收入
	1. 按合同约定的承租人应付租金的日期确认收入的实现 2. 如果交易合同或协议中规定租赁期跨年度，且租金提前一次性支付的，出租人可对上述已确认的收入，在租赁期内，分期均匀计入相关年度收入
特许权使用费收入	企业提供专利权、非专利技术、商标权、著作权以及其他特许权的使用权取得的收入
	按照合同约定的特许权使用人应付特许权使用费日期确认
接受捐赠收入	企业接受的来自其他企业、组织或者个人无偿给予的货币性资产、非货币性资产
	按照实际收到捐赠资产的日期确认收入的实现
其他收入	包括企业资产溢余收入、逾期未退包装物押金收入、确实无法偿付的应付款项、已作坏账损失处理后又收回的应收款项、债务重组收入、补贴收入、违约金收入、汇兑收益等

【例题·判断题】企业所得税计算应纳税所得额时，利息收入按债务人实际支付利息的日期确认。( )

『答案』×，利息收入，按照合同约定的债务人应付利息的日期确认收入的实现。

【例题·多选题】根据企业所得税法律制度的规定，下列收入中，应计入企业所得税收入总额的有( )。

A. 销售货物收入　B. 接受捐赠收入　C. 利息收入　D. 特许权使用费收入

『答案』ABCD，企业收入总额是指以货币形式和非货币形式从各种来源取得的收入。包括：销售货物收入，提供劳务收入，转让财产收入，股息、红利等权益性投资收益，利息收入，租金收入，特许权使用费收入，接受捐赠收入以及其他收入。

4. 特殊收入的确认

(1)分期收款销售货物：按照合同约定的收款日期确认
(2)企业委托加工制造大型机械设备、船舶、飞机，以及从事建筑、安装、装配工程业务或者提供其他劳务等，持续时间超过12个月的，按照纳税年度内完工进度或者完成的工作量确认收入的实现 【链接】增值税：生产销售、生产工期超过12个月的大型机械设备、船舶、飞机等货物，为收到预收款或书面合同约定的收款日期的当天
(3)产品分成：分得产品的日期确认；收入额按产品公允价值确定
(4)非货币性资产交换，以及将货物、财产、劳务用于捐赠、偿债、赞助、集资、广告、样品、职工福利或者利润分配等用途的，应当视同销售货物、转让财产或者提供劳务
(5)企业以买一赠一等方式组合销售本企业商品的，不属于捐赠，应将总的销售金额按各项商品的公允价值的比例来分摊确认各项的销售收入

【例题·判断题】计算企业所得税收入总额时，以分期收款方式销售货物，以发货日期来确认收入。( )

『答案』×，以分期收款方式销售货物的，按照合同约定的收款日期确认收入的实现。

【例题·多选题】根据企业所得税法律制度的规定，下列各项中，属于视同销售货物的有( )。

A. 将外购货物用于赞助　　　　　　B. 将外购货物用于偿债
C. 将外购货物用于捐赠　　　　　　D. 将外购货物用于广告

『**答案**』ABCD，企业发生非货币性资产交换，以及将货物、财产、劳务用于捐赠、偿债、赞助、集资、广告、样品、职工福利或者利润分配等用途的，应当视为销售货物、转让财产或者提供劳务。

5. 收入确认的时间

<table>
<tr><th colspan="3">收入类别</th><th>确认时间</th></tr>
<tr><td rowspan="7">销售货物</td><td colspan="2">采用托收承付方式</td><td>“办妥托收手续”时</td></tr>
<tr><td colspan="2">采用预收款方式</td><td>发出商品时</td></tr>
<tr><td rowspan="2">需要安装和检验</td><td>一般</td><td>购买方接受商品以及安装和检验完毕时</td></tr>
<tr><td>安装程序简单</td><td>发出商品时</td></tr>
<tr><td colspan="2">采用支付手续费方式委托代销</td><td>收到代销清单时</td></tr>
<tr><td colspan="2">采用分期收款方式</td><td>合同约定的收款日期</td></tr>
<tr><td colspan="2">采取产品分成方式</td><td>分得产品的日期</td></tr>
<tr><td colspan="3">提供劳务</td><td>在各个纳税期末(采用完工百分比法)</td></tr>
<tr><td colspan="3">股息、红利等权益性投资</td><td>被投资方作出利润分配决定日期</td></tr>
<tr><td colspan="3">利息、租金、特许权使用费</td><td>合同约定的债务人应付利息的日期、承租人应付租金或特许权使用人应付特许权使用费的日期</td></tr>
<tr><td colspan="3">接受捐赠</td><td>实际收到捐赠资产的日期</td></tr>
</table>

【例题·单选题】2020年9月1日，A公司与B公司签订合同，采用预收款方式销售商品一批，并于9月10日收到全部价款。A公司9月20日发出商品，B公司9月21日收到该批商品。下列关于A公司确认该业务企业所得税销售收入实现时间的表述中，正确的是(　　)。

A. 9月10日确认销售收入　　　　　　B. 9月20日确认销售收入
C. 9月21日确认销售收入　　　　　　D. 9月1日确认销售收入

『**答案**』B

【例题·单选题】根据企业所得税法律制度的规定，关于确认收入实现时间的下列表述中，正确的是(　　)。

A. 接受捐赠收入，按照合同约定的捐赠日期确认收入的实现
B. 利息收入，按照合同约定的债务人应付利息的日期确认收入的实现
C. 租金收入，按照出租人实际收到租金的日期确认收入的实现
D. 权益性投资收益，按照投资方实际收到利润的日期确认收入的实现

『**答案**』B

(三) 不征税收入与免税收入

<table>
<tr><th>项目</th><th>内　容</th></tr>
<tr><td rowspan="3">不征税收入</td><td>1. 财政拨款</td></tr>
<tr><td>2. 依法收取并纳入财政管理的行政事业性收费、政府性基金</td></tr>
<tr><td>3. 国务院规定的其他不征税收入</td></tr>
</table>

续表

<table>
<tr><th>项目</th><th>内 容</th></tr>
<tr><td rowspan="4">免税收入</td><td>1. 国债利息收入</td></tr>
<tr><td>2. 符合条件的居民企业之间的股息、红利等权益性收益
【提示1】是指居民企业直接投资于其他居民企业取得的投资收益
【提示2】收益不包括连续持有居民企业公开发行并上市流通的股票不足12个月取得的投资收益</td></tr>
<tr><td>3. 在中国境内设立机构、场所的非居民企业从居民企业取得与该机构、场所有实际联系的股息、红利等权益性投资收益</td></tr>
<tr><td>4. 符合条件的非营利组织的收入</td></tr>
</table>

【例题·单选题】根据企业所得税法律制度的规定，下列各项中，属于不征税收入的是（　）。

A. 债务重组收入

B. 逾期未退包装物押金收入

C. 依法收取并纳入财政管理的行政事业性收费

D. 特许权使用费收入

『答案』C，不征税收入包括：财政拨款；依法收取并纳入财政管理的行政事业性收费、政府性基金；国务院规定的其他不征税收入。

【例题·单选题】根据企业所得税法律制度的规定，下列各项中，属于不征税收入的是（　）。

A. 财政拨款　　B. 国债利息收入　　C. 接受捐赠收入　　D. 转让股权收入

『答案』A，选项B属于免税收入，选项CD属于应税收入。

（四）扣除项目与不得扣除项目

<table>
<tr><th>项目</th><th>内容</th><th>标 准</th></tr>
<tr><td rowspan="5">扣除项目</td><td>原则</td><td>扣除项目应遵循的五大原则包括权责发生制原则、配比原则、相关性原则、确定性原则及合理性原则</td></tr>
<tr><td>范围</td><td>企业实际发生的与取得收入有关的、合理的支出，包括成本、费用、税金、损失和其他支出准予扣除
【提示】税金中无“增值税”，也不包括所得税
【提示】损失不包括行政性罚款</td></tr>
<tr><td rowspan="3">具体规定</td><td>1. 工资、薪金
企业发生的合理的工资薪金支出，准予扣除</td></tr>
<tr><td>2. 职工福利费、工会经费、和职工教育经费
<table>
<tr><th>经费名称</th><th>计算基数</th><th>扣除比例</th><th>特殊规定</th></tr>
<tr><td>职工福利费</td><td rowspan="3">实发工资薪金总额</td><td>14%</td><td>—</td></tr>
<tr><td>工会经费</td><td>2%</td><td>—</td></tr>
<tr><td>职工教育经费</td><td>8%</td><td>准予“结转”</td></tr>
</table></td></tr>
<tr><td>3. 国有企业（包括国有独资、全资和国有资本绝对控股、相对控股企业）纳入管理费用的党组织工作经费，实际支出不超过职工年度工资薪金总额1%的部分，可以据实在企业所得税前扣除
非公有制企业党组织工作经费纳入企业管理费列支，不超过职工年度工资薪金总额1%的部分，可以据实在企业所得税前扣除</td></tr>
</table>

续表

<table>
<tr><th>项目</th><th>内容</th><th colspan="3">标　　准</th></tr>
<tr><td rowspan="19">扣除项目</td><td rowspan="19">具体规定</td><td colspan="3">4. 社会保险费</td></tr>
<tr><td colspan="2">保险名称</td><td>扣除规定</td></tr>
<tr><td colspan="2">“五险一金”</td><td>准予扣除</td></tr>
<tr><td colspan="2">补充养老保险
补充医疗保险</td><td>“分别”不超过工资薪金总额“5%”的部分准予扣除</td></tr>
<tr><td colspan="2">企业财产保险</td><td>准予扣除</td></tr>
<tr><td colspan="2">雇主责任险、公众责任险</td><td>准予扣除</td></tr>
<tr><td colspan="2">特殊工种人身安全保险</td><td>准予扣除</td></tr>
<tr><td colspan="2">职工因公出差乘坐交通工具发生的人身意外保险费</td><td>准予扣除</td></tr>
<tr><td colspan="2">其他商业保险</td><td>不得扣除</td></tr>
<tr><td colspan="3">5. 借款费用和利息费用</td></tr>
<tr><td rowspan="2">借款用途</td><td colspan="2">生产经营活动中发生的合理的不需要资本化的借款费用，准予扣除</td></tr>
<tr><td colspan="2">购置、建造固定资产、无形资产和经过 12 个月以上的建造才能达到预定可销售状态的存货发生借款的，在购置、建造期间发生合理借款费用作为资本性支出计入资产成本</td></tr>
<tr><td rowspan="4">资金来源</td><td>非金融企业向金融企业借款</td><td>利息支出可据实扣除。(包括金融企业的各项存款利息支出和同业拆借利息支出、企业批准发行债券的利息支出)</td></tr>
<tr><td>非金融企业向非金融企业借款</td><td>不超过按照金融企业同期同类贷款利率计算的数额的部分可据实扣除，超过部分不许扣除</td></tr>
<tr><td colspan="2">【例题】某公司向甲公司借款 100 万元按年利率 9%(金融机构同期同类贷款利率为 6%)支付利息 9 万元，实际利息 9 万元，限额 = 100×6% = 6 万元，可扣 6 万元</td></tr>
<tr><td>自然人借款</td><td>1. 除股东或关联自然人借款以外的内部职工或其他人员借款的符合条件只受利率制约
2. 条件：借贷真实、合法、有效，并且不具有非法集资目的或其他违反法律、法规的行为；签订借款合同</td></tr>
<tr><td colspan="3">投资者在规定期限内未缴足其应缴资本额的，企业对外借款所发生的利息，相当于实缴资本额与在规定期限内应缴资本额的差额应计付的利息，不得在计算应纳税所得额时扣除</td></tr>
<tr><td>借款用途</td><td colspan="2">生产经营活动中发生的合理的不需要资本化的借款费用，准予扣除</td></tr>
<tr><td colspan="3">6. 业务招待费
企业发生的与生产经营有关的业务招待费支出，按照实际发生额的 60%扣除，但最高不得超过当年销售(营业)收入的 5‰
【注意】“销售(营业)收入”的判定
一般企业：主营业务收入+其他业务收入+视同销售收入
创投企业：主营业务收入+其他业务收入+视同销售收入+“投资收益”
【注意】企业在筹建期间，发生的与筹办活动有关的业务招待费支出，可按实际发生额的 60%计入企业筹办费，并按有关规定在税前扣除</td></tr>
</table>

<table>
<tr><th>项目</th><th>内容</th><th colspan="2">标　准</th></tr>
<tr><td rowspan="21">扣除项目</td><td rowspan="21">具体规定</td><td colspan="2">7. 广告费和业务宣传费</td></tr>
<tr><td>行业</td><td>扣除标准</td></tr>
<tr><td>一般企业</td><td>不超过当年“销售(营业)收入15%”的部分准予扣除；超过部分，准予在以后纳税年度“结转”扣除</td></tr>
<tr><td>化妆品制造或销售</td><td rowspan="3">不超过当年“销售(营业)收入30%”的部分准予扣除；超过部分，准了在以后纳税年度“结转”扣除</td></tr>
<tr><td>医药制造</td></tr>
<tr><td>饮料制造(不含酒类制造)</td></tr>
<tr><td>烟草企业</td><td>不得扣除</td></tr>
<tr><td colspan="2">8. 手续费及佣金</td></tr>
<tr><td>企业类型</td><td>手续费及佣金扣除标准</td></tr>
<tr><td>保险企业</td><td>按当年全部保费收入扣除退保金等后余额的“18%”计算限额
【注意】超过部分准予结转以后年度扣除</td></tr>
<tr><td>从事代理服务，主营业务收入为手续费、佣金的企业(证券、期货、保险代理)</td><td>据实扣除</td></tr>
<tr><td>其他企业</td><td>按与具有合法经营资格“中介服务机构和个人”所签订合同确认收入金额的“5%”计算限额</td></tr>
<tr><td colspan="2">9. 公益性捐赠支出
(1)公益性捐赠含义：是指企业通过公益性社会团体或者县级以上人民政府及其部门，用于《中华人民共和国公益事业捐赠法》规定的公益事业的捐赠
(2)企业当年发生以及以前年度结转的公益性捐赠支出，不超过年度利润总额12%的部分，在计算应纳税所得额时准予扣除；超过年度利润总额12%的部分，准予结转以后三年内在计算应纳税所得额时扣除</td></tr>
<tr><td colspan="2">10. 其他扣除项目</td></tr>
<tr><td>汇兑损失</td><td>除已经计入有关资产成本以及与向所有者进行利润分配相关的部分外，准予扣除</td></tr>
<tr><td>环境保护专项资金</td><td>按规定提取的用于环境保护、生态恢复等方面的专项资金，准予扣除。上述专项资金提取后改变用途的，不得扣除</td></tr>
<tr><td>租赁费</td><td>(1)以经营租赁方式租入固定资产发生的租赁费支出，按照租赁期限均匀扣除
(2)以融资租赁方式租入固定资产发生的租赁费支出，按照规定构成融资租入固定资产价值的部分应当提取折旧费用分期扣除</td></tr>
<tr><td>劳动保护费</td><td>合理的劳动保护支出准予扣除</td></tr>
<tr><td>资产费用</td><td>企业转让各类固定资产发生的费用，允许扣除。企业按规定计算的固定资产折旧费、无形资产和递延资产的摊销费，准予扣除</td></tr>
<tr><td>总机构分摊的费用</td><td>非居民企业在中国境内设立的机构、场所，境外总机构发生的与该机构、场所生产经营有关的费用，能够提供证明文件并合理分摊的准予扣除</td></tr>
<tr><td>其他扣除</td><td>如会员费、合理的会议费、差旅费、违约金、诉讼费用等</td></tr>
</table>

续表

项目	内容	标准
不得扣除项目	范围	1. 向投资者支付的股息、红利等权益性投资收益款项
		2. 企业所得税税款
		3. 税收滞纳金，是指纳税人违反税收法规，被税务机关处以的滞纳金
		4. 罚金、罚款和被没收财物的损失，是指纳税人违反国家有关法律、法规规定，被有关部门处以的罚款，以及被司法机关处以的罚金和被没收财物 【提示】纳税人逾期归还银行贷款，银行按规定加收的罚息，不属于行政性罚款，允许在税前扣除 【提示】纳税人签发空头支票，银行按规定处以罚款，属于行政性罚款，不允许在税前扣除
		5. 超过规定标准的捐赠支出
		6. 赞助支出，是指企业发生的与生产经营活动无关的各种非广告性质支出
		7. 未经核定的准备金支出，是指不符合国务院财政、税务主管部门规定的各项资产减值准备、风险准备等准备金支出
		8. 企业之间支付的管理费、企业内营业机构之间支付的租金和特许权使用费，以及非银行企业内营业机构之间支付的利息，不得扣除
		9. 与取得收入无关的其他支出

【例题·多选题】根据企业所得税法律制度的规定，企业缴纳的下列税金中，准予在企业所得税税前扣除的有(　　)。

A. 允许抵扣的增值税　B. 消费税　　C. 土地增值税　　D. 印花税

『**答案**』BCD，允许扣除的增值税和企业所得税不允许在计算企业所得税时扣除。

【例题·判断题】企业职工因公出差乘坐交通工具发生的人身意外保险费支出，不得在计算企业所得税的应纳税所得额时扣除。(　　)

『**答案**』×，企业职工因公出差乘坐交通工具发生的人身意外保险费支出，准予在应纳税所得额时扣除。

【例题·单选题】某企业2020年度实现利润总额100万元，在营业外支出账户列支了通过公益性社会团体向贫困地区的捐款10万元、直接向某小学捐款5万元。在计算该企业2020年度应纳税所得额时，允许扣除的捐款数额为(　　)万元。

A. 5　　B. 10　　C. 12　　D. 15

『**答案**』B，三步法：直接捐款5万元不允许扣除；实际捐赠10万元，扣除标准＝100×12%＝12(万元)，10万元<12万元，允许扣除10万元。

【例题·单选题】2020年甲企业实现利润总额600万元，发生公益性捐赠支出62万元。上年度未在税前扣除完的符合条件的公益性捐赠支出12万元。已知公益性捐赠支出在年度利润总额12%以内的部分，准予扣除。计算甲企业2020年度企业所得税应纳税所得额时，准予扣除的公益性捐赠支出是(　　)。

A. 72万元　　B. 84万元　　C. 60万元　　D. 74万元

『**答案**』A，捐赠支出扣除限额=利润总额×12%=600×12%=72万元；当年捐赠支出+上年结转=74万元，因此允许抵扣的捐赠支出为72万元。

【例题·单选题】2020年甲公司取得销售(营业)收入2000万元，发生与生产经营活动有关的业务招待费支出12万元，已知业务招待费支出按照发生额的60%扣除，但最高不得超过当年销售(营业)收入的5‰，甲公司在计算2020年度企业所得税应纳税所得额时，准予扣除的业务招待费金额为(　　)万元。

A. 12　　B. 7.2　　C. 10　　D. 4.8

『**答案**』B，标准：12×60%=7.2(万元)<2000×5‰=10(万元)，因此扣除7.2万元。

【例题·单选题】2019年度，甲企业实现销售收入3000万元，当年发生广告费400万元，上年度结转未扣除广告费60万元。已知广告费不超过当年销售收入15%的部分，准予扣除。甲企业在计算2019年度企业所得税应纳税所得额时，准予扣除的广告费金额为(　　)。

A. 340万元　　B. 510万元　　C. 450万元　　D. 460万元

『**答案**』C，扣除限额=3000×15%=450万元；本年实际发生400万元可以全额扣除，另外，还可以扣除上年度结转未扣除的广告费50万元，合计450万元。

【例题·单选题】根据企业所得税法律制度的规定，下列关于企业所得税税前扣除的表述中，不正确的是(　　)。

A. 企业发生的合理的工资薪金的支出，准予扣除

B. 企业发生的职工福利费支出超过工资薪金总额的14%的部分，准予在以后纳税年度结转扣除

C. 企业发生的合理的劳动保护支出，准予扣除

D. 企业参加财产保险，按照规定缴纳的保险费，准予扣除

『**答案**』B，企业发生的职工福利费支出超过工资薪金总额的14%的部分，不得在以后纳税年度结转扣除。

【例题·多选题】下列费用准予在超过扣除标准后，在以后年度结转扣除的有(　　)。

A. 工会经费　　B. 职工教育经费

C. 广告费和业务宣传费　　D. 福利费

『**答案**』BC，除国务院财政、税务主管部门另有规定外，企业发生的职工教育经费支出，不超过工资薪金总额8%的部分，准予扣除；超过部分，准予在以后纳税年度结转扣除。企业发生的符合条件的广告费和业务宣传费支出，除国务院财政、税务主管部门另有规定外，不超过当年销售(营业)收入15%的部分，准予扣除；超过部分，准予在以后纳税年度结转扣除。

【例题·多选题】根据企业所得税法律制度的规定，下列各项中，在计算企业所得税应纳税所得额时，不得扣除的有(　　)。

1. 罚金　　B. 诉讼费用　　C. 罚款　　D. 税收滞纳金

『**答案**』ACD

（五）亏损弥补

企业类型	亏损弥补年限
一般企业	某一纳税年度发生的亏损，可以用下一年度的所得弥补，下一年度的所得不足弥补的，可以逐年延续弥补，但是最长不得超过“5年”
高新技术企业	自2018年1月1日起，当年具备资格的企业，其具备资格年度之前5个年度发生的尚未弥补完的亏损，准予结转以后年度弥补，最长结转年限由5年延长至“10年”
科技型中小企业	

【例题·单选题】甲居民企业2016年设立，2016~2020年未弥补亏损前的所得情况如下：

年份	2016年	2017年	2018年	2019年	2020年
未弥补亏损前的所得(万元)	-20	100	-220	180	200

假设无其他纳税调整项目，甲居民企业2020年度企业所得税应纳税所得额为(　　)。

A. 200万元　　B. 160万元　　C. 210万元　　D. 260万元

『**答案**』B，2016年20万元的亏损2017年弥补。2018年的亏损，2019年弥补180万元，2020年弥补40万元。

（六）非居民企业的应纳税所得额

在中国境内未设立机构、场所的，或者虽设立机构、场所但取得的所得与其所设机构、场所没有实际联系的非居民企业，其取得的来源于中国境内的所得，按照下列方法计算其应纳税所得额：

（1）股息、红利等权益性投资收益和利息、租金、特许权使用费所得，以收入全额为应纳税所得额；

（2）转让财产所得，以收入全额减除财产净值后的余额为应纳税所得额；

（3）其他所得，参照前两项规定的方法计算应纳税所得额。

【例题·多选题】根据企业所得税法律制度的规定，在中国境内未设立机构、场所，有来源于中国境内所得的非居民纳税人，取得下列所得中，应根据收入全额纳税的有(　　)。

A. 特许权使用费所得　　B. 股息红利所得

C. 租金所得　　D. 转让财产所得

『**答案**』ABC，在中国境内未设立机构、场所的，或者虽设立机构、场所但取得的所得与其所设机构、场所没有实际联系的非居民企业，其取得的来源于中国境内的所得，按照下列方法计算其应纳税所得额：(1)股息、红利等权益性投资收益和利息、租金、特许权使用费所得，以收入全额为应纳税所得额；(2)转让财产所得，以收入全额减除财产净值后的余额为应纳税所得额。

【例题·单选题】境外某公司在中国境内未设立机构、场所，2020年取得境内甲公司支付的股息500万元，发生相关支出1万元，取得境内乙公司支付的特许权使用费350万元，发生相关支出2万元。2020年度该境外公司在我国的应纳税所得额是(　　)。

A. 348万元　　B. 499万元　　C. 847万元　　D. 850万元

『**答案**』D，非居民企业在中国境内取得的股息、红利等权益性投资收益和利息、租金、特许权使用费所得，以收入全额为应纳税所得额。2020年度应纳税所得额=500+350=850(万元)。

三、资产的税务处理

（一）固定资产

项目	税务处理		
计税基础	取得方式		计税基础
	外购		购买价款+支付的相关税费+直接归属于使用该资产达到预定用途发生的其他支出
	自行建造		竣工结算前发生的支出
	融资租入	租赁合同约定付款总额	合同约定的付款总额+签订合同中发生的相关费用
		租赁合同未约定付款总额	该资产的公允价值+签订合同中发生的相关费用
	盘盈		同类固定资产的“重置完全价值”
	捐赠、投资、非货币性资产交换、债务重组		公允价值+支付的相关税费
	改建		以改建支出增加计税基础
折旧	固定资产按照直线法计算的折旧，准予扣除。企业应当自固定资产投入使用月份的次月起计算折旧；停止使用的固定资产，应当自停止使用月份的次月起停止计算折旧		
不得计算折旧扣除	1. 房屋、建筑物以外未投入使用的固定资产。【提示】房屋、建筑物不强调是否投入使用 2. 以经营租赁方式租入的固定资产 3. 以融资租赁方式租出的固定资产 【提示】经营租出和融资租入的固定资产可以计算折旧扣除 4. 已足额提取折旧仍继续使用的固定资产 5. 与经营活动无关的固定资产 6. 单独估价作为固定资产入账的土地 7. 其他不得计算折旧扣除的固定资产		
最低折旧年限	1. 房屋、建筑物：20 年 2. 飞机、火车、轮船、机器、机械和其他生产设备：10 年 3. 与生产经营活动有关的器具、工具、家具等：5 年 4. 飞机、火车、轮船以外的运输工具：4 年 5. 电子设备：3 年		

（二）无形资产（包括专利权、商标权、著作权、土地使用权、非专利技术、商誉等）

项目	税务处理	
计税基础	取得方式	计税基础
	外购	购买价款+支付的相关税费+直接归属于使用该资产达到预定用途发生的其他支出
	自行开发	符合资本化条件后至达到预定用途前发生的支出
	捐赠、投资、非货币性资产交换、债务重组	公允价值+支付的相关税费

续表

项目	税务处理
不得计算摊销费用扣除范围	1. 自行开发的支出已在计算应纳税所得额时扣除的无形资产 2. 自创商誉 3. 与经营活动无关的无形资产 4. 其他不得计算摊销费用扣除的无形资产
摊销方法	按照直线法计算摊销费用，准予扣除 【提示】外购商誉的支出，在企业整体转让或者清偿时，准予扣除
最低摊销年限	不得低于 10 年

（三）长期待摊费用

项　　目		税务处理
已足额提取折旧的固定资产的改建支出		按照固定资产预计尚可使用年限分期摊销
租入固定资产的改建支出		按照合同约定的剩余租赁期限分期摊销
固定资产大修理支出	尚可使用年限分期摊销	①修理支出达到取得固定资产时的计税基础 50%以上 ②修理后使用年限延长 2 年以上
其他应当作为长期待摊费用的支出		支出发生月份的次月起，分期摊销，摊销年限不得低于 3 年

（四）其他各项资产（提示，生产性生物资产内容税务处理同固定资产）

生产性生物资产	1. 生产性生物资产，是指为生产农产品、提供劳务或者出租等目的持有的生物资产，包括经济林、薪炭林、产畜和役畜等 2.（1）林木类生产性生物资产，为 10 年 （2）畜类生产性生物资产，为 3 年
投资资产	1. 投资资产，是指企业对外进行权益性投资和债权性投资形成的资产 2. 对外投资期间投资资产成本不得扣除，转让或者处置时的成本准予扣除 3. 投资成本：现金购买：购买价款，现金外：公允价值+相关税费
存货	1. 存货成本： （1）现金购买：购买价款+相关税费 （2）现金外方式购买：公允价值+相关税费 2. 企业使用或者销售存货，按照规定计算的存货成本，准予在计算应纳税所得额时扣除 3. 企业使用或者销售的存货的成本计算方法，可以在先进先出法、加权平均法、个别计价法中选用一种。计价方法一经选用，不得随意变更 【注意】无后进先出法

【例题·多选题】根据《企业所得税法》的有关规定，允许提取折旧扣除的固定资产有（　　）。

A. 以经营租赁方式租出的固定资产　　B. 已提足折旧仍继续使用的固定资产

C. 以融资租赁方式租入的固定资产　　D. 以经营租赁方式租入的固定资产

『**答案**』AC，本题考核固定资产计提折旧的规定。不得计提折旧扣除的范围包括：房屋、建筑物以外未投入使用的固定资产；以经营租赁方式租入的固定资产；以融资租赁方式租出的固定资产；已足额提取折旧仍继续使用的固定资产；与经营活动无关的固定资产；单独估价作为固定资产入账的土地。

【例题·单选题】根据《企业所得税法》的规定，下列对长期待摊费用的税务处理不正确的是(　　)。

A. 租入固定资产改建支出，按照固定资产尚可使用年限分期摊销

B. 其他应当作为长期待摊费用的支出，自支出发生月份的次月起分期摊销。摊销年限不得低于3年

C. 固定资产大修理支出，按照固定资产尚可使用年限分期摊销

D. 已足额提取折旧的固定资产的改建支出，按照固定资产预计尚可使用年限分期摊销

『**答案**』A，本题考核固定资产长期待摊费用的摊销方法。租入固定资产改建支出，按照合同约定的剩余租赁期限分期摊销。

【**例题·单选题**】根据企业所得税法律制度的规定，下列固定资产计提的折旧允许在计算应纳税所得额前扣除的是(　　)。

A. 闲置生产设备计提的折旧　　B. 经营租入设备计提的折旧

C. 融资租入资产计提的折旧　　D. 已提足折旧但继续使用的生产设备

『**答案**』C

【**例题·单选题**】根据企业所得税法律制度的规定，下列各项中，应以同类固定资产的重置完全价值为计税基础的是(　　)。

A. 盘盈的固定资产　　B. 自行建造的固定资产

C. 外购的固定资产　　D. 通过捐赠取得的固定资产

『**答案**』A

【**例题·单选题**】甲企业为增值税小规模纳税人，2019年11月购入一台生产用机器设备，取得普通发票上注明的价款为60万元，税额为9.6万元；支付安装费，取得普通发票上注明的价款为2万元，税额为0.2万元，计算该企业所得税计税基础的下列算式中，正确的是(　　)。

A. 60+2=62(万元)　　B. 60+9.6=69.6(万元)

C. 60+9.6+2+0.2=71.8(万元)　　D. 60+9.6+2=71.6(万元)

『**答案**』C

【**例题·多选题**】根据企业所得税法律制度的规定，下列固定资产折旧的处理中，不正确的有(　　)。

A. 甲企业2020年3月5日购进一台起重机，2020年4月5日投入使用，应当自2020年4月起计算折旧

B. 丙企业2020年4月1日以融资租赁方式租出一架小型喷气式飞机，之后继续对该飞机计提折旧

C. 乙企业因生产经营调整，于2020年10月1日停止使用一批设备，应当自2020年11月起停止计算折旧

D. 丁企业2020年9月以经营租赁方式租入一辆大型巴士，在计算企业所得税时，对该巴士计提折旧

『**答案**』ABD

【**例题·多选题**】生产性生物资产指为生产农产品、提供劳务或者出租等目的持有的生物资产。下列各项中，属于生产性生物资产的有(　　)。

A. 经济林　　B. 薪炭林　　C. 产畜　　D. 役畜

『**答案**』ABCD

【例题·单选题】根据企业所得税法律制度的规定，运输货物的大卡车，税法规定的最低折旧年限是(　　)。

A. 10 年　　B. 5 年　　C. 4 年　　D. 3 年

『答案』C

【例题·多选题】根据企业所得税法律制度的规定，下列无形资产中，应当以该资产的公允价值和支付的相关税费为计税基础的有(　　)。

1. 通过债务重组取得的无形资产　　B. 自行开发的无形资产

C. 接受投资取得的无形资产　　D. 接受捐赠取得的无形资产

『答案』ACD

【例题·多选题】根据企业所得税法律制度的规定，下列选项中，属于长期待摊费用的有(　　)。

A. 购入固定资产的支出　　B. 固定资产的大修理支出

C. 租入固定资产的改建支出　　D. 已足额提取折旧的固定资产的改建支出

『答案』BCD

【例题·判断题】企业投资期间，投资资产的成本在计算企业所得税应纳税所得额时不得扣除。(　　)

『答案』√

四、企业所得税应纳税额的计算

(一) 直接法：

应纳税额=应纳税所得额×适用税率-减免税额-抵免税额=(收入总额-不征税收入-免税收入-各项扣除-以前年度亏损)×适用税率-减免税额-抵免税额

2020 年某居民企业取得主营业务收入 4000 万元，发生主营业务成本 2600 万元，发生销售费用 770 万元(其中广告费 650 万元)，管理费用 480 万元，财务费用 60 万元，税费 160 万元(含增值税 120 万元)。计算该企业的应纳税所得额。

『解析』广告费和业务宣传费=4000×15%=600(万元)

应纳税所得额=4000-2600-[(770-650)+600]-480-60-(160-120)=100(万元)

(二) 间接法：

应纳税额=应纳税所得额×适用税率-减免税额-抵免税额

=(会计利润±纳税调整项目金额)×适用税率-减免税额-抵免税额

2020 年某居民企业取得主营业务收入 4000 万元，发生主营业务成本 2600 万元，发生销售费用 770 万元(其中广告费 650 万元)，管理费用 480 万元，财务费用 60 万元，税费 160 万元(含增值税 120 万元)。用间接法计算该企业的应纳税所得额。

1. 直接法

广告费和业务宣传费=4000×15%=600(万元)

应纳税所得额=4000-2600-[(770-650)+600]-480-60-(160-120)=100(万元)

2. 间接法

会计利润=4000-2600-770-480-60-(160-120)=50(万元)

广告费和业务宣传费调增所得额=650-4000×15%=650-600=50(万元)

应纳税所得额=50+50=100(万元)

<table>
<tr><th>项目</th><th>第一步(实际额)</th><th>第二步(标准额)</th><th>第三步(比较)</th></tr>
<tr><td>工资薪金</td><td colspan="2">合理支出据实扣除</td><td rowspan="9">一、税前扣除额
1. $A>B$ 时 $=B$
2. $A<B$ 时 $=A$
二、知新：纳税调整额
1. $A>B$ 时 $=A-B$
2. $A<B$ 时无须调整</td></tr>
<tr><td>★职工福利费</td><td>支出(构成)</td><td>工资总额×14%</td></tr>
<tr><td>★工会经费</td><td>拨缴</td><td>工资总额×2%</td></tr>
<tr><td>★职工教育经费</td><td>支出</td><td>工资总额×8%(超过可结转扣)</td></tr>
<tr><td>★利息费用</td><td>费用化支出</td><td>视资金提供方分情况而定</td></tr>
<tr><td>★业务招待费</td><td>支出</td><td>发生额×60%PK 销售收入×5‰取小</td></tr>
<tr><td>★广告费和业务宣传费</td><td>符合条件的支出</td><td>销售收入 0%/15%/30%(超过可结转扣)</td></tr>
<tr><td>★公益捐赠</td><td>通过第三方的公益捐赠</td><td>年度利润总额×12%
(超过可结转 3 年扣，先捐先扣)</td></tr>
<tr><td>手续费及佣金</td><td>支出</td><td>分行业 18%/5%</td></tr>
<tr><td colspan="4">1. 免税收入间接法下做纳税调整减少处理
2. 税收优惠中也涉及调</td></tr>
</table>

(三) 境外所得抵免税额

(1) 基本规定：企业取得的下列所得已在境外缴纳的所得税税额，可以从其当期应纳税额中抵免，抵免限额为该项所得依照规定计算的应纳税额；超过抵免限额的部分，可以在以后 5 个年度内，用每年抵免限额抵免当年应抵税额后的余额进行抵补。

① 居民企业来源于中国境外的应税所得；

② 非居民企业在中国境内设立机构、场所，取得发生在中国境外但与该机构、场所有实际联系的应税所得。

(2) 自 2017 年 7 月 1 日起，企业可以选择按国(地区)别分别计算[即“分国(地区)不分项”]，或者不按国(地区)别汇总计算[即“不分国(地区)不分项”]其来源于境外的应纳税所得额，并按照有关规定分别计算其可抵免境外所得税税额和抵免限额。上述方式一经选择，5 年内不得改变。

(3) 居民企业从其直接或间接控制的外国企业分得的来源于中国境外的股息、红利等权益性投资收益，外国企业在境外实际缴纳的所得税税额中属于该项所得负担的部分，可以作为该居民企业的可抵免境外所得税税额，在规定的抵免限额内抵免。

【提示】直接控制是指居民企业直接持有外国企业 20%以上股份，间接控制是指居民企业以间接持股方式持有外国企业 20%以上股份。

【例题·单选题】甲公司 2019 年应纳税所得额为 1000 万元，减免税额为 10 万元，抵免税额为 20 万元，所得税税率为 25%，则企业所得税应纳税额的计算公式中，正确的是(　　)。

A. 1000×25%－20＝230 万元　　B. 1000×25%－10－20＝220 万元

C. 1000×25%－10＝240 万元　　D. 1000×25%＝250 万元

『答案』B

五、企业所得税税收优惠

(一) 税收优惠的形式

免税收入、可以减免税的所得(免征、减半征收、二免三减半、三免三减半、五免)、优惠税率、民族自治地方的减免税、加计扣除、抵扣应纳税所得额、加速折旧、减计收入、抵免应纳税额等。

(二) 可以“计算”形式在不定项选择题中考核的税收优惠

优惠政策	项　　目	
加计扣除	研发费用	未形成无形资产加计扣除“75%”；形成无形资产按175%摊销；制造企业加计扣除比例提高到100%
		不适用行业：烟草制造业、住宿和餐饮业、批发和零售业、房地产业、租赁和商务服务业、娱乐业
	残疾人工资	加计扣除100%
抵扣应纳税所得额	创投企业投资未上市的中小高新技术企业两年以上的，按照其投资额的“70%”在股权持有满“两年”的当年抵扣该创业投资企业的应纳税所得额；当年不足抵扣的，可以在以后纳税年度结转抵扣	
应纳税额抵免	购置并实际使用规定的“环境保护、节能节水、安全生产”等“专用设备”，投资额的“10%”可以在应纳税额中扣除	

(三)“直接”考核的税收优惠

优惠政策	项　　目	
税率优惠	见“税率”	
免税收入	见“应纳税所得额”(三)不征税收入和免税收入	
免征	农、林、牧、渔；居民企业“500万元”以内的“技术转让”所得；企业取得的地方政府债券利息收入；合格境外机构投资者境内转让股票等权益性投资资产所得；境外机构投资境内债券市场取得的债券利息收入 【注意】“农”不包括部分“经济作物”；“渔”不包括“养殖”	
减半征收	花卉、茶以及其他饮料作物和香料作物的种植；海水养殖、内陆养殖；居民企业超过500万元的技术转让所得的“超过部分”；企业投资持有“铁路债券”取得的利息收入	
二免三减半	国家鼓励的集成电路设计、装备、材料、封装、测试企业和软件企业自获利年度起计算优惠期，第1年至第2年免征企业所得税，第3年至第5年按照25%的法定税率减半征收企业所得税	
三免三减半	(1)企业“从事”国家重点扶持的“公共基础设施项目的投资经营”的所得，自项目“取得第1笔生产经营收入”所属纳税年度起，第1年至第3年免征，第4年至第6年减半征收 【注意】企业“承包经营、承包建设”和“内部自建自用”上述项目“不免税” (2)企业“从事”符合条件的“环境保护、节能节水”项目的所得，自项目“取得第1笔生产经营收入”所属纳税年度起，第1年至第3年免征，第4年至第6年减半征收	
五免	经营性文化事业单位(从事新闻出版、广播影视和文化艺术的事业单位)转制为企业，自转制注册之日起5年内免征企业所得税	
加速折旧	(1)技术进步，产品更新换代较快 (2)常年处于强震动、高腐蚀状态 (3)制造业企业购入(包括自行建造)固定资产	缩短折旧年限(≥60%)；采用加速折旧计算方法
	所有企业购进的“设备、器具”，单价不超过“500万元” 【提示】设备、器具，是指除“房屋、建筑物”以外的固定资产	允许一次性扣除
减计收入	(1)综合利用资源，生产的产品取得的收入 (2)社区提供养老、托育、家政等服务的机构，提供社区养老、托育、家政服务取得的收入	减按90%计入收入总额

【例题·多选题】下列各项中，属于企业所得税税收优惠形式的有(　　)。

A. 加速折旧　　B. 减计收入　　C. 税额抵扣　　D. 加计扣除

『答案』ABCD

【例题·单选题】根据企业所得税法律制度的规定，企业从事下列项目的所得，减半征收企业所得税的是(　　)。

1. 花卉企业　　B. 谷物企业　　C. 中药材企业　　D. 蔬菜企业

『答案』A

【例题·单选题】甲公司为居民企业，2019 年取得符合条件的技术转让所得 600 万元，在计算甲公司 2019 年度企业所得税应纳税所得额时，技术转让所得应纳税调减的金额是(　　)。

A. 550 万元　　B. 100 万元　　C. 350 万元　　D. 300 万元

『答案』A

【例题·多选题】根据企业所得税法律制度的规定，下列支出中，可以在计算企业所得税应纳税所得额时加计扣除的有(　　)。

A. 研究开发费用　　B. 购置环保用设备所支付的价款

C. 广告费和业务宣传费　　D. 安置残疾人员所支付的工资

『答案』AD

【例题·多选题】根据企业所得税法律制度的规定，下列行业中，不适用研究开发费用税前加计扣除政策的有(　　)。

A. 烟草制造业　　B. 批发和零售业　　C. 住宿和餐饮业　　D. 租赁和商务服务业

『答案』ABCD

【例题·单选题】根据企业所得税法律制度的规定，企业中符合条件的固定资产可以缩短计提折旧年限，但不得低于税法规定折旧年限的一定比例，该比例最高为(　　)。

A. 30%　　B. 40%　　C. 50%　　D. 60%

『答案』D

【例题·单选题】甲企业为创业投资企业，2018 年 2 月采取股权投资方式向乙公司(未上市的中小高新技术企业)投资 300 万元，至 2018 年 12 月 31 日仍持有该股权。甲企业 2020 年在未享受股权投资应纳税所得额抵扣的税收优惠政策前的企业所得税应纳税所得额为 2000 万元。已知企业所得税税率为 25%，甲企业享受股权投资应纳税所得额抵扣的税收优惠政策。计算甲企业 2020 年度应缴纳企业所得税税额的下列算式中，正确的是(　　)。

A. (2000－300)×25%＝425(万元)　　B. (2000－300×70%)×25%＝447. 5(万元)

C. 2000×70%×25%＝350(万元)　　D. (2000×70%－300)×25%＝275(万元)

『答案』B

六、企业所得税的征收管理

(一) 纳税地点

纳税人		纳税地点
居民企业	登记注册地为境内的	登记注册地
	登记注册在境外的	实际管理机构所在地
	境内设立不具有法人资格的营业机构的	汇总

续表

纳税人		纳税地点
非居民企业	境内设立机构场所	机构场所所在地
	境内设立两个或两个以上机构的	符合规定条件的可以选择由其主要机构、场所汇总缴纳
	未设立机构场所或虽设立但无实际联系所得的	扣缴义务人所在地

（二）纳税期限和纳税申报

纳税期限	1. 按年计征，分月或分季预缴，年终汇算清缴，多退少补 2. 企业在一个纳税年度中间开业，或者终止经营活动，使该纳税年度的实际经营期不足 12 个月的，以其实际经营期为 1 个纳税年度 3. 企业依法清算时，应当以清算期间作为 1 个纳税年度 4. 企业应当自年度终了之日起 5 个月内，向税务机关报送年度企业所得税纳税申报表，并汇算清缴，结清应缴应退税款 5. 企业在年度中间终止经营活动的，应当自实际经营终止之日起 60 日内，向税务机关办理当期企业所得税汇算清缴
纳税申报	1. 按月或按季预缴的，应当自月份或者季度终了之日起 15 日内，向税务机关报送预缴企业所得税纳税申报表，预缴税款 2. 企业应当在办理注销登记前，就其清算所得向税务机关申报并依法缴纳企业所得税 3. 企业分月或者分季预缴企业所得税时，应当按照月度或者季度的实际利润额预缴 4. 按照月度或者季度的实际利润额预缴有困难的，可以按照上一纳税年度应纳税所得额的月度或者季度平均额预缴，或者按照税务机关认可的其他方法预缴。预缴方法一经确定，该纳税年度内不得随意变更 5. 企业在纳税年度内无论盈利或者亏损，都应当依照规定期限，向税务机关报送预缴 6. 企业所得税以人民币计算。所得以人民币以外的货币计算的，应当折合成人民币计算并缴纳税款 【提示】企业所得以人民币以外的货币计算的，预缴企业所得税时，应当按照月度或者季度最后 1 日的人民币汇率中间价，折合成人民币计算应纳税所得额 【提示】年度终了汇算清缴时，对已经按照月度或者季度预缴税款的，不再重新折合计算，只就该纳税年度内未缴纳企业所得税的部分，按照纳税年度最后 1 日的人民币汇率中间价，折合成人民币计算应纳税所得额

【例题·判断题】企业所得税按年计征，分月或者分季预缴，年终汇算清缴，多退少补。(　　)

『答案』√

【例题·判断题】企业在年度中间终止经营活动的，应当自实际经营终止之日起 60 日内，向税务机关办理当期企业所得税汇算清缴。(　　)

『答案』√

【例题·多选题】根据企业所得税法律制度的规定，下列关于企业所得税纳税期限的表述中，正确的有(　　)。

A. 企业所得税按年计征，分月或者分季预缴，年终汇算清缴，多退少补

B. 企业在一个纳税年度中间开业，使该纳税年度的实际经营不足 12 个月的，应当以其实际经营期为 1 个纳税年度

C. 企业依法清算时，应当以清算期作为 1 个纳税年度

D. 企业在纳税年度中间终止经营活动的，应当自实际经营终止之日起 60 日内，向税务机关办理当期企业所得税汇算清缴

『答案』ABCD

同步练习

第一节　企业所得税概述

一、单项选择题

1. 企业所得税是以企业取得的(　　)为征税对象所征收的一种税。

A. 生产经营所得　　B. 其他所得

C. 生产经营所得和其他所得　　D. 利润总额

2. 根据企业所得税法律制度的规定，以下属于非居民企业的是(　　)。

A. 根据中国法律成立，实际管理机构在境内的丁公司

B. 根据外国法律成立，实际管理机构在境内的甲公司

C. 根据外国法律成立且实际管理机构在国外，在境内设立机构、场所的丙公司

D. 根据中国法律成立，在国外设立机构场所的乙公司

3. A 企业为符合条件的小型微利企业。2023 年 A 企业的应纳税所得额为 300 万元。甲企业当年应缴纳的企业所得税税额的下列计算中正确的是(　　)。

A. 300×20%＝60(万元)　　B. 300×50%×20%＝30(万元)

C. 100×25%×20%+200×50%×20%＝25(万元)　　D. 300×25%×20%＝15(万元)

4. 根据企业所得税法律制度的规定，下列关于企业所得税纳税人的表述中，正确的是(　　)。

A. 依照外国法律成立但实际管理机构在境内的企业均属于居民企业

B. 依照外国法律成立且实际管理机构不在中国境内的企业均属于非居民企业

C. 依照外国法律成立但在中国境内设立机构、场所的企业均属于非居民企业

D. 依法在我国境内成立但实际管理机构在境外的企业均属于非居民企业

5. 下列符合企业所得税所得来源确定的有(　　)。

A. 提供劳务，按照支付所得的企业所在地确定

B. 销售货物，按照交易活动发生地确定

C. 动产转让所得，按照购买动产的企业或者机构、场所所在地确定

D. 权益性投资所得，按照投资企业所在地确定

6. 根据企业所得税法律制度的规定，下列各项中，不属于企业所得税纳税人的是(　　)。

A. 股份有限公司　　B. 个体工商户　　C. 有限责任公司　　D. 外商独资企

7. 根据《企业所得税法》的规定，下列关于企业所得税纳税人的表述中不正确的是(　　)。

A. 居民企业就其来源于我国境内外的全部所得缴税

B. 企业设有多个不具有法人资格的营业机构的，实行由法人汇总纳税

C. 非居民企业就其来源于我国境内外的全部所得缴税

D. 个人独资企业和合伙企业不是企业所得税的纳税人

8. 根据《中华人民共和国企业所得税法》的有关规定，下列企业或组织中，属于我国非

居民的是(　　)。

A. 在美国注册但实际管理机构在哈尔滨的外商独资企业

B. 在河北省工商行政管理部门登记注册但在中东开展工程承包的企业

C. 在美国注册的企业设在北京的办事处

D. 在北京市注册并在境内从事生产经营的企业

9. 根据《中华人民共和国企业所得税法》，国家需重点扶持的高新技术产业，可以按较低的税率征收企业所得税，该税率是(　　)。

A. 25%　　B. 10%　　C. 20%　　D. 15%

二、多项选择题

1. 根据企业所得税法律制度的规定，下列所得中，属于企业所得税征税对象的有(　　)。

A. 在中国境内设立机构、场所的非居民企业，其机构、场所来源于中国境内的所得

B. 居民企业来源于中国境外的所得

C. 在中国境内未设立机构、场所的非居民企业来源于中国境外的所得

D. 居民企业来源于中国境内的所得

2. 根据企业所得税法律制度的规定，下列各项中，属于来源于中国境内所得的有(　　)。

A. 甲国企业在中国境内提供咨询服务取得的收入

B. 乙国企业转让中国境内公司股权取得的收入

C. 丁国企业在中国境外为中国公司技术人员提供培训服务取得的收入

D. 丙国企业通过其代理商在中国境内销售货物取得的收入

3. 按照企业所得税法和实施条例规定，下列各项中属于居民企业的有(　　)。

A. 在美国注册的企业设在苏州的办事机构

B. 在日本注册但实际管理机构在南京的日资独资企业

C. 在英国注册但在南非开展工程承包的企业

D. 在江苏省工商局登记注册的企业

4. 根据企业所得税法规定，企业分为(　　)。

A. 本国企业　　B. 外国企业　　C. 居民企业　　D. 非居民企业

5. 适用企业所得税法的企业有(　　)。

A. 个人独资企业　　B. 股份有限公司　　C. 合伙企业　　D. 有限责任公司

6. 根据企业所得税法律制度的规定，下列关于来源于中国境内、境外所得确定原则的表述中，正确的有(　　)。

A. 转让不动产所得，按照不动产所在地确定

B. 股息所得，按照分配所得的企业所在地确定

C. 销售货物所得，按照交易活动发生地确定

D. 提供劳动所得，按照劳务发生地确定

7. 根据《企业所得税法》的规定，下列项目中，属于非居民企业的有(　　)。

A. 依照外国(地区)法律成立且实际管理机构不在中国境内，但在中国境内设立机构、场所的企业

B. 依照外国(地区)法律成立但实际管理机构在中国境内的企业

C. 依照外国(地区)法律成立且实际管理机构不在中国境内，在中国境内未设立机构、场所，但有来源于中国境内所得的企业

D. 依法在中国境内成立的企业

8. 依据现行企业所得税的规定，下列表述不正确的是(　　)。

A. 居民企业来源于中国境外的所得，适用税率为10%

B. 非居民企业来源于中国境内的所得，适用税率为25%

C. 非居民企业在中国境内设立的机构、场所来源于中国境内的所得，适用税率为25%

D. 境外注册的中资控股企业应当认定为居民企业，适用税率为25%

9. 下列各项中，关于企业所得税所得来源的确定正确的有(　　)。

A. 销售货物所得按照交易活动发生地确定

B. 提供劳务所得按照劳务报酬支付地确定

C. 不动产转让所得按照不动产转让所得按照不动产所在地确定

D. 特许权使用费所得按取得所得的企业所在地确定

三、判断题

1. 非居民企业取得的来源于中国境外但与其在中国境内设立的机构、场所有实际联系的所得应缴纳企业所得税。(　　)

2. 企业接受捐赠所得不属于企业所得税的征税对象。(　　)

3. 居民企业是指依法在中国境内成立或者依照外国法律成立但在中国境内实际从事生产经营的企业。(　　)

4. 划分居民企业和非居民企业采用的是"注册地标准"。(　　)

5. 符合条件的小型微利企业，减按20%的税率征收企业所得税。国家需要重点扶持的高新技术企业，减按15%的税率征收企业所得税。(　　)

6. 在中国境内设有机构、场所且境外所得与机构、场所有关联的非居民企业适用20%的企业所得税税率。(　　)

7. 我国企业所得税法对居民企业的判定标准采取的是登记注册地标准和实际管理控制地标准相结合的原则，依照这一标准在境外登记注册的企业属于非居民企业。(　　)

8. 非居民企业偶尔委托个人在中国境内从事生产经营活动的，则该个人不视为非居民企业在中国境内设立的机构、场所。(　　)

9. 非居民企业在中国境内设立机构、场所的，应当就其来源于中国境内的所得按25%的税率缴纳企业所得税。(　　)

10. 居民企业承担无限纳税义务，非居民企业承担有限纳税义务。(　　)

第二节　企业所得税应纳税所得额的计算

一、单项选择题

1. 根据企业所得税法律制度规定，下列各项中，属于特许权使用费收入的是(　　)。

A. 提供生产设备使用权取得的收入　　B. 提供运输工具使用权取得的收入

C. 提供房屋使用权取得的收入　　D. 提供商标权的使用权取得的收入

2. 根据企业所得税法律制度的规定，下列各项中，属于免税收入的是(　　)。

A. 财政拨款收入

B. 转让企业债券取得的收入

C. 企业购买国债取得的利息收入

D. 县级以上人民政府将国有资产无偿划入企业并指定专门用途并按规定进行管理的

3. 以下不属于企业所得税法所称企业取得收入的货币形式有(　　)。

A. 现金、存款　　B. 应收账款

C. 应收票据　　D. 不准备持有至到期的债券投资

4. 根据《企业所得税法》的规定，在计算企业所得税应纳税所得额时，不计入收入总额的是(　　)。

A. 出租固定资产取得的租金收入　　B. 财政拨款

C. 固定资产盘盈收入　　D. 转让固定资产取得的收入

5. 按照企业所得税法和实施条例规定，下列关于收入确认时点正确的是(　　)。

A. 利息收入，按照合同约定的债务人应付利息的日期确认收入的实现

B. 租金收入，按照承租人实际支付租金的日期确认收入的实现

C. 接受捐赠收入，按照签订捐赠合同的日期确认收入的实现。

D. 权益性投资收益，按照被投资方作利润分配账务处理的日期确认收入的实现

6. 企业所得税法所称企业以非货币形式取得的收入，应当按照(　　)确定收入额。

A. 公允价值　　B. 重置价值　　C. 历史价值　　D. 原始价值

7. 企业收入总额中的(　　)收入为不征税收入。

A. 租金收入

B. 国债利息收入

C. 接受捐赠收入

D. 依法收取并纳入财政管理的行政事业性收费

8. 根据企业所得税法的规定，下列收入中可以免征企业所得税的是(　　)。

A. 符合条件的非盈利组织的收入　　B. 接受非货币性资产捐赠收入

C. 汇兑收益　　D. 股息、利息等投资收益

9. 下列税种在计算企业所得税应纳税所得额时，不准从收入额中扣除的是(　　)。

A. 消费税　　B. 允许抵扣的增值税

C. 印花税　　D. 土地增值税

10. 下列项目中，不允许在应税所得额中扣除的有(　　)。

A. 对外投资期间的投资成本　　B. 劳动保护支出

C. 坏账损失　　D. 广告性质的赞助支出

11. 下列各项中，在计算企业所得税应纳税所得额时不得扣除的项目是(　　)。

A. 已发生的经营亏损　　B. 消费税

C. 企业所得税税额　　D. 销售费用

12. 某企业2020年有一笔销售锅炉业务，合同约定：锅炉全部价款600万元，生产过程中购货方预付价款300万元，余款在锅炉运行3个月后的10天内一次性支付；锅炉由供货方生产、安装，购货方和供货方共同检验。关于该笔业务的收入实现时间和金额，下列表述正确的是(　　)。

A. 在购货方接受锅炉并安装、检验完毕时确认收入600万元

B. 在购货方接受锅炉并安装、检验完毕时确认收入300万元

C. 在供货方发出锅炉时确认收入 600 万元

D. 在供货方发出锅炉时确认收入 300 万元

13. 根据《企业所得税法》及其实施细则的规定，纳税人的下列支出中，在计算企业所得税应纳税所得额时准予扣除的是(　　)。

A. 税收滞纳金　　B. 罚金

C. 银行罚息　　D. 违法经营的罚款

14. 根据企业所得税法的规定，企业的下列各项支出，在计算应纳税所得额时，准予从收入总额中直接扣除的是(　　)。

A. 公益性捐赠支出

B. 转让固定资产发生的费用

C. 生产经营中因违反税收法规，被税务机关处以的滞纳金

D. 向投资者支付的股息、红利等权益性投资收益款项

15. 按照企业所得税法和实施条例规定，下列表述中不正确的是(　　)。

A. 发生的与生产经营活动有关的业务招待费，不超过销售(营业)收入 5‰的部分准予扣除

B. 发生的职工福利费支出，不超过工资薪金总额 14%的部分准予税前扣除

C. 为投资者或者职工支付的补充养老保险费、补充医疗保险费在规定标准内准予扣除

D. 为投资者或者职工支付的商业保险费，不得扣除

16. 某居民企业，2020 年计入成本、费用的实发工资总额为 300 万元，拨缴职工工会经费 5 万元，支出职工福利费 45 万元、职工教育经费 15 万元，该企业 2020 年计算应纳税所得额时准予在税前扣除的工资和三项经费合计为(　　)万元。

A. 362　　B. 354. 5　　C. 365　　D. 372

17. 某食品工业企业 2019 年营业收入 3000 万元，广告费支出 800 万元，业务宣传费支出 20 万元。2020 年营业收入 4000 万元，广告费支出 200 万元，业务宣传费支出 15 万元。则 2020 年准予税前扣除的广告费和业务宣传费合计为(　　)万元。

A. 297. 5　　B. 585　　C. 600　　D. 215

18. 某医疗企业 2020 年度销售收入为 272000 元，发生业务招待费 5000 元，发生广告费 30000 元，业务宣传费 10000 元，2019 年结转广告费 10000 元，根据企业所得税法律的规定，该企业当年可以在税前扣除的业务招待费、广告费和业务宣传费合计为(　　)元。

A. 43800　　B. 38080　　C. 42160　　D. 51360

19. 企业发生的公益性捐赠支出，在年度利润总额(　　)以内的部分，准予在计算应纳税所得额时扣除。

A. 3%　　B. 10%　　C. 12%　　D. 20%

20. 企业发生的公益性捐赠支出，不超过年度(　　)12%的部分，准予扣除。

A. 收入总额　　B. 应纳税所得额　　C. 利润总额　　D. 应纳税额

21. 某国有企业 2015 年度发生亏损，根据《企业所得税法》的规定，该亏损额可以用以后纳税年度的所得逐年弥补，但延续弥补的期限最长不得超过(　　)年。

A. 2018　　B. 2019　　C. 2020　　D. 2021

22. 某公司在日常的生产经营活动中发生了以下费用，在计算企业所得税应纳所得额时不允许扣除的项目是(　　)。

A. 企业的计税工资薪金支出 8 万元

B. 企业直接对我国甘肃地区“希望工程”的 5 万元公益性捐款

C. 企业在规定比例之内发生的 1 万元业务招待费

D. 企业购买国债的利息收入 2 万元

23. 企业为职工缴纳的下列保险费，不得在税前扣除的是(　　)。

A. 五险一金　　B. 补充医疗保险费

C. 家庭财产保险费　　D. 特殊工种职工人身安全保险费

24. 甲公司 2020 年度通过某乡政府，向该乡的一所小学捐赠 50 万元，通过某县民政局向当地贫困人口捐赠 100 万元。请问 2020 年度允许扣除的捐赠为(　　)万元。当年会计利润为 1000 万元(不含公益性捐赠)

A. 50　　B. 150　　C. 132　　D. 100

25. 在计算应纳税所得额时，企业财务、会计处理办法与税收法律、行政法规的规定不一致时，应当依照(　　)的规定计算。

A. 按企业财务、会计处理办法　　B. 按有资质的中介机构

C. 按上级机关的指示　　D. 按税收法律、法规

二、多项选择题

1. 根据企业所得税法律制度的规定，企业取得的下列收入中属于货币形式的有(　　)。

A. 债务的豁免　　B. 现金　　C. 应收账款　　D. 存货

2. 根据企业所得税法律制度的规定，下列各项中，在计算企业所得税应纳税所得额时，应计入收入总额的有(　　)。

A. 企业资产溢余收入　　B. 逾期未退包装物押金收入

C. 确实无法偿付的应付款项　　D. 汇兑收益

3. 根据企业所得税法律制度的规定，下列关于收入确认的表述中，正确的有(　　)。

A. 销售商品采用预收款方式的，在收到预收款时确认收入

B. 销售商品采用托收承付方式的，在办妥托收手续时确认收入

C. 销售商品采用支付手续费方式委托代销的，在收到代销清单时确认收入

D. 销售商品需要安装和检验的，在收到款项时确认收入

4. 根据企业所得税法律制度规定，下列各项中，属于转让财产收入的有(　　)。

A. 转让股权收入　　B. 转让固定资产收入

C. 转让土地使用权收入　　D. 转让债权收入

5. 根据企业所得税法的规定，下列收入属于征税收入的是(　　)。

A. 企业销售商品收入　　B. 企业提供中介代理收入

C. 企业转让固定资产收入　　D. 企业提供非专利技术收入

6. 在计算应纳税所得额时，下列支出不得扣除：(　　)

A. 税收滞纳金　　B. 被没收财物的损失

C. 法定比例范围内的公益性捐赠支出　　D. 向投资者支付的股息

7. 根据企业所得税法的规定，下列关于企业特殊收入的确认说法正确的是(　　)。

A. 以分期收款方式销售货物的，以货物发出的当天确认收入的实现

B. 企业接受委托加工制造大型机器设备，持续时间超过 12 个月的，按照纳税年度内完工进度确认收入的实现

C. 采取产品分成方式取得收入的，按照产品生成日期确认收入的实现

D. 企业将存货对外捐赠，应视同销售确认销售收入

8. 下列项目，在计算企业所得税应纳税所得时准予扣除的是(　　)。

A. 企业发生的诉讼费用　　B. 消费税

C. 消费税滞纳金　　D. 企业发生的劳动保护支出

9. 在计算企业所得税应纳税所得额时，不准从收入总额中扣除的项目有(　　)。

A. 违法经营的罚款和被没收财物的损失　　B. 为促销商品发生的广告性支出

C. 遭受自然灾害有赔偿的部分　　D. 未经核定的准备金支出

10. 企业发生(　　)应当视同销售货物。

A. 将自产货物用于非货币性资产交换　　B. 将自产货物用于捐赠

C. 将自产货物用于抵债　　D. 将自产货物用于集体福利

11. 企业的下列(　　)收入为不征税收入。

A. 财政拨款

B. 依法收取并纳入财政管理的政府性基金

C. 国务院规定的不征税收入

D. 国债利息收入

12. 按照企业所得税法和实施条例规定，下面说法正确的有(　　)。

A. 企业销售存货，按规定计算的存货成本可以在税前扣除

B. 企业纳税年度发生亏损，准予向后年度结转，直到弥补完为止

C. 企业境外营业机构的亏损可以抵减境内营业机构的盈利进行汇总缴纳企业所得税

D. 外购商誉的支出，在企业整体转让或者清算时，准予扣除

13. 特许权使用费收入是指企业提供(　　)取得的收入。

A. 专利权　　B. 非专利技术　　C. 商标权　　D. 土地使用权

14. 按照企业所得税法和实施条例规定，下列收入应作为其他收入的有(　　)。

A. 资产溢余收入

B. 逾期未退包装物押金收入

C. 债务重组收入

D. 已作坏账损失处理后又收回的应收款项

15. 下列项目中在会计利润的基础上应调增应纳税所得额的项目有(　　)

A. 合理的工资费用支出　　B. 业务招待费超标准

C. 公益、救济性支出超标准　　D. 税收的滞纳金

16. 按照《中华人民共和国企业所得税法》和《中华人民共和国企业所得税法实施条例》的规定，企业所得税应纳税所得额为企业每一纳税年度的收入总额，减除(　　)后的余额。

A. 不征税收入　　B. 免税收入

C. 各项扣除　　D. 允许弥补的以前年度亏损

17. 根据《企业所得税法》的规定，在计算应纳税所得额时，下列支出不得扣除的有(　　)。

A. 公益性捐赠支出

B. 向投资者支付的股息、红利等权益性投资收益款项

C. 税收滞纳金

D. 非广告性质的赞助支出

18. 企业的下列(　　)收入为免税收入。

A. 依法收取并纳入财政管理的政府性基金

B. 国债利息收入

C. 符合条件的居民企业之间的股息、红利等权益性收益

D. 国务院规定的不征税收入

19. 根据企业所得税法律制度的规定，下列各项中，纳税人在计算企业所得税应纳税所得额时，不得扣除的有(　　)。

A. 增值税　　　　B. 购建固定资产支出

C. 税收滞纳金　　D. 职工基本养老保险费

20. 下列各项中应当征收企业所得税的收入有(　　)。

A. 国库券的转让收入

B. 因债权人原因确实无法支付的应付款项

C. 纳税人接收捐赠的实物资产

D. 企业在建工程发生的试运行收入

21. 下列扣除标准符合《中华人民共和国企业所得税法》规定的有(　　)

A. 发生的符合条件的广告费和业务宣传费支出，不超过当年销售(营业)收入15%的部分，准予扣除

B. 发生的与其生产、经营业务有关的业务招待费支出，按照发生额的60%扣除，但最高不得超过当年销售(营业)收入的5‰。

C. 发生的符合条件的广告费和业务宣传费支出可以据实扣除

D. 金融企业的各项存款利息支出和同业拆借利息支出可以据实扣除

22. 在计算企业所得税时不得扣除的项目是(　　)

A. 为企业子女入托支付给幼儿园的赞助支出

B. 利润分红支出

C. 企业违反销售协议被采购方索取的罚款

D. 违反食品卫生法被政府处以的罚款

23. 下列项目中，可以从应纳税所得额中扣除的有(　　)

A. 逾期归还银行贷款而支付的罚息

B. 无形资产开发支出未形成资产的部分

C. 融资租入固定资产的租金支出

D. 企业之间支付的管理费

三、判断题

1. 企业为职工参加财产保险，按照规定缴纳的保险费，准予扣除。(　　)

2. 企业发生的职工福利费支出，不超过工资薪金总额14%的部分，准予在计算应纳税所得额时扣除。超过部分，准予在以后纳税年度结转扣除。(　　)

3. 根据企业所得税法及其实施条例的规定，财政补贴为不征税收入。(　　)

4. 企业发生的支出应当区分收益性支出和资本性支出。收益性支出在发生当期直接扣除，资本性支出不得在当期扣除。(　　)

5. 企业在汇总计算缴纳企业所得税时，其境外营业机构的亏损可以抵减境内营业机构

的盈利。(　　)

6. 企业发生的与生产经营活动有关的业务招待费支出，在计算所得额时，按照发生额的50%扣除，但最高不得超过当年销售(营业)收入的5‰。(　　)

7. 外购商誉的支出，在企业支付当期时，准予在计算所得额时扣除。(　　)

8. 企业发生的合理的工资薪金支出，在计税工资标准限额内准予扣除。(　　)

9. 企业发生非货币性资产交换，以及将货物、财产、劳务用于捐赠、偿债、赞助、集资、广告、样品、职工福利或者利润分配等用途的，应当全部视同销售货物、转让财产或者提供劳务，确认收入。(　　)

10. 居民企业每一纳税年度的收入总额减除不征税收入、免税收入、各项扣除以及允许弥补的以前年度亏损后的余额为应纳税所得额。(　　)

11. 企业发生的符合条件的广告费，除国务院财政、税务主管部门另有规定外，不超过当年销售(营业)收入15%的部分，准予扣除；超过部分，准予在以后纳税年度结转扣除。业务宣传费支出不得在所得税前扣除。(　　)

12. 企业实际发生的与取得收入有关的、合理的支出，准予在计算应纳所得额时扣除。(　　)

13. 在计算应纳税所得额时，违反税法规定被处的罚款不得扣除，但税收滞纳金可以扣除。(　　)

14. 居民企业转让资产，该项资产的损失净额，准予在计算应纳税所得额时扣除。(　　)

15. 企业发生的职工教育经费支出，不超过工资薪金总额8%的部分准予扣除；超过部分准予在以后纳税年度结转扣除。(　　)

16. 捐赠支出可以在计算企业所得税前予以扣除。(　　)

17. 企业在生产经营期间的借款利息支出，可按实际发生数从收入总额中扣除。(　　)

18. 高新技术企业自2018年1月1日起，当年具备资格的企业，其具备资格年度之前5个年度发生的尚未弥补完的亏损，准予结转以后年度弥补，最长结转年限由5年延长至“10年”。(　　)

19. 企业已经作为损失处理的资产，在以后纳税年度又全部收回或者部分收回时，应当计入损失发生年度的收入。(　　)

20. 企业销售货物涉及现金折扣的，应当按照扣除现金折扣后的金额确定销售货物收入金额。(　　)

第三节　资产的税务处理

一、单项选择题

1. 按照企业所得税法和实施条例规定，企业使用或者销售的存货的成本计算方法，不可以选用的有(　　)。

A. 先进先出法　　B. 加权平均法　　C. 后进先出法　　D. 个别计价法

2. 企业所得税法规定无形资产的摊销年限不得低于(　　)年。

A. 3　　B. 5　　C. 8　　D. 10

3. 对固定资产提取折旧，下面说法不正确的是(　　)。

A. 未投入使用的房屋、建筑物不能提取折旧

B. 未使用的机器不能提取折旧

C. 以经营租赁方式租入固定资产不能提取折旧

D. 价值合并在房屋中作为固定资产入账的土地可以提取折旧

4. 按照企业所得税法和实施条例规定，下列固定资产可以提取折旧的是(　　)。

A. 经营租赁方式租入的固定资产　　B. 以融资租赁方式租入的固定资产

C. 未使用的机器设备　　D. 单独估价作为固定资产入账的土地

5. 按照企业所得税法和实施条例规定，飞机、火车、轮船以外的运输工具计算折旧的最低年限是(　　)。

A. 3 年　　B. 4 年　　C. 5 年　　D. 10 年

二、多项选择题

1. 企业所得税法所称固定资产的大修理支出，是指同时符合下列条件的支出(　　)。

A. 修理支出达到取得固定资产时的计税基础 30%以上

B. 修理支出达到取得固定资产时的计税基础 50%以上

C. 修理后固定资产的使用年限延长 2 年以上

D. 被修理的固定资产必须属于房屋、建筑物

2. 在计算应纳税所得额时，企业发生的下列支出作为长期待摊费用，按照规定摊销的，准予扣除的有(　　)。

A. 经核定的准备金支出　　B. 租入固定资产的改建支出

C. 固定资产的大修理支出　　D. 赞助支出

3. 企业的固定资产由于技术进步等原因，确需加速折旧的，可以采用的方法有(　　)

A. 缩短折旧年限　　B. 双倍余额递减法

C. 年数总和法　　D. 不提取折旧，直接扣除

4. 企业的固定资产由于技术进步等原因，确需加速折旧的，可以缩短折旧年限或者采取加速折旧的方法，这种固定资产是指(　　)

A. 由于技术进步，产品更新换代较快的固定资产

B. 常年处于强震动、高腐蚀状态的固定资产

C. 电子产品

D. 小汽车

5. 根据企业所得税法的规定，下列支出应作为长期待摊费用的有( )。

A. 自行开发无形资产，开发过程中的相关支出

B. 租入固定资产的改建支出

C. 固定资产的大修理支出

D. 已足额提取折旧的固定资产的改建支出

三、判断题

1. 企业使用或者销售的存货的成本计算方法，可以在先进先出法、后进先出法、加权平均法、个别计价法中选用一种，计价方法一经选用，不得随意变更。(　　)

2. 企业应当根据固定资产的性质和使用情况，合理确定固定资产的预计净残值。固定资产的预计净残值一经确定，不得变更。(　　)

3. 对于由于技术进步，产品更新换代较快的固定资产，以及常年处于强震动、高腐蚀状态的固定资产，可以采取缩短折旧年限或者采取加速折旧方法。(　　)

4. 企业应当自固定资产投入使用月份的当月起计算折旧；停止使用的固定资产，应当自停止使用月份的当月起停止计算折旧。(　　)

5. 外购的无形资产，以购买价款和支付的相关税费以及直接归属于使该资产达到预定用途发生的其他支出为计税基础。(　　)

6. 通过捐赠、投资、非货币性资产交换、债务重组等方式取得的无形资产，以该资产的原值和支付的相关税费为计税基础。(　　)

第四节　企业所得税应纳税额的计算

(一) 甲企业为居民企业，2020 年发生部分经济事项如下：

(1) 销售产品收入 4000 万元，出租办公楼租金收入 240 万元，信息技术服务费收入 80 万元；

(2) 用产品换取原材料，该批产品不含增值税售价 70 万元；

(3) 实发合理工资、薪金总额 2000 万元，发生职工福利费 300 万元，职工教育经费 60 万元，工会经费 24 万元；

(4) 支付诉讼费 4 万元，工商行政部门罚款 6 万元，母公司管理费 136 万元，直接捐赠给贫困地区小学 14 万元；

(5) 缴纳增值税 180 万元，消费税 38 万元，资源税 12 万元，城市维护建设税和教育费附加 23 万元。

已知，职工福利费支出，职工教育经费支出，拨缴的工会经费分别不超过工资、薪金总额的 14%、8%和 2%的部分，准予扣除。

要求：根据上述资料，不考虑其他因素，分析回答下列小题。

1. 下列业务中，在计算企业所得税应纳税所得额时，应当计入收入总额的是(　　)。

A. 销售产品收入 4000 万元　　B. 出租办公楼租金收入 240 万元

C. 信息技术服务费收入 80 万元　　D. 用产品换取原材料 70 万元

2. 下列税费中，在计算企业所得税应纳税所得额时，准予扣除的是(　　)。

A. 增值税 180 万元

B. 消费税 38 万元

C. 资源税 12 万元

D. 城市维护建设税和教育费附加 23 万元

3. 下列支出中，在计算企业所得税应纳税所得额时，准予全额扣除的是(　　)。

A. 职工教育经费 60 万元　　B. 工会经费 24 万元

C. 职工福利费 300 万元　　D. 工资、薪金总额 2000 万元

4. 下列支出中，在计算企业所得税应纳税所得额时，不得扣除的是(　　)。

A. 工商行政部门罚款 6 万元　　B. 母公司管理费 136 万元

C. 诉讼费 4 万元　　D. 直接捐赠给贫困地区小学 14 万元

(二) 甲公司为居民企业，主要从事手机生产和销售业务。2020 年度的经营情况如下：

(1) 取得手机销售收入 8000 万元，提供专利权的使用权取得收入 100 万元。

(2) 确实无法偿付的应付款项 6 万元。

（3）接受乙公司投资，取得投资款 2000 万元。

（4）当年 3 月因生产经营活动借款 300 万元，其中向金融企业借款 250 万元，期限 6 个月，年利率为 6%，向非金融企业丙公司借款 50 万元，期限 6 个月，年利率 10%，利息均已支付。

（5）参加财产保险，按规定向保险公司缴纳保险费 5 万元。

（6）计提坏账准备金 15 万元。

（7）发生合理的会议费 30 万元。

（8）发生非广告性质的赞助支出 20 万元。

（9）通过市民政部门用于公益事业的捐赠支出 80 万元，直接向某小学捐赠 9 万元、向贫困户王某捐赠 2 万元。

（10）全年利润总额 750 万元。

已知：公益性捐赠支出在年度利润总额 12% 以内的部分，准予在计算应纳税所得额时扣除。

要求：根据上述资料，不考虑其他因素，分析回答下列小题。

1. 根据资料，下列选项中可以计入企业所得税收入总额的是(　　)。

A. 收到乙公司的投资款 2000 万元　　B. 手机销售收入 8000 万元

C. 提供专利权的使用权取得收入 100 万元　　D. 确实无法偿付的应付款项 6 万元

的详细分析参考下表：

2. 在计算甲公司 2020 年度企业所得税应纳税所得额时，准予扣除的利息支出的下列计算列式中，正确的是(　　)。

A. $250\times6\%\div12\times6=7.5$(万元)

B. $250\times6\%\div12\times6+50\times10\%\div12\times6=10$(万元)

C. $250\times10\%\div12\times6+50\times10\%\div12\times6=15$(万元)

D. $250\times6\%\div12\times6+50\times6\%\div12\times6=9$(万元)

3. 下列各项中，在计算甲公司 2020 年度企业所得税应纳税所得额时，不得扣除的是(　　)。

A. 发生的合理会议费 30 万元　　B. 向保险公司缴纳的保险费 5 万元

C. 计提的坏账准备金 15 万元　　D. 非广告性质的赞助支出 20 万元

4. 在计算甲公司 2020 年度企业所得税应纳税所得额时，准予扣除的捐赠支出的下列计算列式中，正确的是(　　)。

A. 80+9+2　　B. 80+9　　C. 80+2　　D. 80

（三）甲公司为居民企业，主要从事化工产品的生产和销售业务。2019 年度有关经营情况如下：

（1）取得销售商品收入 9000 万元，提供修理劳务收入 500 万元，出租包装物收入 60 万元，从其直接投资的未上市居民企业分回股息收益 25 万元。

（2）发生符合条件的广告费支出 1380 万元，按规定为特殊工种职工支付的人身安全保险费 18 万元，合理的会议费 8 万元，直接向某敬老院捐赠 6 万元，上缴集团公司管理费 10 万元。

（3）由于管理不善被盗库存商品一批，经税务机关审核，该批存货的成本为40万元，增值税进项税额为5.2万元；取得保险公司赔款12万元，责任人赔偿2万元。

（4）上年度尚未扣除的、符合条件的广告费支出50万元。

已知：广告费和业务宣传费支出不超过当年销售(营业)收入15%的部分，准予扣除。

要求：根据上述资料，不考虑其他因素，分析回答下列小题。

1. 甲公司的下列收入中，在计算2019年度企业所得税应纳税所得额时，应计入收入总额的是(　　)。

A. 销售商品收入9000万元

B. 从其直接投资的未上市居民企业分回股息收益25万元

C. 出租包装物收入60万元

D. 提供修理劳务收入500万元

2. 甲公司的下列费用中，在计算2019年度企业所得税应纳税所得额时，准予扣除的是(　　)。

A. 合理的会议费8万元

B. 特殊工种职工人身安全保险费18万元

C. 上缴集团公司管理费10万元

D. 直接向某敬老院捐赠6万元

3. 甲公司在计算2019年度企业所得税应纳税所得额时，准予扣除的广告费支出是(　　)。

A. 1430万元　　B. 1434万元　　C. 1380万元　　D. 1425万元

4. 关于甲公司在计算2019年度企业所得税应纳税所得额时，准予扣除被盗商品的损失金额，下列算式正确的是(　　)。

A. 40+5.2−12−2=31.2(万元)　　B. 40+5.2−12=33.2(万元)

C. 40−12−2=26(万元)　　D. 40+5.2=45.2(万元)

(四) 甲企业是国家重点扶持的大型环保高新技术企业，主要从事节能减排技术改造，2020年经营情况如下：

（1）全年产品销售收入4000万元；

（2）全年实际发生合理工资200万元、职工福利费34万元、职工教育经费5万元、工会经费4万元、按照规定缴纳的基本社会保险费56万元；

（3）全年实际发生业务招待费30万元、新技术研究开发费用400万元；

（4）当年闲置厂房计提折旧15万元，未投入使用的机器设备计提折旧10万元；

（5）当年直接向养老院捐赠20万元；

（6）发生非广告性质的赞助支出8万元；

（7）购入运输车辆支付价款20万元。

已知：业务招待费支出按发生额的60%扣除，但最高不得超过当年销售(营业)收入的5‰；职工福利费支出，职工教育经费支出，拨缴的工会经费分别不超过工资、薪金总额的14%、8%和2%的部分，准予扣除。

要求：根据上述资料，不考虑其他因素，分析回答下列小题。

1. 计算企业所得税应纳税所得额时，业务招待费准予扣除(　　)万元。

A. 18　　B. 20　　C. 30　　D. 12

2. 下列各项中，准予全额在税前扣除的是(　　)。

A. 职工福利费 34 万元　　B. 职工教育经费 5 万元

C. 基本社会保险费 56 万元　　D. 工会经费 4 万元

3. 下列关于企业所得税税前扣除项目的表述中，正确的是(　　)。

A. 闲置厂房计提折旧 15 万元可以扣除

B. 发生的非广告性质的赞助支出 8 万元不得扣除

C. 直接向养老院捐赠 20 万元，准予在利润总额 12%以内扣除

D. 未投入使用的机器设备计提 10 万元折旧不得税前扣除

4. 下列税收优惠中，甲企业适用的是(　　)。

A. 新技术研发费用可以加计扣除 400 万元　　B. 享受三免三减半优惠政策

C. 购入运输车辆 20 万元可以享受税额抵免　　D. 按 15%的税率征收企业所得税

(五) 甲公司为居民企业，主要从事施工设备的生产和销售业务。2020 年有关经营情况如下：

(1) 国债利息收入 40 万元，从未上市的居民企业乙公司取得股息 25.2 万元。

(2) 直接向某养老院捐赠 10 万元，向市场监督管理部门缴纳罚款 6 万元。

(3) 实际发生未形成无形资产计入当期损益的新产品研究开发费用 194 万元。

(4) 经事务所审计发现甲公司接受捐赠原材料一批，取得增值税专用发票注明金额 20 万元、税额 3.2 万元，甲公司将接受的捐赠收入直接计入“资本公积”账户。

(5) 全年利润总额 1522 万元，预缴企业所得税税款 280 万元。

已知：企业所得税税率为 25%。新产品研究开发费用，在按照规定据实扣除的基础上，按照研究开发费用的 75%加计扣除。

要求：根据上述资料，不考虑其他因素，分析回答下列小题。

1. 计算甲公司 2020 年度企业所得税应纳税所得额时，应调增的是(　　)。

A. 直接向某养老院捐赠 10 万元

B. 国债利息收入 40 万元

C. 向市场监督管理部门缴纳罚款 6 万元

D. 从未上市的居民企业乙公司取得股息 25.2 万元

2. 下列关于甲公司 2020 年度新产品研究开发费用企业所得税纳税调整的表述中，正确的是(　　)。

A. 纳税调减 194 万元　　B. 纳税调减 145.5 万元

C. 纳税调增 145.5 万元　　D. 纳税调增 194 万元

3. 下列关于甲公司 2020 年度接受捐赠原材料企业所得税纳税调整的表述中正确的是(　　)。

A. 纳税调增 23.2 万元　　B. 纳税调减 23.2 万元

C. 纳税调减 20 万元　　D. 纳税调增 20 万元

4. 计算甲公司 2020 年度应补缴企业所得税税款的下列算式中，正确的是(　　)。

A. (1522-40-25.2+10-6-194-23.2)×25%-280=30.9 万元

B. (1522+40+25.2+10-6+194×75%+20)×25%-280=159.175 万元

C. (1522-40-25.2+10+6-194×75%+23.2)×25%-280=57.625 万元

D. (1522-40-25.2+10+6-194×75%)×25%-280=51.825 万元

(六) 甲公司注册于某市东城区。2019 年有关收支情况如下:

(1) 取得产品销售收入 2000 万元、国债利息收入 30 万元、接受捐赠收入 10 万元。

(2) 缴纳行政罚款 2 万元、税收滞纳金 1 万元。

(3) 缴纳增值税 200 万元、城市维护建设税和教育费附加 20 万元。

(4) 从直接投资的未上市居民企业取得股息收益 200 万元。

已知:2018 年度甲公司会计利润为-60 万元,经纳税调整后应纳税所得额为-50 万元;甲公司按月预缴企业所得税。

要求:根据上述资料,不考虑其他因素,分析回答下列小题。

1. 甲公司下列收入中,应计入企业所得税应纳税所得额的是(　　)。

A. 接受捐赠收入 10 万元　　B. 产品销售收入 2000 万元

C. 股息收益 200 万元　　D. 国债利息收入 30 万元

2. 甲公司下列支出中,在计算 2019 年度企业所得税应纳税所得额时,准予扣除的是(　　)。

A. 税收滞纳金 1 万元　　B. 行政罚款 2 万元

C. 城市维护建设税和教育费附加 20 万元　　D. 增值税 200 万元

3. 关于甲公司弥补亏损的下列表述中,正确的是(　　)。

A. 2015 至 2019 年度的税前所得可以弥补的 2014 年度亏损额为 50 万元

B. 2015 至 2019 年度的税前所得可以弥补的 2014 年度亏损额为 60 万元

C. 如果 2019 年度税前所得弥补 2018 年度亏损后,应纳税所得额大于零,应缴纳企业所得税

D. 如果 2019 年度税前所得不足以弥补 2018 年度亏损,可以逐年延续弥补亏损,但最长不得超过 10 年

4. 下列有关甲公司企业所得税征收管理的表述中,正确的是(　　)。

A. 如果 2019 年度税前所得不足以弥补 2018 年度亏损,甲公司无须办理 2019 年度企业所得税汇算清缴

B. 甲公司企业所得税的纳税地点为该市东城区

C. 甲公司应当于每月终了之日起 15 日内,向税务机关预缴企业所得税

D. 甲公司 2019 年纳税年度自 2019 年 1 月 1 日起至 2019 年 12 月 31 日止

第五节　企业所得税的税收优惠

一、单项选择题

1. 企业从事下列项目的所得,减半征收企业所得税(　　)。

A. 林产品的采集

B. 中药材的种植

C. 花卉、茶以及其他饮料作物和香料作物的种植

D. 油料的种植

2. 某工业企业2020年年度应纳税所得额300万元，从业人数80人，资产总额2000万元；2020年度缴纳企业所得税时应缴纳的企业所得税(　　)万元。

A. 25　　B. 45　　C. 75　　D. 60

3. 下列项目中，需计入应税所得额缴纳企业所得税的项目有(　　)。

A. 依法收取并纳入财政管理的行政事业性收费、政府性基金

B. 远洋捕捞所得

C. 企业获得的保险公司保险赔偿款收入

D. 将自产货物用于职工福利

4. 下列项目中，不属于企业所得税优惠政策的有(　　)。

A. 企业综合利用资源，生产符合国家产业政策规定的产品所取得的收入，减按90%计入应纳税所得额

B. 国家需要重点扶持的高新技术企业，减按15%的税率征收企业所得税

C. 企业从事国家重点扶持的公共基础设施项目的投资经营的所得，免征企业所得税

D. 依法成立且符合条件的“集成电路设计企业”和“软件企业”，在2018年12月31日前自获利年度起计算优惠期，第1年至第2年免征企业所得税，第3年至第5年按照25%的法定税率减半征收企业所得税

5. 居民企业取得下列各项收入中，按照企业所得税法和实施细则规定应并入应纳税所得额征收所得税的是(　　)。

A. 国债利息收入

B. 财政拨款

C. 居民企业持有其他居民企业公开发行并上市流通的股票10个月取得的投资收益

D. 300万元的技术转让所得

6. 企业开发新技术、新产品、新工艺发生的研究开发费用，可以在计算应纳税所得额时(　　)扣除。

A. 全额　　B. 减半　　C. 加倍　　D. 加计

7. 根据企业所得税法规定，下列项目中享受税额抵免政策的是(　　)。

A. 企业综合利用资源，生产符合国家产业政策规定的产品取得的收入

B. 创业投资企业从事国家需重点扶持和鼓励的创业投资的投资额

C. 企业购置用于环境保护的专用设备的投资额

D. 安置残疾人员及国家鼓励安置的其他就业人员所支付的工资

8. 创业投资企业采取股权投资方式，投资于未上市的中小高新技术企业2年以上的，可按其投资额的一定比例抵扣该创业投资企业的企业所得税应纳税所得额，这一比例是(　　)。

A. 50%　　B. 60%　　C. 70%　　D. 80%

9. 某企业2020年利润总额为200万元，当年开发新产品研发费用实际支出为20万元。则该企业2020年计算应纳税所得额时可以扣除的研发费用为(　　)万元。

A. 10　　B. 20　　C. 30　　D. 45

10. 企业购买符合条件的技术设备，按规定可以抵免企业所得税税款的数额为设备价款的(　　)。

A. 10%　　B. 20%　　C. 30%　　D. 40%

11. 小型微利商业企业应符合的条件是(　　)

A. 年应纳税所得额不超过 300 万元，从业人数不超过 80 人，资产总额不超过 3000 万元

B. 年应纳税所得额不超过 300 万元，从业人数不超过 80 人，资产总额不超过 1000 万元

C. 年应纳税所得额不超过 30 万元，从业人数不超过 100 人，资产总额不超过 3000 万元

D. 年应纳税所得额不超过 300 万元，从业人数不超过 300 人，资产总额不超过 5000 万元

13. 抵扣应纳税所得额，是指创业投资企业采取股权投资方式投资于未上市的中小高新技术企业(　　)以上的，可以按照其投资额的(　　)在股权持有满(　　)的当年抵扣该创业投资企业的应纳税所得额；当年不足抵扣的，可以在以后纳税年度结转抵扣。

A. 1 年、50%、1 年　　B. 1 年、70%、1 年

C. 2 年、70%、2 年　　D. 2 年、50%、2 年

14. 减计收入，是指企业以《资源综合利用企业所得税优惠目录》规定的资源作为主要原材料，生产国家非限制和禁止并符合国家和行业相关标准的产品取得的收入，减按(　　)计入收入总额。

A. 60%　　B. 70%　　C. 80%　　D. 90%

二、多项选择题

1. 按企业所得税的有关规定，下列关于免征企业所得税的表述正确的有(　　)

A. 企业从事国家重点扶持的公共基础设施项目的投资经营的所得，从项目取得第一笔生产经营收入所属纳税年度起，第一年至第三年免征企业所得税，第四年至第六年减半征收企业所得税

B. 企业从事符合条件的环境保护、节能节水项目的所得，从项目取得第一笔生产经营收入所属纳税年度起，第 1 年至第 3 年免征企业所得税，第 4 年至第 6 年减半征收企业所得税

C. 企业设备的投资额的 10%可以从企业当年的应纳税额中抵免；当年不足抵免的，可以在以后 5 个纳税年度结转抵免

D. 海水养殖、内陆养殖减半征收企业所得税

2. 对于企业所得税法规定的税收优惠政策，下面说法正确的有(　　)。

A. 采取缩短折旧年限方法加速折旧的，最低折旧年限不得低于实施条例规定折旧年限的 60%

B. 安置残疾人员的企业，支付给残疾职工的工资在计算应纳税所得额时按 100%加计扣除

C. 创业投资企业从事国家鼓励的创业投资，可按投资额的 70%在股权持有满 2 年的当

年抵免应纳税额

D. 符合条件的非营利组织从事营利性活动取得的收入，可作为免税收入，不并入应纳税所得额征税

3. 按照企业所得税法和实施条例规定，工业企业要享受企业所得税法中小型微利企业的优惠税率，必须同时符合的有(　　)。

A. 从事国家非限制和禁止行业　　B. 年度应纳税所得额不超过 300 万元

C. 从业人数不超过 300 人　　D. 资产总额不超过 5000 万元

4. 按照企业所得税法和实施条例规定，企业从事下列项目的所得，可以自项目取得第一笔生产经营收入所属纳税年度起，享受定期减免税优惠的有(　　)。

A. 从事农、林、牧、渔业项目的所得

B. 从事国家重点扶持的公共基础设施项目投资经营的所得

C. 从事符合条件的环境保护、节能节水项目的所得

D. 符合条件的技术转让所得

5. 企业的下列研究开发费用支出，可以在计算应纳税所得额时加计扣除：(　　)

A. 开发新技术　　B. 开发新产品　　C. 开发新工艺　　D. 受让新技术

6. 企业的下列所得，可以免征、减征企业所得税：(　　)

A. 从事内陆养殖的所得

B. 在中国境内设立机构、场所的居民企业从非居民企业取得与该机构、场所有实际联系的股息、红利等权益性投资收益

C. 从事牲畜、家禽的饲养所得

D. 符合条件的技术转让所得

三、判断题

1. 企业综合利用资源，生产符合国家产业政策规定的产品所取得的收入，可以在计算应纳税所得额时减按 70%计入收入总额。(　　)

2. 企业从事符合条件的环境保护、节能节水项目的所得，自项目取得第一笔生产经营收入所属纳税年度起，第一年至第三年免征企业所得税，第四年至第六年减半征收企业所得税。(　　)

3. 企业开发新技术、新产品、新工艺发生的研究开发费用，以及企业安置残疾人员及国家鼓励安置的其他就业人员所支付的工资，可以在计算企业应纳税所得额时加计扣除。(　　)

4. 企业从事蔬菜种植的所得，免征企业所得税。(　　)

5. 居民企业取得 800 万元的技术转让所得免征企业所得税。(　　)

6. 企业所得税法规定对民族自治地方内的企业，可以减征或者免征企业所得税。(　　)

7. 企业购置并实际使用符合规定的环境保护专用设备的，该专用设备的投资额的 10%可以从企业当年的应纳税额中抵免；当年不足抵免的，可以在以后年度结转抵免。(　　)

8. 依法成立且符合条件的“集成电路设计企业”和“软件企业”，在 2018 年 12 月 31 日前自获利年度起计算优惠期，第 1 年至第 2 年免征企业所得税，第 3 年至第 5 年按照 25%的法

定税率减半征收企业所得税。(　　)

9. 经营性文化事业单位(从事新闻出版、广播影视和文化艺术的事业单位)转制为企业，自转制注册之日起5年内免征企业所得税。(　　)

10. 社区提供养老、托育、家政等服务的机构，提供社区养老、托育、家政服务取得的收入减按90%计入收入总额。(　　)

第六节　企业所得税的征收管理

一、单项选择题

1. 企业所得税的年终汇算清缴时间是(　　)。

A. 年终后2个月内进行　　B. 年终后3个月内进行

C. 年终后4个月内进行　　D. 年终后5个月内进行

2. 根据企业所得税法的规定，下列对企业所得税征收管理的说法不正确的是(　　)。

A. 居民企业以企业登记注册地或实际管理机构所在地为纳税地点

B. 企业在纳税年度内亏损，年度终了后可以不向税务机关报送年度企业所得税纳税申报表

C. 企业在年度中间终止经营活动的，应当自实际经营终止之日起60日内，向税务机关办理当期企业所得税汇算清缴

D. 企业在一个纳税年度中间开业，实际经营期不足12个月的，应当以其实际经营期为一个纳税年度

3. 企业应当自月份或季度终了之日起(　　)日内，向税务机关报送预缴企业所得税申报表，预缴税款。

A. 10　　B. 15　　C. 7　　D. 5

4. 某企业于2022年7月5日开业，该企业第一年的纳税年度时间为(　　)。

A. 2022年1月1日至2019年12月31日　　B. 2022年7月5日至2020年7月4日

C. 2022年7月5日至2019年12月31日　　D. 以上三种由纳税人选择

二、多项选择题

1. 根据企业所得税法的规定，下列对说法不正确的是(　　)。

A. 企业自年度终了之日起4个月内，向税务机关报送年度企业所得税纳税申报表，并汇算清缴，结清应缴应退税款

B. 企业在年度中间终止经营活动的，应当自实际经营终止之日起30日内，向税务机关办理当期企业所得税汇算清缴

C. 企业依法清算时，应当以清算期间作为一个纳税年度

D. 企业所得税按年计征，分月预缴，年终汇算清缴，多退少补

2. 按照企业所得税法和实施条例规定，下列关于企业所得税预缴的表述正确的有(　　)。

A. 企业所得税分月或者分季预缴，由企业自行选择，报税务机关备案

B. 可以按照月度或者季度的实际利润额预缴

C. 按照实际利润额预缴有困难的，可以按照上一纳税年度应纳税所得额的月度或者季度平均额预缴

D. 预缴方法一经确定，该纳税年度内不得随意变更

3. 某企业 2019 年 7 月 1 日开业，因故在 2020 年 6 月 30 日终止经营，7 月 15 日注销工商登记，有关该企业的企业所得税管理，下列做法符合规定的是(　　　　)

A. 该企业的第一个纳税年度是 2019 年 7 月 1 日至 2019 年 12 月 31 日

B. 该企业 2020 年 5 月 31 日前，报送 2019 年度企业所得税纳税申报表，办理汇算清缴

C. 该企业应该在 2020 年 8 月 29 日之前办理 2020 年度的企业所得税汇算清缴

D. 该企业应该在 7 月 15 日前缴清清算所得税款

三、判断题

1. 居民企业一律以企业登记注册地为纳税地点。(　　)

2. 非居民企业在中国境内设立机构、场所的，应当就其所设机构、场所取得的来源于中国境内的所得，以及发生在中国境外但与其所设机构、场所有实际联系的所得，以机构、场所所在地为纳税地点。(　　)

3. 非居民企业在中国境内未设立机构、场所的，或虽设立机构、场所，但取得的所得与其所设机构、场所没有实际联系的所得，其企业所得税以扣缴义务人所在地为纳税地点。(　　)

4. 一般情况下，企业之间不得合并缴纳企业所得税。(　　)

5. 企业在报送企业所得税纳税申报表时，应当按照规定附送财务会计报告和其他有关资料。

6. 企业所得税的纳税年度，自公历 1 月 1 日起至 12 月 31 日止。(　　)

7. 企业所得税实行按年计征，分季预缴，年终汇算清缴，多退少补的办法。(　　)

8. 非居民企业在中国境内未设立机构、场所，其来源于中国境内的所得应缴纳的所得税，以支付人为扣缴义务人。(　　)

9. 企业在一个纳税年度中间开业，或者终止经营活动，使该纳税年度的实际经营期不足 12 个月的，应当以其实际经营期为一个纳税年度。(　　)

10. 现行企业所得税法规定，企业应当自年度终了之日起 3 个月内，向税务机关报送年度企业所得税申报表，并汇算清缴税款。(　　)

第二节　个人所得税法律制度

学情分析

本节重点掌握以下几点：

1. 纳税人：能准确划分居民纳税人和非居民纳税人(2 个标准)；

2. 征税对象：区分不同应税项目；

3. 应纳税额的计算：不同税目每个项目的费用扣除、税率、基本计算原理和特殊扣除项目：公益捐赠；

4. 征收管理：纳税义务发生时间、纳税期限和纳税地点。

主要内容导图

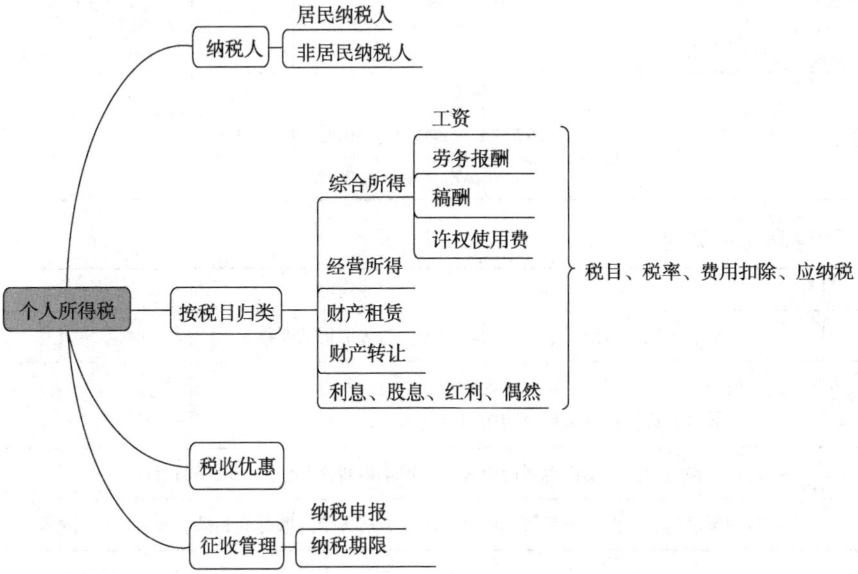

重、难点解析

一、个人所得税概述

(一) 纳税人

个人所得税的纳税人包括中国公民，外籍个人以及中国香港、中国澳门、中国台湾同胞等，又包括“自然人性质的特殊主体”，如个体工商户、个人独资企业的投资人、合伙企业的合伙人。

(二) 纳税人分类及纳税义务——属人+属地

纳税人	判定标准	纳税义务
居民	有住所	无限纳税义务
	无住所而“一个纳税年度内”在中国境内居住“满 183 天”	
非居民	无住所又不居住	有限纳税义务
	无住所而“一个纳税年度内”在中国境内居住“不满 183 天”	

【在中国境内无住所纳税人的纳税义务】

居住天数	连续年度	境外所得		境内所得	
		境外支付	境内支付	境外支付	境内支付
连续或累计不超过 90 天	—	×	×	免税	√
连续或累计超过 90 天但不满 183 天	—	×	×	√	√

续表

<table>
<tr><th rowspan="3">居住天数</th><th colspan="2" rowspan="3">连续年度</th><th colspan="2">境外所得</th><th colspan="2">境内所得</th></tr>
<tr><th>境外
支付</th><th>境内
支付</th><th>境外
支付</th><th>境内
支付</th></tr>
<tr></tr>
<tr><td rowspan="3">累计满 183 天</td><td colspan="2">不满六年</td><td>免税</td><td>√</td><td>√</td><td>√</td></tr>
<tr><td rowspan="2">满六年</td><td>存在单次离境超过 30 天</td><td>免税</td><td>√</td><td>√</td><td>√</td></tr>
<tr><td>不存在单次离境超过 30 天</td><td>√</td><td>√</td><td>√</td><td>√</td></tr>
</table>

(三) 所得来源的确定

境内“+”	具体规定
“干”	1. 因任职、受雇、履约等而在中国境内提供劳务取得的所得
“用”	2. 将财产出租给承租人在中国境内使用而取得的所得 3. 许可各种特许权在中国境内使用而取得的所得
“财产”	4. 转让中国境内的不动产等财产或者在中国境内转让其他财产取得的所得
“付”	5. 从中国境内企事业单位和其他经济组织或者居民个人取得的利息、股息、红利所得

【例题 · 单选题】根据个人所得税法律制度的规定，下列各项中，不属于个人所得税纳税人的是(　　)。

A. 个人独资企业的投资者个人　　B. 一人有限责任公司

C. 个体工商户　　D. 合伙企业中的自然人合伙人

『**答案**』B

【例题 · 单选题】根据个人所得税法律制度的规定，在中国境内无住所但取得所得的下列外籍个人中，不属于居民个人的是(　　)。

A. 亚历山大，2020 年 3 月 1 日入境，12 月 31 日离境，期间三次临时离境，每次 20 天

B. 杰克，2020 年 9 月 1 日入境，次年 3 月 1 日离境

C. 李斯特，2020 年 6 月 1 日入境，12 月 31 离境

D. 明明，2020 年 6 月 1 日入境，12 月 31 离境，期间临时离境 25 天

『**答案**』B

【例题 · 判断题】中国居民张某，在境外工作，只就来源于中国境外的所得征收个人所得税。(　　)

『**答案**』×

【例题 · 多选题】根据个人所得税法律制度的规定，下列个人所得中，不论支付地点是否在境内，均为来源于中国境内所得的有(　　)。

A. 转让境内房产取得的所得

B. 许可专利权在境内使用取得的所得

C. 因任职在境内提供劳务取得的所得

D. 将财产出租给承租人在境内使用取得的所得

『**答案**』ABCD

二、综合所得

（一）综合所得概述

<table>
<tr><th>内容</th><th>工资、薪金所得，劳务报酬所得，稿酬所得，特许权使用费所得</th></tr>
<tr><td>1. 工资、薪金所得</td><td>
（1）基本规定
工资、薪金所得是指个人因“任职或者受雇”而取得的所得，属于“非独立”个人劳动所得。
（2）特殊规定
①不属于工资、薪金性质的补贴、津贴，不征收个人所得税，包括：独生子女补贴、托儿补助费、差旅费津贴、误餐补助；执行公务员工资制度未纳入基本工资总额的补贴、津贴差额和家属成员的副食补贴。
②解除劳动关系一次性补偿收入按“工资、薪金所得”缴纳个人所得税（2020年调整）。
在当地上年职工平均工资3倍数额以内的部分，免征个人所得税；超过3倍数额的部分，不并入当年综合所得，单独适用综合所得税率表，计算纳税。
【注意】当地上年职工平均工资3倍数额部分属于“免征额”。
③正式退休
离退休人员按规定领取离退休工资或养老金外，“另从原任职单位取得的各类补贴、奖金、实物”，不属于免税项目，应按“工资、薪金所得”缴纳个税。
离退休人员“再任职”取得的收入，按“工资、薪金所得”缴纳个税。
④内部退养
内部退养的个人在其办理内部退养手续后至法定离退休年龄之间从原任职单位取得的工资、薪金，不属于离退休工资，应按“工资、薪金所得”项目计征个人所得税。
内部退养人员“重新就业”取得的工资、薪金所得、与从原任职单位取得的同一月份的工资、薪金所得合并，按“工资、薪金所得”缴纳个税。
⑤提前退休
“提前退休”取得一次性补贴收入，按“工资、薪金所得”缴纳个税。
⑥个人取得“公务交通、通信补贴收入”扣除一定标准的公务费用后，按照“工资、薪金所得”项目计征个人所得税。
⑦个人因任职、受雇上市公司取得的“股票期权、股票增值权、限制性股票、股权奖励”所得，按“工资、薪金所得”缴纳个税。
⑧保险金
“三险一金”：缴费超过规定比例部分，按“工资、薪金所得”项目计征个人所得税。
“三险一金以外的非免税保险”：按“工资、薪金所得”项目计征个人所得税。
⑨特殊职业
“兼职”（同时在两个以上所“任职、受雇”）律师：从律师事务所取得工资、薪金性质的所得以收入全额为应纳税所得额，不扣减生计费。兼职律师应自行申报两处或两处以上取得的“工资、薪金所得”，合并计算缴纳个人所得税。
⑩非营利性科研机构及高校奖励
依法批准设立的非营利性研究开发机构和高校根据规定，从职务科技成果转化收入中给予科技人员的现金奖励，可减按50%计入科技人员当月“工资、薪金所得”，依法缴纳个人所得税。
</td></tr>
<tr><td>2. 劳务报酬所得</td><td>
（1）基本规定
劳务报酬所得是指个人独立从事“非雇佣”的各种劳务所得。
（2）“劳务报酬所得”VS“工资、薪金所得”
<table>
<tr><th>职业</th><th>收入来源</th><th>税目</th></tr>
<tr><td rowspan="2">老师、演员</td><td>在单位授课、演出取得所得</td><td>工资、薪金所得</td></tr>
<tr><td>在外授课、演出取得所得</td><td>劳务报酬所得或经营所得</td></tr>
<tr><td>个人</td><td>兼职所得</td><td>劳务报酬所得</td></tr>
<tr><td>受雇于律师个人</td><td>为律师个人工作取得所得</td><td>劳务报酬所得（由该律师代扣代缴）</td></tr>
<tr><td>证券经纪人、保险营销员</td><td>取得拥金（2020年调整）</td><td>劳务报酬所得（扣除25%的展业成本）</td></tr>
</table>
</td></tr>
</table>

<table>
<tr><td>3. 稿酬所得</td><td>(1)基本规定
稿酬所得是指个人因其作品以图书、报刊形式“出版、发表”而取得的所得。
(2)遗作稿酬
作者去世后，财产继承人取得的遗作稿酬，也应收个人所得税。</td></tr>
<tr><td>4. 特许权使用费所得</td><td>(1)基本规定
特许权使用费所得是指个人提供“专利权、商标权、著作权、非专利技术”以及其他特许权的“使用权”所得。
【注意】“无形资产”所有权转让，在“企业所得税”中归属于“转让财产收入”。
【总结】各类财产“使用权”与“所有权”转让适用税目
(2)特别规定
①作者将自己的文字作品“手稿原件或复印件”公开拍卖取得的所得，按“特许权使用费所得”计税。
②个人取得特许权的“经济赔偿收入”，按“特许权使用费所得”计税。
③编剧从影视制作单位取得的“剧本使用费”，按“特许权使用费所得”计税，无论剧本使用方是否为其任职的单位。
【总结】各类财产"使用权"与"所有权"转让适用税目
<table>
<tr><th>财产种类</th><th>转让方式</th><th>适用个人所得税税目</th></tr>
<tr><td rowspan="2">无形资产(除土地使用权外)</td><td>使用权转让</td><td rowspan="2">特许权使用费所得</td></tr>
<tr><td>所有权转让</td></tr>
<tr><td rowspan="2">有形资产</td><td>使用权转让</td><td>财产租赁所得</td></tr>
<tr><td>所有权转让</td><td>财产转让所得</td></tr>
<tr><td>土地使用权</td><td>使用权转让</td><td>财产转让所得</td></tr>
<tr><td>股权</td><td>所有权转让</td><td>财产转让所得</td></tr>
<tr><td>债权</td><td>所有权转让</td><td>财产转让所得</td></tr>
</table>
(2)特别规定
①作者将自己的文字作品“手稿原件或复印件”公开拍卖取得的所得，按“特许权使用费所得”计税。
②个人取得特许权的“经济赔偿收入”，按“特许权使用费所得”计税。
③编剧从影视制作单位取得的“剧本使用费”，按“特许权使用费所得”计税，无论剧本使用方是否为其任职的单位。</td></tr>
</table>

【总结】个人所得税工资、薪金所得征税范围的特殊规定

<table>
<tr><th colspan="3">所得项目</th><th>是否按工资薪金纳税</th></tr>
<tr><td rowspan="3">特殊所得</td><td colspan="2">独生子女补贴、托儿补助费、差旅费津贴、误餐补助</td><td>×(不征税)</td></tr>
<tr><td colspan="2">公务交通、通讯补贴</td><td>√(扣除一定标准的公务费)</td></tr>
<tr><td colspan="2">股票期权、股票增值权、限制性股票、股票奖励</td><td>√</td></tr>
<tr><td rowspan="3">保险</td><td rowspan="2">三险一金</td><td>规定比例部分</td><td>免税</td></tr>
<tr><td>超过规定比例部分</td><td>√</td></tr>
<tr><td colspan="2">“三险一金”以外的其他保险</td><td>√</td></tr>
<tr><td rowspan="6">离开工作岗位所得</td><td colspan="2">辞退补偿一次性收入</td><td>√</td></tr>
<tr><td rowspan="2">离退休人员</td><td>离退休工资或养老金</td><td>免税</td></tr>
<tr><td>其他补贴、奖金、实物</td><td>√</td></tr>
<tr><td>内部退养</td><td>达到法定离退休年龄前从原任职单位取得的工资、薪金</td><td>√</td></tr>
<tr><td>提前退休</td><td>一次性所得</td><td>√</td></tr>
<tr><td colspan="2">上述人员再就业取得工资</td><td>√</td></tr>
<tr><td>特殊职业</td><td colspan="2">“兼职”律师，按月计算不扣生计费，自行申报时扣除</td><td>√</td></tr>
<tr><td>科研奖励</td><td colspan="2">非营利性科研机构和高校给予科技人员的现金奖励</td><td>√(减半计入)</td></tr>
</table>

【例题·单选题】根据个人所得税法律制度的规定，在中国境内有住所的居民取得的下列所得中，属于综合所得的是(　　)。

A. 经营所得　　B. 劳务报酬

C. 利息、股息、红利所得　　D. 财产租赁所得

『答案』B

【例题·单选题】根据个人所得税法律制度的规定，下列各项中，应缴纳个人所得税的是(　　)。

A. 年终加薪　　B. 托儿补助费　　C. 差旅费津贴　　D. 误餐补助

『答案』A

【例题·单选题】根据个人所得税法律制度的规定，下列所得中，属于免税项目的是(　　)。

A. 提前退休取得的一次性补贴　　B. 退休人员从原任职单位取得的补贴

C. 内部退养取得的一次性收入　　D. 按国家统一规定发放的退休工资

『答案』D

【例题·单选题】根据个人所得税法律制度的规定，下列各项中，应按照"劳务报酬所得"税目计缴个人所得税的是(　　)。

A. 个人因与用人单位解除劳动关系而取得的一次性补偿收入

B. 退休人员从原任职单位取得的补贴

C. 兼职律师从律师事务所取得的工资性质的所得

D. 证券经纪人从证券公司取得的佣金收入

『答案』D

【例题·多选题】根据个人所得税法律制度的规定，个人取得的下列收入中，应按照"劳务报酬所得"税目计缴个人所得税的有(　　)。

A. 某经济学家从非雇佣企业取得的讲学收入　　B. 某职员取得的本单位优秀员工奖金

C. 某工程师从非雇佣企业取得的咨询收入　　D. 某高校教师从任职学校领取的工资

『答案』AC

【例题·判断题】作者去世后其财产继承人的遗作稿酬免征个人所得税。(　　)

『答案』×

【例题·多选题】根据个人所得税法律制度的规定，下列各项中，应按照"特许权使用费所得"税目计缴个人所得税的有(　　)。

A. 作家公开拍卖自己的小说手稿原件取得的收入

B. 编剧从电视剧的制作单位取得的剧本使用费收入

C. 专利权人许可他人使用自己的专利取得的收入

D. 商标权人许可他人使用的商标取得的收入

『答案』ABCD

(二) 居民个人综合所得计算

综合所得	综合所得包括：工资薪金所得、劳务报酬所得、稿酬所得和特许权使用费所得 【提示】居民个人取得综合所得按纳税年度合并计算个人所得税 【提示】非居民个人取得上述四项所得，按月或者按次分项计算个人所得税

<table>
<tr><td rowspan="4">居民个人综合所得计算</td><td>1. 基本公式：
应纳税额=应纳税所得额×适用税率-速算扣除数
应纳税所得额=(每一纳税年度的收入额-费用60000-专项扣除-专项附加扣除-依法确定的其他扣除)×适用税率-速算扣除数</td></tr>
<tr><td>2. 收入额：劳务报酬所得、稿酬所得、特许权使用费所得以收入减除20%的费用后的余额为收入额。稿酬所得的收入额减按70%计算</td></tr>
<tr><td>3. 专项扣除：包括居民个人按照国家规定的范围和标准缴纳的基本养老保险、基本医疗保险、失业保险等社会保险费和住房公积金等(三险一金)</td></tr>
<tr><td>4. 专项附加扣除(一个纳税年度扣除不完的，不得结转以后年度扣除)：
①子女教育、3岁以下婴幼儿照护支出
<table>
<tr><th>要点</th><th colspan="3">具体内容</th></tr>
<tr><td rowspan="4">准予扣除的子女教育类型</td><td>学前教育</td><td colspan="2">年满“3岁”至小学入学前教育</td></tr>
<tr><td rowspan="3">全日制学历教育</td><td>义务教育</td><td>小学和初中教育</td></tr>
<tr><td>高中阶段教育</td><td>普通高中、中等职业教育、技工教育</td></tr>
<tr><td>高等教育</td><td>大学专科、本科；硕士、博士研究生</td></tr>
<tr><td>扣除标准</td><td colspan="3">“每个”子女每月2000元
【注意】两个娃可以扣两份，没有人数限制</td></tr>
<tr><td>扣除方式</td><td colspan="3">(1)父母“分别”按扣除标准的“50%”扣除
(2)经父母“约定”，也可以由“其中一方”按扣除标准的“100%”扣除
【注意】具体扣除方式在“一个纳税年度内”不得变更</td></tr>
</table>
②继续教育
<table>
<tr><th>要点</th><th colspan="2">具体内容</th></tr>
<tr><td rowspan="2">扣除标准</td><td>学历教育</td><td>每月400元
【注意】同一学历(学位)继续教育的扣除期限不能超过48个月</td></tr>
<tr><td>职业教育</td><td>“取得”相关证书的年度，一次性扣除3600元</td></tr>
<tr><td>扣除方式</td><td colspan="2">(1)本科及以下学历(学位)教育，可以由其“父母”按照“子女教育”支出扣除
(2)可以由“本人”按照“继续教育”支出扣除
【注意】不得同时扣除</td></tr>
</table>
③大病医疗
<table>
<tr><th>要点</th><th colspan="3">具体内容</th></tr>
<tr><td>准予扣除的大病医疗支出</td><td colspan="3">纳税人发生的与基本医保相关的医药费用支出，扣除医保报销后个人负担(指医保目录范围内的“自付部分”)累计“超过15000元”的部分</td></tr>
<tr><td>扣除标准</td><td colspan="3">按照每年8万元标准限额“据实扣除”</td></tr>
<tr><td>扣除方式</td><td colspan="3">(1)纳税人发生的医药费用支出可以选择由本人或者其配偶扣除
(2)未成年子女发生的医药费用支出可以选择由其父母一方扣除</td></tr>
<tr><td rowspan="3">总结</td><td colspan="2">医保目录范围内的自付费部分不超过15000元</td><td>不得扣除</td></tr>
<tr><td rowspan="2">医保目录范围内的自付费部分超过15000元</td><td>“超过部分”在8万元以内</td><td>据实扣除</td></tr>
<tr><td>“超过部分”超过8万元</td><td>扣除8万元</td></tr>
</table>
</td></tr>
</table>

续表

居民个人综合所得计算

④住房贷款利息

要点	具体内容
准予扣除的住房贷款利息	纳税人本人或配偶单独或共同使用商业银行或住房公积金个人住房贷款为本人或其配偶购买中国境内住房，发生的“首套住房”贷款利息支出 【注意】“非首套”住房贷款利息支出，不得扣除
扣除标准	偿还贷款期间，每月1000元 【注意1】定额扣除，即使每年贷款利息低于1.2万元，也按照上述标准扣除； 【注意2】扣除期限最长不超过240个月； 【注意3】纳税人只能享受一次首套住房贷款的利息扣除
扣除方式	经夫妻双方约定，可以选择由“其中一方”扣除 【注意】具体扣除方式在一个纳税年度内不得变更
特殊规定	夫妻双方婚前分别购买住房发生的首套住房贷款，其贷款利息支出，婚后可以“选择其中一套”购买的住房，由购买方按扣除标准的100%扣除，也可以由夫妻双方对各自购买的住房分别按扣除标准的50%扣除

⑤住房租金

要点	具体内容	
准予扣除的住房租金	“主要工作城市”没有住房，而在主要工作城市租赁住房发生的租金支出 【注意1】纳税人的配偶在纳税人的主要工作城市有自有住房的，视同纳税人在主要工作城市有自有住房 【注意2】夫妻双方主要工作城市“相同”的，只能由“一方”(签订租赁住房合同的承租人)扣除住房租金支出 【注意3】纳税人及其配偶“不得同时分别享受”住房贷款利息和住房租金专项附加扣除。(异地购房，工作城市租房的，可“选择”享受相应扣除)	
扣除人	由签订租赁住房合同的承租人扣除	
扣除标准	直辖市、省会城市、计划单列市以及国务院确定的其他城市	每月1500元
扣除标准	市辖区户籍人口超过100万的其他城市	每月1100元
扣除标准	市辖区户籍人口不超过100万(含)的其他城市	每月800元

⑥赡养老人

要点	具体内容		
赡养老人	赡养“60岁”以上父母，以及子女均已去世的年满60岁的祖父母、外祖父母 【注意】不看老人自身是否有生活来源，如领取退休金等		
扣除标准	独生子女	每月3000元 【注意1】赡养2个及以上老人的，“不按老人人数加倍”扣除； 【注意2】夫妻双方可以分别扣除双方赡养老人的支出	
扣除标准	非独生子女	分摊方式	平均分摊、赡养人约定分摊、被赡养人指定分摊
扣除标准	非独生子女	分摊金额	每一纳税人分摊的扣除额最高不得超过每月1500元
扣除标准	非独生子女	优先级	指定分摊优先于约定分摊，两者不一致，以指定分摊为准
扣除标准	非独生子女	【注意】具体分摊方式在一个纳税年度内不得变更	

续表

居民个人综合所得计算	5. 其他扣除 企业年金、职业年金、商业健康保险、税收递延型商业养老保险 【注意】购买符合规定的商业健康保险产品的支出在当年(月)计算应纳税所得额时予以税前扣除，扣除限额为2400元/年(200元/月) 【注意】专项扣除、专项附加扣除和依法确定的其他扣除，以居民个人一个纳税年度的应纳税所得额为限额。一个纳税年度扣除不完的，“不结转”以后年度扣除
	非居民个人：工资、薪金所得以每月收入额减除费用5000元后的余额为应纳税所得额；劳务报酬所得、稿酬所得、特许权使用费所得，以每次收入额为应纳税所得额 【提示】每次收入的确定：非居民个人取得的劳务报酬所得、稿酬所得、特许权使用费所得，属于一次性收入的，以取得该项收入为一次；属于同一项目连续性的，一个月内取得的收入为一次

【例题】王某是我国公民，独生子单身，在甲公司工作。2020年取得工资收入80000元，在某大学授课取得收入40000元，出版著作一部，取得稿酬60000元，转让商标使用权，取得特许权使用费收入20000元。已知：赵某个人缴纳“三险一金”20000元，赡养老人支出税法规定的扣除金额为24000元，假设无其他扣除项目，计算赵某本年应缴纳的个人所得税。

(1) 工资薪金、劳务报酬、稿酬、特许权使用费为综合所得；

(2) 劳务报酬所得、稿酬所得、特许权使用费所得以收入减除20%的费用后的余额为收入额。稿酬所得的收入额减按70%计算；

(3) 应纳税所得额=80000+40000×(1-20%)+60000×(1-20%)×70%+20000×(1-20%)-60000-20000-24000=57600(元)；

(4) 应纳税额=57600×10%-2520(速算扣除数)=3240(元)。

【例题·多选题】根据个人所得税法律制度的规定，下列各项中，属于专项扣除项目的有(　　)

A. 基本医疗保险　　B. 基本养老保险

C. 住房公积金　　D. 首套住房贷款利息支出

『**答案**』ABC

【例题·多选题】根据个人所得税法律制度的规定，下列各项中，可以作为个人专项附加扣除的有(　　)。

1. 子女抚养　　B. 继续教育　　C. 赡养老人　　D. 子女教育

『**答案**』BCD

【例题·单选题】根据个人所得税法律制度的规定，个人购买符合规定的商业健康保险产品的支出，允许在当年计算工资、薪金所得应纳税所得额时在一定限额内予以税前扣除，该限额为(　　)。

A. 3600元/年　　B. 2400元/年　　C. 3200元/年　　D. 2800元/年

『**答案**』B

【例题·单选题】2020年3月王某出版一部小说，取得稿酬10000元，已知稿酬所得个人所得税预扣率为20%；每次收入超过4000元的，减除20%的费用。李某当月稿酬所得应预缴个人所得税税额的下列算式中，正确的是(　　)。

A. 10000×(1-30%)×20%=1400(元)

B. 10000×(1-20%)×20%=1600(元)

C. 10000×20%=2000(元)

D. 10000×(1-20%)×(1-30%)×20%=1120(元)

『答案』D

【例题·单选题】2020 年 5 月，“非居民个人”大山转让一项专利权，取得转让收入 150000 元，专利开发支出 10000 元。已知特许权使用费所得每次应纳税所得额超过 80000 元的，适用税率为 45%，速算扣除数为 15160。“非居民”大山当月该笔收入应缴纳个人所得税税额的下列计算中，正确的是(　　)。

A. (150000-10000)×(1-20%)×45%-15160=35240(元)

B. (150000-10000)×45%-15160=47840(元)

C. [150000×(1-20%)-10000]×45%-15160=34340(元)

D. 150000×(1-20%)×45%-15160=38840(元)

『答案』D

(三) 居民个人工资、薪金所得预扣预缴

1. 扣缴义务人向居民个人支付工资、薪金所得时，应当按照累计预扣法计算预扣税款，并按月办理扣缴申报。

2. 计算公式

(1) 累计预扣预缴应纳税所得额=累计收入-累计免税收入-累计减除费用-累计专项扣除-累计专项附加扣除-累计依法确定的其他扣除

(2) 本期应预扣预缴税额=(累计预扣预缴应纳税所得额×预扣率-速算扣除数)-累计减免税额-累计已预扣预缴税额

【提示】累计减除费用，按照 5000 元/月乘以纳税人当年截至本月在本单位的任职受雇月份数计算。

【例题】王某 2020 年每月应发工资均为 30000 元，每月减除费用 5000 元，“三险一金”等专项扣除为 4500 元，享受专项附加扣除共计 2000 元，没有减免收入及减免税额等情况，计算前 3 个月各月应预扣预缴税额和全年预扣预缴税额。

『答案』

1 月份：(30000-5000-4500-2000)×3%=555 元

2 月份：(30000×2-5000×2-4500×2-2000×2)×10%-2520-555=625 元

3 月份：(30000×3-5000×3-4500×3-2000×3)×10%-2520-555-625=1850 元

4~12 月份：原理同上，略。

全年累计预扣预缴税额=(30000×12-5000×12-4500×12-2000×12)×20%-16920=27480 元

(四) 居民个人劳务报酬、稿酬、特许权使用费所得预扣预缴

1. 计算公式

		预扣预缴应纳税所得额(每次收入额)	应预扣预缴的税额
每次收入<4000 元	劳务报酬所得	每次收入-800	(每次收入-800)×预扣率-速算扣除数
	稿酬所得	(每次收入-800)×70%	(每次收入-800)×70%×预扣率
	特许权使用费所得	每次收入-800	(每次收入-800)×预扣率
每次收入>4000 元	劳务报酬所得	每次收入×(1-20%)	每次收入×(1-20%)×预扣率-速算扣除数数
	稿酬所得	每次收入×(1-20%)×70%	每次收入×(1-20%)×70%×预扣率
	特许权使用费所得	每次收入×(1-20%)	每次收入×(1-20%)×预扣率

2. 预扣率、速算扣除数

（1）劳务报酬所得适用3级超额累进税率

（2）稿酬所得、特许权使用费所得适用20%的比例预扣率。

3.“每次”的界定

劳务报酬所得、稿酬所得、特许权使用费所得，属于一次性收入的，以取得该项收入为一次；属于同一项目连续性收入的，以一个月内取得的收入为一次。

【例题】承上题，王某2020年收入情况如下，全年工资薪金收入36万元，“三险一金”等专项扣除为4500元/月，全年享受专项附加扣除共计2.4万元，全年取得劳务报酬收入3万元，稿酬收入2万元。不考虑其他因素，请计算王某汇算清缴多退少补的个人所得税税额。

『**答案**』

（1）全年收入额＝36+3×(1−20%)+2×(1−20%)×70%＝39.52(万元)

（2）全年减除费用6万元，

专项扣除＝0.45×12＝5.4(万元)，

专项附加扣除＝2.4(万元)，

扣除项合计＝6+5.4+2.4＝13.8(万元)

（3）应纳税所得额＝39.52−13.8＝25.72(万元)

（4）全年应纳个人所得税额＝257200×20%−16920＝34520(元)

（5）汇算清缴应补交税额＝34520−27480−5200−2240＝−400(元)

所以汇算清缴时应该退税400元。

四、经营所得

范围	1. 个人通过在中国境内注册登记的个体工商户、个人独资企业、合伙企业从事生产、经营活动取得的所得 2. 个人依法从事办学、医疗、咨询以及其他有偿服务活动取得的所得 3. 个人对企业、事业单位承包经营、承租经营以及转包、转租取得的所得 4. 个人从事其他生产、经营活动取得的所得
列示和企业所得税不一样的知识点，未提及的考试时按企业所得税知识解答	1. 个体工商户的生产、经营所得：应纳税额＝应纳税所得额×税率−速算扣除数＝(收入总额−成本−费用−损失−税金−其他支出−允许弥补以前年度亏损)×税率−速算扣除数 2. 个体工商户下列支出不得扣除： (1)个人所得税税款 (2)税收滞纳金 (3)罚金、罚款和被没收财物的损失 (4)不符合扣除规定的捐赠支出 (5)赞助支出 (6)用于个人和家庭的支出 (7)与取得生产经营收入无关的其他支出 【提示】个体工商户生产经营活动中，应当分别核算生产经营费用和个人、家庭费用 对于生产经营与个人、家庭生活混用难以分清的费用，其40%视为与生产经营有关费用，准予扣除 【提示】个体工商户纳税年度发生的亏损，准予向以后年度结转，用以后年度的生产经营所得弥补，但结转年限最长不得超过5年

<table>
<tr>
<td rowspan="6">列示和企业所得税不一样的知识点，未提及的考试时按企业所得税知识解答</td>
<td>3. 工资薪金支出、工会经费、职工福利费支出、职工教育经费等相关费用扣除总结。
<table>
<tr><th>项目</th><th>从业人员</th><th>业主本人</th></tr>
<tr><td>工资薪金支出</td><td>实际支付据实扣除</td><td>不得税前扣除(可扣5000元/月)</td></tr>
<tr><td>“四险一金”</td><td colspan="2">规定的范围和标准缴纳的可扣</td></tr>
<tr><td>商业保险费</td><td colspan="2">按规定为特殊工种从业人员支付的人身安全保险费和规定可以扣除的其他商业保险费外，为业主本人或从业人员支付商业保险费不得扣除</td></tr>
<tr><td>工会、职教、福利费支出</td><td>工资薪金总额的2%、14%和2.5%的标准内据实扣除</td><td>当地(地级市)上年度社会平均工资3倍为计算基数，在规定比例内据实扣除</td></tr>
<tr><td>补充养老和补充医疗保险费(各5%)</td><td>不超过工资总额5%内部分据实扣除；超过部分不得扣除</td><td>当地上年度社会平均工资3倍为基数，不超过标准内的部分据实扣除；超过部分，不得扣除</td></tr>
</table>
</td>
</tr>
<tr><td>4. 个体工商户代其从业人员或者他人负担的税款，不得税前扣除</td></tr>
<tr><td>5. 个体工商户自申请营业执照之日起至开始生产经营之日止所发生符合规定的费用，除为取得固定资产、无形资产的支出，以及应计入资产价值的汇兑损益、利息支出外，作为开办费，个体工商户可以选择在开始生产经营的当年一次性扣除，也可自生产经营月份起在不短于3年期限内摊销扣除，但一经选定，不得改变</td></tr>
<tr><td>6. 个体工商户通过公益性社会团体或者县级以上人民政府及其部门，用于规定的公益事业的捐赠，捐赠额不超过其应纳税所得额30%的部分可以据实扣除。个体工商户直接对受益人的捐赠不得扣除</td></tr>
<tr><td>7. 个体工商户研究开发新产品、新技术、新工艺所发生的开发费用，以及研究开发新产品、新技术而购置单台价值在10万元以下的测试仪器和试验性装置的购置费准予直接扣除；单台价值在10万元以上(含10万元)的测试仪器和试验性装置，按固定资产管理，不得在当期直接扣除</td></tr>
<tr><td>8. 个体工商户、个人独资企业和合伙企业或个人从事种植业、养殖业、饲养业、捕捞业取得的所得，暂不征收个人所得税</td></tr>
<tr><td></td><td>9. 个人独资企业的投资者以全部生产经营为应纳税所得额；合伙企业的投资者按合伙企业的全部生产经营所得和合伙协议约定的分配比例确定应纳税所得额，合伙协议没有约定分配比例的，以全部生产经营所得和合伙人数量平均计算每个投资者的应纳税所得额。生产经营所得，包括企业分配给投资者个人的所得和企业当年留存的所得(利润)</td></tr>
<tr><td rowspan="2"></td><td>10. 投资者兴办两个或两个以上企业，并且企业性质全部是个人独资的，年度终了后汇算清缴时，应汇总其投资兴办的所有企业的经营所得作为应纳税所得额，以此确定适用税率，计算出全年经营所得的应纳税额，再根据每个企业的经营所得占所有企业经营所得的比例，分别计算出每个企业的应纳税额和应补缴税额</td></tr>
<tr><td>11. 投资者兴办两个或两个以上企业的，其投资者个人费用扣除标准由投资者选择在其中一个企业的生产经营所得中扣除</td></tr>
</table>

【例题·单选题】根据个人所得税法律制度的规定，个体工商户的下列支出中，在计算经营所得应纳税所得额时，不得扣除的是(　　)。

A. 代替从业人员负担的税款

B. 支付给金融企业的短期流动资金借款利息支出

C. 依照国家有关规定为特殊工种从业人员支付的人身安全保险金

D. 实际支付给从业人员合理的工资薪金支出

『答案』A，个体工商户代其从业人员或者他人负担的税款，不得税前扣除，选项A正确。

【例题·多选题】根据个人所得税法律制度的规定，个体工商户的下列支出中，在计算个人所得税应纳税所得额时，不得扣除的有(　　)。

A. 税收滞纳金

B. 个人所得税税款

C. 业主的工资薪金支出

D. 在生产经营活动中因自然灾害造成的损失

『答案』ABC，个体工商户下列支出不得扣除：①个人所得税税款；②税收滞纳金；③罚金、罚款和被没收财物的损失；④不符合扣除规定的捐赠支出；⑤赞助支出；⑥用于个人和家庭的支出；⑦与取得生产经营收入无关的其他支出；⑧国家税务总局规定不准扣除的支出。个体工商户实际支付给从业人员的、合理的工资薪金支出，准予扣除，个体工商户业主的工资薪金支出不得税前扣除。

【例题·单选题】个体工商户李某2020年度取得营业收入200万元，当年发生业务宣传费25万元，上年度结转未扣除的业务宣传费15万元。已知业务宣传费不得超过当年营业收入15%的部分，准予扣除，个体工商户李某在计算当年个人所得税应纳税所得额时，允许扣除的业务宣传费金额为(　　)。

A. 30万元　　B. 25万元　　C. 40万元　　D. 15万元

『答案』A，(1)个体工商户每一纳税年度发生的与其生产经营活动直接相关的广告费和业务宣传费不超过当年销售(营业)收入15%的部分，可以据实扣除；超过部分，准予在以后纳税年度结转扣除；

(2) 200×15%=30(万元)<25+15=40(万元)，按照限额扣除，即允许扣除的业务宣传费金额为30万元。

五、利息、股息、红利所得、财产租赁所得、财产转让所得和偶然所得

利息、股息、红利所得	1. 含义：是指个人拥有债权、股权等而取得的利息、股息、红利所得 2. 应纳税额=应纳税所得额×适用税率=每次收入额×适用税率20% 【提示】每次收入的确定：以支付利息、股息、红利时取得的收入为一次
	3. 特殊规定： (1)个人投资者收购企业股权后，将企业原有盈余积累转增股本个人所得税问题： ①盈余积累：资本公积、盈余公积、未分配利润 ②新股东以不低于净资产价格收购股权的，取得的盈余积累转增股本的部分不征税 ③新股东以低于净资产价格收购股权的：收购价格—原股本=不征；收购价格-原所有者权益="利息、股息、红利所得"征税 (2)上市公司股息红利差别化个人所得税政策 持股期限在1个月以内(含1个月)的全额计税 持股期限在1个月以上至1年(含1年)的暂减按50%计税 持股期限超过1年的暂免征收 (3)对个人持有的上市公司限售股，解禁后取得的股息红利，按照上市公司股息红利差别化个人所得税政策规定计算纳税，持股时间自解禁日起计算；解禁前取得的股息红利继续暂减按50%计入应纳税所得额，适用20%的税率计征个人所得税 (4)对证券投资基金从挂牌公司取得的股息红利所得，按规定计征个人所得税 (5)房屋买受人在未办理房屋产权证的情况下，按照与房地产公司约定条件(如对房屋的占有、使用、收益和处分权进行限制)在一定时期后无条件退房而取得的补偿款，应按照"利息、股息、红利所得"项目缴纳个人所得税，税款由支付补偿款的房地产公司代扣代缴

续表

财产租赁所得	1. 含义：是指个人出租不动产、土地使用权、机器设备、车船以及其他财产而取得的所得 2. 应纳税额计算(对个人出租住房取得的所得暂减按10%的税率征税) (1)每次(月)收入不足4000元的：应纳税额=[每次(月)收入额-财产租赁过程中缴纳的税费-由纳税人负担的租赁财产实际开支的修缮费用(800元为限)-800元]×20% (2)每次(月)收入在4000元以上的 应纳税额=[每次(月)收入额-财产租赁过程中缴纳的税费-由纳税人负担的租赁财产实际开支的修缮费用(800元为限)]×(1-20%)×20% 【提示1】每次收入的确定：财产租赁所得，以一个月内取得的收入为一次。 3. 特殊规定 (1)个人取得的财产转租收入，属于“财产租赁所得”的征税范围 (2)房地产开发企业按优惠价格出售其开发的商店给购买者个人，但购买者个人在一定期限内必须将购买的商店无偿提供给房地产开发企业对外出租使用。对购买者个人少支出的购房价款，应视同个人财产租赁所得，按照“财产租赁所得”项目征收个人所得税。每次财产租赁所得的收入额，按照少支出的购房价款和协议规定的租赁月份数平均计算确定

【例题】中国公民王某1月1日起将其位于市区的一套住房按市价出租，每月收取不含税租金3800元。1月因卫生间漏水发生修缮费用1200元，已取得合法有效的支出凭证，不考虑其他费用扣除，请计算前两个月应纳的个人所得税。

『解析』应纳个人所得税=(3800-800-800)×10%+(3800-400-800)×10%=480(元)

【例题·单选题】张某出租住房取得租金收入3800元，财产租赁缴纳税费152元，修缮费600元，已知个人出租住房暂减按10%征收个人所得税，收入不超过4000，减除800元费用，下列关于张某当月租金收入应缴纳个人所得税税额的计算中，正确的是(　　)。

A. (3800-800)×10%=300元　　B. 3800×10%=380元

C. (3800-152-600-800)×10%=224.8元　　D. (3800-152-600)×10%=304.8元

『答案』C，财产租赁所得，每次(月)收入不足4000元的：应纳税额=[每次(月)收入额-财产租赁过程中缴纳的税费-由纳税人负担的租赁财产实际开支的修缮费用(800元为限)-800元]×20%。

【例题·判断题】个人取得的住房转租收入，应按“财产转让所得”征收个人所得税。(　　)

『答案』×

<table>
<tr><td rowspan="2">财产转让所得</td><td>1. 含义：是指个人转让有价证券、股权、合伙企业中的财产份额、不动产、土地使用权、机器设备、车船以及其他财产取得的所得
2. 应纳税额=应纳税所得额×适用税率=(收入总额-财产原值-合理费用)×20%</td></tr>
<tr><td>3.“股权”转让所得税务处理
<table>
<tr><td></td><td>交易行为</td><td>具体形式</td><td>纳税义务</td></tr>
<tr><td rowspan="2">上市公司</td><td rowspan="2">转让</td><td>“非限售股”股票</td><td>暂不征收个人所得税</td></tr>
<tr><td>“限售股”股票</td><td>按“财产转让所得”纳税</td></tr>
</table></td></tr>
</table>

续表

财产转让所得

续表

	交易行为	具体形式		纳税义务
非上市公司股权	转让	出售、公司回购、司法强制过户、抵偿债务、对外投资等		按“财产转让所得”纳税
	终止投资	各种名目的回收款项		按“财产转让所得”纳税
	回收转让股权	转让合同履行完毕	股权已作变更、收入已实现时	按“财产转让所得”纳税
			转让行为结束，双方当事人签订并执行解除原股权转让合同、退回股权的协议	视为另一次股权转让行为，前次转让征收的税款不予退回
		转让合同“未”履行完毕	因执行仲裁委员会作出的解除转让合同的裁决、停止执行原转让合同，并原价收回已转让股权	不缴纳个人所得税

4. 个人因各种原因终止投资、联营、经营合作等行为，从被投资企业或合作项目、被投资企业的其他投资者以及合作项目的经营合作人取得股权转让收入、违约金、补偿金、赔偿金及以其他名目收回的款项等，均属于个人所得税应税收入，应按照“财产转让所得”项目适用的规定计算缴纳个人所得税

5. 个人以非货币性资产投资属于转让非货币性资产和投资同时发生，对转让的非货币性资产的所得按“财产转让所得”项目征税

6. 个人在上海、深圳证券交易所转让上市公司公开发行和转让市场取得的股票，转让所得暂不征收个人所得税

7. 对个人转让新三板挂牌公司非原始股取得的所得，暂免征收个人所得税；对个人转让新三板挂牌公司原始股取得的所得，按照“财产转让所得”，适用20%的比例税率征收个人所得税

8. 个人转让限售股：应纳税所得额=限售股转让收入-(限售股原值+合理税费)

9. 个人通过招标、竞拍或其他方式购置债权以后，通过相关司法或行政程序主张债权而取得的所得，按“财产转让所得”征税

10. 个人通过网络收购玩家的虚拟货币，加价后向他人出售取得的收入，按“财产转让所得”征税

11. 受赠人转让受赠房屋的：应纳税所得额=转让受赠房屋的收入-原捐赠人取得该房屋的实际购置成本-赠与和转让过程中受赠人支付的相关税费

【例题·多选题】下列各项中，应按“财产转让所得”税目计征个人所得税的有(　　)。

A. 转让机器设备所得　　B. 提供著作权的使用权所得

C. 转让股权所得　　D. 提供非专利技术使用权所得

『答案』AC

【例题·判断题】个人通过网络收购玩家的虚拟货币，加价后向他人出售取得的收入，不征收个人所得税。(　　)

『答案』×

【例题·判断题】集体所有制企业职工个人在企业改制过程中，以股份形式取得的仅作为分红依据，不拥有所有权的企业量化资产，应按“利息、股息、红利所得”计缴个人所得税。(　　)

『答案』×

【例题·单选题】2022年11月，林某将一套三年前购入的普通住房出售，取得收入160万元，原值120万元，售房中发生合理费用0.5万元。已知财产转让所得个人所得税税率为20%，计算林某出售该住房应缴纳个人所得税税额的下列算式中正确的是（　　）。

A.（160-120-0.5）×20%=7.9（万元）　B. 160×（1-20%）×20%=25.6（万元）

C.（160-120）×20%=8（万元）　D.（160-0.5）×20%=31.9（万元）

『答案』A

【例题·单选题】对个人转让自用一定期限并且是家庭唯一生活用房取得的所得，暂免征收个人所得税。该期限是（　　）。

A. 1年以上　B. 2年以上　C. 3年以上　D. 5年以上

『答案』D

偶然所得	1. 含义：是指个人得奖、中奖、中彩以及其他偶然性质的所得 2. 应纳税额=收入额×税率（20%） 【提示】每次收入的确定：以每次取得该项收入为一次
	3. 特殊规定： （1）企业促销所得 ①企业对累积消费达到一定额度的顾客，给予额外"抽奖机会"，个人的获奖所得，按照"偶然所得"项目，缴纳个人所得税 ②企业通过价格折扣、折让方式向个人销售商品和提供服务，不征收个人所得税 ③企业向个人销售商品和提供服务的同时给予"赠品"，不征收个人所得税 ④企业对累积消费达到一定额度的个人按消费积分反馈的"礼品"，不征收个人所得税 （2）担保所得 个人提供"担保"获得收入，按照"偶然所得"项目，缴纳个人所得税 （3）受赠所得 ①受赠人因无偿"受赠房屋"取得的受赠收入，按照"偶然所得"项目，缴纳个人所得税 ②企业在业务宣传、广告等活动中，随机向本单位以外的个人赠送礼品（包括网络红包，下同），以及企业在年会、座谈会、庆典以及其他活动中向本单位以外的个人赠送礼品，个人取得的"礼品"收入，按照"偶然所得"项目，缴纳个人所得税 【注意】企业赠送的具有折扣和折让性质的"消费券、代金券、抵用券、优惠券"等礼品除外 （4）发票和彩票中奖所得的"起征点" ①彩票，一次中奖收入"在1万元以下"的暂免征收个人所得税；超过1万元的，全额征收个人所得税 ②个人取得单张有奖发票奖金所得"不超过800元"的，暂免征收个人所得税；超过800元的，全额征收个人所得税

【例题·判断题】居民个人张某在甲企业累计消费达一定程度，通过额外抽奖的获奖所得，按照"偶然所得"项目计缴个人所得税。（　　）

『答案』√

【例题·单选题】根据个人所得税法律制度的规定，下列各项中，以一个月内取得的收入为一次的是（　　）。

A. 偶然所得　B. 利息、股息、红利所得

C. 财产租赁所得　D. 财产转让所得

『答案』C

【例题·单选题】2022年10月，李某购买福利彩票，取得一次中奖收入3万元，购买彩

票支出400元，已知偶然所得个人所得税税率为20%，计算李某中奖收入应缴纳个人所得税税额的下列算式中，正确的是(　　)。

A. 30000×(1-20%)×20%=4800(元)　　B. (30000-400)×20%=5920(元)

C. 30000×20%=6000(元)　　D. (30000-400)×(1-20%)×20%=4736(元)

『答案』C

六、个人所得税的特殊规定

(一) 公益性捐赠

1. 限额扣除

个人将其所得对“教育、扶贫、济困”等公益慈善事业进行捐赠，捐赠额未超过纳税人申报的“应纳税所得额”30%的部分，可以从其“应纳税所得额”中扣除。

2. 全额扣除

向“红十字事业”“教育事业”“农村义务教育”“公益性青少年活动场所”“福利性、非营利性老年服务机构”“通过特定基金会，用于公益救济”的捐赠。

3. 非公益性捐赠：个人的直接捐赠，不得在计算应纳税额时扣除

【例题·单选题】2020年5月，李某花费500元购买体育彩票，一次中奖30000元，将其中1000元直接捐赠给甲小学，已知偶然所得个人所得税税率为20%，李某彩票中奖收入应缴纳个人所得税税额的下列计算中，正确的是(　　)。

A. (30000-500)×20%=5900(元)　　B. 30000×20%=6000(元)

C. (30000-1000)×20%=5800(元)　　D. (30000-1000-500)×20%=5700(元)

『答案』B

【例题·单选题】2023年5月，李某花费500元购买体育彩票，一次中奖30000元，将其中10000元通过公益性社会团体捐赠给贫困地区，已知偶然所得个人所得税税率为20%，李某彩票中奖收入应缴纳个人所得税税额的下列计算中，正确的是(　　)。

A. (30000-500-10000)×20%=3900(元)　　B. 30000×20%=6000(元)

C. (30000-10000)×20%=4000(元)　　D. 30000×(1-30%)×20%=4200(元)

『答案』D

(二) 多人共同取得一项所得

两个以上个人共同取得同一项目收入的，应当对每个人取得的收入分别按照个人所得税法规定减除费用后计算纳税。

【例题·多选题】2023年1月吴某和孙某出席非任职的某公司年会进行相声表演，共取得劳务报酬8000元，其中侯某分得5000元，赵某分得3000元。已知劳务报酬所得每次收入额不超过4000元的，费用扣除为800元，每次收入额超过4000元的，费用扣除为20%，应纳税所得额不超过20000元的，适用税率为20%。赵某与侯某该项劳务报酬应预缴个人所得税税额的下列算式中，正确的有(　　)。

A. 侯某应缴纳个人所得税=8000×(1-20%)×20%=1280(元)

B. 侯某应缴纳个人所得税=5000×(1-20%)×20%=800(元)

C. 赵某应缴纳个人所得税=8000×(1-20%)×20%=1280(元)

D. 赵某应缴纳个人所得税=(3000-800)×20%=440(元)

『答案』BD

（三）境外所得应纳税额

（1）居民个人从境内和境外取得综合所得或经营所得，应当分别合并计算应纳税额；从境内境外取得的其他所得应当分别单独计算应纳税额。

（2）居民个人从中国境外取得的所得，可以从其应纳税额中抵免已在境外缴纳的个人所得税税额，但抵免额不得超过该纳税人境外所得依照个人所得税法规定计算的应纳税额。

（3）居民个人申请抵免已在境外缴纳的个人所得税税额，应当提供境外税务机关出具的税款所属年度的有关纳税凭证。

（4）个人独资企业、合伙企业及个人从事其他生产、经营活动在境外营业机构的亏损，不得抵减境内营业机构的盈利。

七、税收优惠和征收管理

税收优惠	免税	1. 省级人民政府、国务院部委和中国人民解放军军以上单位，以及外国组织、国际组织颁发的科学、教育、技术、文化、卫生、体育、环境保护等方面的奖金 2. 国债和国家发行的金融债券利息 3. 按照国家统一规定发给的补贴、津贴 4. 福利费、抚恤金、救济金 5. 保险赔款 6. 军人的转业费、复员费、退役金 7. 按照国家统一规定发给干部、职工的安家费、退职费、基本养老金或者退休费、离休费、离休生活补助费 8. 依照有关法律规定应予免税的各国驻华使馆、领事馆的外交代表、领事官员和其他人员的所得 9. 中国政府参加的国际公约、签订的协议中规定免税的所得 10. 对外籍个人取得的探亲费免征个人所得税。可以享受免征个人所得税优惠待遇的探亲费，仅限于外籍个人在我国的受雇地与其家庭所在地(包括配偶或父母居住地)之间搭乘交通工具且每年不超过 2 次的费用 11. 按照国家规定，单位为个人缴付和个人缴付的住房公积金、基本医疗保险费、基本养老保险费、失业保险费，从纳税义务人的应纳税所得额中扣除 12. 个人取得的拆迁补偿款按有关规定免征个人所得税
	减税	有下列情形之一的，可以减征个人所得税，具体幅度和期限，由省、自治区、直辖市人民政府规定，并报同级人民代表大会常务委员会备案： 1. 残疾、孤老人员和烈属的所得 2. 因严重自然灾害遭受重大损失的
	暂免	外籍个人以非现金形式或实报实销形式取得的住房补贴、伙食补贴、搬迁费、洗衣费 2. 外籍个人按合理标准取得的境内、境外出差补贴 外籍个人取得的语言训练费、子女教育费等，经当地税务机关审核批准为合理的部分 4. 外籍个人从外商投资企业取得的股息、红利所得 5. 对股票转让所得暂不征收个人所得税 6. 个人举报、协查各种违法、犯罪行为而获得的奖金 7. 个人办理代扣代缴手续，按规定取得的扣缴手续费 8. 个人转让自用达 5 年以上，并且是唯一的家庭生活用房取得的所得，暂免征收 9. 对个人购买福利彩票、赈灾彩票、体育彩票，一次中奖收入在 1 万元以下的(含 1 万元)暂免征收个人所得税，超过 1 万元的，全额征收个人所得税 10. 达到离休、退休年龄，但确因工作需要，适当延长离休、退休年龄的高级专家(指享受国家发放的政府特殊津贴的专家、学者)，其在延长离休、退休期间的工资、薪金所得，视同离休、退休工资免征

续表

税收优惠	暂免	11. 对国有企业职工，因企业依法宣告破产，从破产企业取得的一次性安置费收入，免征 12. 个人领取原提存的住房公积金、基本医疗保险金、基本养老保险金，以及失业保险金，免予征收个人所得税 13. 对工伤职工及其近亲属按规定取得的工伤保险待遇，免征个人所得税 14. 对储蓄存款利息所得暂免征收个人所得税 15. 符合规定情形的房屋产权无偿赠与的，对当事双方不征收个人所得税(略) 16. 企业在销售商品(产品)和提供服务过程中向个人赠送礼品，属于下列情形之一的，不征收个人所得税： (1)企业通过价格折扣、折让方式向个人销售商品(产品)和提供服务 (2)企业在向个人销售商品(产品)和提供服务的同时给予赠品，如通信企业对个人购买手机赠话费、入网费，或者购话费赠手机等 (3)企业对累积消费达到一定额度的个人按消费积分反馈礼品
征收管理	纳税申报	代扣代缴 (1)以支付所得的“单位”或“个人”为扣缴义务人 (2)扣缴义务人在代扣税款的次月15日内，向主管税务机关报送其支付所得的所有个人的相关涉税信息资料 (3)税务机关给付2%的手续费 【注意】“经营所得”纳税人的双重身份 2. 自行申报 取得“综合所得”需要办理汇算清缴 ①在“两处或者两处以上”取得综合所得，且综合所得年收入额“减去专项扣除”的余额“超过6万元” ②取得劳务报酬所得、稿酬所得、特许权使用费所得中一项或者多项所得，且综合所得年收入额“减去专项扣除”的余额“超过6万元” 【注意】扣减项目只包括专项扣除(三险一金)，而不包括生计费、专项附加扣除和其他扣除项目 ③纳税年度内预缴税额“低于”应纳税额的 ④纳税人“申请退税” 取得应税所得没有扣缴义务人 (3)取得应税所得，扣缴义务人未扣缴税款 (4)取得境外所得 (5)因移居境外注销中国户籍 (6)“非居民个人”在中国境内从“两处以上”取得“工资、薪金”所得 3. 居民个人取得工资、薪金所得时，可以向扣缴义务人提供专项附加扣除有关信息，由扣缴义务人扣缴税款时办理专项附加扣除。纳税人同时从两处以上取得工资、薪金所得，并由扣缴义务人办理专项附加扣除的，对同一专项附加扣除项目，纳税人只能选择从其中一处扣除
	纳税期限	1. 综合所得 (1)居民个人取得综合所得，按年计算个人所得税；有扣缴义务人的，由扣缴义务人按月或者按次预扣预缴税款；需要办理汇算清缴的，应当在取得所得的次年“3月1日至6月30日”内办理汇算清缴 (2)非居民个人取得工资、薪金所得，劳务报酬所得，稿酬所得和特许权使用费所得，有扣缴义务人的，由扣缴义务人“按月或者按次”代扣代缴税款，不办理汇算清缴 2. 经营所得 纳税人取得经营所得，按年计算个人所得税，由纳税人在月度或者季度终了后“15日内”向税务机关报送纳税申报表，并预缴税款；在取得所得的次年“3月31日”前办理汇算清缴 3. 利息、股息、红利所得，财产租赁所得，财产转让所得和偶然所得 纳税人取得上述所得，按月或者按次计算个人所得税，有扣缴义务人的，由扣缴义务人按月或者按次代扣代缴税款

续表

征收管理	纳税期限	4. 纳税人取得应税所得没有扣缴义务人 应当在取得所得的次月15日内向税务机关报送纳税申报表，并缴纳税款 5. 扣缴义务人未扣缴税款 (1)纳税人应当在取得所得的次年6月30日前，缴纳税款 (2)税务机关通知限期缴纳的，纳税人应当按照期限缴纳税款 6. 居民个人从中国境外取得所得 应当在取得所得的次年3月1日至6月30日内申报纳税 7. 非居民个人在中国境内从两处以上取得工资、薪金所得 应当在取得所得的次月15日内申报纳税 8. 纳税人因移居境外注销中国户籍 应当在注销中国户籍前办理税款清算 9. 扣缴义务人每月或者每次预扣、代扣税款的缴库 应当在次月15日内缴入国库，并向税务机关报送扣缴个人所得税申报表 【注意】纳税期限的最后一日是法定休假日的，以休假日的次日为期限的最后一日

【例题·多选题】根据个人所得税法律制度的规定，下列各项中，暂免征收个人所得税的有(　　)。

A. 赵某转让自用满10年，并且是唯一的家庭生活用房取得的所得500000元

B. 在校学生李某因参加勤工俭学活动取得的1个月劳务所得1000元

C. 王某取得的储蓄存款利息1500元

D. 张某因举报某公司违法行为获得的奖金20000元

『答案』ACD

【例题·单选题】根据个人所得税法律制度的规定，个人的下列所得中，不属于个人所得税免税项目的是(　　)。

A. 出租住房取得的租金　　B. 国家发行的金融债券利息

C. 国债利息　　D. 军人的转业费

『答案』A

【例题·多选题】根据个人所得税法律制度的规定，下列各项中，免征个人所得税的有(　　)。

A. 企业对累积消费达到一定额度的顾客，给予额外抽奖机会，个人的获奖所得

B. 省级人民政府颁发的教育方面的奖金

C. 按国家统一规定发给职工的退休工资

D. 按国务院规定发给的政府特殊津贴

『答案』BCD

【例题·判断题】对企业职工，因企业依照《破产法》宣告破产，从破产企业取得的一次性安置费收入，免予征收个人所得税。(　　)

『答案』√

【例题·单选题】根据个人所得税法律制度的规定，居民个人从中国境外取得所得的，应当在取得所得的一定期限内向税务机关申报纳税，该期限是(　　)。

A. 次年6月1日至6月30日　　B. 次年1月1日至3月1日

C. 次年3月1日至6月30日　　D. 次年1月1日至1月31日

『答案』C

【例题·多选题】纳税人发生的下列情形中，应当按照规定向主管税务机关办理个人所得税自行纳税申报的有(　　)。

A. 王某从英国取得所得

B. 林某从出版社取得稿酬所得1万元

C. 非居民个人汤姆从中国境内两家公司取得工资、薪金所得

D. 张某2019年度内预缴税额低于应纳税额

『答案』ACD

【例题·多选题】下列关于个人所得税征收管理的表述中，错误的有(　　)。

A. 居民个人取得综合所得，需要办理汇算清缴的，应当在取得所得的次年6月30日前办理汇算清缴

B. 纳税人取得经营所得在取得所得的次年6月30日前办理汇算清缴

C. 非居民个人在中国境内从两处以上取得工资、薪金所得应当在取得所得的次月15日内申报纳税

D. 纳税人因移居境外注销中国户籍应当在注销中国户籍前办理税款清算

『答案』AB

【总结】个人所得税各类所得应纳税额的计算

<table>
<tr><th colspan="3">征税项目</th><th>应纳税所得额</th><th>费用扣除</th><th>税率</th><th colspan="2">计税方法</th><th>税额</th></tr>
<tr><td rowspan="8">综合所得</td><td rowspan="4">非居民</td><td>工资</td><td>月工薪收入-5000元</td><td>定额扣除</td><td rowspan="4">七级超额累进税率</td><td colspan="2">按月缴纳</td><td rowspan="6">应纳税所得额×适用税率-速算扣除数</td></tr>
<tr><td>劳务报酬</td><td rowspan="2">每次收入×(1-20%)</td><td rowspan="3">定率</td><td colspan="2" rowspan="3">按次缴纳</td></tr>
<tr><td>特许权使用费</td></tr>
<tr><td>稿酬</td><td>每次收入×(1-20%)×70%</td></tr>
<tr><td rowspan="4">居民</td><td>工资</td><td>累计预扣预缴制</td><td>定额与附加扣除相结合</td><td>七级超额累进预扣率</td><td>按月预缴</td><td rowspan="4">年终汇算清缴</td></tr>
<tr><td>劳务报酬</td><td rowspan="3">每次收入<4000元=每次收入额-800元
每次收入≥4000元=每次收入额×(1-20%)
【注意】稿酬所得按70%计算</td><td rowspan="3">定额与定率相结合</td><td>三级额累进预扣率</td><td rowspan="3">按次预缴</td></tr>
<tr><td>特许权使用费</td><td rowspan="2">20%比例预扣率</td><td rowspan="2">应纳税所得额×20%</td></tr>
<tr><td>稿酬</td></tr>
<tr><td colspan="3">经营所得</td><td>全年收入总额-成本-费用-损失</td><td>限额内据实扣除</td><td>五级超额累进税率</td><td colspan="2">按年计征</td><td>应纳税所得额×适用税率-速算扣除数</td></tr>
<tr><td colspan="3">财产租赁</td><td>(1)每次(月)收入额<4000元=每次收入额-800元
(2)每次收入额≥4000元=每次收入额×(1-20%)
【注意】收入额=每次租金-其他税费-修缮费用(800元为限)</td><td>定额、定率相结合</td><td rowspan="3">20%比例税率</td><td colspan="2" rowspan="3">按次纳税</td><td rowspan="3">应纳税所得额×20%</td></tr>
<tr><td colspan="3">财产转让</td><td>收入全额-原值-合理费用</td><td>限额内据实扣除</td></tr>
<tr><td colspan="3">利息、股息、红利、偶然</td><td>按收入总额计税，不扣费用</td><td>无</td></tr>
</table>

续表

征税项目	应纳税所得额	费用扣除	税率	计税方法	税额
全年一次性奖金（选择不并入综合所得）	找税率：全年一次性奖金÷12→查税率表 算税额：全年一次性奖金×税率-速算扣除数 【记忆提示】先除“12”找税率，再用“全额”来计算				

同步练习

第一节　个人所得税概述

一、单项选择题

1. 根据个人所得税法律的规定，在中国境内无住所但取得所得的下列外籍个人中，属于居民纳税人的是(　　)。

A. A 国甲，在华工作 6 个月

B. B 国乙，220 年 1 月 10 日入境，2020 年 10 月 10 日离境

C. C 国丙，2019 年 10 月 1 日入境，2020 年 12 月 31 日离境，其间临时离境 28 天

D. D 国丁，2019 年 3 月 1 日入境，2020 年 3 月 1 日离境，其间临时离境 100 天

2. 下列关于个人所得税所得来源地的确定错误的是

A. 因任职、受雇、履约等而在中国境内提供劳务取得的所得

B. 将财产出租给承租人在中国境外使用而取得的所得

C. 许可各种特许权在中国境内使用而取得的所得

D. 从中国境内企事业单位和其他经济组织或者居民个人取得的利息、股息、红利所得

3. 根据个人所得税法律制度的规定，非居民个人取得的下列所得中，不属于来源于中国境内所得的是(　　)。

A. 转让其在中国境内的房产而取得的财产转让所得

B. 持有中国境内公司债券取得的利息所得

C. 将专利权转让给中国境内公司取得的特许权使用费所得

D. 将施工机械出租给中国公民在美国使用而取得的租金所得

二、多项选择题

1. 个人所得税的纳税义务人，包括(　　)

A. 有中国境内所得的外籍人员　　B. 股份有限公司投资者

C. 合伙企业投资者　　D. 个人投资企业投资者

2. 个人所得税的纳税义务人包括(　　)。

A. 在中国境内有住所的人　　B. 个体工商户

C. 在中国境内有所得的境外人员　　D. 外籍个人

3. 根据个人所得税法律制度的规定，下列关于个人所得税纳税人的说法中错误的有(　　)。

A. 对合伙企业中的个人合伙人从合伙企业取得的所得应征收企业所得税

B. 判定个人所得税居民纳税人的标准为是否在我国境内有住所

C. A 国甲，2018 年 10 月 1 日入境，2020 年 2 月 1 日离境，其间临时离境 28 天，甲在 2019 年属于我国居民纳税人

D. B 国乙，2019 年 1 月 10 日入境，2020 年 10 月 10 日离境，乙在 2019 年和 2020 年属于我国居民纳税人

4. 个人所得税的税率形式有(　　)。

A. 超额累进税率　　B. 定额税率　　C. 比例税率　　D. 超率累进税率

三、判断题

1. 对于个人所得税的居民纳税人，就来源于中国境内所得部分征税；对于非居民纳税人，就来源于中国境内和境外的全部所得征税。(　　)

2. 对个人独资企业和合伙企业投资者也征收个人所得税。(　　)

3. 个人所得税只实行超额累计税率的税率体系。(　　)

4. 在中国境内有住所或无住所而在境内居住满一年的个人为个人所得税法中规定的居民纳税人。(　　)

5. 对个人独资企业投资者取得的生产经营所得应征收企业所得税，不征收个人所得税。(　　)

6. 转让中国境内的建筑物、土地使用权取得的所得，无论支付地点是否在中国境内，均为来源于中国境内的所得。(　　)

7. 居民纳税人应就其来源于中国境内的全部所得，依法缴纳个人所得税。(　　)

8. 外籍个人大山 2019 年 8 月 20 日受邀来华工作 3 年，约翰 2019 纳税年度属于我国居民个人。(　　)

第二节　居民个人综合所得

一、单项选择题

1. 下列各项中，属于居民个人综合所得的有(　　)。

A. 稿酬所得

B. 偶然所得

C. 利息、利息、红利所得

D. 对企业、事业单位的承包经营、承租经营所得

2. 根据个人所得税法律制度的规定，下列各项中，属于工资、薪金所得项目的是(　　)。

A. 托儿补助费　　B. 年终加薪　　C. 差旅费津贴　　D. 独生子女补贴

3. 根据个人所得税法律制度的规定，下列各项中，不属于工资、薪金性质的补贴、津贴是(　　)。

A. 岗位津贴　　B. 加班补贴　　C. 差旅费津贴　　D. 工龄补贴

4. 根据《个人所得税法》的规定，(　　)一次收入畸高，可以实行加成征收。

A. 利息、股息、红利所得　　B. 偶然所得

C. 稿酬所得　　D. 劳务报酬所得

5. 中国公民叶某任职国内甲企业，2020 年为乙公司设计营销方案，取得一次性设计费 10000 元，该收入适用的个人所得税税目为(　　)。

A. 偶然所得　　B. 工资薪金所得

C. 劳务报酬所得　　D. 特许权使用费所得

6. 某画家 2023 年 9 月将其精选的书画作品交由某出版社出版，从出版社取得报酬 8 万元，该笔报酬在缴纳个人所得税时适用的税目是(　　)

A. 工资薪金所得　　B. 个体工商户　　C. 稿酬所得　　D. 特许权所得

7. 作家马某 2020 年 12 月从某电视剧制作中心取得剧本使用费 50000 元。关于马某该项收入计缴个人所得税的下列表述中，正确的是(　　)。

A. 应按“稿酬所得”计缴个人所得税

B. 应按“工资、薪金所得”计缴个人所得税

C. 应按“劳务报酬所得”计缴个人所得税

D. 应按“特许权使用费所得”计缴个人所得税

8. 根据个人所得税法律制度的规定，下列所得应按特许权使用费所得缴纳个人所得税的是(　　)。

A. 房屋使用权转让所得　　B. 运输工具使用权转让所得

C. 生产设备使用权转让所得　　D. 商标权使用费所得

9. 根据个人所得税法律制度的规定，下列各项中，不属于工资、薪金性质的补贴、津贴的是(　　)。

A. 工资补贴　　B. 差旅费津贴　　C. 加班补贴　　D. 岗位津贴

10. 根据个人所得税法律制度的规定，下列情形中，免征个人所得税的是(　　)。

A. 陈某取得所在公司发放的销售业绩奖金

B. 杨某获得县教育部门颁发的教育方面的奖金

C. 王某获得省级政府颁发的科学方面的奖金

D. 李某取得所在单位发放的年终奖

11. 2022 年 9 月，退休职工刘某取得的下列收入中，免予缴纳个人所得税的是(　　)。

A. 退休工资 5000 元　　B. 商场有奖销售中奖 210 元

C. 原任职单位重阳节发放补贴 800 元　　D. 报刊上发表文章取得报酬 1000 元

12. 作家马某 2023 年 12 月从某电视剧制作中心取得剧本使用费 50000 元。关于马某该项收入计缴个人所得税的下列表述中，正确的是(　　)。

A. 应按“稿酬所得”计缴个人所得税

B. 应按“工资、薪金所得”计缴个人所得税

C. 应按“劳务报酬所得”计缴个人所得税

D. 应按“特许权使用费所得”计缴个人所得税

13. 根据个人所得税法律制度的规定，下列各项中，不属于劳务报酬所得的是(　　)。

A. 个人举办展览活动的所得

B. 个人雕刻业务所得

C. 个人担任公司董事长所取得的收入

D. 个人应邀为大学做学术报告取得的收入

14. 根据个人所得税法律制度的规定，下列不按照“特许权使用费所得”项目征收个人所得税的是(　　)。

A. 个人取得特许权的经济赔偿收入

B. 转让土地使用权

C. 编剧从电视剧的制作单位取得的剧本使用费

D. 作者将自己的文字作品手稿复印件公开竞价拍卖取得的所得

15. 有关在2021年12月31日前，居民个人取得上市公司股票期权等股权激励的个人所得税处理，下列表述符合个人所得税法律制度规定的是(　　)。

A. 并入当年综合所得计算纳税

B. 不作为应税所得征收个人所得税

C. 不并入当年综合所得，全额单独适用综合所得税率计算纳税

D. 不并入当年综合所得，单独适用综合所得税率按月份数分摊计算纳税

二、多项选择题

1. 根据个人所得税法律制度规定，下列属于综合所得的有( )。

A. 工资、薪金所得　　B. 财产租赁所得

C. 劳务报酬所得　　D. 财产转让所得

2. 下列关于劳务报酬的个人所得税税率表述正确的有(　　)。

A. 个人取得劳务报酬收入的应纳税所得额一次超过2万元至5万元的部分，适用30%税率

B. 个人取得劳务报酬收入的应纳税所得额一次超过5万元的部分，适用40%税率

C. 劳务报酬所得，适用比例税率，税率为20%

D. 个人取得劳务报酬收入的应纳税所得额一次超过10万元的部分，适用50%税率

3. 根据个人所得税法律制度的规定，下列个人所得中，应按“劳务报酬所得”项目征收个人所得税的有(　　)。

A. 某大学教授从甲企业取得咨询费

B. 某公司高管从乙大学取得的讲课费

C. 某设计院设计师从丙家装公司取得的设计

D. 某编剧从丁电视剧制作单位取得的剧本使用费

4. 根据个人所得税法律制度的规定，下列收入中，按照“特许权使用费所得”税目缴纳个人所得税的有(　　)。

A. 提供商标权收入　　B. 转让土地使用权收入

C. 转让著作权收入　　D. 转让专利权收入

5. 根据个人所得税法律制度的规定，下列收入中，属于工资、薪金所得的有( )。

A. 劳动分红　　B. 加班补贴　　C. 季度奖全　　D. 年终加薪

6. 根据个人所得税法律制度的规定，下列各项支出，属于居民个人综合所得中允许扣除的专项附加扣除的有(　　)。

A. 子女学前教育支出　　B. 配偶大病医疗支出

C. 住房租金支出　　D. 继续教育支出

7. 根据个人所得税法律制度的规定，下列选项按照特许权使用费所得缴纳个人所得税的有(　　)。

A. 个人提供专利权所得　　B. 个人提供著作权所得

C. 个人出版图书的所得　　D. 个人转让专利权的所得

8. 根据个人所得税法律制度的规定，下列各项中，应当按照“工资、薪金所得”项目征收个人所得税的有(　　)。

A. 劳动分红　　B. 公务员的家庭成员副食品补贴

C. 差旅费津贴　　D. 以误餐补助名义发给职工的补助

9. 根据个人所得税法律制度的规定，下列各项中，属于劳务报酬所得的有(　　)。

A. 个人因其作品以图书形式出版而取得的所得

B. 个人因任职受雇从上市公司取得的股票增值权所得

C. 证券经纪人从证券公司取得的佣金收入

D. 学生假期兼职取得的收入

10. 有关专项附加扣除的下列表述中，符合个人所得税法律制度规定的有(　　)。

A. 住房贷款利息扣除的期限最长不得超过 240 个月

B. 直辖市的住房租金支出的扣除标准是每月 1500 元

C. 同一学历的继续教育扣除期限不得超过 36 个月

D. 职业资格继续教育在取得相关证书的当年，按照 3600 元定额扣除

11. 有关个人所得税专项附加扣除时限，下列表述符合个人所得税法律制度规定的有(　　)。

A. 住房贷款利息，扣除时限最长不得超过 180 个月

B. 子女教育，扣除时间为子女年满 3 周岁当月至全日制学历教育结束的当月

C. 同一学历继续教育，扣除时限最长不得超过 48 个月

D. 专业技术人员职业资格继续教育，扣除时间为取得相关证书的次年

三、判断题

1. 居民个人取得综合所得，按月计算个人所得税；有扣缴义务人的，由扣缴义务人按月或者按次预扣预缴税款。(　　)

2. 对国有企业职工，因企业依照《企业破产法》宣告破产，从破产企业取得的一次性安置费收入，免予征收个人所得税。(　　)

3. 依法批准设立的非营利性研究开发机构和高等学校根据规定，从职务科技成果转化收入中给予科技人员的现金奖励，可减按 60%计入科技人员当月“工资、薪金所得”，依法缴纳个人所得税。(　　)

4. 个人根据国家有关政策规定缴付的年金个人缴费部分，在不超过本人缴费工资计税基数的 5%标准内的部分，暂从个人当期的应纳税所得额中扣除。(　　)

5. 退休人员再任职取得的收入，免征个人所得税。(　　)

四、不定项选择题

1. 某研究所高级工程师张某 2023 年的收入情况如下：

(1) 每月工资收入为 7300 元；

(2) 向某家公司转让专有技术一项，获得特许权使用费 6000 元；

(3) 为某企业进行产品设计，取得报酬 50000 元；

(4) 因汽车失窃，获得保险公司赔偿 80000 元。

已知：当地规定的社会保险和住房公积金个人缴存比例为：基本养老保险 8%，基本医疗保险 2%，失业保险 0.5%，住房公积金 12%。张某缴纳社会保险费核定的缴费工资基数为 6000 元。张某为独生子女，其父母均已年过 60 岁；女儿就读于高中三年级，儿子就读于小学 4 年级。

要求：

根据上述资料，不考虑其他因素，分析并回答下列小题。

(1) 计算综合所得的应纳税所得额时，允许减除的专项附加扣除是(　　)。

A. 12000+24000=36000 元　　B. 12000×2+24000=48000 元

C. 12000+24000×2=60000 元　　D. 12000×2+24000×2=72000 元

(2)计算综合所得的应纳税所得额时，特许权使用费应计入收入额的是(　　)。

A. 4800 元　　B. 6000 元　　C. 4200 元　　D. 2688 元

(3)计算综合所得的应纳税所得额时，允许减除的专项扣除是(　　)。

A. 6000×(8%+0.5%+12%)×12=14760 元

B. 6000×(8%+2%+0.5%+12%)×12=16200 元

C. 6000×(8%+2%)×12=7200 元

D. 6000×(8%+2%+12%)×12=15840 元

(4)根据个人所得税法律制度的规定，下列表述中正确的是(　　)。

A. 保险赔款应按照 20%的税率计算个人所得税

B. 提供设计服务，应按“劳务报酬”计算个人所得税

C. 提供设计服务应计入收入额 40000 元

D. 工资、薪金所得应计入收入额 87600 元

第三节　经营所得

一、单项选择题

1. 某个人独资企业 2022 年的销售收入为 5000 万元，实际支出的业务招待费为 40 万元，根据个人所得税法律的规定，在计算应纳税所得额时允许扣除的业务招待费是(　　)。

A. 18 万元　　B. 24 万元　　C. 25 万元　　D. 30 万元

2. 出租汽车经营单位对出租车驾驶员采取单车承包经营或承租方式运营，出租车驾驶员从事客运取得的收入，适用的个人所得税应纳税所得项目是(　　)。

A. 财产转让所得　　B. 工资、薪金所得

C. 财产租赁所得　　D. 经营所得

3. 根据个人所得税法律制度的规定，个体工商户发生的下列支出中，在计算个人所得税应纳税所得额时不得扣除的是(　　)。

A. 非广告性的赞助支出

B. 合理的劳动保护支出

C. 实际支付给从业人员的合理的工资薪金支出

D. 按规定缴纳的财产保险费

4. 根据个人所得税法律制度的规定，下列各项中，在计算个体工商户经营所得应纳税所得额时，可以从其收入总额中减除的是(　　)。

A. 税收滞纳金　　B. 非广告性赞助支出

C. 个人所得税税款　　D. 允许弥补的以前年度亏损

5. 某个人独资企业2019年度销售收入为272000元，发生广告费和业务宣传费50000元。根据个人所得税法律制度的规定，该企业当年可以在税前扣除的广告费和业务宣传费最高为(　　)元。

A. 30000　　B. 38080　　C. 40800　　D. 50000

二、多项选择题

1. 根据个人所得税法律制度的规定，下列关于个人取得所得的表述中，正确的有(　　)。

A. 个人通过注册登记的个体工商户取得的所得，按经营所得征税

B. 个体工商户经营所得按月计征

C. 个人依法取得执照从事办学活动取得的所得，按经营所得计征个人所得税

D. 境内合伙企业的个人合伙人从事生产经营活动取得的所得，征收企业所得税

2. 根据个人所得税法律制度的规定，个体工商户的下列支出中，在计算个人所得税应纳税所得额时，不得扣除的有(　　)。

A. 业主的工资薪金支出

B. 个人所得税税款

C. 在生产经营活动中因自然灾害造成的损失

D. 税收滞纳金

三、判断题

1. 出租汽车经营单位对出租车驾驶员采取单车承包或承租方式运营，出租车驾驶员从事客货营运取得的收入，按“劳务报酬所得”项目征税。(　　)

2. 个体工商户为从业人员缴纳的补充养老保险费、补充医疗保险费，分别在不超过从业人员工资总额5%标准内的部分据实扣除；超过部分，不得扣除。(　　)

3. 个体工商户代其从业人员或者他人负担的税款，可以在计算“经营所得”的个人所得税时扣除。(　　)

4. 个体工商户生产经营活动中，应当分别核算生产经营费用和个人、家庭费用。对于生产经营与个人、家庭生活混用难以分清的费用，全部视为个人、家庭生活费用，不允许在税前扣除。(　　)

第四节　利息、股息、红利所得，财产租赁所得，财产转让所得和偶然所得

一、单项选择题

1. 孙某2020年3月购买福利彩票获得奖金9000元，领奖时发生交通费50元、食宿费20元(均由郑某承担)。已知偶然所得适用的个人所得税税率为20%。郑某中奖收入应缴纳

的个人所得税税额是(　　)。

A. 0　　B. 9000×20%=1800 元

C. (9000-50)×20%=1790 元　　D. (9000-50-20)×20%=1786 元

2. 下列关于财产租赁所得应纳税额计算的相关说法中，不正确的是(　　)。

A. 个人出租房屋的个人所得税应税收入不含增值税

B. 计算房屋出租所得可扣除的税费中不包括本次出租缴纳的增值税

C. 个人转租房屋的，其向房屋出租方支付的租金，在计算转租所得时予以扣除

D. 个人转租房屋的，其向房屋出租方支付的增值税额，在计算转租所得时不得扣除

3. 2022 年 12 月，钱某获得 A 上市公司派发的现金股利 10000 元。该股票为 2019 年 9 月份购入。适用税率 20%。钱某获得的股利应缴纳个人所得税的下列计算中正确的是(　　)。

A. 10000×50%×20%=1000 元　　B. 10000×20%=2000 元

C. 0　　D. 10000×50%×20%÷2=500 元

4. 根据个人所得税法律制度的规定，下列所得中，“次”的使用错误的是(　　)。

A. 非居民纳税人为房地产企业设计图纸取得的收入，以每次提供劳务取得的收入作为一次

B. 利息所得，以一个月内取得的收入为一次

C. 租赁房屋，以一个月取得的收入作为一次

D. 偶然所得，以每次取得的收入作为一次

5. 根据个人所得税法律制度的规定，受赠人转让无偿受赠房屋取得的所得适用的税目是(　　)。

A. 偶然所得　　B. 劳务报酬所得

C. 免征个人所得税　　D. 财产转让所得

6. 2022 年 3 月张某购买福利彩票取得一次中奖收入 20000 元，将其中 5000 元通过国家机关向农村义务教育捐赠。已知偶然所得个人所得税税率为 20%。计算张某中奖收入应缴纳个人所得税税额的下列算式中，正确的是(　　)。

A. (20000-5000)×20%=3000(元)

B. 20000×20%=4000(元)

C. 20000÷(1-20%)×20%=5000(元)

D. (20000-5000)÷(1-20%)×20%=3750(元)

7. 根据个人所得税法律制度的规定，下列关于个人投资者(新股东)收购企业 100%股权后将原盈余积累转增股本个人所得税处理的说法，不正确的是(　　)。

A. 新股东以低于净资产价格收购股权的，企业原盈余积累中，对于股权收购价格减去原股本的差额部分已经计入股权交易价格，新股东取得盈余积累转增股本的部分，不征收个人所得税

B. 新股东以低于净资产价格收购股权的，企业原盈余积累中，对于股权收购价格低于原所有者权益的差额部分未计入股权交易价格，新股东取得盈余积累转增股本的部分，应按照“利息、股息、红利所得”项目征收个人所得税

C. 新股东以不低于净资产价格收购股权的，取得盈余积累转增股本的部分不征收个人

所得税

D. 新股东以不低于净资产价格收购股权的，取得盈余积累转增股本的部分按照“利息、股息、红利所得”征收个人所得税

8. 2023 年 4 月中国公民李某从公开发行和转让市场取得了上市公司股票，并向注册会计师王某咨询其所取得的股息、红利所得个人所得税的税务处理。根据个人所得税法律制度的规定，王某的下列说法中，不正确的是(　　)。

A. 李某持股期限在 1 个月以内(含 1 个月)的，其股息红利所得全额计入应纳税所得额计算纳税

B. 李某持股期限在 1 个月以上至 1 年(含 1 年)的，其股息红利所得暂减按 50%计入应纳税所得额计算纳税

C. 李某持股期限超过 1 年的，其股息、红利所得暂免征收个人所得税

D. 李某持股期限超过 1 年的，其股息、红利所得暂减按 25%计入应纳税所得额计算纳税

9. 2023 年 10 月，中国公民王某将持有的限售股全部转让，取得收入 50 万元，该限售股的原值为 30 万元，转让过程中发生的合理税费为 1 万元。根据个人所得税法律制度的规定，王某应缴纳个人所得税为(　　)万元。

A. 5　　B. 4　　C. 3. 8　　D. 2. 8

10. 2023 年 6 月王某出租商铺取得当月租金收入 8000 元，租赁过程中缴纳的税费 968 元，发生商铺修缮费用 1000 元(取得合法票据)，已知财产租赁所得个人所得税税率为 20%，财产租赁所得每次(月)收入在 4000 元以上的，减除 20%的费用。计算王某当月出租商铺应缴纳个人所得税税额的下列算式中，正确的是(　　)。

A. (8000-968-1000)×(1-20%)×20%=965. 12(元)

B. 8000×(1-20%)×20%=1280(元)

C. (8000-968-800)×(1-20%)×20%=997. 12(元)

D. (8000-1000)×(1-20%)×20%=1120(元)

11. 根据个人所得税法律制度的规定，居民个人的下列各项所得中，按次计征个人所得税的是(　　)。

A. 特许权使用费所得　　B. 财产租赁所得

C. 稿酬所得　　D. 劳务报酬所得

12. 2020 年 1 月张某出租一套住房，取得当月租金收入 3800 元，财产租赁过程中缴纳的税费 152 元，发生修缮费 600 元。已知个人出租住房暂减按 10%的税率征收个人所得税；财产租赁所得，每次收入不超过 4000 元的，减除费用 800 元。计算张某当月租金收入应缴纳个人所得税税额的下列算式中，正确的是(　　)。

A. (3800-152-600-800)×10%=224. 8(元)　B. (3800-800)×10%=300(元)

C. 3800×10%=380(元)　　D. (3800-152-600)×10%=304. 8(元)

二、多项选择题

1. 下列所得，应按照财产转让所得缴纳个人所得税的有(　　)。

A. 赵某持有的甲公司股权被司法强制过户取得的所得

B. 钱某终止投资，从被投资方乙企业收回的款项

C. 孙某转让持有的上市公司股票取得所得

D. 李某转让持有的国债取得所得

2. 根据个人所得税法律制度的规定，下列各项中，说法正确的有(　　)。

A. 对职工个人以股份形式取得的仅作为分红依据，不拥有所有权的企业量化资产，按照"利息、股息、红利所得"项目征收个人所得税

B. 对职工个人以股份形式取得的企业量化资产参与企业分配而获得的股息、红利，不征收个人所得税

C. 对职工个人以股份形式取得的拥有所有权的企业量化资产，暂缓征收个人所得税

D. 个人从公开发行和转让市场取得的上市公司股票，持股期限超过 1 年的，股息红利所得暂免征收个人所得税

3. 根据个人所得税法律制度的规定，下列各项中，应按照"财产转让所得"缴纳个人所得税的有(　　)。

A. 个人通过招标、竞拍或其他方式购置债权后，通过相关司法或行政程序主张债权而取得的所得

B. 个人通过网络收购玩家的虚拟货币，加价后向他人出售取得的收入

C. 以股权抵偿债务的行为

D. 个人因各种原因终止联营，从合作项目的经营合作人处取得的赔偿金收入

4. 根据个人所得税法律制度的规定，下列各项中，不征收个人所得税的有(　　)。

A. 企业通过价格折扣、折让方式向个人销售商品(产品)和提供服务

B. 企业在向个人销售商品(产品)和提供服务的同时给予赠品

C. 企业对累积消费达到一定额度的个人按消费积分反馈礼品

D. 企业对累计消费达到一定额度的顾客，给予额外抽奖机会，个人的获奖所得

三、判断题

1. 李某在中国移动参与存话费送手机活动，缴费 1000 元，获赠三星手机一部，其获得的手机应缴纳个人所得税。(　　)

2. 利息、股息、红利所得以每次收入额为应纳税所得额。(　　)

3. 个人转租房屋的，其向房屋出租方支付的租金及增值税税额，在计算转租所得时予以扣除。(　　)

4. 对个人购买福利彩票、体育彩票，一次性中奖收入在 1 万元以下的(含 1 万元)，暂免征收个人所得税，超过 1 万元的，按超出部分计算征收个人所得税。(　　)

第五节　个人所得税的特殊规定和综合计算

一、单项选择题

1. 张某(非居民纳税人)取得一次提供劳务的报酬所得 3000 元，其通过民政局向某灾区全部捐赠，下列关于张某取得该次劳务报酬所得应缴纳个人所得税的表述中正确的是(　　)。

A. 可以在税前扣除 3000 元的捐赠，因此不再需要缴纳个人所得税

B. 可以在税前扣除 2400 元的捐赠，因此不再需要缴纳个人所得税

C. 可以在税前扣除 720 元的捐赠，因此仍需缴纳个人所得税

D. 可以在税前扣除 660 元的捐赠，因此仍需缴纳个人所得税

2. 某保险代理人郑某 2019 年 3 月与北京某家保险公司签约，提供兼职代理业务，其 5 月份取得佣金收入 5 万元、奖励费收入 1 万元，支付地方税费及附加 2500 元。下列关于郑某取得佣金收入缴纳个人所得税的说法中，正确的是(　　)。

A. 郑某的佣金收入应按照“工资、薪金所得”计算征税

B. 郑某取得奖励费收入并非佣金，因此不缴纳个人所得税

C. 郑某支付的地方税费及附加，可以在计算个人所得税时扣除

D. 郑某在税前扣除的展业成本，为佣金收入 5 万元的 25%

二、多项选择题

1. 根据个人所得税法律制度的规定，下列各项中，应计算缴纳个人所得税的有(　　)。

A. 职工个人以股份形式取得的不拥有所有权的企业量化资产

B. 职工个人以股份形式取得的拥有所有权的企业量化资产

C. 职工个人以股份形式取得的拥有所有权的企业量化资产，转让时所获得的收入

D. 职工个人以股份形式取得的以量化资产参与企业分配而获得的股息

2. 根据个人所得税法律制度的规定，个人通过非营利性的社会团体和国家机关进行的下列公益性捐赠支出中，准予在缴纳个人所得税前的所得额中全额扣除的有(　　)。

A. 向贫困地区的捐赠

B. 向农村义务教育的捐赠

C. 向公益性青少年活动场所的捐赠

D. 向红十字事业的捐赠

3. 根据个人所得税法律制度的规定，个人发生的下列公益性捐赠支出中，准予税前全额扣除的有(　　)。

A. 通过国家机关向红十字事业的捐赠

B. 通过国家机关向贫困地区的捐赠

C. 通过非营利社会团体向农村义务教育的捐赠

D. 通过非营利社会团体向公益性青少年活动场所的捐赠

4. 根据个人所得税法律制度的规定，外籍个人取得的下列所得中，暂免征收个人所得税的有(　　)。

A. 以现金形式取得的住房补贴、伙食补贴、搬迁费、洗衣费

B. 按合理标准取得的境内、境外出差补贴

C. 取得的经当地税务机关审核批准为合理部分的语言训练费、子女教育费

D. 从外商投资企业取得的股息、红利所得

三、判断题

1. 两个或者两个以上的个人共同取得同一项目收入的，应视同一人取得收入，减除一定费用计算应纳税额(　　)。

2. 集体所有制企业职工个人在企业改制过程中，以股份形式取得的仅作为分红依据，

不拥有所有权的企业量化资产，应按“利息、股息、红利所得”计缴个人所得税。(　　)

3. 个人将其所得对教育、扶贫、济困等公益慈善事业进行捐赠，捐赠额未超过纳税人申报的收入额30%的部分，可以从其应纳税所得额中扣除；国务院规定对公益慈善事业捐赠实行全额税前扣除的，从其规定。(　　)

4. 非居民个人取得的劳务报酬所得、稿酬所得、特许权使用费所得，属于一次性收入的，以取得该项收入为一次；属于同一项目连续性收入的，以一个月内取得的收入为一次。(　　)

四、不定项选择题

(一)

中国公民陈某为国内某大学教授，2019年1~4月有关收支情况如下：

(1) 1月转让一套住房，取得含增值税销售收入945000元，该套住房原值840000元，系陈某2018年8月购入，本次转让过程中，发生合理费用5000元。

(2) 2月获得当地教育部门颁发的区(县)级教育方面的奖金10000元。

(3) 3月转让从公开发行市场购入的上市公司股票6000股，取得股票转让所得120000元。

(4) 4月在甲电信公司购话费获赠价值390元的手机一部；获得乙保险公司给付的保险赔款30000元。

假设陈某2019年其他收入及相关情况如下：

(1) 工资、薪金所得190000元，专项扣除40000元。

(2) 劳务报酬所得8000元，稿酬所得5000元。

已知：财产转让所得个人所得税税率为20%；个人将购买不足2年的住房对外销售的，按照5%的征收率全额缴纳增值税。综合所得，每一纳税年度减除费用60000元；劳务报酬所得、稿酬所得以收入减除20%的费用后的余额为收入额；稿酬所得的收入额减按70%计算。

个人所得税税率表(综合所得适用)

级数	全年应纳税所得额	税率(%)	速算扣除数
1	不超过36000元的	3	0
2	超过36000元至144000元的部分	10	2520

要求：

根据上述资料，不考虑其他因素，分析并回答下列小题。

(1) 计算陈某1月转让住房应缴纳个人所得税税额的下列算式中，正确的是(　　)。

A. (945000-840000)×20%=21000(元)

B. [945000÷(1+5%)-840000-5000]×20%=11000(元)

C. (945000-840000-5000)×20%=20000(元)

D. [945000÷(1+5%)-840000]×20%=12000(元)

(2) 计算陈某1月转让住房应缴纳增值税税额的下列算式中，正确的是(　　)。

A. 945000÷(1+5%)×5%=45000(元)

B. 945000×5%=47250(元)

C. (945000-840000)÷(1+5%)×5%=5000(元)

D. (945000-840000)×5%=5250(元)

(3) 陈某的下列所得中，不缴纳个人所得税的是(　　)。

A. 获得的保险赔款30000元　　B. 赠价值390元的手机

C. 区(县)级教育方面的奖金10000元　　D. 股票转让所得120000元

(4)计算陈某2019年综合所得应缴纳个人所得税税额的下列算式中，正确的是(　　)。

A. (190000-60000-40000)×10%-2520+8000×(1-20%)×3%+5000×70%×3%=6777(元)

B. (190000-60000-40000)×10%-2520+8000×(1-20%)×3%+5000×(1-20%)×70%×3%=6756(元)

C. [190000+8000×(1-20%)+5000×(1-20%)×70%-60000-40000]×10%-2520=7400(元)

D. (190000+8000+5000×70%-60000-40000)×10%-2520=7630(元)

(二)

中国公民杨某2020年的有关收支情况如下：

(1) 1月购买体育彩票，取得中奖收入20000元，购买体育彩票支出700元。

(2) 2月获赠父母名下的住房一套。

(3) 3月取得储蓄存款利息1500元；在乙商场购买空调，获赠价值280元的电饭锅一个；在丙公司累积消费达到规定额度，取得按消费积分反馈的价值100元的礼品。

(4) 4月将一套商铺出租，取得当月租金6000元，缴纳相关税费720元。

(5) 其他相关情况：2020年总计取得工资收入105600元，专项扣除20250元。杨某夫妇有个在上小学的孩子，子女教育专项附加扣除由杨某夫妇分别按扣除标准的50%扣除。

已知：财产租赁所得个人所得税税率为20%，财产租赁所得每次(月)收入在4000元以上的，减除20%的费用。综合所得，每一纳税年度减除费用60000元；子女教育专项附加扣除，按照每个子女每年12000元的标准定额扣除。

个人所得税税率表(综合所得适用)

级数	全年应纳税所得额	税率(%)	速算扣除数
1	不超过36000元的	3	0
2	超过36000元至144000元的部分	10	2520

要求：

根据上述资料，不考虑其他因素，分析回答下列小题。

(1) 计算杨某1月体育彩票中奖收入应纳个人所得税税额的下列算式中，正确的是(　　)。

A. (20000-700)×20%=3860(元)

B. 20000÷(1-20%)×20%=5000(元)

C. (20000-700)÷(1-20%)×20%=4825(元)

D. 20000×20%=4000(元)

(2) 杨某的下列所得中，不缴纳个人所得税的是(　　)。

A. 获赠父母名下住房一套　　B. 取得储蓄存款利息 1500 元

C. 获赠乙商场价值 280 元的电饭锅　　D. 获赠丙公司价值 100 元的礼品

(3) 计算杨某 4 月出租商铺应缴纳个人所得税税额的下列算式中，正确的是(　　)。

A. (6000-720)×20%=1056(元)

B. (6000-720)×(1-20%)×20%=844.8(元)

C. 6000×(1-20%)×20%=960(元)

D. 6000×20%=1200(元)

(4) 计算杨某 2020 年综合所得应纳个人所得税税额的下列算式中，正确的是(　　)。

A. (105600-60000-12000×2)×3%=648(元)

B. (105600-60000-20250-12000)×3%=400.5(元)

C. (105600-60000-20250-12000×50%)×3%=580.5(元)

D. (105600-60000-12000)×3%=1008(元)

(三)

张某兴办甲个人独资企业，2020 年相关财务资料如下：

(1) 向非金融企业借款 200 万元用于生产经营，期限 1 年，利率 8%，全年利息支出 16 万元均已计入财务费用。

(2) 实发合理工资中包括张某工资 6 万元、雇员工资 20 万元。

(3) 实际发生雇员职工教育经费支出 0.8 万元。

(4) 营业外支出中包括行政罚款 3 万元、合同违约金 4 万元。

(5) 张某 2020 年 3 月以个人名义购入境内上市公司股票，同年 9 月出售，持有期间取得股息 1.9 万元；从境内非上市公司取得股息 0.7 万元。

已知：甲个人独资企业适用查账征收法，银行同期同类贷款利率为 4.8%。在计算个人所得税应纳税所得额时，职工教育经费支出不超过工资薪金总额 2.5%的部分，准予扣除。股息所得个人所得税税率为 20%。

要求：

根据上述资料，不考虑其他因素，分析并回答下列小题。

(1) 甲个人独资企业在计算 2016 年度个人所得税应纳税所得额时，准予扣除的利息支出是(　　)。

A. 16 万元　　B. 9.6 万元　　C. 6.4 万元　　D. 0 万元

(2) 甲个人独资企业在计算 2016 年度个人所得税应纳税所得额时，准予扣除的雇员职工教育经费支出是(　　)。

A. 0.8 万元　　B. 0.65 万元　　C. 0.15 万元　　D. 0.5 万元

(3) 甲个人独资企业发生的下列支出中，在计算 2016 年度个人所得税应纳税所得额时，准予扣除的是(　　)。

A. 行政罚款 3 万元　　B. 张某工资 6 万元

C. 合同违约金 4 万元　　D. 雇员工资 20 万元

(4) 计算张某股息所得应缴纳个人所得税税额的下列算式中，正确的是(　　)。

A. 1. 9×50%×20%+0. 7×20%＝0. 33（万元）

B. （1. 9+0. 7）×20%＝0. 52（万元）

C. 1. 9×20%+0. 7×50%×20%＝0. 45（万元）

D. （1. 9+0. 7）×50%×20%＝0. 26（万元）

（四）

张某任职于国内某软件公司，2023 年 3 月取得的收入如下：

（1）当月工资、薪金收入 8000 元，托儿补助费 500 元，加班补贴 200 元。

（2）在某大学授课，取得讲学收入 3500 元。

（3）取得省级人民政府颁发的文化奖金 13000 元。

（4）取得特许权的经济赔偿收入 2000 元。

（5）按市场价格出租住房，当月取得不含税租金收入 15000 元，当月出租住房过程中缴纳的可以税前扣除的税费合计为 900 元，由张某负担的修缮费用 600 元，均取得合法票据。

要求：

根据上述资料，回答下列问题。

（1）张某取得的下列所得中，应按照工资、薪金所得项目缴纳个人所得税的是（　　）。

A. 工资、薪金收入 8000 元　　B. 托儿补助费 500 元

C. 加班补贴 200 元　　D. 讲学收入 3500 元

（2）张某取得的讲学收入，在计算当年综合所得的应纳税所得额时，有关其收入额的下列计算列式中，正确的是（　　）。

A. 3500−800＝2700（元）　　B. 3500×（1−20%）＝2800（元）

C. 3500×（1−20%）×70%＝1960（元）　　D. 3500×20%＝700（元）

（3）下列关于张某取得的文化奖金和经济赔偿收入的税务处理，说法正确的是（　　）。

A. 张某取得的省级人民政府颁发的文化奖金，免征个人所得税

B. 张某取得的省级人民政府颁发的文化奖金，应计算缴纳个人所得税

C. 张某取得的特许权的经济赔偿收入，免征个人所得税

D. 张某取得的特许权的经济赔偿收入，应按照“特许权使用费所得”项目计算缴纳个人所得税

（4）张某出租住房，应缴纳的个人所得税为（　　）元。

A. 1000　　B. 1064　　C. 1080　　D. 1270

5. 居民个人王某及配偶名下均无房，在某省会城市工作并租房居住，王某 2022 年 9 月开始利用业余时间攻读工商管理硕士。2023 年王某取得收入和部分支出如下：

（1）每月从单位领取扣除依照法定标准缴纳的社保费用和住房公积金后的工资 8000 元，截至 11 月底累计已预扣预缴个人所得税款 363 元；

（2）取得全年一次性奖金 48000 元，选择单独计税，不并入当年的综合所得；

（3）利用业余时间从事摄影，发表摄影作品，取得稿酬 2000 元；

（4）每月支付房租 3000 元。

已知：居民个人工资、薪金所得预扣预缴个人所得税时，累计减除费用，按照 5000 元/月乘以纳税人当年截至本月在本单位的任职受雇月份数计算；住房租金专项附加扣除标准为

1500 元/月；继续教育专项附加扣除标准为 400 元/月；王某夫妇约定专项附加扣除均由王某 100%扣除。王某取得的全年一次性奖金适用税率为 10%，速算扣除数为 210。稿酬所得每次收入不超过 4000 元的，减除费用按 800 计算；稿酬所得的收入额以收入减除费用后的余额减按 70%计算；预扣率为 20%。

个人所得税预扣率表(居民个人工资、薪金所得预扣预缴适用)节选如下：

级数	累计预扣预缴应纳税所得额	预扣率(%)	速算扣除数
1	不超过 36000 元的	3	0
2	超过 36000 元至 144000 元的部分	10	2520

个人所得税税率表(综合所得适用)节选如下：

级数	累计预扣预缴应纳税所得额	预扣率(%)	速算扣除数
1	不超过 36000 元的	3	0
2	超过 36000 元至 144000 元的部分	10	2520

要求：根据上述资料，不考虑其他因素，分析回答下列小题。

(1) 有关 2023 年 12 月王某领取工资应预扣预缴的个人所得税额，下列计算列式中，正确的是(　　)。

A. (8000×12−5000×12−1500×12−400×12)×3%−363

B. (8000×12−5000×12−1500×12−400×12)×3%

C. (8000×12−5000×11−1500×11−400×11)×3%−363

D. (8000×12−5000×11−1500×11−400×11)×3%

(2) 有关王某取得的全年一次性奖金应缴纳的个人所得税额，下列计算列式中，正确的是(　　)。

A. 48000×10%−210　　B. 48000÷12×10%−210

C. 48000×(1−20%)×10%−210　　D. 48000÷12×(1−20%)×10%−210

(3) 有关王某取得的稿酬所得应预扣预缴的个人所得税额，下列计算列式中，正确的是(　　)。

A. (2000−800)×20%　　B. (2000−800)×70%×20%

C. 2000×(1−20%)×20%　　D. 2000×(1−20%)×70%×20%

(4)有关王某 2023 年综合所得应缴纳的个人所得税税额，下列计算列式中，正确的是(　　)。

A. [8000×12+2000×(1−20%)−5000×12−1500×12−400×12]×3%

B. [8000×12+2000×(1−20%)×70%−5000×12−1500×12−400×12]×3%

C. [8000×12+(2000−800)−5000×12−1500×12−400×12]×3%

D. [8000×12+(2000−800)×70%−5000×12−1500×12−400×12]×3%

6. 李某是甲个人独资企业(简称“甲企业”)业主，2019 年相关情况如下：

(1) 甲企业 2023 年会计利润 2000000 元；其中包括行政罚款 30000 元、合同违约金 40000 元，李某本人工资 400000 元。

（2）甲企业员工王某每月工资 18000 元，每月符合规定的专项扣除 2800 元、专项附加扣除 1500 元；另外，王某 2019 年 2 月在其他单位兼职，取得收入 3500 元。

（3）李某 2023 年 5 月转让一套住房，取得含增值税销售收入 945000 元，该套住房原值 840000 元，系李某 2022 年年底购入，本次转让过程中，发生合理费用 5000 元。

（4）李某 2023 年 8 月以个人名义购入境内 A 上市公司股票，11 月出售，持有期间取得股息 20000 元，转让取得净收入 50000 元。

已知：综合所得，每一纳税年度减除费用 60000 元；财产转让所得个人所得税税率为 20%；个人将购买不足 2 年的住房对外销售的，按照 5%的征收率全额缴纳增值税。

要求：根据上述资料，不考虑其他因素，分析回答下列小题。

（1）在计算李某 2023 年度经营所得的个人所得税应纳所得额时，下列支出准予扣除的是（　　）。

A. 行政罚款　　B. 合同违约金　　C. 李某本人工资　　D. 王某的工资

（2）有关王某 2023 年综合所得的个人所得税额，下列计算列式中，正确的是（　　）。

A. (18000×12−60000−2800×12−1500×12)×10%−2520

B. [18000×12+3500×(1−20%)−60000−2800×12−1500×12]×10%−2520

C. [18000×12+(3500−800)−60000−2800×12−1500×12]×10%−2520

D. [18000×12+3500×(1−20%)−2800×12−1500×12]×20%−16920

（3）有关李某 5 月转让住房应缴纳个人所得税税额，下列计算列式中，正确的是（　　）。

A. (945000−840000)×20%

B. [945000÷(1+5%)−840000−5000]×20%

C. (945000−840000−5000)×20%

D. [945000÷(1+5%)−840000]×20%

（4）有关李某取得的境内 A 上市公司股票的相关收入，下列说法正确的是（　　）。

A. 转让取得的净收入 50000 元暂不征收个人所得税

B. 转让取得的净收入 50000 元应按“财产转让所得”缴纳个人所得税

C. 股息 20000 元暂免征收个人所得税

D. 股息 20000 元应按“利息、股息、红利所得”缴纳个人所得税 2000 元

第六节　税收优惠和征收管理

一、单项选择题

1. 居民个人取得综合所得，需要办理汇算清缴的，应当在取得所得的一定期间内办理汇算清缴。该期间为（　　）。

A. 次年 1 月 1 日至 3 月 31 日　　B. 次年 1 月 1 日至 6 月 30 日

C. 次年 3 月 1 日至 6 月 30 日　　D. 次年 3 月 1 日至 5 月 31 日

2. 根据个人所得税法律制度的规定，我国个人所得税的征收方式主要是（　　）。

A. 代扣代缴　　B. 委托代征

C. 自行纳税申报　　D. 代扣代缴和自行纳税申报

3. 根据个人所得税法律制度的规定，下列不属于个人所得税免税项目的是(　　)。

A. 个人办理代扣代缴手续，按规定取得的扣缴手续费

B. 军人的转业费、复员费

C. 被拆迁人取得的拆迁补偿款

D. 获得县级体育比赛一等奖奖金

4. 根据个人所得税法律制度的有关规定，下列说法中，不正确的是(　　)。

A. 个人所得税以所得人为纳税人，以支付所得的单位或者个人为扣缴义务人

B. 税务机关对扣缴义务人按照所扣缴的税款，付给5%的手续费

C. 居民个人从中国境外取得所得的，应当在取得所得的次年3月1日至6月30日内申报纳税

D. 纳税人取得应税所得没有扣缴义务人的，应当在取得所得的次月15日内向税务机关报送纳税申报表，并缴纳税款

5. 根据个人所得税法律制度的规定，下列各项中，应缴纳个人所得税的是(　　)。

A. 公务员王某取得的国债利息

B. 退役士兵张某取得的退役金

C. 退休职工林某取得的按国家统一规定发放的基本养老金

D. 教师李某获得的县人民政府为其颁发的优秀教师奖金

6. 有关非居民个人取得工资薪金所得的征收管理，下列表述符合个人所得税法律制度规定的是(　　)。

A. 依据综合所得税率表，按月代扣代缴税款

B. 由扣缴义务人按月代扣代缴税款，不办理汇算清缴

C. 扣缴义务人可将同期的工资薪金和股息红利所得合并代扣代缴税款

D. 向扣缴义务人提供专项附加扣除信息的，可按扣除专项附加后的余额代扣税款

二、多项选择题

1. 居民纳税人发生的下列情形中，应当按照规定向主管税务机关办理个人所得税自行纳税申报的有(　　)。

A. 王某从英国取得所得

B. 林某月工资2万元，发表文章取得稿酬1万元，专项扣除2万元

C. 李某从境内两家公司取得工资，年收入额减去专项扣除的余额为8万元

D. 张某取得财产租赁所得2万元，扣缴义务人未扣缴税款

2. 根据个人所得税法律制度的规定，下列所得中，免予缴纳个人所得税的有(　　)。

A. 保险赔款　　　　B. 劳动分红

C. 国家发行的金融债券利息　　　　D. 军人转业费

3. 根据个人所得税法律制度的规定，下列各项中，免予缴纳个人所得税的有(　　)。

A. 编剧的剧本使用费　　　　B. 职工的保险赔偿

C. 业余模特的时装表演费　　　　D. 军人的转业费

5. 根据个人所得税法律制度的规定，发生下列(　　)情形之一的纳税人，应当按照规定依法办理纳税申报。

A. 取得应税所得没有扣缴义务人

B. 取得境外所得

C. 非居民个人在中国境内从两处以上取得工资、薪金所得

D. 因移居境外注销中国户籍

三、判断题

1. 纳税人取得经营所得，按年计算个人所得税，由纳税人在月度或者季度终了后 15 日内向税务机关报送纳税申报表，并预缴税款；在取得所得的次年 5 月 31 日前办理汇算清缴。(　　)

2. 纳税人可以委托扣缴义务人或者其他单位和个人办理个人所得税的汇算清缴。(　　)

第六章　其他税收法律制度

第一节　房地产相关的小税种

学情分析

本节重点掌握以下内容：

1. 理解房产税的特征，掌握房产税的征税范围及应纳税额的计算；

2. 理解城镇土地使用税的概念，识记城镇土地使用税的征税范围和税率，掌握城镇土地使用税的应纳税额的计算；

3. 识记耕地占用税的纳税人，掌握耕地占用税的应纳税额计算；

4. 理解契税的特征，掌握契税的征税范围及应纳税额的计算；

5. 理解土地增值税的特征，掌握土地增值税的范围及应纳税额的计算

6. 理解印花税的纳税人和扣缴义务人，掌握印花税的征税范围及应纳税额的计算，识记印花税的免税规定。

主要内容导图

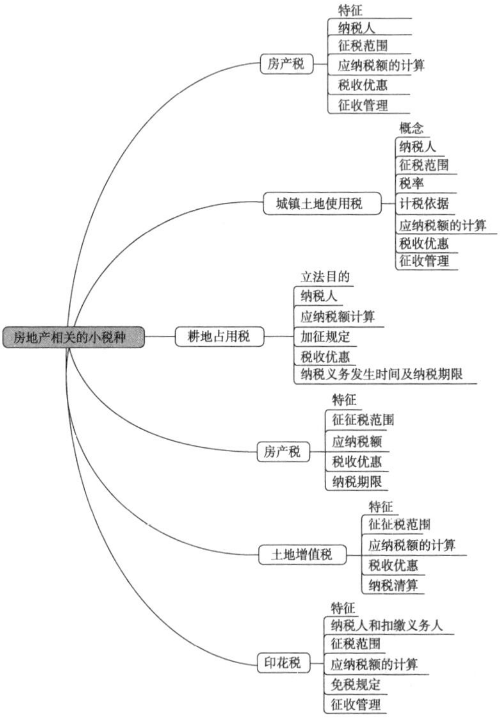

一、房产税

（一）房产税的特征

（1）属于财产税，以房产为征税对象；

（2）以房产的计税价值或房产租金收入为计税依据；

（3）以房产所有人为纳税人。

（二）房产税的纳税人

产权所有人	纳税人
产权属于国家所有	经营管理单位
产权属于集体和个人所有	集体单位和个人
产权出典	承典人
产权所有人、承典人均不在房产所在地	房产代管人或者使用人
产权未确定、租典纠纷未解决	房产代管人或者使用人
产权出租	出租人 【注意】纳税人"无租使用"房产管理部门、免税单位及其他纳税单位的房产，由"使用人代缴"房产税

（三）房产税的征税范围

1. 属于

房产税的征税范围为城市、县城、建制镇和工矿区的房屋，"不包括农村"。

2. 不属于

独立于房屋之外的建筑物，如围墙、烟囱、水塔、菜窖、室外游泳池等不属于房产税的征税对象。

（四）房产税应纳税额的计算

1. 计税规则

计税方法	计税依据	税率	税额计算公式
从价计征	房产余值	1.2%	全年应纳税额=应税房产原值×(1-扣除比例)×1.2%
从租计征	房产租金	12%	全年应纳税额=(不含增值税)租金收入×12%
税收优惠	个人出租住房(不区分出租后用途)		减按"4%"的税率
	单位按"市场价格"向"个人"出租用于"居住"的住房		

【注意1】扣除比例为10%~30%，由省级人民政府确定。(无须记忆)

【注意2】计税租金为不含增值税的租金收入，既包括货币收入，也包括实物收入。

2. 关于房产原值

（1）房产原值，是指纳税人按照会计制度规定，在账簿固定资产科目中记载的房屋原价(不减除折旧)。

（2）凡以房屋为载体，不可随意移动的附属设备和配套设施，如给排水、采暖、消防、中央空调、电气及智能化楼宇设备等，无论在会计核算中是否单独记账与核算，都应计入房产原值，计征房产税。

（3）纳税人对原有房屋进行改建、扩建的，要相应增加房屋的原值。

3. 关于投资联营

（1）对以房产投资联营，投资者参与投资利润分红、共担风险的，按房产余值作为计税依据计缴房产税。

（2）对以房产投资收取固定收入，不承担联营风险的，实际上是以联营名义取得房产租金，应以出租方取得的租金收入为计税依据计缴房产税。

4. 关于融资租赁

对于融资租赁的房屋，由“承租人”以“房产余值”计征房产税。

【例题·单选题】2022年甲公司的房产原值为1000万元，已提折旧400万元。已知从价计征房产税税率为1.2%，当地规定的房产税扣除比例为30%。甲公司当年应缴纳房产税税额的下列算式中，正确的是（　　）。

A.（1000−400）×（1−30%）×1.2%＝5.04（万元）　　B.（1000−400）×1.2%＝7.2（万元）

C. 1000×（1−30%）×1.2%＝8.4（万元）　　D. 1000×1.2%＝12（万元）

『答案』C

（五）房产税的税收优惠

<table>
<tr><th>房产类别</th><th colspan="2">税收优惠</th></tr>
<tr><td>非经营性
房产</td><td>（1）国家机关、人民团体、军队“自用”的房产
【注意】军队空余房产租赁收入暂免征收房产税
（2）由国家财政部门拨付事业经费的单位所有的“本身业务范围”内使用的房产
（3）宗教寺庙、公园、名胜古迹“自用”的房产
（4）个人所有“非营业用”的房产
（5）租金偏低的公房出租
（6）公共租赁住房
（7）高校学生公寓
（8）非营利性医疗机构自用的房产
（9）老年服务机构自用房产
【注意】上述单位的“出租房产”“非自身业务使用的生产、营业用房”不属于免税范围</td><td rowspan="2">免征</td></tr>
<tr><td>临时房及
停用房</td><td>（10）危房、毁损不堪居住房屋停用后
（11）大修理连续停用半年以上停用期间
（12）基建工地临时房屋施工期间</td></tr>
<tr><td rowspan="2">全民健身</td><td>（13）“企业”拥有并运营管理的大型体育场馆，其用于体育活动的房产</td><td>减半</td></tr>
<tr><td>（14）其他用于体育活动的房产
【注意】（13）（14）用于体育活动的天数不得低于全年自然天数的70%</td><td>免征</td></tr>
<tr><td rowspan="2">鼓励
（2020年新增）
2022年1月1日至2024年12月31日，由省、自治区、直辖市人民政府根据本地区实际情况，以及宏观调控需要确定，对增值税小规模纳税人、小型微利企业和个体工商户可以在50%的税额幅度内减征房产税</td><td>（15）农产品批发市场、农贸市场专门用于经营农产品的房产、土地
【注意1】市场如同时经营其他产品的，按其他产品与农产品交易场地面积的比例确定征免部分
【注意2】市场行政办公区、生活区，以及商业餐饮娱乐等非直接为农产品交易提供服务的房产、土地，应按规定征收</td><td rowspan="2">免征</td></tr>
<tr><td>（16）国家级、省级科技企业孵化器、大学科技园和国家备案众创空间自用以及无偿或通过出租等方式提供给在孵对象使用的房产、土地</td></tr>
</table>

【例题·单选题】根据房产税法律制度的规定，下列房产中，应缴纳房产税的是（　　）。

A. 国家机关自用的房产　　B. 名胜古迹自用的办公用房

C. 个人拥有的市区经营性用房　　D. 老年服务机构自用的房产

『答案』C

（六）房产税的征收管理

1. 纳税义务发生时间

（1）纳税人将原有房产用于生产经营，从生产经营“之月”起，缴纳房产税。

（2）纳税人自行新建房屋用于生产经营，从建成之次月起，缴纳房产税。

（3）纳税人委托施工企业建设的房屋，从办理验收手续之次月起，缴纳房产税。

（4）纳税人购置新建商品房，自房屋交付使用之次月起，缴纳房产税。

（5）纳税人购置存量房，自办理房屋权属转移、变更登记手续，房地产权属登记机关签发房屋权属证书之次月起，缴纳房产税。

（6）纳税人出租、出借房产，自交付出租、出借本企业房产之次月起，缴纳房产税。

（7）房地产开发企业自用、出租、出借本企业建造的商品房，自房屋使用或交付之次月起，缴纳房产税。

（8）纳税人因房产的实物或权利状态发生变化而依法终止房产税纳税义务的，其应纳税款的计算应截止到房产的实物或权利状态发生变化的当月末。

2. 纳税期限

按“年”计算、分期缴纳。

3. 纳税地点

（1）房产税在房产所在地缴纳。

（2）房产不在同一地方的纳税人，应按房产的坐落地点分别向房产所在地的税务机关申报纳税。

【例题·单选题】甲公司委托某施工企业建造一幢办公楼，工程与2019年12月完工，2020年1月办妥（竣工）验收手续，4月付清全部工程价款。根据房产税法律制度的规定，甲公司对此幢办公楼房产税的纳税义务发生时间是（　　）。

A. 2019年12月　　B. 2020年1月　　C. 2020年2月　　D. 2020年4月

『答案』C，纳税人委托施工企业建设的房屋，从办理“验收”手续之“次月”起，缴纳房产税。

二、城镇土地使用税

（一）城镇土地使用税的概念

城镇土地使用税是国家在“城市、县城、建制镇和工矿区”范围内，对使用土地的单位和个人，以其实际占用的土地面积为计税依据，按照规定的税额计算征收的一种税。

（二）城镇土地使用税的纳税人

（1）城镇土地使用税由“拥有”土地使用权的单位或个人缴纳。

（2）拥有土地使用权的纳税人不在土地所在地的，由“代管人或实际使用人”缴纳。

（3）土地使用权未确定或权属纠纷未解决的，由“实际使用人”纳税。

(4) 土地使用权“共有”的，“共有各方”均为纳税人，以共有各方实际使用土地的面积占总面积的比例，分别计算缴纳城镇土地使用税。

(三) 城镇土地使用税的征税范围

凡在城市、县城、建制镇、工矿区范围内的土地，不区分国家所有，还是集体所有。

【**注意**】不包括农村集体所有的土地。

(四) 城镇土地使用税的税率

采用幅度差别定额税率。

(五) 城镇土地使用税的计税依据

纳税人“实际占用”的土地面积。

(1) 凡由省级人民政府确定的单位组织测定土地面积的，以“测定”的土地面积为准。

(2) 尚未组织测定，但纳税人持有政府部门核发的土地使用权证书的，以“证书确定”的土地面积为准。

(3) 尚未核发土地使用权证书的，应当由纳税人“据实申报”土地面积，待核发土地使用权证书后再作调整。

(六) 城镇土地使用税的应纳税额计算

1. 适用税额

城镇土地使用税执行“从量”计征(税率表略)

2. 计税公式

“年”应纳税额=实际占用应税土地面积(平方米)×适用税额

(七) 城镇土地使用税的税收优惠

记忆提示	优惠政策	
非经营行为	免征	(1)国家机关、人民团体、军队自用的土地 (2)由国家财政部门拨付事业经费的单位自用的土地 (3)宗教寺庙、公园、名胜古迹自用的土地 【注意】公园、名胜古迹内附设的营业单位占用的土地，如“索道公司经营用地”，应按规定缴纳城镇土地使用税 (4)市政街道、广场、绿化地带等公共用地 (5)老年服务机构的自用土地
国家鼓励行为	免征	(1)直接用于农、林、牧、渔业的生产用地 (2)经批准开山填海整治的土地和改造的废弃土地，从使用的月份起免缴土地使用税5~10年 (3)农产品批发市场、农贸市场用地(同房产税)(2020年新增) (4)国家级、省级科技企业孵化器用地(同房产税)(2020年新增)
占用耕地		缴纳了耕地占用税的，从批准征用之日起“满1年后”征收城镇土地使用税
无偿使用	免征	免税单位无偿使用纳税单位的土地
	不免征	纳税单位无偿使用免税单位的土地
全民健身		体育用地(同房产税)
房地产开发	免征	经批准开发建设经济适用房的用地
	不免征	其他各类房地产开发用地

记忆提示	优惠政策	
各行业免征规定	厂区内征	包括办公区、生活区、绿化带、机场跑道等 【注意】自 2016 年 1 月 1 日起，企业范围内的荒山、林地、湖泊等占地，全额征收城镇土地使用税
	厂区外免征	企业的铁路专用线、公路等用地：在厂区以外、与社会公用地段未加隔离的
		火电厂围墙外的灰场、输灰管、输油(气)管道、铁路专用线用地； 水电站除发电厂房、生产、办公、生活以外的用地； 供电部门的输电线路、变电站用地
		盐场的盐滩、盐矿的矿井用地
		林场的育林地、运材道、防火道、防火设施用地；森林公园、自然保护区用地
		水利设施及其管护用地：如水库库区、大坝、堤防、灌渠、泵站等用地
		港口：码头用地
		机场：飞行区用地、场内外通信导航设施用地、飞行区四周排水防洪设施用地、场外的道路用地
		石油行业：地质勘探、钻井、井下作业、油气田地面工程等施工临时用地；企业厂区以外的铁路专用线、公路及输油管道用地；油气长输管线用地；在城市、县城、建制镇以外工矿区内的消防、防洪排涝、防风、防沙设施用地
	非征税范围	邮政：坐落在城市、县城、建制镇、工矿区范围以外的，尚在县邮政局内核算的土地，在单位财务账中划分清楚的

（八）城镇土地使用税的征收管理

1. 纳税义务发生时间

（1）纳税人购置新建商品房，为自房屋交付使用之次月起。

（2）纳税人购置存量房，为自办理房屋权属转移、变更登记手续，房地产权属登记机关签发房屋权属证书之次月起。

（3）纳税人出租、出借房产，为自交付出租、出借房产之次月起。

（4）以出让或转让方式有偿取得土地使用权的，为合同约定交付土地时间的次月起；合同未约定交付土地时间的，为合同签订的次月起。

（5）纳税人新征用的耕地，为自批准征用之日起满 1 年时。

（6）纳税人新征用的非耕地，为自批准征用次月起。

2. 征收方式及纳税地点

同房产税。

三、耕地占用税

（一）耕地占用税的立法目的

合理利用土地资源，加强土地管理，保护耕地。

（二）耕地占用税的纳税人

在我国境内占用耕地建设建筑物、构筑物或者从事非农业建设的单位和个人，为耕地占用税的纳税人。

1. 何为耕地

用于种植农作物的土地(基本农田)；占用园地、林地、草地、农田水利用地、养殖水面、渔业水域滩涂以及其他农用地(非基本农田)建设建筑物、构筑物或者从事非农业建设的，也应征收耕地占用税。

【注意】占用耕地建设“直接为农业生产服务”的生产设施的(农田水利设施)，不征收耕地占用税。

2. 关于纳税人

是否经批准	纳税人	
经批准	农用地转用审批文件中标明建设用地人	建设用地人
	农用地转用审批文件中未标明建设用地人	用地申请人 【注意】用地申请人为各级人民政府的，由同级土地储备中心、自然资源主管部门或政府委托的其他部门、单位履行耕地占用税申报纳税义务
未经批准	实际用地人	

(三)耕地占用税的应纳税额计算

1. 计税依据

实际占用的耕地面积=“经批准”占用的耕地面积+“未经批准”占用的耕地面积

2. 税率

实行定额税率(税率表略)

3. 计税公式

应纳税额=实际占用耕地面积×适用税额。

4. 应纳税额应当“一次性”缴纳

(四)耕地占用税的加征规定

1. 加征不超过50%

人均耕地低于0.5亩的地区。

2. 加征50%

占用“基本农田”。

(五)耕地占用税的税收优惠

1. 免征

军事设施、学校、幼儿园、社会福利机构、医疗机构。

【注意】学校内经营性场所、教职工住房和医院内职工住房不免征。

2. 减半征收

农村居民在规定用地标准以内占用耕地新建自用住宅，按照当地适用税额减半征收耕地占用税。

3. 部分减征

占用非基本农田，适用税额可以“适当低于”本地区占用耕地的适用税额，但降低的部分不得超过50%。

4. 减按2元/平方米的税额征收

铁路、公路、飞机场跑道和停机坪、港口、航道、水利工程。

5. 补税规定

按规定免征或减征耕地占用税后，纳税人改变原占地用途，不再属于免征或者减征耕地占用税情形的，应当按照当地适用税额补缴耕地占用税。

6. 纳税退还

(1) 纳税人因“建设项目施工或者地质勘查”临时占用耕地，应当缴纳耕地占用税。纳税人在批准临时占用耕地“期满之日起 1 年内”依法复垦，恢复种植条件的，“全额退还”已经缴纳的耕地占用税。

(2) 因“挖损、采矿塌陷、压占、污染”等损毁耕地属于税法所称的非农业建设，应依照税法规定缴纳耕地占用税；自自然资源、农业农村等相关部门认定损毁耕地之日起“3 年内”依法复垦或修复，恢复种植条件的，“全额退还”已经缴纳的耕地占用税。

【例题 · 单选题】2023 年 9 月甲公司开发住在社区，经批准工占用耕地 150000 平方米，其中 800 平方米兴建幼儿园，5000 平方米修建学校。已知耕地占用税适用税率为 30 元/平方米。甲公司应缴纳耕地占用税税额的下列算式中，正确的是(　　)。

A. 150000×30＝450000(元)

B. (150000−800−5000)×30＝4326000(元)

C. (150000−5000)×30＝4350000(元)

D. (150000−800)×30＝4476000(元)

『**答案**』B，军事设施、学校、幼儿园、社会福利机构、医疗机构占用耕地，可以依法免征耕地占用税。

(六) 耕地占用税的纳税义务发生时间及纳税期限

1. 纳税义务发生时间

纳税人收到自然资源主管部门办理占用耕地手续的书面通知的当日。

2. 纳税期限

纳税人应当自纳税义务发生之日起 30 日内申报缴纳耕地占用税。

四、契税

(一) 契税的特征

(1) 属于财产转移税，在土地、房屋权属转移时征收；

(2) 以当事人双方签订的合同(契约)中所确定的价格为计税依据；

(3) 以“权属承受人”为纳税人。

(二) 征税范围

1. 属于征税范围的

(1) 国有土地使用权出让；

(2) 土地使用权转让(包括出售、赠与、交换)；

(3) 房屋买卖、赠与、交换。

2. 不属于征税范围的

(1) 土地使用权的转让不包括“农村集体土地承包经营权”的转移；

(2) 土地、房屋权属的典当、“继承”、分拆(分割)、出租、抵押，不属于契税的征税范围。

【例题 · 多选题】下列各项中，属于契税征税范围的有(　　)。

A. 农村集体土地承包经营权转移

B. 土地使用权赠与

C. 国有土地使用权出让

D. 房屋交换

『答案』BCD

(三) 契税的应纳税额

1. 税率

3%~5%的幅度比例税率。

2. 计税依据

(1) 国有土地使用权出让、土地使用权出售、房屋买卖，以“不含增值税”的“成交价格”作为计税依据。

(2) 土地使用权赠与、房屋赠与，由征税机关参照土地使用权出售、房屋买卖的“核定价格”确定。

(3) 土地使用权交换、房屋交换，以交换土地使用权、房屋的“价格差额”作为计税依据。

【注意】交换价格不相等的，由“多交付货币”的一方缴纳契税；交换价格相等的，免征契税。

【提示】“交换”行为是指“房房、地地、房地”互换，“以房抵债”和“以房易货”均属于买卖行为。

(4) 以划拨方式取得土地使用权的，经批准转让房地产时，应由房地产转让者补交契税，其计税依据为“补交”的土地使用权出让费或者土地收益。

【总结】有成交价格按成交价格，没有成交价格按市场价格，交换的按差额，补交的按补交金额。

3. 应纳税额计算

应纳税额=计税依据×税率

【例题·单选题】2022年2月周某以150万元(不含增值税价格)出售自有住房一套，购进价格为200万元(不含增值税)住房一套。已知契税适用税率为5%，计算周某上述行为应缴纳契税税额的下列算式中，正确的是(　　)。

A. 150×5%=7.5(万元)　　B. 200×5%=10(万元)

C. 150×5%+200×5%=17.5(万元)　　D. 200×5%-150×5%=2.5(万元)

『答案』B，契税由房屋、土地权属的承受人缴纳。本题中：(1) 周某出售的住房，应由受让方缴纳契税，周某作为转让方不必缴纳契税；(2)周某出售的住房应照章缴纳的契税=200×5%=10(万元)。

(四) 契税的税收优惠

(1) 国家机关、事业单位、社会团体、军事单位承受土地、房屋，用于办公、教学、医疗、科研和军事设施的，免征契税。

(2) 城镇职工按规定“第一次”购买“公有住房”的，免征契税。

(3) 因“不可抗力”灭失住房而重新购买住房的，酌情准予减征或者免征契税。

(4) 纳税人承受荒山、荒沟、荒丘、荒滩土地使用权，用于农、林、牧、渔业生产的，免征契税。

(5) 非营利的学校、医疗机构、社会福利机构承受土地、房屋权属用于办公、教学、医疗、科研、养老、救助。

(6) 外交减免：

依照规定应当予以免税的外国驻华使馆、领事馆、联合国驻华机构及其外交代表、领事官员和其他外交人员承受土地、房屋权属的，经外交部确认，可以免征契税。

（五）契税的纳税期限

为签订合同的当日或改变使用权的当日。

五、土地增值税

（一）土地增值税的特征

（1）属于财产转移税；

（2）以“转让”国有土地使用权、地上建筑物及其附着物取得的增值额为计税依据；

（3）以转让方为纳税人。

（二）土地增值税的征税范围

<table>
<tr><th colspan="2" rowspan="2">事项</th><th colspan="2">土地增值税</th></tr>
<tr><th>不征</th><th>征</th></tr>
<tr><td colspan="2">土地使用权出让</td><td>√</td><td></td></tr>
<tr><td colspan="2">土地使用权转让</td><td></td><td>√</td></tr>
<tr><td colspan="2">转让建筑物产权</td><td></td><td>√</td></tr>
<tr><td colspan="2">继承</td><td>√</td><td></td></tr>
<tr><td colspan="2">赠与</td><td>（1）赠与直系亲属或者承担直接赡养义务人
（2）通过中国境内非营利的社会团体、国家机关赠与教育、民政和其他社会福利、公益事业</td><td>赠与其他人</td></tr>
<tr><td rowspan="4">改制</td><td>整体改制</td><td rowspan="4">一般企业</td><td rowspan="4">房地产开发企业</td></tr>
<tr><td>合并</td></tr>
<tr><td>分立</td></tr>
<tr><td>投资、联营</td></tr>
<tr><td colspan="2">房地产开发企业</td><td>将部分开发房产自用或出租</td><td>出售或视同出售(如抵债等)</td></tr>
<tr><td colspan="2">房地产交换</td><td>个人互换自有居住用房</td><td>企业互换</td></tr>
<tr><td colspan="2">合作建房</td><td>建成后自用</td><td>建成后转让</td></tr>
<tr><td colspan="2">出租</td><td>√</td><td></td></tr>
<tr><td colspan="2">抵押</td><td>抵押期间</td><td>抵押期满“且”发生权属转移</td></tr>
<tr><td colspan="2">代建</td><td>√</td><td></td></tr>
<tr><td colspan="2">评估增值</td><td>√</td><td></td></tr>
</table>

【例题·多选题】根据土地增值税法律制度的规定，下列行为中应征收土地增值税的有（　　）。

A. 个人出租不动产　　B. 企业出售不动产

C. 企业转让国有土地使用权　　D. 政府出让国有土地使用权

『**答案**』BC

（三）土地增值税的应纳税额计算

1. 适用税率

土地增值税适用四级“超率累进税率”。

级数	增值额与扣除项目金额的比率	税率/%	速算扣除系数/%
1	不超过50%的部分	30	0
2	超过50%至100%的部分	40	5
3	超过100%至200%的部分	50	15
4	超过200%的部分	60	35

2. 计税公式

土地增值税=增值额×适用税率-扣除项目金额×速算扣除系数

增值额=转让房地产取得的收入-扣除项目金额

3. 新建项目具体扣除标准

<table>
<tr><th colspan="2">转让项目</th><th colspan="2">具体扣除项目</th><th colspan="2">扣除标准</th></tr>
<tr><td rowspan="9">新建项目</td><td rowspan="6">房地产开发企业</td><td>拿地</td><td>①取得土地使用权所支付的金额</td><td colspan="2">据实扣除(成本+契税)</td></tr>
<tr><td rowspan="3">建房</td><td>②房地产开发成本</td><td colspan="2">据实扣除</td></tr>
<tr><td rowspan="2">③房地产开发费用</td><td>利息明确</td><td>利息+(①+②)×省级政府确定的比例</td></tr>
<tr><td>利息不明确</td><td>(①+②)×省级政府确定的比例</td></tr>
<tr><td>销售</td><td>④与转让房地产有关的税金</td><td colspan="2">城、教(不包括印花税)、不得抵扣的增值税</td></tr>
<tr><td>优惠</td><td>⑤加计扣除额</td><td colspan="2">(①+②)×20%</td></tr>
<tr><td rowspan="3">非房地产开发企业</td><td>拿地</td><td>同</td><td colspan="2">同</td></tr>
<tr><td>建房</td><td>同</td><td colspan="2">同</td></tr>
<tr><td>销售</td><td>不同</td><td colspan="2">城、教、印</td></tr>
</table>

4. 计算步骤

(1) 确定收入——题目给出。

(2) 确定扣除项目金额:

① 取得土地使用权所支付的金额——题目给出;

② 房地产开发成本——题目给出;

③ 房地产开发费用——根据题目内容判定利息是否明确;

④ 与转让房地产有关的税金——题目给出(注意印花税迷惑);

⑤ 计算加计扣除。

(3) 确定增值额——[(1)-(2)]。

(4) 确定增值额与扣除项目的比率[(3)/(2)]。

(5) 找税率。

(6) 算税额。

应纳税额=增值额×税率-扣除项目金额×速算扣除系数

【举例】某房地产企业开一发普通标准住宅,已知支付的土地出让金为2840万元,缴纳相关税费160万元;住宅开发成本2800万元,其中含装修费用500万元;房地产开发费用中的利息支出为300万元(不能提供金融机构证明);当年住宅全部销售,取得销售收入9000万元(不含增值税);缴纳城市维护建设税和教育费附加495万元;印花税4.5万元。已知:该企业所在省人民政府规定的房地产开发费用的计算扣除比例为10%,房地产开发加计扣除比率为20%。计算该企业应缴纳的土地增值税。

【计算步骤】

(1) 住宅销售收入为9000万元。

(2) 确定转让房地产的扣除项目金额包括:

① 取得土地使用权所支付的金额=2840+160=3000(万元)。

② 住宅开发成本为2800万元。

③ 房地产开发费用=(3000+2800)×10%=580(万元)。

④ 与转让房地产有关的税金=495(万元)。缴纳的印花税已在税金及附加中扣除。

⑤ 加计扣除=(3000+2800)×20%=1160(万元)。

转让房地产的扣除项目金额=3000+2800+580+495+1160=8035(万元)。

(3) 转让房地产的增值额=9000-8035=965(万元)。

(4) 增值额与扣除项目金额的比率=965/8035=12%

纳税人建造普通标准住宅出售,增值额未超过扣除项目金额20%的,予以免税。

5. 销售旧房具体扣除标准

转让项目		具体扣除项目		扣除标准
存量项目	房屋	房	①房屋及建筑物的“评估价格”	重置成本价×成新率
		地	②取得土地使用权所支付的地价款和缴纳的有关费用	据实扣除
		销售	③与转让房地产有关的税金	据实扣除
	土地	地	同上	同上
		销售	同上	同上

【例题·单选题】2022年6月甲公司销售自行开发的房地产项目,取得不含增值税销售收入10000万元,准予从房地产转让收入中减除的扣除项目金额6000万元,且增值额超过扣除项目金额50%、未超过扣除项目金额100%的部分,税率为40%,速算扣除系数为5%,计算甲公司该笔业务应缴纳土地增值税税额的下列计算公式中,正确的是(　　)。

A. (10000-6000)×40%+6000×5%=1900(万元)

B. 10000×40%=4000(万元)

C. (10000-6000)×40%-6000×5%=1300(万元)

D. 10000×40%-6000×5%=3700(万元)

『**答案**』C

(四)土地增值税的税收优惠

(1) 纳税人建造“普通标准住宅”出售,增值额未超过扣除项目金额20%的,予以免税;超过20%的,应按全部增值额缴纳土地增值税。

(2) 因国家建设需要依法征用、收回的房地产,免征土地增值税。

(3) 企事业单位、社会团体以及其他组织转让旧房作为廉租住房、经济适用住房房源且增值额未超过扣除项目金额20%的,免征土地增值税。

(4) “个人”“转让住房”暂免征收土地增值税。

【例题·单选题】根据土地增值税法律制度的规定,下列各项中,不属于土地增值税免税项目的是(　　)。

A. 个人转让住房

B. 因国家建设需要被政府批准收回的土地使用权

C. 企业出售闲置办公用房

D. 因城市规划需要被政府批准征用的房产

『答案』C

(五) 土地增值税的纳税清算

1. 符合下列情形之一的，纳税人"应当"进行土地增值税的清算

(1) 房地产开发项目全部竣工、完成销售的；

(2) 整体转让未竣工决算房地产开发项目的；

(3) 直接转让土地使用权的。

2. 符合下列情形之一的，主管税务机关"可以要求"纳税人进行土地增值税清算

(1) 已竣工验收的房地产开发项目，已转让的房地产建筑面积占整个项目可售建筑面积的比例在"85%以上"，或该比例虽未超过85%，但剩余的可售建筑面积已经"出租或自用"的；

(2) 取得销售(预售)许可证满"三年"仍未销售完毕的；

(3) 纳税人申请注销税务登记但未办理土地增值税清算手续的。

六、印花税

(一) 印花税的特征

(1) 属于行为税，针对经济活动和经济交往中书立、领受、使用的应税经济凭证的行为。

(2) 以合同记载的交易金额或应税经济凭证的数量为计税依据。

(二) 印花税的纳税人和扣缴义务人

1. 纳税人

订立、领受在中华人民共和国境内具有法律效力的应税凭证，或者在中华人民共和国境内进行证券交易的单位和个人，为印花税的纳税人，应当依法缴纳印花税。

(1) 立合同人——合同的当事人：

不包括合同的"担保人、证人、鉴定人"。

(2) 立账簿人：

该"账簿"指营业账簿，包括资金账簿和其他营业账簿。

(3) 立据人——产权转移书据；

(4) 领受人——权利证照；

(5) 使用人——国外订立合同国内使用；

(6) 各类电子应税凭证的签订人。

2. 扣缴义务人

证券登记结算机构为证券交易印花税的扣缴义务人。

(三) 印花税的征税范围

分类	内容
合同类(11类)	买卖、借款、融资租赁、租赁、承揽、建设工程、运输、技术合同、保管、仓储、财产保险
产权转移书据	土地使用权出让和转让书据；房屋等建筑物、构筑物所有权；股权(不包括上市和挂牌公司股票)、商标专用权、著作权、专利权、专有技术使用权转让书据
营业账簿	资金账簿、其他营业账簿
权利、许可证照	不动产权证书、工商营业执照、商标注册证、专利证
证券交易	

【**例题·多选题**】下列合同中，属于印花税征税范围的有(　　)。

A. 人身保险合同　　B. 财产保险合同　　C. 买卖合同　　D. 委托代理合同

『**答案**』BC，选项 AD 未在举例的 11 类合同中，不属于印花税征税范围。

(四) 印花税应纳税额的计算

1. 计税依据

(1) 合同

类别	包括	不包括
买卖合同、建设工程合同	合同价款	
加工承揽合同	报酬	委托方提供的材料
租赁合同、融资租赁合同	租金	租赁财产价值
运输合同	运费	装卸费等其他杂费
仓储合同	仓储费	
保管合同	保管费	
借款合同	借款金额	利息
财产保险合同	保费	被保险物价值
技术合同	价款、报酬、使用费	

(2) 产权转移书据

适用情形	计税依据
价款与增值税分开列明	价款
价款与增值税未分开列明	价款与增值税的合计金额
未列明价款	(1)按照实际结算价款确定 (2)按订立时市场价格确定 (3)依法执行政府定价的，按照其规定确定

(3) 营业账簿

① 资金账簿：

以“实收资本”与“资本公积”两项的合计金额为计税依据。

② 不记载金额的营业账簿免征印花税。

(4) 权利证照

以件数作为计税依据(税额 5 元/件)。

(5) 证券交易

适用情形	计税依据
一般情况	成交金额
以非集中交易方式转让证券时无转让价格的	(1)按照办理过户登记手续前一个交易日收盘价计算确定 (2)办理过户登记手续前一个交易日无收盘价的，按照证券面值计算确定

(6) 其他规定

① 同一应税凭证载有两个或两个以上经济事项并“分别列明”价款或者报酬的，按照各自适用税目税率计算应纳税额；“未分别列明”价款或者报酬的，按税率高的计算应纳税额。

② 同一应税凭证由两方或者两方以上当事人订立的，应当按照各自涉及的价款或者报酬分别计算应纳税额。(双向征收)

③ 所列金额与实际结算金额不一致(2023 年新增)：

应税合同、应税产权转移书据所列的金额与实际结算金额不一致，不变更应税凭证所列金额的，以所列金额为计税依据；变更应税凭证所列金额的，以变更后的所列金额为计税依据。

④ 计算错误(2023 年新增)：

纳税人因应税凭证列明的增值税税款计算错误导致应税凭证的计税依据减少或者增加的，纳税人应当按规定调整应税凭证列明的增值税税款，重新确定应税凭证计税依据。

⑤ 多贴印花税票(2023 年新增)：

纳税人多贴的印花税票，不予退税及抵缴税款。

⑥ 未履行(2023 年新增)：

未履行的应税合同、产权转移书据，已缴纳的印花税不予退还及抵缴税款。

2. 应纳税额计算

印花税执行“比例税率”与“定额税率”相结合的征收方式。

(1) 从价计征

应纳税额=计税依据×税率

(2) 定额贴花

应纳税额=计税数量×5

【例题·单选题】根据印花税法律制度的规定，下列各项中，以件数为印花税计税依据的是(　　)。

A. 营业账簿　　B. 著作权转让书据　　C. 不动产权证书　　D. 财产保险合同

『答案』C

(五) 印花税的免税规定

记忆提示	具体内容
金额较小	(1)应纳税额不足 1 角
与个人的小额交易	(2)“电网与用户”之间签订的供用电合同 (3)个人(不包括个体工商户)转让、租赁住房订立的应税凭证 (4)商店、门市部的零星加工修理业务开具的修理单 (5)电话和联网购物 (6)铁路、公路、航运、水路承运快件行李、包裹开具的托运单据
非列举凭证	(7)“人身”保险合同 (8)企业与主管部门签订的租赁承包合同 (9)银行“同业拆借”合同、“借款展期”合同、“日拆性”贷款合同、“国际金融组织”向我国提供优惠贷款订立的借款合同、金融机构与“小微企业”订立的借款合同 (10)“法律、会计、审计”合同；“出版”合同；“委托代理”合同 (11)非记载资金的其他账簿；车间、门市部、仓库设置的不记载金额的登记簿、统计簿、台账等；国库业务账簿 (12)物资调拨单
已贴过印花	(13)已经缴纳印花税的凭证的副本或抄本 (14)既书立合同，又开立单据的，只就合同贴花，所开立的各类单据，不再贴花 (15)对企业兼并的并入资金，凡已按资金总额贴花的，接收单位对并入的资金，不再补贴印花 (16)纳税人已履行并贴花的合同，发现实际结算金额与合同所载金额不一致的，一般不再补贴印花
鼓励行为	(17)财产所有人将财产赠给政府、社会福利单位、学校所立的书据
照顾行为	(18)图书、报、刊发行单位之间，发行单位与订阅单位或个人之间书立的凭证 (19)农业保险合同、农业生产者购买生产资料或销售自产农产品签订的买卖合同 (20)铁道企业特定凭证免税
非经营行为	(21)军队、武警部队订立、领受的应税凭证

续表

记忆提示	具体内容
特殊货运	(22)由外国运输企业运输进口货物的，外国运输企业所持有的一份结算凭证，免征印花税 (23)抢险救灾物资运输结算凭证； (24)为新建铁路运输施工所属物料，使用工程临管线专用运费结算凭证
政策扶持	(25)股权转让(国有股权的无偿划转) 【注意】上市公司国有股权无偿转让，需要免征证券交易印花税的，须由企业提出申请，报证券交易所所在地税务局审批，并报国家税务总局备案

(六)印花税的征收管理

1. 印花税纳税义务发生时间

一般情况：纳税人订立、领受应税凭证或者完成证券交易的当日。

在国外签订的合同：在将合同带入境时。

2. 印花税纳税地点

适用情形	纳税地点
单位纳税人	机构所在地的税务机关
证券交易印花税的扣缴义务人	机构所在地的税务机关
个人纳税人	应税凭证订立、领受地或者居住地的税务机关
出让或者转让不动产产权	不动产所在地的税务机关

3. 印花税纳税期限

方　式	期　限
按季、按年计征的	季度、年度终了之日起 15 日内申报并缴纳税款
按次计征	纳税义务发生之日起 15 日内申报并缴纳税款
按周解缴(证券交易印花税)	每周终了之日起 5 日内申报解缴税款及孳息

【例题·单选题】根据印花税法律制度的规定，在下列各项中，印花税应当按周解缴的是(　　)。

A. 买卖合同印花税　　B. 产权转移书据印花税

C. 证券交易印花税　　D. 营业账簿印花税

『答案』C

第二节　车辆、船舶与环境相关税种

学情分析

1. 理解车船税的特征，掌握车船税的征税范围及应纳税额计算，识记车船税的征收管理；

2. 理解车辆购置税的概念，识记车辆购置税的纳税人和征收管理，掌握车辆购置税的应纳税额计算；

3. 理解船舶吨税的特征，识记船舶吨税的税率和计税依据；

4. 识记环境保护税的纳税人和税率，掌握环境保护税的计税依据及应纳税额的计算

主要内容导图

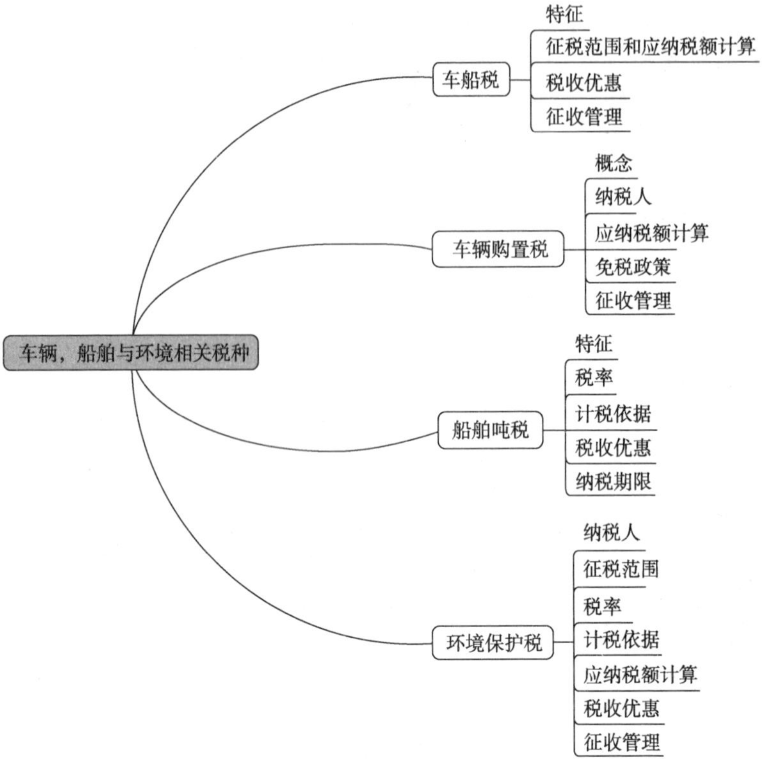

重、难点解析

一、车船税

（一）车船税的特征

（1）属于财产税；

（2）以《车船税法》所附《车船税税目税额表》规定的车辆、船舶为征税范围；

（3）以应税车辆、船舶的“所有人或者管理人”为纳税人；

（4）以从事机动车第三者责任强制保险业务的“保险机构”为机动车车船税的扣缴义务人。

【例题·多选题】下列纳税主体中，属于车船税纳税人的有（　　）。

A. 在中国境内拥有并使用船舶的国有企业　B. 在中国境内拥有并使用车辆的外籍个人

C. 在中国境内拥有并使用船舶的内地居民　D. 在中国境内拥有并使用车辆的外国企业

『**答案**』ABCD

（二）车船税的征税范围和应纳税额计算

1. 征税范围

（1）依法应当在车船登记管理部门登记的机动车辆和船舶。

（2）依法“不需要”在车船登记管理部门登记的在单位内部场所行驶或者作业的机动车辆和船舶。

2. 税率

车船税实行“有幅度的定额税率”。

3. 应纳税额的计算

<table>
<tr><th colspan="2">税目</th><th>计税依据</th><th>应纳税额</th></tr>
<tr><td rowspan="2">乘用车、客车和摩托车</td><td>>1.6 升</td><td rowspan="2">每辆</td><td>辆数×适用年税额</td></tr>
<tr><td>≤1.6 升</td><td>辆数×适用年税额×50%</td></tr>
<tr><td colspan="2">货车、专用作业车和轮式专用机械车(不包括拖拉机)</td><td rowspan="2">整备质量每吨</td><td>整备质量吨位数×适用年税额</td></tr>
<tr><td colspan="2">挂车</td><td>整备质量吨位数×适用年税额×50%</td></tr>
<tr><td colspan="2">机动船舶</td><td rowspan="2">净吨位每吨</td><td>净吨位数×适用年税额</td></tr>
<tr><td colspan="2">非机动驳船、拖船</td><td>净吨位数×适用年税额×50%</td></tr>
<tr><td colspan="2">游艇</td><td>艇身长度每米</td><td>艇身长度×适用年税额</td></tr>
<tr><td colspan="4">【注意】购入当年不足 1 年的自纳税义务发生“当月”按月计征</td></tr>
</table>

（三）车船税的税收优惠

1. 免征车船税

（1）捕捞、养殖渔船；

（2）军队、武装警察部队专用的车船；

（3）警用车船；

（4）消防车船(2020 年新增)；

（5）依照法律规定应当予以免税的外国驻华使领馆、国际组织驻华代表机构及其有关人员的车船；

（6）商用新能源车船。

2. 不属于车船税征税范围，不征收车船税

（1）乘用新能源车船；

（2）外国、港、澳、台临时入境车船。

3. 减半征收车船税

（1）节能汽车(1.6 升及以下小排量)；

（2）拖船、非机动驳船；

（3）挂车。

【例题·单选题】下列车船中，应缴纳车船税的是(　　)。

1. 商用客车　　B. 捕捞渔船　　C. 警用车船　　D. 养殖渔船

『答案』A

（四）车船税的征收管理

1. 纳税义务发生时间

取得车船所有权或者管理权的当月。

2. 纳税地点

车船税的纳税地点为车船的登记地或者车船税扣缴义务人所在地。

（1）扣缴义务人代收代缴车船税的，纳税地点为扣缴义务人所在地。

（2）纳税人自行申报缴纳车船税的，纳税地点为车船登记地的主管税务机关所在地。

（3）依法不需要办理登记的车船，其车船税的纳税地点为车船的所有人或者管理人所在地。

3. 纳税申报

(1) 车船税按年申报，分月计算，一次性缴纳。

(2) 扣缴义务人，应当在收取保险费时依法代收车船税，并出具代收税款凭证，扣缴义务人已代收代缴车船税的，纳税人不再向车辆登记地的主管税务机关申报缴纳车船税。

(3) 没有扣缴义务人的，纳税人应当向主管税务机关自行申报缴纳车船税。

(4) 已缴纳车船税的车船在同一纳税年度内办理转让过户的，不另纳税，也不办理退税。

(5) 在一个纳税年度内，已完税的车船被盗抢、报废、灭失的，纳税人可以凭有关机关出具的证明和完税凭证，向纳税所在地的主管税务机关申请退还自被盗抢、报废、灭失月份起至该纳税年度终了期间的税款。

【例题·单选题】下列关于车船税纳税申报的表述中，不正确的是(　　)。

A. 扣缴义务人已代收代缴车船税的，纳税人不再向车辆登记地的主管税务机关申报缴纳车船税

B. 没有扣缴义务人的，纳税人应当向主管税务机关自行申报缴纳车船税

C. 已缴纳车船税的车船在同一纳税年度内办理转让过户的，需要另外纳税

D. 车船税按年申报，分月计算，一次性缴纳

『**答案**』C

二、车辆购置税

(一) 车辆购置税的概念

车辆购置税，是对在中国境内购置规定车辆的单位和个人征收的一种税。

(二) 车辆购置税的纳税人

在我国境内“购置”“规定的车辆”的单位和个人。

“购置”行为：购买、进口、自产、受赠、获奖、其他(拍卖、抵债、走私、罚没等)方式取得并“自用”的行为。

规定的车辆：汽车、有轨电车、汽车挂车、排气量超过150mL的摩托车。

(三) 车辆购置税的应纳税额计算

1. 应纳税额=计税价格×10%

2. 应税车辆的计税价格——同增值税

纳税人自产自用应税车辆的计税价格，按照纳税人生产的同类应税车辆的销售价格确定，不包括增值税税款。

【例题·单选题】某汽车企业2022年5月进口自用小汽车一辆，海关审定的关税完税价格为60万元，缴纳关税15万元，消费税25万元，已知车辆购置税税率为10%。计算车辆购置税税额的下列算式中，正确的是(　　)。

A. (60+15)×10%=7.5(万元)　　B. (60+25)×10%=8.5(万元)

C. (60+15+25)×10%=10(万元)　　D. 60×10%=6(万元)

『**答案**』C

(四) 车辆购置税的免税政策

(1) 外国驻华使馆、领事馆和国际组织驻华机构及其有关人员自用的车辆。(黑牌车)

(2) 中国人民解放军和中国人民武装警察部队列入军队装备订货计划的车辆。(白牌车)

(3) 悬挂应急救援专用号牌的国家综合性消防救援车辆。(白牌车)

(4) 设有固定装置的非运输专用作业车辆。

(5) 城市公交企业购置的公共汽电车辆。

(五) 车辆购置税的征收管理

1. 纳税地点

是否需要办理车辆登记	纳税地点
是	"车辆登记地"的主管税务机关
否	"纳税人所在地"的主管税务机关

2. 纳税义务发生时间

纳税人购置应税车辆的当日。

3. 纳税期限

自纳税义务发生之日起"60 日"内。

4. 纳税环节

(1) 纳税人应当在向公安机关交通管理部门办理车辆注册登记前，缴纳车辆购置税。

(2) 公安机关交通管理部门办理车辆注册登记，应当根据税务机关提供的应税车辆完税或者免税电子信息对纳税人申请登记的车辆信息进行核对，核对无误后依法办理车辆注册登记。

5. 应予"补税"的情形

免税、减税车辆因转让、改变用途等原因不再属于免税、减税范围的，纳税人应当在办理车辆转移登记或者变更登记前缴纳车辆购置税。

6. 准予"申请退税"的情形

纳税人将已征车辆购置税的车辆退回车辆生产企业或者销售企业的，可以向主管税务机关申请退还车辆购置税。

三、船舶吨税

(一) 船舶吨税的特征

(1) 属于行为税;

(2) 以自中国境外港口进入境内港口的船舶为征税对象;

(3) 以应税船舶负责人为纳税人。

(二) 税率

1. 采用定额税率，按船舶净吨位和停靠时间实行复式税率

2. 执行优惠税率的船舶

(1) 我国国籍的应税船舶;

(2) 船籍国(地区)与我国签订含有互相给予船舶税费最惠国待遇条款的条约或者协定的应税船舶。

(三) 计税依据

以船舶净吨位为计税依据。

（四）税收优惠

（1）应纳税额在人民币50元以下的船舶——海关本色；

（2）自境外取得船舶所有权的初次进口到港的空载船舶——处女停；

（3）吨税执照期满后24小时内不上下客货的船舶——幽灵船；

（4）避难、防疫隔离、修理、终止运行或者拆解，并不上下客货的船舶——特殊目的；

（5）非机动船舶（不包括非机动驳船）；

（6）捕捞、养殖渔船；

（7）军队、武装警察部队专用或征用的船舶、警用船舶；

（8）依法应当予以免税的外国驻华使领馆、国际组织驻华代表机构及其有关人员的船舶。

【例题·单选题】根据船舶吨税法律制度的规定，下列船舶中，不予免征船舶吨税的是（　　）。

A. 捕捞渔船　　B. 非机动驳船　　C. 养殖渔船　　D. 军队专用船舶

『答案』B

（五）纳税期限

应税船舶负责人应当自海关填发吨税缴款凭证之日起15日内缴清税款。

四、环境保护税

（一）纳税人

在我国领域和管辖海域，“直接”向环境排放应税污染物的“企业事业单位和其他生产经营者”。按照规定征收环境保护税，不再征收排污费。

（二）征税范围

1. 税目：大气污染物、水污染物、固体废物、噪声

2. 不属于“直接”排放的情形

（1）向依法设置的污水、生活垃圾“集中处理”场所排放应税污染物；

（2）在符合国家和地方环境保护标准的设施、场所贮存或者处置固体废物。

【注意】超标排放或不符合环保标准，应当缴纳环境保护税。

（三）税率

采用定额税率。

（四）计税依据

1. 计税依据

（1）“大气和水污染物”按照污染物排放量折合的“污染当量数”确定；

（2）“固体废物”按照固体废物的“排放量”确定；

（3）“噪声”按照“超过国家规定标准的分贝数”确定。

2. 排放量和分贝数按照下列方法和顺序确定

（1）安装使用了符合规定的自动监测设备：按自动监测数据计算；

（2）未安装使用自动监测设备：按监测机构出具的监测数据计算；

（3）不具备监测条件的：按规定的排污系数、物料衡算方法计算；

（4）不能按上述方法计算的：按规定的抽样测算的方法核定计算。

（五）应纳税额计算

1. 计算公式

应纳税额=计税依据×适用税额

2. 对噪声的特别规定

（1）一个单位边界上有“多处”噪声超标，根据“最高一处”超标声级计算应纳税额；当沿边界长度“超过100米”有两处以上噪声超标，按照“两个单位”计算应纳税额。

（2）一个单位有“不同地点”作业场所的，应当分别计算应纳税额，合并计征。

（3）“昼、夜”均超标的环境噪声，昼、夜分别计算应纳税额，累计计征。

（4）夜间频繁突发和夜间偶然突发厂界超标噪声，按等效声级和峰值噪声两种指标中超标分贝值高的一项计算应纳税额。

（六）税收优惠

1. 免征

（1）农业生产（不包括规模化养殖）排放应税污染物的；

（2）机动车、铁路机车、非道路移动机械、船舶和航空器等流动污染源排放应税污染物的；

（3）依法设立的城乡污水集中处理、生活垃圾集中处理场所排放相应应税污染物，不超过国家和地方规定的排放标准的；

（4）纳税人综合利用的固体废物，符合国家和地方环境保护标准的。

2. 减征

（1）纳税人排放应税大气污染物或者水污染物的浓度值低于国家和地方规定的污染物排放标准30%的，减按75%征收环境保护税；

（2）纳税人排放应税大气污染物或者水污染物的浓度值低于国家和地方规定的污染物排放标准50%的，减按50%征收环境保护税；

（3）工业噪声声源一个月内超标“不足15天”的，减半计算应纳税额。

（七）征收管理

1. 纳税义务发生时间

纳税人排放应税污染物的“当日”。

2. 纳税期限

按“月”计算，按“季”申报缴纳。不能按固定期限计算缴纳的，可以按“次”申报缴纳。

3. 纳税申报

（1）纳税人按季申报缴纳的，应当自季度终了之日起15日内，向税务机关办理纳税申报并缴纳税款。

（2）纳税人按次申报缴纳的，应当自纳税义务发生之日起15日内，向税务机关办理纳税申报并缴纳税款。

4. 纳税地点

向应税污染物“排放地”的税务机关申报缴纳。

【例题·单选题】根据环境保护税法律制度的规定，下列各项中，不属于环境保护税征税范围的是（　　）。

A. 噪声　　B. 固体废物　　C. 光污染　　D. 水污染物

『答案』C

第三节　与增值税联系较为密切的税种

学情分析

1. 理解关税的特征，识记关税的纳税人、课税对象及税率，掌握进口货物应纳税额的计算和出口货物关税应纳税额的计算；

2. 理解和识记城市维护建设税与教育费附加的纳税人及税率，掌握城市维护建设税与教育费附加的应纳税额计算；

3. 识记资源税的纳税人和征税范围，掌握资源税的税率和计税依据；

4. 理解烟叶税的概念、纳税人和征税范围，掌握烟叶税应纳税额的计算。

主要内容导图

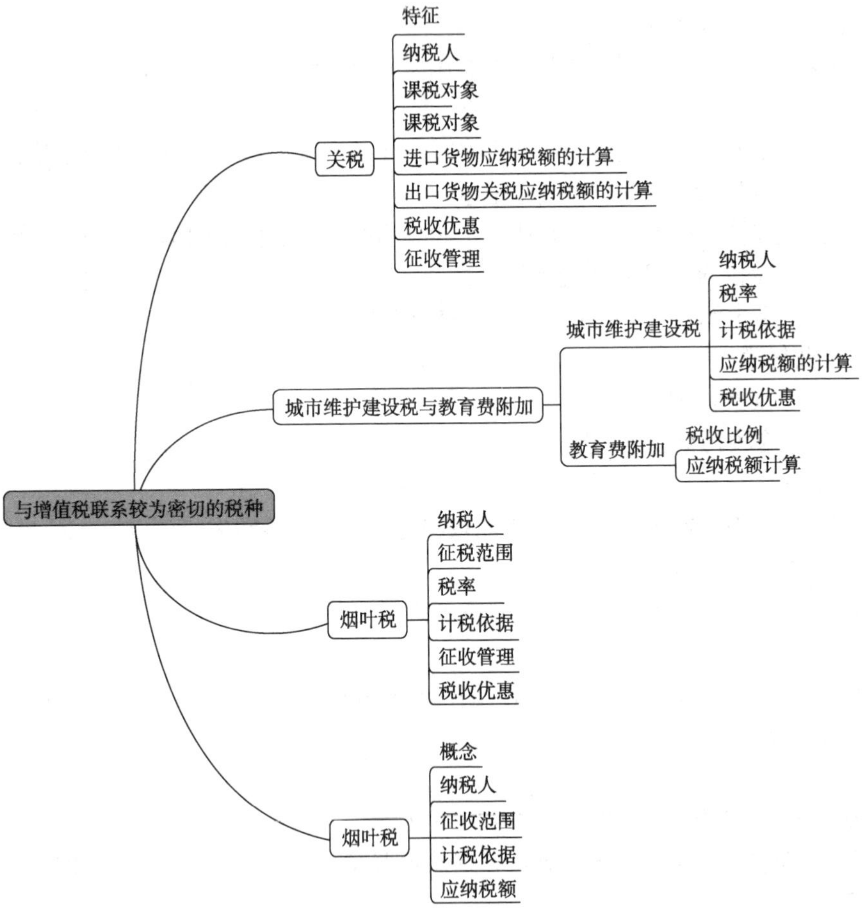

一、关税

（一）关税的特征

（1）属于流转税；

（2）以进出国境或关境的货物、物品为征税对象。

（二）关税的纳税人

适用情形	纳税人		
进口货物	收货人		
出口货物	发货人		
进境物品	所有人	入境旅客随身携带的行李、物品	持有人
		各种运输工具上服务人员入境时携带自用物品	所有人
		馈赠物品以及其他方式入境个人物品	所有人
		个人邮递物品	收件人

（三）关税的课税对象

进出境的货物、物品。

【例题·判断题】对于从境外采购进口的原产于中国境内的货物，应按规定征收进口关税。（　　）

『答案』√

（四）进口货物应纳税额的计算

1. 进口关税的完税价格

（1）一般贸易项下进口货物关税完税价格的确定

以“海关审定”的成交价格为基础的到岸价格作为完税价格。

应计入完税价格的项目	不应计入完税价格的项目
①进口货物的买方为购买该项货物向卖方实际支付或应当支付的价格	—
②进口人在成交价格外另支付给“卖方”的佣金	①向境外采购代理人支付的“买方”佣金
—	②报关费、商检费等“报关费用”
③货物运抵我国境内输入地点起卸“前”的包装费、运费、保险费和其他劳务费	③进口货物运抵境内输入地点起卸之“后”的运输及其相关费用、保险费
④为了在境内生产、制造、使用或出版、发行的目的而向境外支付的与该进口货物有关的专利、商标、著作权，以及专有技术、计算机软件和资料等费用	④厂房、机械、设备等货物进口后进行基建、安装、装配、维修和技术服务的费用

（2）特殊贸易下进口货物的完税价格

① 运往境外加工的货物：

出境时已向海关报明，并在海关规定期限内复运进境的，以境外加工费和料件费以及复运进境的运输及其相关费用和保险费审查确定完税价格。（2020年调整）

② 运往境外修理的机械器具、运输工具或者其他货物：

出境时已向海关报明并在海关规定期限内复运进境的，以经海关审定的修理费和料件费作为完税价格。

③ 租借和租赁进口货物：

以海关审定的租金作为完税价格。

【例题·多选题】下列各项中，应计入进口货物关税完税价格的有(　　)。

A. 货物运抵我国关境内输入地点起卸前的运费、保险费

B. 货物运抵我国关境内输入地点起卸后的运费、保险费

C. 支付给卖方的佣金

D. 向境外采购代理人支付的买方佣金

『**答案**』AC

2. 关税的税率

(1) 税率适用的标准

进口货物适用何种关税税率是以“进口货物的原产地”为标准的。

(2) 关税的税率种类

种类	特　点
普通税率	①原产于未与我国共同适用或订立最惠国税率，特惠税率或协定税率的国家或地区； ②原产地不明
最惠国税率	①原产于共同适用最惠国条款的世贸组织成员； ②原产于与我国签订最惠国待遇双边协定的国家； ③原产于我国
协定税率	原产于与我国签订含有“关税优惠条款”的国家
特惠税率	原产于与我国签订含有“特殊关税优惠条款”的国家
关税配额税率	配额与税率结合，配额内税率较低，配额外税率较高
暂定税率	在最惠国税率的基础上，对特殊货物可执行暂定税率

3. 关税的计税依据及应纳税额计算

计税依据	适用范围	应纳税额
从价计征	一般货物	进口货物数量×单位完税价格×税率(①)
从量计征	啤酒、原油等	进口货物数量×关税单位税额(②)
复合计征	广播用录像机、放像机、摄像机	①+②
滑准税	滑准税是指关税的税率随着进口商品价格的变动而反方向变动的一种税率形式，即“价格越高，税率越低”，税率为比例税率	

(五) 出口货物关税应纳税额的计算

1. 计税依据

出口货物离岸价格，扣除出口关税后作为完税价格。

出口货物完税价格=离岸价格÷(1+出口税率)

2. 应纳税额

应纳税额=出口货物完税价格×出口税率

【例题·单选题】(下列关于出口货物关税完税价格的计算公式中，正确的是(　　)。

A. 关税完税价格=离岸价格÷(1-出口税率)

B. 关税完税价格=离岸价格÷(1+出口税率)

C. 关税完税价格=离岸价格×(1-出口税率)

D. 关税完税价格=离岸价格×(1+出口税率)

『答案』B

(六) 关税的税收优惠

1. 法定减免

(1) 一票货物关税税额、进口环节增值税或者消费税税额在人民币"50元"以下的;

(2) "无商业价值"的广告品及货样;

(3) "国际组织、外国政府"无偿赠送的物资;

(4) 进出境运输工具装载的途中"必需"的燃料、物料和饮食用品;

(5) 因故"退还"的中国出口货物,可以免征进口关税,但已征收的出口关税不予退还;

(6) 因故"退还"的境外进口货物,可以免征出口关税,但已征收的进口关税不予退还。

2. 酌情减免

(1) 在境外运输途中或者在起卸时,遭受到损坏或者损失的;

(2) 起卸后海关放行前,因不可抗力遭受损坏或者损失的;

(3) 海关查验时已经破漏、损坏或者腐烂,经证明不是保管不善造成的。

(七) 关税的征收管理

1. 纳税期限

进出口货物的收发货人或者代理人应当在海关填发税款缴款凭证之日起15日内,向指定银行缴纳税款。

2. 海关暂不予放行的旅客携运进、出境的行李物品

(1) 旅客不能当场缴纳进境物品税款的;

(2) 进出境的物品属于许可证件管理的范围,但旅客不能当场提交的;

(3) 进出境的物品超出自用合理数量,按规定应当办理货物报关手续或者其他海关手续,尚未办理的;

(4) 对进出境物品的属性、内容存疑,需要由有关主管部门进行认定、鉴定、验核的;

(5) 按规定暂不予放行的其他行李物品。

二、城市维护建设税与教育费附加

(一) 城市维护建设税

1. 城市维护建设税的纳税人

实际缴纳"两税"(增值税、消费税)的单位和个人。

2. 城市维护建设税税率

地　区	税　率
市区	7%
不在市区	5%

3. 城市维护建设税计税依据

城市维护建设税的计税依据,是纳税人"实缴"的"两税"税额+出口货物、劳务或者跨境销售服务、无形资产增值税免抵税额。

4. 城市维护建设税应纳税额的计算

应纳税额=(实际缴纳增值税+消费税+出口货物、劳务或者跨境销售服务、无形资产增

值税免抵税额)×适用税率

5. 城市维护建设税税收优惠

(1) 进口不征;

(2) 出口不退;

(3) 对“两税”实行先征后返、先征后退、即征即退办法的,除另有规定外,对随“两税”附征的城市维护建设税,一律不予退(返)还。

【例题·单选题】2022 年 10 月甲公司向税务机关实际缴纳增值税 70000 元、消费税 50000 元;向海关缴纳进口环节增值税 40000 元、消费税 30000 元。已知城市维护建设税适用税率为 7%,计算甲公司当月应缴纳城市维护建设税税额的下列算式中,正确的是( )。

A. (70000+50000+40000+30000)×7%=13300(元)

B. (70000+40000)×7%=7700(元)

C. (50000+30000)×7%=5600(元)

D. (70000+50000)×7%=8400(元)

『**答案**』D

(二) 教育费附加

1. 征收比率

教育费附加的征收比率为 3%。

2. 应纳税额计算

应纳教育费附加=(实际缴纳增值税+消费税)×3%

【例题·单选题】2022 年 12 月甲企业当月应缴增值税 30 万元,实际缴纳 20 万元,应缴消费税 28 万元,实际缴纳 12 万元,已知教育费附加征收比率为 3%,则该企业当月应缴纳的教育费附加计算正确的是( )。

A. (30+28)×3%=1.74(万元)

B. (20+12)×3%=0.96(万元)

C. 30×3%=0.9(万元)

D. 20×3%=0.6(万元)

『**答案**』B

三、资源税

(一) 资源税的纳税人

资源税的纳税人,是指在“我国领域及管辖海域”“开采”《资源税暂行条例》规定的矿产品或者生产盐的单位和个人。

(二) 资源税的征税范围

项目		征税	不征	免征
能源矿产	原油	天然原油	“人造”石油 “进口”石油	开采原油过程中用于“加热、修井”的原油
	天然气	专门或与原油同时开采	“煤矿”生产的天然气	
	煤炭	原煤+“未税”原煤加工的洗选煤	“已税”原煤加工的煤炭制品	

续表

项目		征税	不征	免征
金属矿产	黑色金属	铁等		
	有色金属	金等		
非金属矿		黏土等		
盐		固体盐、液体盐		
水		河北等试点地区	其他非试点地区	

（三）资源税的税率

1. 税率

“黏土、砂石”：定额税率。

其他应税矿产品：比例税率。

2. 分别核算

（1）纳税人开采或者生产不同税目应税产品的，应当分别核算不同税目应税产品的销售额(销售量)，未分别核算的从高适用税率。

（2）纳税人开采销售共伴生矿，共伴生矿与主矿产品销售额分开核算的，对共伴生矿暂不计征资源税；未分别核算的，全部销售额一并按主矿产品适用税目、税率计征资源税。

3. 收购未税矿产品

（1）“独立矿山、联合企业收购未税矿产品的单位”，按照“本单位”应税产品税额标准，依据收购的数量代扣代缴资源税。

（2）“其他单位”收购未税矿产品，按税务机关“核定”的应税产品税额标准，依据收购的数量代扣代缴资源税。

（四）资源税的计税依据

1. 销售额

（1）一般情况下销售额的确定同增值税

（2）征税对象为“原矿”的

① 纳税人将其开采的原煤，自用于“连续生产”洗选煤的，在原煤移送使用环节不缴纳资源税；

② 将开采的原煤加工为洗选煤“销售”的，以洗选煤销售额乘以折算率作为应税煤炭销售额，计算缴纳资源税。

煤炭销售额=洗选煤销售额×折算率

（3）征税对象为“精矿”的

① 纳税人开采并销售原矿的，将原矿销售额换算为“精矿”销售额计算缴纳资源税。

② 纳税人将其开采的原矿加工为精矿销售的，按“精矿”销售额计算缴纳资源税。

（4）金矿

金矿征税对象为标准金锭，纳税人销售金原矿、金精矿的，比照上述规定换算为金锭的销售额缴纳资源税。

换算公式：精矿销售额=原矿销售额×换算比

2. 销售数量

（1）纳税人开采或者生产应税产品销售的，以实际“销售数量”为销售数量。

（2）纳税人开采或者生产应税产品自用的，以移送使用时的“自用数量”为销售数量。

【例题·单选题】甲砂石企业开采砂石1000吨，对外销售800吨，移送50吨砂石继续精加工并于当月销售。已知砂石的资源税税率为4元/吨，甲企业应当缴纳的资源税的下列计算中，正确的是(　　)。

A.(800+50)×4=3400(元)　　　　B.800×4=3200(元)

C.1000×4=4000(元)　　　　D.50×4=200(元)

『答案』A

(五)资源税的税收优惠

税目	条件	优惠幅度
石油天然气	稠油、高凝油、高含硫天然气	减征40%
	三次采油、深水油气田、页岩气	减征30%
	低丰度油气田	减征20%
所有矿产品	充填开采	减征50%
	衰竭期矿山	减征30%
	【注意】上述优惠不能叠加适用	

（六）资源税的征收管理

1. 纳税义务发生时间——同增值税

2. 纳税期限

（1）资源税的纳税期限为1日、3日、5日、10日、15日或者1个月；不能按固定期限计算纳税的，可以按次计算纳税。

（2）纳税人以1个月为一期纳税的，自期满之日起“10日”内申报纳税；以1日、3日、5日、10日或者15日为一期纳税的，自期满之日起5日内预缴税款，于次月1日起“10日”内申报纳税并结清上月税款。

【例题·单选题】根据资源税法律制度的规定，关于资源税纳税义务发生的时间的下列表述中，不正确的是(　　)。

A. 销售应税资源品目采取预收货款结算方式的，为收讫销售款的当天

B. 销售应税资源品目采取分期收款结算方式的，为销售合同规定的收款日期的当天

C. 自产自用应税资源品目的，为移送使用应税产品的当天

D. 扣缴义务人代扣代缴资源税税款的，为支付首笔货款或开具应支付货款凭据的当天

『答案』A

四、烟叶税

（一）烟叶税的概念

烟叶税是向收购烟叶产品的单位征收的，由烟草公司负担，按照收购金额的一定比例征收的一种税。

（二）烟叶税的纳税人

（1）烟叶税的纳税人为在中华人民共和国境内“收购烟叶的单位”。（包括接受委托收购烟叶的单位）

（2）对依法查处没收的违法收购的烟叶，由“收购罚没烟叶的单位”缴纳烟叶税。

（三）烟叶税的征税范围

包括：晾晒烟叶、烤烟叶。

（四）烟叶税的计税依据

价款总额=收购价款+价外补贴

价外补贴=收购价款×10%

（五）烟叶税的应纳税额

应纳税额=收购价款×（1+10%）×20%

同步练习

第一节　房地产相关的小税种

一、单项选择题

1. 根据房产税法律制度的规定，下列各项中，不符合房产税纳税义务发生时间规定的是（　　）。

A. 纳税人将原有房产用于生产经营，从生产经营之次月起，缴纳房产税

B. 纳税人自行新建房屋用于生产经营，从建成之次月起，缴纳房产税

C. 纳税人委托施工企业建设的房屋，从办理验收手续之次月起，缴纳房产税

D. 纳税人购置新建商品房，自房屋交付使用之次月起，缴纳房产税

2. 根据契税法律制度的规定，下列各项中，属于契税纳税人的是（　　）。

A. 出租房屋的张某　　B. 出让土地使用权的某省政府

C. 购买办公楼的高新技术企业　　D. 转让土地使用权的房地产开发公司

3. 下列各项中，不属于土地增值税纳税人的是（　　）。

A. 以房产抵债的某工业企业　　B. 出租写字楼的某外资房地产开发公司

C. 转让商业用房的个人　　D. 转让国有土地使用权的某大学

4. 甲公司转让一幢位于城区的旧写字楼，原造价1500万元，取得土地使用权所支付的地价款及相关费用为400万元。经房地产评估机构评定其重置成本为2000万元，成新度折扣率为七成，转让价格3000万元，支付有关税费100万元，甲公司应纳土地增值税为（　　）。

A. 90万元　　B. 500万元　　C. 215万元　　D. 345万元

5. 某企业2022年年初实际占地面积为2000平方米，2022年4月该企业为扩大生产，根据有关部门的批准，新征用非耕地3000平方米。已知该企业所处地段适用年纳税额5元/平方米。该企业2022年应缴纳城镇土地使用税的下列计算中，正确的是（　　）。

A. 2000×5=10000元　　B. 3000×5=15000元

C. 2000×5+3000×5×8÷12=20000元　　D. 2000×5+3000×5=25000元

6. 根据城镇土地使用税法律制度的规定，下列各项中，不得减免城镇土地使用税的是（　　）。

A. 对免税单位无偿使用纳税单位的土地　　B. 公园内自用的土地

C. 直接用于林业的生产用地　　D. 盐场的生活区用地

7. 根据房产税法律制度的规定，下列关于房产税的说法正确的是（　　）。

A. 房屋产权属于国家所有的免征房产税

B. 张某将个人拥有产权的房屋出典给李某，则张某为该房屋房产税的纳税人

C. 纳税单位和个人无租使用房产管理部门、免税单位及纳税单位的房产，由出租人缴纳房产税

D. 房地产开发企业建造的商品房，在出售前已使用应按规定征收房产税

8. 某工业企业 2022 年拥有用于生产经营的厂房 2000 平方米，原值为 240 万元；另外还有用于出租的仓库 500 平方米，原值为 60 万元，全年共取得租金 10 万元。该地区规定的房产税扣除比例为 25%。则下列关于该工业企业全年应纳房产税的计算中正确的是(　　)。

A. 240×(1-25%)×1.2%+10×12%=3.36 万元

B. 240×1.2%+10×12%=4.08 万元

C. (240+60)×(1-25%)×1.2%+10×12%=3.9 万元

D. (240+60)×1.2%+10×12%=4.8 万元

9. 林某有面积为 140 平方米的住宅一套，价值 96 万元。黄某有面积为 120 平方米的住宅一套，价值 72 万元。两人进行房屋交换，差价部分黄某以现金补偿林某。已知契税适用税率为 3%，关于黄某应缴纳契税税额的下列计算中，正确的是(　　)。

A. (96+72)×3%=5.04 万元　　B. 96×3%=2.88 万元

C. 72×3%=2.16 万元　　D. (96-72)×3%=0.72 万元

10. 甲公司于 2023 年 10 月成立，建立了 1 本资金账簿，其中实收资本和资本公积合计为 500 万元；领取营业执照、商标注册证、不动产权证书、基本存款账户开户许可证各一件；当月与乙公司签订买卖合同，商品不含税价款 50 万元，增值税额为 6.5 万元；与丙运输公司签订运输合同，合同价款 2 万元，其中运费 1.5 万元，装卸费 0.5 万元。已知，买卖合同的印花税税率为 0.3‰，资金账簿的印花税税率为 0.25‰、运输合同的印花税税率为 0.3‰，权利、许可证照的定额税率为每件 5 元。根据印花税法律制度的规定，甲公司应缴纳印花税为(　　)。

A. 1419.5 元　　B. 2730 元　　C. 2732.5 元　　D. 2742.5 元

11. 根据耕地占用税法律制度的规定，下列各项中，免征耕地占用税的是(　　)。

A. 飞机场占用耕地修建跑道

B. 农村居民在规定用地标准以内占用耕地新建自用住宅

C. 养老院占用的耕地

D. 学校附设的小卖部占用的耕地

二、多项选择题

1. 根据房产税法律制度的规定，下列建筑物中，需要缴纳房产税的有(　　)。

A. 仓库　　B. 水塔

C. 室外游泳池　　D. 包含中央空调在内的生产车间

2. 下列各项中，免于征收房产税的有(　　)。

A. 企业内行政管理部门办公用房产

B. 个人所有非营业用的房产

C. 施工期间施工企业在基建工地搭建的临时办公用房屋

D. 因停工大修导致连续停用半年以上的，房屋处于大修期间

3. 根据《契税暂行条例》的规定，下列行为中，不需缴纳契税的有(　　)。

A. 出租房屋　　　　　　　　　　　　　B. 取得股东出资的房产
C. 价值不等的房屋交换　　　　　　　　D. 法定继承人取得房屋

4. 张某于 2016 年以每套 80 万元的价格购入两套房产作为投资。2017 年将其中一套以 100 万元的价格转让给谢某，从中获利 20 万元，根据我国税收法律制度的规定，张某出售房产的行为应缴纳的税种有(　　)。

A. 个人所得税　　B. 增值税　　C. 契税　　D. 土地增值税

5. 下列各项中，税务机关可要求纳税人进行土地增值税清算的有(　　)。

A. 取得销售(预售)许可证满 3 年仍未销售完毕的

B. 纳税人申请注销税务登记但未办理土地增值税清算手续的

C. 已竣工验收的房地产开发项目，已转让的房地产建筑面积占整个项目可售建筑面积的比例在 85%以上，或该比例虽未超过 85%，但剩余的可售建筑面积已经出租或自用的

D. 直接转让土地使用权的

6. 下列关于城镇土地使用税的计税依据的说法中，正确的有(　　)。

A. 城镇土地使用税以纳税人实际占用的土地面积(平方米)为计税依据

B. 纳税人实际占用的土地面积，是指由省、自治区、直辖市人民政府确定的单位组织测定的土地面积

C. 尚未组织测量，但纳税人持有政府部门核发的土地使用证书的，以证书确认的土地面积为准

D. 尚未核发土地使用证书的，应由纳税人据实申报土地面积，据以纳税，待核发土地使用证以后再作调整

7. 根据印花税法律制度的规定，下列印花税应税凭证中，属于“产权转移书据”的有(　　)。

A. 土地使用权出让合同　　　　　　　B. 土地使用权转让合同
C. 商品房销售合同　　　　　　　　　D. 房屋产权证

8. 根据规定，以下所列的印花税的计税依据正确的有(　　)。

A. 营业账簿中记载资金的账簿以“实收资本”和“资本公积”两项的合计金额作为计税依据

B. 不动产权证按件贴花

C. 应税合同的计税依据，为合同列明的价款或者报酬，包括增值税税款

D. 财产保险合同以保险费为计税依据

9. 下列各项中，符合印花税减免税规定的有(　　)。

A. 书刊发行单位与订阅单位或个人之间书立的凭证，免征印花税

B. 外国运输企业运输进口货物的，外国运输企业所持有的一份结算凭证，免征印花税

C. 代理单位与委托单位之间签订的委托代理合同，不征收印花税

D. 无息贴息借款合同

10. 根据土地增值税法律制度的规定，下列各项中，不应征收土地增值税的有(　　)。

A. 赠予社会公益事业的房地产

B. 个人之间互换自有居住用房地产

C. 抵押期满权属转让给债权人的房地产

D. 两个非房地产开发企业合并为一个企业，且原企业投资主体存续的，对原企业将国

有土地、房屋权属转移、变更到合并后的企业

三、判断题

1. 房屋交换，交换价格不相等的，由收取货币、实物、无形资产或其他经济利益的一方缴纳契税；交换价格相等的，免征契税。(　　)

2. 契税的纳税期限为自纳税义务发生之日起15日内。(　　)

3. 土地增值税纳税人转让房地产的，只有取得了货币收入，才需要缴纳土地增值税。(　　)

4. 纳税人建造普通标准住宅出售，增值额未超过扣除项目金额20%的，予以免税；超过20%的，应按超过部分增值额缴纳土地增值税。(　　)

5. 土地使用权共有的，共有各方均为纳税人，按人数均摊应纳税款。(　　)

6. 在国外书立、领受，但在国内使用的应税凭证，其使用人为纳税人。(　　)

7. 专利权转让、专利实施许可所书立的合同，不征收印花税。(　　)

8. 耕地占用税以纳税人实际占用的耕地面积为计税依据，按照适用税额标准计算应纳税额，一次性缴纳。(　　)

9. 耕地占用税的纳税人为在我国境内占用耕地建设建筑物、构筑物或者从事非农业建设的单位，不包括个人。(　　)

四、不定项选择题

1. 某市一内资房地产开发公司2022年6月开发一个项目，有关经营情况如下：

(1) 该项目商品房全部销售，取得不含税销售额4000万元，并签订了销售合同；

(2) 签订土地购买合同，支付与该项目相关的土地使用权价款600万元，相关税费50万元；

(3) 发生土地拆迁补偿费200万元，前期工程费100万元，支付工程价款750万元，基础设施及公共配套设施费150万元，开发间接费用60万元；

(4) 发生销售费用100万元，财务费用60万元，管理费用80万元；

(5) 该房地产开发公司不能按转让项目计算分摊利息，当地政府规定的开发费用扣除比例为10%。

已知：购销合同的印花税税率为0.3‰；产权转移书据的印花税税率为0.5‰。

要求：

根据上述资料，不考虑其他因素，分析回答下列小题。

(1) 该房地产开发公司2022年销售商品房应缴纳印花税是(　　)。

A. 138万元　　B. 2万元　　C. 2.3万元　　D. 0.3万元

(2) 该房地产开发公司2018年受让土地使用权应缴纳印花税是(　　)。

A. 0.3万元　　B. 2万元　　C. 2.3万元　　D. 3万元

(3) 下列关于该房地产开发公司城市维护建设税的表述中正确的是(　　)。

A. 以实缴的增值税为计税依据　　B. 以应缴的增值税为计税依据

C. 市区的城市维护建设税税率为5%　　D. 市区的城市维护建设税税率为7%

(4) 该房地产开发公司计算土地增值税时相关扣除项目的说法中，正确的是(　　)。

A. 准予扣除土地使用权费=600+50=650万元

B. 准予扣除房地产开发成本=200+100+750+150+60=1260万元

C. 准予扣除房地产开发费用=(650+1260)×20%=382万元

D. 准予扣除“其他扣除项目金额” = (650+1260) ×5% = 95.5 万元

第二节　车辆、船舶与环境相关税种

一、单项选择题

1. 下列不属于船舶吨税的税收优惠的是(　　)。

A. 应纳税额在人民币 50 元以下的船舶免税

B. 吨税执照期满后 24 小时内不上下客货的船舶免税

C. 军队、武装警察部队专用或者征用的船舶免税

D. 自境外以购买、受赠、继承等方式取得船舶所有权的进口到港的空载船舶

2. 下列有关环境保护税法律制度的表述中，错误的是(　　)。

A. 工业噪声声源一个月内超标不足 15 天的，减半计算应纳税额

B. 昼、夜均超标的环境噪声，昼、夜分别计算应纳税额，累计计征

C. 船舶、航空器等流动污染源排放应税污染物的暂免征收

D. 规模化养殖排放应税污染物的暂免征收

3. 某小型运输公司拥有并使用以下车辆：整备质量 5 吨的载货汽车 10 辆；整备质量为 4 吨的挂车 5 辆。当地政府规定，载货汽车的基准税额为 60 元/吨，该公司当年应纳车船税为(　　)。

A. 3600 元　　B. 4020 元　　C. 4200 元　　D. 4260 元

4. 根据车船税法律制度的规定，下列说法中不正确的是(　　)。

A. 车船税纳税义务发生时间为取得车船所有权或者管理权的当月

B. 车船税纳税义务发生时间以购买车船的发票或其他证明文件所载日期的次月为准

C. 扣缴义务人代收代缴车船税的，纳税地点为扣缴义务人所在地

D. 车船税的纳税地点为车船的登记地或者车船税扣缴义务人所在地

5. 某教育公司 2019 年 9 月份购进 1 辆小汽车自用，取得机动车销售发票上注明的价款为 10 万元，增值税 1.3 万元。已知车辆购置税的税率为 10%，则该公司应缴纳的车辆购置税为(　　)。

A. 1 万元　　B. 1.05 万元　　C. 1.13 万元　　D. 1.22 万元

二、多项选择题

1. 根据车船税法律制度的规定，下列各项中，符合车船税有关规定的有(　　)。

A. 摩托车，以“辆数”为计税依据

B. 游艇，以“净吨位数”为计税依据

C. 载货汽车，以“整备质量吨位数”为计税依据

D. 船舶，以“净吨位数”为计税依据

2. 根据车辆购置税法律制度的规定，下列各项中免征车辆购置税的有(　　)。

A. 外国驻华使领馆、国际组织驻华机构及其有关人员自用的车辆

B. 设有固定装置的非运输专用作业车辆

C. 城市公交企业购置的公共汽车

D. 购置 1.6 升及以下排量的乘用车

3. 根据车船税法律制度的规定，下列车船中应当缴纳车船税的有(　　)。

A. 半挂牵引车　　B. 货车　　C. 摩托车　　D. 游艇

4. 根据车船税法律制度的规定，下列车船中，免征车船税的有(　　)。

A. 警用车船　　B. 养殖渔船　　C. 载货汽车　　D. 载客汽车

三、判断题

1. 环境保护税实行定额税率。(　　)

2. 纳税人以受赠、获奖或者以其他方式取得并自用的应税车辆的计税价格，由主管税务机关参照市场价格核定。(　　)

第三节　与增值税联系较为密切的税种

一、单项选择题

1. 下列关于资源税征税范围和税目的说法中，正确的是(　　)。

A. 人造石油和天然石油均属于征税范围

B. 金属矿中的铝土矿以精矿为征税对象

C. 金矿的法定征税对象为金锭

D. 与原油同时开采的天然气不属于征税范围

2. 某油田 2023 年 1 月生产原油 6400 吨，当月销售 6000 吨，每吨不含税价格 2500 元；非生产性自用 100 吨，另有 300 吨在采油过程中用于加热、修井。已知原油适用税率 10%。该油田当月应缴纳的资源税为(　　)。

A. 150 万元　　B. 152. 5 万元　　C. 157. 5 万元　　D. 160 万元

3. 某市一企业 2022 年 6 月被查补增值税 50000 元，所得税 60000 元，被加收的滞纳金为 1000 元。该企业应补缴的城市维护建设税和教育费附加为(　　)。

A. 5000 元　　B. 7000 元　　C. 8000 元　　D. 10000 元

4. 境内一单位将一批货物运往境外加工，出境时向海关报明价值 1000 元；支付境外加工费 600 元，料件费 500 元；支付复运进境的运输费 500 元和保险费 100 元。该货物适用关税税率 10%，则该单位应缴纳的进口关税为(　　)。

A. 170 元　　B. 110 元　　C. 250 元　　D. 390 元

二、多项选择题

1. 根据资源税法律制度的规定，下列各项中，属于资源税纳税人的有(　　)。

A. 开采原煤的国有企业　　B. 进口铁矿石的私营企业

C. 生产盐的个体经营者　　D. 开采天然原油的外商投资企业

2. 下列各项中，符合城市维护建设税纳税地点规定的有(　　)。

A. 一般情况下，纳税人缴纳增值税、消费税的地点，就是纳税人缴纳城建税的地点

B. 流动经营无固定地点的单位，纳税地点为单位注册地

C. 流动经营无固定地点的个人，纳税地点为居住所在地

D. 代收代扣增值税、消费税的单位和个人，纳税地点为代收代扣地

3. 下列各项中，属于关税纳税人的有(　　)。

A. 工贸或农贸结合的进出口公司

B. 外贸进出口公司

C. 馈赠物品以及其他方式入境个人物品的所有人

D. 个人邮递物品的收件人

4. 下列关于进口货物关税税率的表述，正确的有(　　)。

A. 按照特定减免税办法批准予以减免税的进口货物，后因情况改变需予补税的，应按其原进口之日实施的税率征税

B. 属于保税性质的进口货物，如未经批准擅自转为内销的，则按海关查获日期所施行的税率征税

C. 暂时进口货物转为正式进口需予补税时，应按其申报暂时进口之日实施的税率征税

D. 溢卸、误卸货物事后确定需征税时，如原进口日期无法查明的，可按确定补税当天实施的税率征税

5. 根据我国关税法律制度的规定，下列费用中，可以计入进口货物完税价格的有(　　)。

A. 卖方付给进口人的正常回扣　　B. 货价

C. 包装费　　D. 保险费

6. 烟叶税的征税范围包括(　　)。

A. 采摘烟叶　　B. 晾晒烟叶　　C. 烤烟叶　　D. 烟丝

三、判断题

1. 开采原油过程中用于加热、修井的原油视同自用依法缴纳资源税。(　　)

2. 对由于减免增值税、消费税而发生退税的，已征收的城市维护建设税不予退还。(　　)

3. 一票货物关税税额、进口环节增值税或者消费税税额在人民币 100 元以下的，可以免征关税。(　　)

4. 自 2016 年 6 月 1 日起，旅客进出境携运物品不能当场缴纳税款的，海关暂不予放行。(　　)

第七章　税收征收管理法律制度

学情分析

程序法的内容本就不难，适当关注“时间规定”和“税款征收”的相关内容即可。

主要内容导图

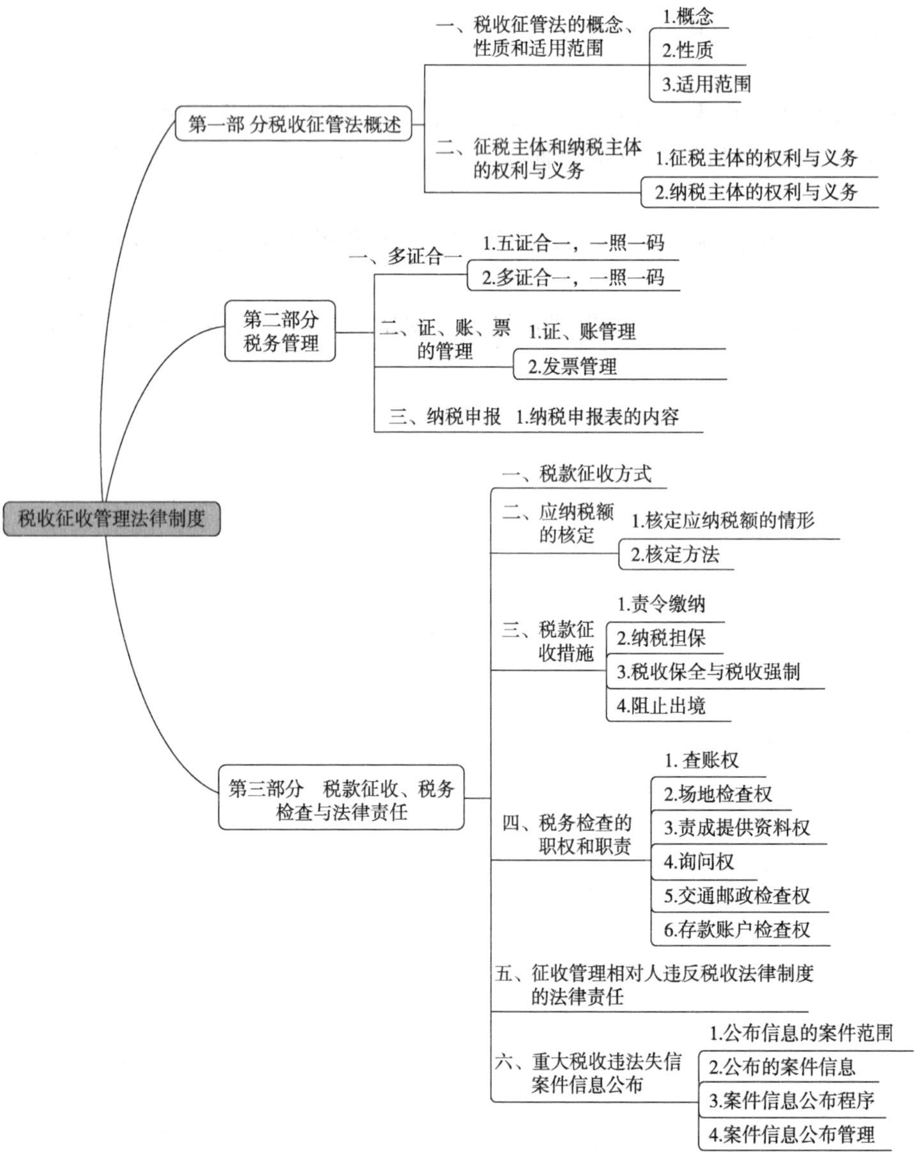

重、难点解析

第一节 税收征管法概述

一、税收征管法的概念、性质和适用范围

（一）概念

税收征收管理法，是指调整税收征收与管理过程中所发生的社会关系的法律规范的总称。

（二）性质

属于税收程序法。

（三）适用范围

由税务机关负责征收的税种，适用税收征管法。

【例题·单选题】下列各项中，属于税收程序法的是（　　）。

A. 企业所得税法　　B. 个人所得税法　　C. 税收征管法　　D. 车辆购置税法

『答案』C

二、征税主体和纳税主体的权利与义务

（一）征税主体的权利与义务

1. 权利

权利	考　点
税收立法权	—
税务管理权	—
税款征收权	(1) 最基本、最主要的职权； (2)包括依法计征权、核定税款权、税收保全和强制执行权、追征税款权
税务检查权	查账权、场地检查权、询问权、责成提供资料权、存款账户核查权
税务行政处罚权	—
其他职权	审批减、免、退、延期缴纳的申请权；阻止欠税纳税人离境权；委托代征权；估税权；代位权与撤销权；欠税情况公告权；上诉权

2. 义务

(1) 广泛宣传税收法律、行政法规，普及纳税知识，无偿地为纳税人提供纳税咨询服务。

(2) 依法为纳税人、扣缴义务人的情况保密。

(3) 加强队伍建设，提高税务人员的政治业务素质。

(4) 秉公执法，忠于职守，清正廉洁，礼貌待人，文明服务，尊重和保护纳税人、扣缴义务人的权利，依法接受监督。

(5) 税务人员不得索贿受贿、徇私舞弊、玩忽职守、不征或少征应征税款；不得滥用职

权多征税款或者故意刁难纳税人和扣缴义务人。

(6) 税务人员在核定应纳税额、调整税收定额、进行税务检查、实施税务行政处罚、办理税务行政复议时，与纳税人、扣缴义务人或者其法定代表人、直接责任人有夫妻关系、直系血亲关系、三代以内旁系血亲关系、近姻亲关系应当回避。

(7) 建立、健全内部制约和监督管理制度。

(二) 纳税主体的权利与义务

1. 权利

知情权、(要求)保密权、税收监督权、纳税申报方式选择权、申请延期申报权、申请延期缴纳税款权、申请退还多缴税款权、依法享受税收优惠权、委托税务代理权、陈述与申辩权、对未出示税务检查证和税务检查通知书的拒绝检查权、税收法律救济权、依法要求听证权、索取有关税收凭证权。

2. 义务

依法进行税务登记的义务；依法设置账簿、保管账簿和有关资料以及依法开具、使用、取得和保管发票的义务；财务会计制度和会计核算软件备案的义务；按照规定安装、使用税控装置的义务；按时、如实申报的义务；按时缴纳税款的义务；代扣、代收税款的义务；接受依法检查的义务；及时提供信息的义务；报告其他涉税信息的义务。

【例题·多选题】下列各项中，属于税务机关职权的有(　　)。

A. 税务管理权　　B. 税款征收权　　C. 上诉权　　D. 保密权

『**答案**』ABC

第二节　税务管理

一、多证合一

(一) "五证合一，一照一码"

工商营业执照、组织机构代码证、税务登记证、社会保险登记证、统计登记证。

(二) "多证合一、一照一码"

在"五证合一，一照一码"的基础上，将其他各类证照进一步整合至营业执照，最终实现企业"一照一码"。

【例题·多选题】下列执照和证件中，属于"五证合一，一照一码"登记制度改革范围的有(　　)。

A. 安全生产许可证　　B. 组织机构代码证　　C. 税务登记证　　D. 工商营业执照

『**答案**』BCD

二、证、账、票的管理

(一) 证、账管理

(1) 从事生产、经营的纳税人应当自领取"营业执照"或者"发生纳税义务"之日起"15日内"，按照国家有关规定设置账簿。

(2) 扣缴义务人应当自“扣缴义务发生”之日起“10 日内”，设置代扣代缴、代收代缴税款账簿。

(3) 纳税人使用计算机记账的，其建立的会计电算化系统应当符合国家有关规定，并能正确、完整核算其收入或者所得。

(4) 证、账、表及其他涉税资料应当保存“10 年”，法律、行政法规另有规定除外。

【例题 · 单选题】根据税收征收管理法律制度的规定，除另有规定外，从事生产、经营的纳税人的账簿、记账凭证、报表、完税凭证、发票、出口凭证以及其他有关涉税资料应当保存一定期限，该期限为(　　)。

A. 30 年　　B. 10 年　　C. 15 年　　D. 20 年

『答案』B

(二) 发票管理

1. 发票的类型

类型	包括内容
增值税专用发票	增值税专用发票、税控“机动车”销售统一发票
增值税普通发票	增值税普通发票(折叠票)、增值税电子普通发票、增值税普通发票(卷票)
其他发票	农产品收购发票、农产品销售发票、门票、过路(过桥)费发票、定额发票、客运发票、“二手车”销售统一发票

2. 发票的适用范围

纳税人		可使用发票
一般纳税人		增值税专用发票、增值税普通发票、机动车销售统一发票、增值税电子普通发票 【链接】小规模纳税人除“销售其取得的不动产向税务机关申请代开”外，可以自行开具增值税专用发票
小规模纳税人	月销售额>10 万(季度>30 万)	增值税普通发票、机动车销售统一发票、增值税电子普通发票
	月销售额≤10 万(季度≤30 万)	享受免税政策，不得开具增值税发票

3. 发票的开具和使用

(1) 单位和个人，对外发生经营业务收取款项，收款方应向付款方开具发票，特殊情况下由付款方向收款方开具发票。

(2) 开具发票应当按照规定的时限、顺序、栏目，“全部联次一次性如实开具”，并加盖“发票专用章”。

(3) 任何单位和个人不得有下列虚开发票行为：

① 为他人、为自己开具与实际经营业务情况不符的发票；

② 让他人为自己开具与实际经营业务情况不符的发票；

③ 介绍他人开具与实际经营业务情况不符的发票。

(4) 任何单位和个人应当按照发票管理规定使用发票，不得有下列行为：

① 转借、转让、介绍他人转让发票、发票监制章和发票防伪专用品；

② 知道或者应当知道是私自印制、伪造、变造、非法取得或者废止的发票而受让、开具、存放、携带、邮寄、运输；

③ 拆本使用发票；

④ 扩大发票使用范围；

⑤ 以其他凭证代替发票使用。

4. 发票的保管

已开具的发票存根联和发票登记簿应当保存“5 年”。保存期满，报经税务机关查验后销毁。

5. 增值税发票开具和使用的特别规定

（1）购买方为企业的，索取增值税“普通发票”时，应向销售方提供“纳税人识别号或统一社会信用代码”；销售方为其开具增值税普通发票时，应在“购买方纳税人识别号”栏填写购买方的纳税人识别号或统一社会信用代码。

（2）进一步扩大增值税发票网上申领适用范围，已经实现办税人员实名信息采集和验证的纳税人，可以“自愿选择”使用网上申领方式领用发票。(2020 年新增)。

（3）积极推进增值税发票领用分类分级管理(2020 年新增)。

纳税人的税收风险程度	发票领用管理制度
较低	按需供应发票
中等	正常供应发票，加强事中事后监管
较高	严格控制发票领用数量和最高开票限额，并加强事中事后监管

6. 税务机关在发票检查中的权利

（1）检查印制、领购、开具、取得、保管和缴销发票的情况。

（2）调出发票查验。

（3）查阅、复制与发票有关的凭证、资料。

（4）向当事各方询问与发票有关的问题和情况。

（5）在查处发票案件时，对与案件有关的情况和资料，可以记录、录音、录像、照相和复制。

【例题·多选题】下列各项中，属于增值税专用发票的有(　　)。

A. 增值税专用发票　　B. 税控机动车销售统一发票

C. 海关进口增值税专用缴款书　　D. 农产品收购发票

『**答案**』AB

三、纳税申报

(一) 纳税申报表的内容

税种、税目；应纳税项目或者应代扣代缴、代收代缴税款项目；计税依据；扣除项目及标准；适用税率或者单位税额；应退税项目及税额、应减免税项目及税额；应纳税额或者应代扣代缴、代收代缴税额；税款所属期限、延期缴纳税款、欠税、滞纳金等。

【例题·多选题】根据税收征收管理法律制度的规定，下列各项中，属于纳税申报表内容的有(　　)。

A. 税款所属期限　　B. 适用的税率　　C. 税种、税目　　D. 计税依据

『**答案**』ABCD

（二）纳税申报方式

1. 自行申报

2. 邮寄申报

以“寄出”的邮戳日期为实际申报日期。

3. 数据电文申报

以税务机关计算机网络系统“收到”该数据电文的时间为实际申报日期。

4. 其他方式

（1）简易申报。

（2）简并征期。

该两种方式只适用于实行定期定额征收方式的纳税人。

（三）其他要求

（1）纳税人在纳税期内“没有应纳税款”的，也应当按照规定进行纳税申报。

（2）纳税人“享受减税、免税待遇”的，在减税、免税期间应当按照规定办理纳税申报。

（3）延期申报

① 原因及程序：

不可抗力：无须申请直接延期，税务机关事后查明、核准；

其他原因：纳税人提出书面申请，税务机关核准。

② 延期申报须“预缴税款”：

多缴：退还但不支付利息；

少缴：补交但不加收滞纳金。

【例题·多选题】根据税收征收管理法律制度的规定，下列纳税申报方式中，符合法律规定的有（　　）。

A. 甲企业在规定的申报期限内，自行到主管税务机关指定的办税服务大厅申报

B. 经税务机关批准，丙企业以网络传输方式申报

C. 经税务机关批准，乙企业使用统一的纳税申报专用信封，通过邮局交寄

D. 实行定期定额缴纳税款的丁个体工商户，采用简易申报方式申报

『**答案**』ABCD

第三节　税款征收、税务检查与法律责任

一、税款征收方式

征收方式	适用范围	
查账征收	有账且健全	财务会计制度健全，能够如实核算和提供生产经营情况，并能正确计算应纳税款和如实履行纳税义务的纳税人
查定征收	有账但不全的小型生产企业	生产经营规模较小、产品零星、税源分散、会计账册不健全，但能控制原材料或进销货的小型厂矿和作坊
查验征收	有账但不全的小型非生产企业	纳税人财务制度不健全，生产经营不固定，零星分散、流动性大的税源

续表

征收方式	适用范围	
定期定额征收	没账	经主管税务机关认定和县以上税务机关批准的生产、经营规模小，达不到法律规定设置账簿标准，难以查账征收，不能准确计算计税依据的个体工商户和个人独资企业

【例题·单选题】根据税收征收管理法律制度的规定，下列税款征收方式中，适用于纳税人财务制度不健全，生产经营不固定，零星分散、流动性大的税源的征收方式是(　　)。

A. 查定征收　　B. 定期定额征收　　C. 查账征收　　D. 查验征收

『答案』D

二、应纳税额的核定

(一) 核定应纳税额的情形

(1) 依照法律、行政法规的规定可以“不设置”账簿的。

(2) 依照法律、行政法规的规定应当设置但“未设置”账簿的。

(3) “擅自销毁”账簿或者“拒不提供”纳税资料的。

(4) 虽设置账簿，但账目混乱，或者成本资料、收入凭证、费用凭证残缺不全，“难以查账”的。

(5) 发生纳税义务，未按照规定的期限办理“纳税申报”，经税务机关责令限期申报，逾期仍不申报的。

(6) 纳税人申报的计税依据明显偏低，又“无正当理由”的。

【例题·单选题】某酒店 2022 年 12 月份取得餐饮收入 5 万元，客房出租收入 10 万元，该酒店未在规定期限内进行纳税申报，经税务机关责令限期申报，逾期仍未申报。根据税收征收管理法律制度的规定，税务机关有权对该酒店(　　)。

A. 采取税收保全措施　　B. 责令提供纳税担保

C. 税务人员到酒店直接征收税款　　D. 核定其应纳税额

『答案』D

(二) 核定方法

(1) 参照当地同类行业或者类似行业中经营规模和收入水平相近的纳税人的税负水平核定。

(2) 按照营业收入或者成本加合理的费用和利润的方法核定。

(3) 按照耗用的原材料、燃料、动力等推算或者测算核定。

(4) 按照其他合理方法核定。

【例题·多选题】下列关于税务机关核定应纳税额的方法中正确的有(　　)。

A. 参照当地同类行业中经营规模和收入水平相近的纳税人的税负水平核定

B. 按照营业收入核定

C. 按照成本加合理的费用的方法核定

D. 税务机关可以同时采用 ABC 三种方法核定

『答案』AB

三、税款征收措施

具体措施：责令缴纳；责令提供纳税担保；税收保全措施；税收强制执行措施；阻止出境。

【例题·多选题】税务机关在税款征收中可以根据不同情况采取相应的税款征收措施，下列各项中，属于税款征收措施的有(　　)。

A. 罚款　　B. 责令缴纳

C. 阻止出境　　D. 由税务机关核定应纳税额

『答案』BC

(一) 责令缴纳

1. 前提条件——应税未税

(1) 纳税人未按照规定期限缴纳税款。

(2) 扣缴义务人未按照规定期限解缴税款。

(3) 纳税担保人未按照规定期限缴纳所担保的税款。

(4) 未办理税务登记及临时经营的纳税人税务机关核定其应纳税额后。

(5) 税务机关有根据认为纳税人有逃避缴纳税款义务的行为。

2. 仍不缴纳的后果

(1)(2)(3)(4)→税收强制执行程序；(5)→纳税担保程序。

3. 滞纳金

(1) 计算公式：

滞纳金=应纳税款×滞纳天数×0.5‰

(2) 滞纳天数：

自纳税期限届满之次日起至实际缴纳税款之日止。(算尾不算头)

【例题·单选题】纳税人未按照规定期限缴纳税款的，税务机关可责令限期缴纳，并从滞纳之日起，按日加收滞纳税款一定比例的滞纳金，该比例为(　　)。

A. 万分之一　　B. 万分之三　　C. 万分之五　　D. 万分之七

『答案』C

(二) 纳税担保

1. 担保方式

保证、抵押、质押。

2. 适用纳税担保的情形

(1) 税务机关有根据认为从事生产、经营的纳税人有逃避纳税义务行为，在规定的纳税期限之前经“责令其限期缴纳”应纳税款，在限期内发现纳税人有明显的转移、隐匿其应纳税的商品、货物以及其他财产或者应纳税收入的迹象，“责成纳税人提供纳税担保”的。

(2) 欠缴税款、滞纳金的纳税人或者其法定代表人需要“出境”的。

(3) 纳税人同税务机关在“纳税”上发生争议而“未缴清税款”，需要申请行政复议的。

3. 纳税担保的范围

税款；滞纳金；实现税款、滞纳金的费用。

【例题·单选题】下列各项中，不属于纳税担保方式的是(　　)。

A. 保证　　B. 扣押　　C. 质押　　D. 抵押

『答案』B

(三) 税收保全与税收强制执行措施

批准		经县以上税务局(分局)局长批准
保全	前提	税务机关责令符合条件的纳税人提供纳税担保而纳税人拒绝或不能提供担保
	具体措施	(1)书面通知银行冻结相当于应纳税款的存款(陷阱:冻结全部资金) (2)扣押、查封相当于应纳税款的商品、货物或者其他财产(陷阱:全部财产)
	期限	一般最长不得超过"6个月"
强制执行	前提	从事生产经营的纳税人、扣缴义务人未按照规定的期限缴纳或者解缴税款,纳税担保人未按照规定的期限缴纳所担保的税款,由税务机关责令限期缴纳,逾期仍未缴纳
	具体措施	(1)书面通知银行从存款中扣缴税款 (2)扣押、查封、依法拍卖或者变卖相当于应纳税款的商品、货物或者其他财产,以拍卖或者变卖所得抵缴税款 【注意】滞纳金同时强制执行
不适用的财产		个人及其所扶养家属维持生活必需的住房和用品,单价5000元以下的其他生活用品

【例题·单选题】根据税收征收管理法律制度的规定,税务机关采取的下列措施中,属于税收保全措施的是(　　)。

A. 书面通知纳税人开户行冻结纳税人的金额相当于应纳税款的存款

B. 依法拍卖纳税人价值相当于应纳税款的商品,以拍卖所得抵缴税款

C. 书面通知纳税人开户行从纳税人的存款中扣缴税款

D. 通知出境管理机关阻止欠缴税款的纳税人出境

『答案』A

(四) 阻止出境

欠缴税款的纳税人或者其法定代表人在出境前未按规定结清应纳税款、滞纳金或者"提供纳税担保"的,税务机关可以"通知出境管理机关"阻止其出境。

四、税务检查的职权和职责

(一) 查账权

(二) 场地检查权

到纳税人的生产、经营场所和货物存放地检查纳税人应纳税的商品、货物或者其他财产;检查扣缴义务人与代扣代缴、代收代缴税款有关的经营情况。

(三) 责成提供资料权

(四) 询问权

(五) 交通邮政检查权

到车站、码头、机场、邮政企业及其分支机构检查纳税人托运、邮寄应纳税商品、货物或者其他财产的有关"单据、凭证和有关资料"。

(六) 存款账户检查权

经"县以上税务局(分局)局长批准"可以查询从事生产经营的纳税人、扣缴义务人在银行或者其他金融机构的存款账户。

经"设区的市、自治州以上税务局(分局)局长"批准,可以查询案件涉嫌人员的储蓄存款。

【例题·多选题】根据税收征收管理法律制度的规定，下列各项中属于税务机关税务检查职责范围的有(　　)。

A. 责成纳税人提供与纳税有关的资料

B. 可按规定的批准期限采取税收保全措施

C. 询问纳税人与纳税有关的问题和情况

D. 检查纳税的账簿、记账凭证和报表

『答案』ABCD

五、行政管理相对人违反税收法律制度的法律责任

项目	违法行为	法律责任
逃税	纳税人采取欺骗、隐瞒手段进行虚假纳税申报或不申报逃避缴纳税款	追缴税款、滞纳金，并处50%以上5倍以下罚款
欠税	纳税人采取转移或隐匿财产的手段，妨碍税务机关追缴欠税	
抗税	暴力、威胁	追缴税款、滞纳金，并处1倍以上5倍以下罚款
骗税	以假报出口或其他欺骗手段骗取出口退税款	追缴税款，并处税款1倍以上5倍以下的罚款，在规定期间内停止办理退税
编造虚假计税依据(2020年新增)		责令限期改正，并处5万元以下的罚款
扣缴义务人应扣未扣、应收未收税款		向纳税人追缴税款； 对扣缴义务人处以50%以上3倍以下罚款

六、重大税收违法失信案件信息公布

(一) 公布信息的案件范围

违法行为	标　　准
逃税	100万元以上，且任一年度不缴或者少缴应纳税款占当年各税种应纳税总额10%以上的
欠税	10万元以上的
骗税	—
抗税	—
虚开发票	虚开增值税专用发票或虚开用于骗取出口退税、抵扣税款的其他发票的
	虚开普通发票100份或金额40万元以上的
伪造、变造	私自印制、伪造、变造发票，非法制造发票防伪专用品，伪造发票监制章的
失联	有上述违法行为(逃、欠、抗、骗、虚开发票)经税务机关检查确认走逃的

(二) 公布的案件信息

(1) 对法人或者其他组织，公布其名称，统一社会信用代码或者纳税人识别号，注册地址，法定代表人、负责人或者经法院裁判确定的实际责任人的姓名、性别及身份证号码，经法院裁判确定的负有直接责任的财务人员、团伙成员的姓名、性别及身份证号码；

(2) 对自然人，公布其姓名、性别、身份证号码；

(3) 主要违法事实；

(4) 走逃情况；

(5) 适用的相关法律依据;

(6) 税务处理、税务行政处罚等情况;

(7) 实施检查的单位;

(8) 对公布的重大税收违法失信案件负有直接责任的涉税专业服务机构及从业人员，税务机关可以依法一并公布其名称、统一社会信用代码或者纳税人识别号、注册地址，以及直接责任人的姓名、性别、身份证号码、职业资格证书编号等。

(三) 案件信息公布程序

1. 依法向社会公布的时间

(1) 税务机关作出处罚决定，当事人在法定期间内没有申请行政复议或提起行政诉讼，或经行政复议或法院裁判对此案件最终确定效力;

(2) 走逃案件，经税务机关查证处理，进行公告 30 日后，依法向社会公布。

2. 不公布的情形

当事人，在公布"前"缴清税款、滞纳金和罚款的。

3. 停止公布并从公告栏中撤出的情形

当事人，在公布"后"缴清税款、滞纳金和罚款的。

(四) 案件信息公布管理

1. 公布渠道

(1) 省以下税务机关通过省税务机关门户网站向社会公布;

(2) 省以下税务机关通过本级税务机关公告栏、报纸、广播、电视、网络媒体等途径以及新闻发布会等形式向社会公布;

(3) 国家税务总局门户网站设立专栏链接省税务机关门户网站的公布内容。

2. 公布期

自公布之日起满 3 年，税务机关在 5 日内停止信息公布。

3. 记录在案

案件信息一经录入相关税务信息管理系统，作为当事人的税收信用记录"永久"保存。

同步练习

一、单项选择题

1. 纳税人欠缴应纳税款，采取转移或者隐匿财产的手段，妨碍税务机关追缴欠缴税款，欠缴税款金额(　　)以上的，属于重大税收违法失信案件。

A. 100 万元　　B. 50 万元　　C. 20 万元　　D. 10 万元

2. 根据税收征收管理法律制度的规定，对于扣缴义务人未按照规定的期限向税务机关报送其全部银行账号的，情节不严重的，由税务机关责令改正，可以处罚的金额为(　　)。

A. 2000 元以下　　B. 2000 元以上 5000 元以下

C. 2000 元以上 10000 元以下　　D. 5000 元以上

3. 下列选项中，不属于税务机关可以行使的税务检查职权的是(　　)。

A. 向扣缴义务人询问与代扣代缴有关的问题

B. 在邮局检查纳税人邮寄应纳税商品、货物或者其他财产的有关单据

C. 依法查询从事生产、经营的纳税人、扣缴义务人的银行存款账户

D. 到纳税人的生活场所检查纳税人应纳税的商品、货物或者其他财产

4. 下列各项中，属于税收保全措施的是(　　)。

A. 提请工商机关吊销纳税人的营业执照

B. 书面通知纳税人开户银行从其存款中扣缴税款

C. 变卖纳税人价值相当于应纳税款的货物，以变卖所得抵缴税款

D. 扣押纳税人的价值相当于应纳税款的商品

5. 根据税收征收管理法律制度的规定，下列情形中，不适用纳税担保的是(　　)。

A. 欠缴税款、滞纳金的纳税人或者其法定代表人需要出境的

B. 纳税人未按照规定期限缴纳税款

C. 税务机关有根据认为从事生产的纳税人有逃避纳税义务行为，在规定的纳税期之前经责令其限期缴纳税款，在限期内发现纳税人有明显的转移财产的迹象的

D. 纳税人同税务机关在纳税上发生争议而未缴清税款，需要申请行政复议的

6. 下列各项中，属于纳税主体应承担的义务的是(　　)。

A. 按规定缴纳税款　　B. 申请延期纳税

C. 申请退还多缴税款　　D. 进行税务检查

7. 实行定期定额缴纳税款的纳税人，可以采取的申报方式是(　　)。

A. 自行申报　　B. 邮寄申报

C. 数据电文申报　　D. 简易申报和简并征期

8. 下列选项中，属于征税主体义务的是(　　)。

A. 对纳税人税收违法行为进行处罚

B. 对扣缴义务人税收违法行为进行保密

C. 税务人员在进行税务检查时，与纳税人存在利害关系的应进行回避

D. 阻止欠税纳税人离境

9. 下列关于税务行政复议管辖的说法中，不符合法律规定的是(　　)。

A. 对各级税务局的具体行政行为不服的，向其上一级税务局申请行政复议

B. 对各级税务局的具体行政行为不服的，只能向当地人民政府申请行政复议

C. 对国家税务总局的具体行政行为不服的，向国家税务总局申请行政复议

D. 对计划单列市税务局的具体行政行为不服的，向国家税务总局申请行政复议

10. 下列情形中，纳税人应当先向复议机关申请行政复议，对行政复议决定不服，可以再向人民法院提起行政诉讼的是(　　)。

A. 税收保全措施　　B. 税收强制执行措施

C. 税务机关的行政审批行为　　D. 纳税人对纳税期限有异议的

11. 某公司2022年8月应缴纳增值税80000元，城市维护建设税5600元。该公司在规定期限内未进行纳税申报，税务机关责令其缴纳并加收滞纳金，该公司在9月30日办理了申报缴纳手续。税务机关核定该公司增值税和城市维护建设税均以1个月为一个纳税期。有关该公司应缴纳的滞纳金，下列计算列式正确的是(　　)。

A. (80000+5600)×0.5‰×15=642(元)　　B. 80000×0.5‰×15=600(元)

C. 80000×0.5‰×30=1200(元)　　D. (80000+5600)×0.5‰×30=1284(元)

12. 下列关于发票类型和适用范围的说法中，错误的是(　　)。

A. 农产品收购发票属于增值税普通发票

B. 机动车销售统一发票属于增值税专用发票

C. 增值税普通发票(卷票)由纳税人自愿选择使用，重点在生活性服务业纳税人中推广

D. 小规模纳税人(其他个人除外)发生增值税应税行为，可以使用增值税发票管理系统自行开具增值税专用发票

13. 根据税收征收管理法律制度的规定，下列组织和人员中，不用办理税务登记的是(　　)。

A. 某股份公司　　B. 某企业在外地设立的分支机构

C. 某文化出版社　　D. 在集贸市场流动卖菜的农村菜农

二、多项选择题

1. 下列选项中，不在税收强制执行范围内的有(　　)。

A. 单价 5000 元以下的其他生活用品

B. 个人及其所扶养家属维持生活必需的住房和用品

C. 纳税人的一处以外的住房

D. 纳税人的有价证券

2. 某餐厅开业后一直未办理税务登记，根据税收征收管理法律制度的规定，税务机关有权对该餐厅采取的税款征收措施有(　　)。

A. 核定应纳税额，责令缴纳

B. 若税务机关责令其缴纳后，该餐厅仍未缴纳税款，则扣押其价值相当于应纳税款的商品

C. 责令该餐厅提供纳税担保

D. 直接扣押其价值相当于应纳税款的商品进行拍卖或变卖

3. 下列各项中，不适用《征管法》的有(　　)。

A. 契税　　B. 关税　　C. 车辆购置税　　D. 船舶吨税

4. 下列各项中，属于逃税行为的有(　　)。

A. 隐匿账簿、凭证，少缴应纳税款

B. 进行虚假纳税申报，少缴应纳税款

C. 以暴力、威胁方法拒不缴纳税款的行为

D. 以假报出口或者其他欺骗手段，骗取国家出口退税款

5. 根据税收征收管理法律制度的规定，税务机关作出的下列行政行为中，纳税人不服时可以选择申请税务行政复议或者直接提起行政诉讼的有(　　)。

A. 加收滞纳金　　B. 罚款

C. 不依法确认纳税担保行为　　D. 征收税款

6. 根据税收征收管理法律制度的规定，下列关于税款征收措施的表述中，正确的有(　　)。

A. 扣缴义务人未按照规定期限解缴税款的，税务机关可责令限期缴纳

B. 欠缴税款、滞纳金的纳税人或者其法定代表人需要出境的，税务机关可直接通知出境管理机关阻止其出境

C. 个人及其所扶养家属维持生活必需的住房和用品不采取税收保全措施

D. 税务机关可以采取的强制执行措施包括强制扣款、拍卖变卖等

7. 根据《税收征收管理法》的规定，下列各项中，属于适用拍卖、变卖情形的

有(　　)。

A. 设置纳税担保后，限期期满仍未缴纳所担保的税款的

B. 逾期不按规定履行复议决定的

C. 逾期不按规定履行税务处理决定的

D. 采取税收保全措施后，限期期满仍未缴纳税款的

8. 根据税收征收管理法律制度的规定，下列各项中，属于税收保全措施的有(　　)。

A. 书面通知纳税人开户银行冻结纳税人的金额相当于应纳税款的存款

B. 扣押、查封纳税人的价值相当于应纳税款的商品、货物或者其他财产

C. 暂扣纳税人工商营业执照

D. 拍卖纳税人价值相当于应纳税款的货物，以拍卖所得抵缴税款

9. 根据税收征收管理法律制度的规定，下列情形中，税务机关有权责令纳税人提供纳税担保的有(　　)。

A. 欠缴税款、滞纳金的纳税人或者其法定代表人需要出境的

B. 纳税人同税务机关在纳税上发生争议而未缴清税款，需要申请行政复议的

C. 税务机关有根据认为纳税人有逃避纳税义务行为的

D. 未按照规定的期限办理纳税申报，经税务机关责令限期申报，逾期仍不申报的

10. 根据税收征收管理法律制度的规定，税务机关在税款征收中可以根据不同情况采取相应的税款征收措施，下列各项中，属于税款征收措施的有(　　)。

A. 罚款　　B. 核定应纳税额

C. 责令提供纳税担保　　D. 税收保全

11. 根据税收征收管理法律制度的规定，下列关于税款征收方式的表述中，正确的有(　　)。

A. 税款征收是税收征收管理工作的中心环节

B. 财务健全的纳税人适用查账征收

C. 生产经营规模较小、产品零星、税源分散、会计账册不健全，但能控制原材料或进销货的小型厂矿适用查定征收

D. 账务不全但能控制原材料或进销货的作坊适用查验征收

12. 根据税收征收管理法律制度的规定，税务机关对纳税人进行发票检查中有权采取的措施有(　　)。

A. 对与案件有关的情况和资料，可以记录、录音、录像、照相和复制

B. 查阅、复制与发票有关的凭证、资料

C. 向当事人各方询问与发票有关的问题和情况

D. 检查缴销发票的情况

13. 根据税收征收管理法律制度的规定，任何单位和个人不得有虚开发票行为，下列行为中属于虚开发票的有(　　)。

A. 甲公司向乙公司销售产品一批，售价 50 万元，给予 20%的商业折扣，应乙公司要求甲公司按 100 万元开具了增值税专用发票

B. 甲公司购入一批食品进行业务招待使用，要求对方按办公用品项目开具了发票

C. 甲公司从农民手中收购粮食一批，收购价款 100 万元，因税法规定其中 9 万元可以作为进项税额抵扣，因此甲公司按 91 万元开具了农产品收购发票

D. 甲公司销售一批商品因质量不合格被退回，甲公司按规定给对方开具了红字增值税专用发票

14. 关于账簿和凭证管理，下列说法正确的有(　　)。

A. 民族自治地方在设置账簿时，可以仅使用当地通用的一种民族文字

B. 从事生产、经营的纳税人应当自领取营业执照或者发生纳税义务之日起 15 日内，按照国家有关规定设置账簿

C. 账簿包括总账、明细账、日记账以及其他辅助性账簿

D. 扣缴义务人应当自税收法律、行政法规规定的扣缴义务发生之日起 10 日内，按照所代扣、代收的税种，分别设置代扣代缴、代收代缴税款账簿

三、判断题

1. 税务行政复议决定，自作出之日起发生法律效力。(　　)

2. 纳税人及其他税务当事人对税务机关作出的具体税务行政行为不服，可以采用书面或口头形式申请行政复议。(　　)

3. 企业未按规定缴纳税款的，税务机关可以从纳税义务发生之日起按日加收滞纳金。(　　)

4. 税务人员滥用职权，故意刁难纳税人，属于渎职行为，应调离税收工作岗位，并依法给予行政处分。(　　)

5. 税务机关采取税收保全措施的期限一般不得超过 6 个月；重大案件需要延长的，应当报国家税务总局批准。(　　)

6. 企业财务会计管理人员严重不足的，税务机关有权核定其应纳税额。(　　)

7. 税务管理是税收征收管理的重要内容，是税款征收的前提和基础。(　　)

第八章　劳动合同和社会保险法律制度

学情分析

本章重点掌握以下几点：

1. 劳动合同的主要内容：能准确划分居民纳税人和非居民纳税人；(2 个标准)

2. 劳动合同的订立、履行、变更、接触和终止，区分不同应税项目；

3. 集体合同和劳务派遣：不同税目每个项目的费用扣除、税率、基本计算原理和特殊扣除项目：公益捐赠；

4. 掌握基本养老保险、基本医疗保险、工伤保险、失业保险的适用范围及社会保险费的征缴与管理；

5. 违反社会保险法律制度的法律责任。

主要内容导图

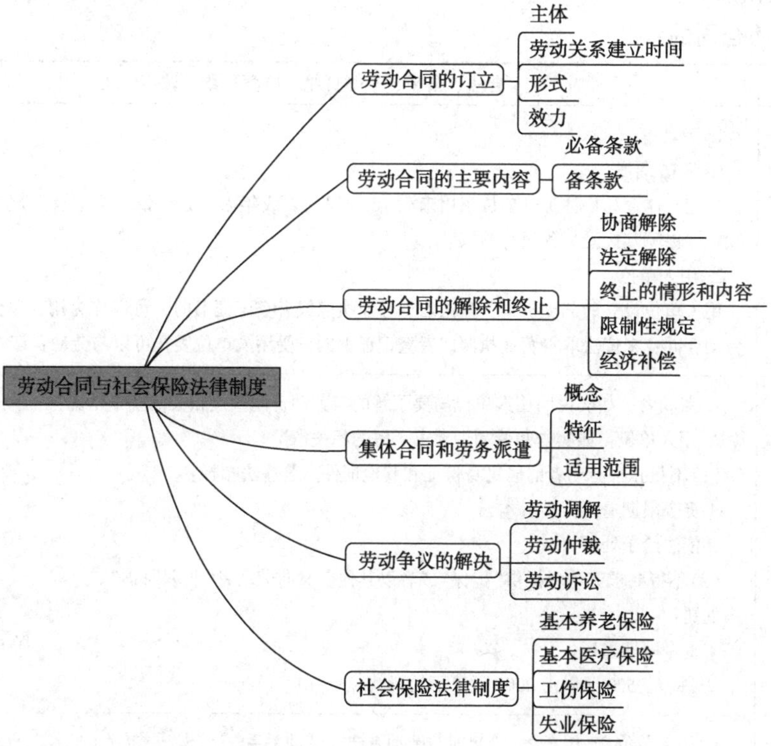

重、难点解析

一、劳动合同法律制度

（一）劳动关系和与劳动合同

概念	劳动关系：劳动者与用人单位依法签订劳动合同而在劳动者与用人单位之间产生的法律关系。 劳动合同：劳动者和用人单位之间依法确立劳动关系，明确双方权利义务的协议。
劳动关系特征	1. 劳动关系的主体具有特定性。 2. 劳动关系的内容具有较强的法定性。 3. 劳动者在签订和履行劳动合同时的地位是不同的。
适用范围	中华人民共和国境内的企业、个体经济组织、民办非企业单位、会计师事务所、律师事务所等合伙组织和基金会等组织；国家机关、事业单位、社会团体和与其建立劳动关系的劳动者，订立、履行、变更、解除或者终止劳动合同，依照《劳动合同法》执行。 【提示】地方各级人民政府及县级以上人民政府有关部门为安置就业困难人员提供的给予岗位补贴和社会保险补贴的公益性岗位，其劳动合同不适用《劳动合同法》有关无固定期限劳动合同的规定以及支付经济补偿的规定。

【例题·多选题】下列属于《劳动合同法》适用范围的有（　　）。

A. 个体经济组织　　B. 民办非企业单位

C. 会计师事务所　　D. 会计师事务所

『答案』ABCD

（二）劳动合同的订立

订立原则	合法、公平、平等自愿、协商一致、诚实信用
订立主体的资格要求	1. 劳动者： 年满16周岁 文艺、体育和特种工艺单位招用未满16周岁的未成年人，必须依照国家有关规定，履行审批手续，并保障其接受义务教育的权利。 2. 用人单位： 用人单位设立的分支机构，依法取得营业执照或者登记证书的，可以作为用人单位与劳动者订立劳动合同；未依法取得营业执照或者登记证书的，受用人单位委托可以与劳动者订立劳动合同
订立主体的义务	1. 劳动者：如实说明用人单位需要了解的与劳动合同直接相关的基本情况 2. 用人单位：如实告知劳动者要求了解的相关情况。 （1）不得扣押劳动者的居民身份证和其他证件。若违法扣押： ①责令限期退还劳动者本人 ②依法给予处罚 （2）不得要求劳动者提供“担保”或者以其他名义向劳动者“收取财物”。 处罚： ①责令限期退还 ②“每人”500元以上2000元以下的罚款
劳动关系建立的时间	1. 用人单位自“用工之日”起即与劳动者建立劳动关系 2. 用人单位与劳动者在用工前订立劳动合同的，劳动关系自用工之日起建立

续表

订立原则	合法、公平、平等自愿、协商一致、诚实信用
合同订立形式	书面形式： 一般应当订立书面劳动合同，未订立的用人单位应当自用工之日起“1个月”内与劳动者订立。如未订立，按如下规则处理： 用工之日起1个月内单位书面通知后劳动者不签：书面通知终止、无补偿有报酬 (2)自用工之日起超过1个月不满1年未订立：补签；每月支付2倍的工资。 【提示1】起算时间为用工之日起满1个月的次日，截止时间为补订书面劳动合同的前1日；如劳动者不签：终止劳动关系+支付经济补偿 (3)自用工之日起满1年未与劳动者订立书面合同：自用工之日起满1个月的次日至满1年的前1日应当向劳动者每月支付2倍的工资，并视为自用工之日起满1年的当日已经与劳动者订立无固定期限劳动合同，应当立即与劳动者补订书面劳动合同 (4)用人单位违反劳动合同法规定不与劳动者订立无固定期限劳动合同的，自应当订立无固定期限劳动合同之日起向劳动者每月支付2倍的工资
	口头形式： 非全日制用工可以订立口头协议。(非全日制用工：小时计酬为主，每天不超过4小时，每周不超过24小时) 非全日制的特点： (1)劳动者可以与一个或一个以上用人单位订立劳动合同 (2)双方当事人不得约定试用期 (3)双方当事人任何一方都可以随时通知对方终止用工，不支付经济补偿 (4)不得低于规定的最低小时工资标准。劳动报酬结算支付周期最长不得超过15日(小时、日或周等)
合同效力	生效：双方协商一致，并经由用人单位与劳动者在劳动合同文本上“签字或盖章”生效。
	1. 无效的情形： (1)以欺诈、胁迫的手段或乘人之危，使对方在违背真实意思的情况下订立或变更劳动合同的 (2)用人单位免除自己的法定责任、排除劳动者权利的 (3)违反法律、行政法规强制性规定的 2. 无效合同的法律后果： (1)自始无效，部分无效不影响其他部分有效 (2)劳动合同被确认无效，劳动者已付出劳动，用人单位应当向劳动者支付劳动报酬 (3)动合同被确认无效，给对方造成损失的，有过错的一方应当承担赔偿责任

【例题·单选题】根据劳动合同法律制度的规定，下列关于非全日制用工的表述中，正确的是(　　)。

A. 非全日制用工劳动报酬可按月结算

B. 终止非全日制用工，双方当事人任何一方均须提前3日通知对方

C. 非全日制用工双方当事人不得约定试用期

D. 终止非全日制用工的，用人单位应向劳动者支付经济补偿

『答案』C，选项A，非全日制用工劳动报酬结算支付周期最长不得超过15日。选项B，非全日制用工双方当事人任何一方都可以随时通知对方终止用工。选项D，终止用工，用人单位不向劳动者支付经济补偿。

【例题·单选题】2023年7月1日，甲公司书面通知张某被录用，7月5日张某到甲公司上班，11月15日甲公司与张某签订书面劳动合同，因未及时签订书面劳动合同，甲公司应向张某支付一定期间的2倍工资，该期间为(　　)。

A. 自2023年8月1日至2024年11月14日

B. 自2023年7月1日至2024年11月15日

C. 自2023年7月6日至2024年11月15日

D. 自2023年8月6日至2024年11月14日

『**答案**』D，本题考核劳动合同的订立时间。用人单位自用工之日起超过1个月不满1年未与劳动者订立书面劳动合同的，应当向劳动者每月支付2倍的工资，并与劳动者补订书面劳动合同；用人单位向劳动者每月支付2倍工资的起算时间为用工之日起满1个月的次日，截止时间为补订书面劳动合同的前一日。

【例题·单选题】2023年3月1日，甲公司与陈某签订劳动合同，陈某于3月5日正式上班，4月1日过了试用期，4月15日领取工资。甲公司与陈某建立劳动关系的时间为(　　)

A. 3月5日　　B. 3月1日　　C. 4月1日　　D. 4月15日

『**答案**』A，本题考核劳动关系。用人单位与劳动者在用工前订立劳动合同的，劳动关系自用工之日起建立。

【例题·多选题】根据劳动合同法律制度的规定，用人单位需承担的义务有(　　)。

A. 告知劳动者工作内容、工作条件、工作地点、职业危害、安全生产状况、劳动报酬等

B. 不得扣押劳动者相关证件

C. 不得向劳动者索取财物

D. 不得要求劳动者提供担保

『**答案**』ABCD，用人单位招用劳动者时，应当如实告知劳动者工作内容、工作条件、工作地点、职业危害、安全生产状况、劳动报酬，以及劳动者要求了解的其他情况。用人单位招用劳动者，不得扣押劳动者的居民身份证和其他证件，不得要求劳动者提供担保或者以其他名义向劳动者收取财物。

（三）劳动合同的主要内容

<table>
<tr><td rowspan="3">必备条款九项</td><td>用人单位的基本信息</td></tr>
<tr><td>劳动者的基本信息</td></tr>
<tr><td>劳动合同期限：
1. 固定期限
以完成一定工作任务为期限
2. 无固定期限
该用人单位连续工作满10年的；
(1)初次实行劳动合同制度或者国有企业改制重新订立合同时在该单位连续工作满10年且距法定退休年龄不足10年的(双10)；
(2)连续订立2次固定期限劳动合同，且劳动者没有规定情形，续订劳动合同的，规定情形如下：
a. 严重违反用人单位的规章制度的
b. 严重失职，营私舞弊，给用人单位造成重大损害的
c. 劳动者同时与其他用人单位建立劳动关系，对完成本单位的工作任务造成严重影响，或者经用人单位提出，拒不改正的
d. 劳动者以欺诈、胁迫的手段或者乘人之危，使用人单位在违背真实意思的情况下订立或者变更劳动合同，致使劳动合同无效的
e. 被依法追究刑事责任的
f. 劳动者患病或者非因工负伤，在规定的医疗期满后不能从事原工作，也不能从事由用人单位另行安排的工作的
g. 劳动者不能胜任工作，经过培训或者调整工作岗位，仍不能胜任工作的</td></tr>
</table>

续表

必备条款九项	工作内容和地点
	工作时间： 1. 标准工时制（8×5=40） （1）每日工作8小时、每周40小时 （2）不能实行标准工时制的应保证每天工作不超过8小时，每周不超过40小时，每周至少休息1天。 （3）需要延长的每日不超1小时，最多不超3小时，全月不超36小时（需要紧急处理、影响生产和公众利益必须及时抢修等情形的延长时间不受上述限制）。（天1~3，月36） 2. 不定时工作制：没有固定工作时间限制，主要适用于一些因工作性质或工作条件不受标准工作时间限制的工作岗位。（无加班费） 3. 综合计算工时制：用人单位根据生产和工作的特点，以周、月、季、年等为周期，综合计算工作时间，但其平均日或周工作时间仍与法定标准工作时间基本相同。 休息、休假： 享受带薪年休假的情形： ①职工累计工作已满1年不满10年的，年休假5天 ②职工累计工作已满10年不满20年的，年休假10天 ③职工累计工作已满20年的，年休假15天 不享受年休假的情形： ①职工依法享受寒暑假，其假期天数多于年休假天数的 ②职工请事假累计20天以上且单位按照规定不扣工资的 ③累计工作满1年不满10年的职工，请病假累计2个月以上的 ④累计工作满10年不满20年的职工，请病假累计3个月以上的 ⑤累计工作满20年以上的职工，请病假累计4个月以上的 【提示】累计工作年限是指劳动者自参加工作以来的工作年限总和。国家法定休假日、休息日不计入年休假假期
	劳动报酬： 1. 劳动报酬支付的基本规定 （1）应以法定货币支付，不得以实物、有价证券代替 （2）须在约定日期支付，遇休息日、休假日提前支付 （3）“至少”每月支付一次 2. 加班工资支付标准 （1）在法定休假日和婚丧假期间以及依法参加社会活动期间应支付工资。（2）在部分公民放假的节日期间（如妇女节），对参加社会活动或单位组织庆祝活动和照常工作的职工，应支付工资报酬，但不支付加班工资。如果该节日恰逢周六日，单位安排职工加班工作，则应支付休息日的加班工资。（3）加班工资支付标准：①平日：小时工资的150%；②休息日：不安排补休，200%；③法定休假日：300%支付 【提示】用人单位安排加班不支付加班费的，责令限期支付，逾期不支付的，责令用人单位按应付金额50%以上100%以下加付赔偿金 3. 最低工资制度 劳动者给用人单位造成经济损失，赔偿经济损失；赔偿可从劳动者本人的工资中扣除；每月扣除的部分不得超过劳动者当月工资的20%；扣除后的剩余工资不得低于当地最低工资标准 【提示】低于最低工资标准支付劳动者工资的：行政部门责令限期支付其差额部分；逾期不支付的，责令用人单位按应付金额50%以上100%以下的标准向劳动者加付赔偿金
	社会保险
	劳动保护、劳动条件和职业危害防护
	其他

续表

<table>
<tr>
<td rowspan="3">可备条款三项</td>
<td>
试用期：
1. “同一”用人单位与“同一”劳动者只能约定“一次”试用期；试用期包含在劳动合同期限内劳动合同仅约定试用期的，试用期不成立，该期限为劳动合同期限；非全日制用工不得约定试用期
2. 试用期期限：
<table>
<tr><th>劳动合同期限</th><th>试用期</th></tr>
<tr><td>以完成一定工作任务为期限</td><td rowspan="2">不得约定</td></tr>
<tr><td>不满 3 个月</td></tr>
<tr><td>3 个月以上，不满 1 年</td><td>不得超过 1 个月</td></tr>
<tr><td>1 年以上，不满 3 年</td><td>不得超过 2 个月</td></tr>
<tr><td>3 年以上固定期限</td><td rowspan="2">不得超过 6 个月</td></tr>
<tr><td>无固定期限</td></tr>
</table>
3. 试用期工资：不得低于本单位“相同岗位最低档工资”的 80%或劳动合同约定工资的 80%，并不得低于用人单位所在地的最低工资标准
</td>
</tr>
<tr>
<td>
服务期：
1. 适用范围用人单位为劳动者提供专项培训费用，对其进行专业技术培训的，可约定服务期
2. 劳动者违反服务期约定的，应当按照约定向用人单位支付违约金。违约金的数额不得超过用人单位提供的培训费用
3. 劳动者因违纪等重大过错行为而被用人单位解除劳动关系的，用人单位仍有权要求其支付违约金的情形
4. 解除劳动合同的原因
①若“劳动者”因违纪等重大过错行为而被用人单位解除劳动关系，用人单位仍有权要求其支付违约金
②劳动者无过错，因“用人单位过错”导致劳动者解除劳动合同的，不属于违反服务期的约定，用人单位不得要求劳动者支付违约金
</td>
</tr>
<tr>
<td>
1. 保密条款：用人单位与劳动者可以在劳动合同中约定保守用人单位的商业秘密和与知识产权相关的保密事项
2. 竞业限制：“离职后”最长不得超过“2 年”。在竞业限制期限内，用人单位请求解除竞业限制协议时，人民法院应予支持，在解除竞业限制协议时，劳动者请求用人单位额外支付劳动者“3 个月的竞业限制经济补偿”的，人民法院应予支持
</td>
</tr>
</table>

【例题·多选题】某公司拟与张某签订为期 3 年的劳动合同，关于该合同试用期约定的下列方案中，符合法律制度规定的有(　　)。

A. 不约定试用期　　B. 试用期 1 个月

C. 试用期 3 个月　　D. 试用期 6 个月

『**答案**』ABCD，本题考核试用期。试用期不是必备条款，可以不约定。3 年以上固定期限和无固定期限的劳动合同，试用期不得超过 6 个月。四个选项均符合规定。

【例题·多选题】根据劳动合同法律制度的规定，下列各项中，除劳动者提出订立固定期限劳动合同外，用人单位与劳动者应当订立无固定期限劳动合同的情形有(　　)。

A. 劳动者在该用人单位连续工作满 10 年的

B. 连续订立 2 次固定期限劳动合同，继续续订的

C. 国有企业改制重新订立劳动合同，劳动者在该用人单位连续工作满 5 年且距法定退休年龄不足 15 年的

D. 用人单位初次实行劳动合同制度。劳动者在该用人单位连续工作满 10 年且距法定退休年龄不足 10 年的

『**答案**』ABD，本题考核无固定期限劳动合同的订立。根据规定，用人单位初次实行劳动合同制度或者国有企业改制重新订立劳动合同时，劳动者在该用人单位连续工作满10年且距法定退休年龄不足10年的，应当订立无固定期限劳动合同，因此选项C的说法错误。B选项的含义是指用人单位与劳动者已经达成一致意见，继续续订合同。也就是说用人单位已经考察了劳动者没有劳动合同法第39和第40条第一、二项规定的情形(无违法违章或者不能胜任工作)，不会与劳动者解除劳动合同，而劳动者也愿意继续续订劳动合同，则用人单位与劳动者应当订立无固定期限劳动合同，除非劳动者自愿订立固定期限劳动合同。

【例题·单选题】根据劳动合同法律制度的规定，下列情形中，职工不能享受当年年休假的是(　　)。

A. 已享受40天寒暑假的

B. 累计工作满5年，当年请病假累计15天的

C. 累计工作满20年，当年请病假累计1个月的

D. 请事假累计10天且单位按照规定不扣工资的

『**答案**』A，本题考核“劳动合同必备条款—休息休假”的知识点。当职工有下列情形之一时，不享受当年的年休假：①职工依法享受寒暑假，其休假天数多于年休假天数的；②职工请事假累计20天以上且单位按照规定不扣工资的；③累计工作满1年不满10年的职工，请病假累计2个月以上的；④累计工作满10年不满20年的职工，请病假累计3个月以上的；⑤累计工作满20年以上的职工，请病假累计4个月以上的。故选项A错误。

【例题·单选题】公司职工罗某已享受带薪年休假3天，同年10月罗某又向公司提出补休当年剩余年休假的申请。已知罗某首次就业即到甲公司工作，工作已满12年，且不存在不能享受当年年休假的情形。罗某可享受剩余年休假的天数为(　　)。

A. 2天　　B. 5天　　C. 7天　　D. 12天

『**答案**』C，职工累计工作已满1年不满10年的，年休假5天；已满10年不满20年的，年休假10天。罗某工作年限12年，可享受10天年休假，又知已休年休假3天，剩余天数为7天。

【例题·单选题】甲公司职工吴某因违章操作给公司造成8000元的经济损失，甲公司按照双方劳动合同的约定要求吴某赔偿，并每月从其工资中扣除。已知吴某月工资2600元，当地月最低工资标准为2200元，甲公司每月可以从吴某工资中扣除的法定最高限额为(　　)。

A. 520元　　B. 440元　　C. 400元　　D. 2600元

『**答案**』C，本题考核最低工资制度的要求。因劳动者本人原因给用人单位造成经济损失的，用人单位可按照劳动合同的约定要求其赔偿经济损失。经济损失的赔偿，可从劳动者本人的工资中扣除。但每月扣除的部分不得超过劳动者当月工资的20%。若扣除后的剩余工资部分低于当地月最低工资标准，则按最低工资标准支付。本题中，吴某扣工资的限额：2600×(1-20%)=2080(元)，低于了当地最低工资标准2200元，因此本月最多扣工资：2600-2200=400(元)。

【例题·单选题】某企业实行标准工时制。2023年3月，为完成一批订单，企业安排全体职工每工作日延长工作时间2小时，关于企业向职工支付加班工资的下列计算标准中，正确的是(　　)。

A. 不低于职工本人小时工资标准的100%

B. 不低于职工本人小时工资标准的150%

C. 不低于职工本人小时工资标准的200%

D. 不低于职工本人小时工资标准的300%

『**答案**』B，本题考核劳动报酬。用人单位依法安排劳动者在日法定标准工作时间以外延长工作时间的，按照不低于劳动合同规定的劳动者本人小时工资标准的150%支付劳动者工资。

（四）劳动合同的履行和变更

履行	1. 用人单位拖欠或者未足额支付劳动报酬的，劳动者可以依法向当地人民法院申请支付令，人民法院应当依法发出支付令。 2. 用人单位变更名称、法定代表人、主要负责人或者投资人等事项，不影响劳动合同的履行。 3. 用人单位发生合并或者分立等情况，原劳动合同继续有效，劳动合同由承继其权利和义务的用人单位继续履行。 4. 合法有效的劳动规章制度是劳动合同的组成部分，对用人单位和劳动者均具有法律约束力。 5. 用人单位在制定、修改或者决定有关“劳动报酬、工作时间、休息休假、劳动安全卫生、保险福利、职工培训、劳动纪律以及劳动定额管理”等直接涉及劳动者切身利益的规章制度和重大事项时，应当经职工代表大会或全体职工讨论。
变更	1. 变更劳动合同应当采用“书面形式”。 2. 未采用书面形，若已经实际履行了“口头变更”的劳动合同“超过1个月”，且变更后的劳动合同内容不违反法律、行政法规、国家政策以及公序良俗，当事人以未采用书面形式为由主张劳动合同变更无效的，“人民法院不予支持”。

【例题·判断题】劳动合同的变更可以采用书面形式，也可以采用口头形式。（　　）

『**答案**』×

（五）劳动合同的解除和终止

<table>
<tr><td rowspan="10">解除</td><td colspan="2">协商解除：用人单位提出解除而与劳动者协商一致的要支付经济补偿，劳动者主动辞职单位无需支付经济补偿</td></tr>
<tr><td colspan="2">法定解除：
1. 劳动者可单方解除劳动合同的情形：</td></tr>
<tr><td>提前通知2项：
a. 劳动者提前30日以书面形式通知用人单位解除劳动合同
b. 劳动者在试用期内提前3日通知用人单位解除劳动合同</td><td>无补偿，不通知造成损失承担赔偿责任</td></tr>
<tr><td>随时通知8项</td><td rowspan="2">用人单位需向劳动者支付经济补偿</td></tr>
<tr><td>无须告知立即解除2项：
a. 用人单位以暴力、威胁或者非法限制人身自由的手段强迫劳动者劳动的
b. 用人单位违章指挥、强令冒险作业危及劳动者人身安全的</td></tr>
<tr><td colspan="2">2. 用人单位可单方解除劳动合同的情形：</td></tr>
<tr><td>因劳动者过错解除劳动合同的情形6项</td><td>随时通知解除，无经济补偿</td></tr>
<tr><td>无过失性辞退的情形3项</td><td>提前30日以书面形式通知劳动者本人或额外支付劳动者1个月工资后可以解除。应当向劳动者支付经济补偿</td></tr>
<tr><td>经济性裁员（裁员解除）的情形4项</td><td>应当向劳动者支付经济补偿</td></tr>
</table>

终止	劳动合同终止情形(六项)期满、养老、退休、死亡(破产、解散)
	对劳动合同解除和终止的限制性规定：劳动者有下列情形之一的，用人单位既不得适用无过失性辞退或经济性裁员解除劳动合同的情形解除劳动合同，也不得终止劳动合同，劳动合同应当续延至相应的情形消失时终止。(六项)职业病危害；非因工负伤；孕、产、哺乳期；连续工作满15年，且退休不足5年
	劳动合同解除和终止的经济补偿： 1. 区分三个概念：经济补偿金，法定的，主要针对劳动关系的解除和终止，如果劳动者无过错，用人单位则应给予一定的经济上的补偿。主体只能是用人单位。违约金，约定的，劳动者违反服务期和竞业禁止规定(仅限此两种情形)，约定向用人单位支付的违约补偿。主体只能是劳动者。赔偿金，劳动者和用人单位由于自己过错给对方造成损害时所应承担的不利的法律后果。主体可能是用人单位也可能是劳动者 2. 用人单位向劳动者支付经济补偿 经济补偿金=劳动合同解除或者终止前劳动者在本单位的工作年限×每工作1年应得的经济补偿 其中关于补偿年限：(1)经济补偿按劳动者在本单位工作的年限，每满1年支付1个月工资的标准向劳动者支付。6个月以上不满1年的，按1年计算；不满6个月的，向劳动者支付半个月工资的经济补偿。(2)劳动者非因本人原因从原用人单位被安排到新用人单位工作的，劳动者在原用人单位的工作年限合并计入新用人单位的工作年限 其中关于补偿基数： (1)月工资是指劳动者在劳动合同解除或者终止前12个月的平均工资 (2)劳动者在劳动合同解除或者终止前12个月的平均工资低于当地最低工资标准的，按照当地最低工资标准计算。即：经济补偿金=工作年限×月最低工资标准 (3)劳动者月工资高于用人单位所在直辖市、设区的市级人民政府公布的本地区上年度职工月平均工资3倍的，向其支付经济补偿的标准按职工月平均工资3倍的数额支付，向其支付经济补偿的年限最高不超过12年 即：经济补偿金=工作年限(最高不超过12年)×当地上年度职工月平均工资3倍
	劳动合同解除和终止的法律后果及双方义务 1. 劳动合同解除或终止的，用人单位应当在解除或终止劳动合同时出具解除或终止合同证明，并在15日内为劳动者办理档案和社会保险关系转移手续 2. 用人单位对已经解除或终止的劳动合同的文本，至少保存2年备查 3. 用人单位应当在解除或者终止劳动合同时向劳动者支付经济补偿的在办结工作交接时支付 4. 用人单位违反规定解除或者终止劳动合同，劳动者要求继续履行劳动合同的，用人单位应当继续履行；劳动者不要求继续履行劳动合同或者劳动合同已经不能继续履行的，用人单位应当依照劳动合同法规定的经济补偿标准的2倍向劳动者支付赔偿金。用人单位支付了赔偿金的，不再支付经济补偿。赔偿金的计算年限自用工之日起计算 5. 劳动者违反《劳动合同法》规定解除劳动合同，给用人单位造成损失的，应当承担赔偿责任

【例题·多选题】根据劳动合同法律制度的规定，下列关于用人单位违法解除劳动合同法律后果的表述中正确的有(　　)。

A. 用人单位支付了赔偿金的，不再支付经济补偿

B. 违法解除劳动合同赔偿金的计算年限自用工之日起计算

C. 劳动者要求继续履行且劳动合同可以继续履行的，用人单位应当继续履行

D. 劳动者不要求继续履行劳动合同的，用人单位应当按经济补偿标准的2倍向劳动者支付赔偿金

『答案』ABCD，本题考核违法解除或终止劳动合同的法律责任。

【例题·单选题】根据劳动合同法律制度的规定，下列情形中，不能导致劳动合同终止的是(　　)。

A. 劳动者被人民法院宣告死亡的

B. 劳动者医疗期内遇劳动合同期满的

C. 劳动者开始依法享受基本养老保险待遇的

D. 劳动者达到法定退休年龄的

『**答案**』B，本题考核劳动合同终止的情形。

【例题·多选题】根据劳动合同法律制度的规定，下列职工中，属于用人单位经济性裁员应优先留用的有(　　)。

A. 与本单位订立无固定期限劳动合同的

B. 与本单位订立较短期限的固定期限劳动合同的

C. 与本单位订立较长期限的固定期限劳动合同的

D. 家庭无其他就业人员，有需要扶养的老人或者未成年人的

『**答案**』ACD，本题考核经济性裁员的相关规定。根据规定，用人单位裁减人员时，应当优先留用下列人员：与本单位订立较长期限的固定期限劳动合同的；与本单位订立无固定期限劳动合同的；家庭无其他就业人员，有需要扶养的老人或者未成年人的。

【例题·单选题】王某在甲公司工作2年8个月，甲公司提出并与王某协商解除了劳动合同。已知王某在合同解除前12个月的平均工资为13000元，当地上年度职工月平均工资为4000元，当地月最低工资标准为2000元。劳动合同解除时，甲公司依法应向王某支付的经济补偿数额为(　　)。

A. 36000元　　B. 6000元　　C. 12000元　　D. 390000元

『**答案**』A，本题考核经济补偿金的计算。劳动者月工资高于用人单位所在地上年度职工月平均工资3倍的，向其支付经济补偿的标准按职工月平均工资3倍的数额支付，向其支付经济补偿的年限最高不超过12年。工作年限6个月以上不满1年的，补偿年限按1年计算，因此按照3年计算补偿年限。经济补偿$=4000\times3\times3=36000$(元)。

【例题·多选题】根据劳动合同法律制度的规定，下列情形中，用人单位应当向劳动者支付经济补偿的有(　　)。

A. 由用人单位提出并与劳动者协商一致而解除劳动合同

B. 固定期限劳动合同期满，用人单位维持或者提高劳动合同约定条件续订劳动合同，劳动者不同意续订的

C. 用人单位被依法宣告破产而终止劳动合同的

D. 以完成一定工作任务为期限劳动合同因任务完成而终止的

『**答案**』ACD，本题考核用人单位应当向劳动者支付经济补偿的情形。选项B，除用人单位维持或者提高劳动合同约定条件续订劳动合同，劳动者不同意续订的情形外，劳动合同期满终止固定期限劳动合同的，用人单位应当向劳动者支付经济补偿。

【例题·单选题】甲公司职工李某因心肌炎住院治疗。已知李某实际工作年限为12年，在甲公司工作年限为3年。则李某依法可享受的医疗期为(　　)。

A. 6个月　　B. 12个月　　C. 9个月　　D. 18个月

『**答案**』A，本题考核医疗期期间。实际工作年限10年以上的，在本单位工作年限5年以下的医疗期为6个月。

（六）集体合同和劳务派遣

集体合同	1. 概念：集体合同是工会代表企业职工一方与企业签订的以劳动报酬、工作时间、休息休假、劳动安全卫生、保险福利等为主要内容的书面协议 2. 订立：职工代表大会或者全体职工讨论集体合同草案，应当有2/3以上职工代表或者职工出席，且须经全体职工代表半数以上或者全体职工半数以上同意，方获通过 （1）集体合同订立后，应当报送劳动行政部门；劳动行政部门自收到集体合同文本之日起15日内未提出异议的，集体合同即行生效 （2）集体合同中劳动报酬和劳动条件等标准不得低于当地人民政府规定的最低标准 3. 集体合同纠纷和法律救济 用人单位违反集体合同，侵犯职工劳动权益的，工会可以依法要求用人单位承担责任；因履行集体合同发生争议，经协商解决不成的，工会可以依法申请仲裁、提起诉讼
劳务派遣	1. 概念：由劳务派遣单位与劳动者订立劳动合同，与用工单位订立劳务派遣协议，将被派遣劳动者派往用工单位给付劳务 2. 特征：劳动力的雇佣和使用分离。劳动合同关系存在于劳务派遣单位与被派遣劳动者之间，劳动力给付的事实则发生于被派遣员工与用工单位之间 3. 适用范围 （1）劳务派遣用工是补充形式，只能在临时性（持续时间不超过6个月）、辅助性或替代性的工作岗位上实施 （2）用工单位使用的被派遣劳动者不得超过其用工总量的10% （3）用人单位不得设立劳务派遣单位向本单位或者所属单位派遣劳动者。用工单位不得将被派遣劳动者再派遣到其他用人单位。劳务派遣单位不得以非全日制用工形式招用被派遣劳动者 4. 劳务派遣单位、用工单位和劳动者的权利与义务 对劳务派遣单位的要求： （1）应当与被派遣劳动者订立2年以上的固定期限劳动合同，按月支付劳动报酬 （2）被派遣劳动者在无工作期间，劳务派遣单位应当按最低工资标准，向其按月支付报酬 （3）不得向被派遣劳动者收取费用 对用工单位的要求： （1）不得向被派遣劳动者收取费用 （2）用工单位应当根据工作岗位的实际需要与劳务派遣单位确定派遣期限，不得将连续用工期限分割订立数个短期劳务派遣协议 6. 被派遣劳动者的权利 （1）享有与用工单位的劳动者同工同酬的权利 （2）有权在劳务派遣单位或者用工单位依法参加或者组织工会

【例题·多选题】根据劳动合同法律制度的规定，关于劳务派遣的下列表述中，正确的有（　　）。

A. 劳务派遣单位不得以非全日制用工形式招用被派遣劳动者

B. 劳务派遣单位是用人单位，接受以劳务派遣形式用工的单位是用工单位

C. 劳务派遣单位向劳动者收取费用后，用工单位不得再重复收取

D. 被派遣劳动者不能参加用工单位的工会

『答案』AB，本题考核劳务派遣的相关规定。劳务派遣单位和用工单位均不得向被派遣劳动者收取费用，故选项C错误；被派遣劳动者有权在劳务派遣单位或者用工单位依法参加或者组织工会，维护自身的合法权益，故选项D错误。

【例题·多选题】根据劳动合同法律制度的规定，下列关于不同用工形式劳动报酬结算支付周期的表述中，正确的有（　　）。

A. 非全日制用工劳动者的劳动报酬结算支付周期最长不得超过 15 日

B. 全日制用工劳动者的劳动报酬至少每周支付一次

C. 被派遣劳动者的劳动报酬，在结束劳务派遣用工时支付

D. 对完成一次性临时劳动或某项具体工作的劳动者，用人单位应按有效协议或者合同规定其完成劳动任务后即支付劳动报酬

『**答案**』AD，全日制用工工资至少每月支付一次，实行周、日、小时工资制的可按周、日、小时支付工资，选项 B 错误。劳务派遣按月支付劳动报酬，选项 C 错误。

（七）劳动争议的解决

解决的基本原则和方法	1. 基本原则：合法、公正、及时、着重调解。 2. 解决方法：(1)协商达成和解协议；(2)调解；(3)仲裁；(4)诉讼 【提示】(1)和(2)为非必经程序；仲裁为必经程序，但不是一裁终局制度
劳动调解	1. 书面或口头申请 2. 调解协议书有双方当事人签名或盖章，经调解员签名并加盖调解组织印章后生效。自调解组织收到调解申请之日起 15 日内未达成调解协议的，当事人可以申请仲裁 3. 达成调解协议后，一方当事人在协议约定期限内不履行调解协议的，另一方当事人可以依法申请仲裁。单位不履行支付拖欠劳动报酬、工伤医疗费、经济补偿或赔偿金事项调解协议的劳动者可以持调解协议书依法向法院申请支付令
劳动仲裁	1. 参加人：当事人，当事人代表(发生争议的劳动者一方在 10 人以上，并有共同请求的，劳动者可以推举 3 至 5 名代表人参加仲裁活动)，第三人，代理人 2. 管辖：劳动仲裁机构不按行政区划层层设立，具体管辖： (1)合同履行地或用人单位所在地 (2)双方当事人分别申请的由履行地管辖 (3)案件受理后，履行地和单位所在地发生变化的不改变争议仲裁的管辖 仲裁时效： 3. 时效：申请仲裁的时效为 1 年(存续期间拖欠报酬争议不受 1 年限制；劳动关系终止的自终止之日起 1 年内提出) 4. 时效中断：当事一方主张权利或请求权利救济或对方当事人同意履行义务而中断。中断起时效期间重新计算 5. 时效中止：不可抗力或其他正当理由，当事人不能在仲裁时效期间申请仲裁，时效中止。从中止时效的原因消除之日起仲裁时效期间继续计算 6. 受理：仲裁委收到申请之日起 5 日内，决定受理与否。受理后 5 日内将仲裁申请书副本送达被申请人。被申请人收到后 10 日内提交答辩书。仲裁委收到答辩书 5 日内将副本送达申请人 提示应提交书面仲裁申请，书写仲裁申请确有困难的可以口头申请 7. 仲裁基本制度： (1)先行调解原则 (2)公开仲裁(当事人可以协议不公开；涉及商业秘密和个人隐私的，经当事人书面申请，应当不公开) (3)仲裁庭制；三名仲裁员或一名仲裁员组成仲裁庭 (4)回避制 8. 仲裁裁决：终局裁决的情形(裁决书自作出之日起发生效力)： (1)追索劳动报酬、工伤医疗费、经济补偿或赔偿金，不超过当地月最低工资标准 12 个月金额的争议 (2)因执行国家的劳动标准在工作时间、休息休假、社会保险等方面的争议 (单位符合规定的可自收到裁决书之日起 30 日内向中级法院申请撤销裁决)

续表

劳动诉讼	可以提起劳动诉讼的情形： 1. 仲裁委员会 (1)不予受理 (2)逾期未作出决定(45日) 2. 裁决结果不服 (1)劳动者对“终局裁决”不服(15日内) (2)当事人对“非终局裁决”不服(15日内) 3. 终局裁决被撤销 当事人可上诉(收到撤销裁定书之日起15日内)

【例题·多选题】王某与其所任职的甲公司发生劳动争议，甲公司和王某可以选择的纠纷解决方法是(　　)。

A. 申请调解　　B. 双方协商解决

C. 直接向人民法院起诉　　D. 劳动仲裁

『**答案**』ABD，劳动仲裁是劳动诉讼的必经程序。

【例题·单选题】根据劳动争议调解仲裁法律制度的规定，下列关于劳动仲裁申请的表述中，正确的是(　　)。

A. 申请人申请劳动仲裁，不得以口头形式提出

B. 申请仲裁的时效期间为3年

C. 申请人应预交仲裁申请费用

D. 申请人应向劳动合同履行地或者用人单位所在地的劳动仲裁机构申请仲裁

『**答案**』D，劳动争议仲裁可以书面申请，也可以口头申请，选项A错误；劳动争议申请仲裁的时效期间为1年，选项B错误；劳动争议仲裁不收费，仲裁委员会的经费由财政予以保障，选项C错误。

【例题·单选题】根据劳动争议仲裁法律制度的规定，除另有规定外，劳动争议仲裁机构对下列劳动争议所做裁定具有终局效力的是(　　)。

A. 解除劳动关系争议

B. 确定劳动关系争议

C. 追索劳动报酬不超过当地最低工资标准12个月金额的争议

D. 终止合同合同争议

『**答案**』C，本题考核劳动争议仲裁的终局裁决。下列劳动争议适用终局裁决：(1)追索劳动报酬、工伤医疗费、经济补偿或者赔偿金，不超过当地月最低工资标准12个月金额的争议；(2)因执行国家的劳动标准在工作时间、休息休假、社会保险等方面发生的争议。

(八) 违反劳动合同法律制度的法律责任

用人单位违反法律	责令限期改正，逾期不改正的，2000~20000元的罚款
用人单位不订立书面劳动合同、无固定期限劳动合同	向劳动者支付2倍工资
用人单位扣押劳动者重要物品	责任限期返还，并处以每人200~2000元罚款
用人单位支付劳动报酬低于当地最低工资标准	责令支付差额部分，逾期不支付的，按应付金额50%~100%的标准加付赔偿金
劳务派遣单位、用工单位违反有关劳务派遣规定的	责令限期改正，逾期不改正的，5000~10000元的罚款

【**例题·判断题**】用人单位自用工之日起超过1个月不满1年不与劳动者订立书面劳动合同、向劳动者支付2倍工资(　　)。

『**答案**』√

二、社会保险法律制度

(一) 社会保险概述

概念	国家依法建立的，由国家、用人单位和个人共同筹集资金、建立基金，使个人在年老(退休)、患病、工伤(因工伤残或者患职业病)、失业、生育等情况下获得物质帮助和补偿的一种社会保障制度
种类	基本养老保险、基本医疗保险、工伤保险、失业保险、生育保险

【**例题·多选题**】我国社会保险项目主要有(　　)。

A. 基本养老保险　B. 基本医疗保险　C. 工伤保险　D. 失业保险

『**答案**』ABCD，国社会保险项目主要有基本养老保险、基本医疗保险、工伤保险、失业保险、生育保险。

(二) 基本养老保险

地位	社会保险体系中最重要、实施最广泛的一项制度
制度组成	职工基本养老保险；城镇居民社会养老保险+新型农村社会养老保险=城乡居民社会养老保险
职工基本养老保险	征缴范围：国有企业、城镇集体企业、外商投资企业、城镇私营企业和其他城镇企业及其职工，实行企业化管理的事业单位及其职工是基本养老保险的主体部分。用人单位和职工共同缴纳 雇工的个体工商户、未在用人单位参加基本养老保险的非全日制从业人员以及其他灵活就业人员可以参加基本养老保险，由个人缴纳基本养老保险费
职工基本养老保险基金的组成和来源	1. 基本养老保险实行社会统筹与个人账户相结合 2. 基本养老保险基金由用人单位和个人缴费以及政府补贴等组成。基本养老保险基金出现支付不足时政府给予补贴 3. 基本养老金由统筹养老金和个人账户养老金组成。个人账户不得提前支取！记账利率不得低于银行定期存款利率！免征利息税！参加职工基本养老保险的个人死亡后，其个人账户中的余额可以全部依法继承。个人跨统筹地区就业的，其基本养老保险关系随本人转移，缴费年限累计计算。个人达到法定退休年龄时，基本养老金分段计算、统一支付
职工基本养老保险费的缴纳	1. 单位缴费：各省、自治区、直辖市及新疆生产建设兵团养老保险单位缴费比例高于16%的，可降至16%；目前低于16%的，要研究提出过渡办法 2. 个人缴费：个人养老账户月存储额=本人月缴费工资×8% 人月平均工资低于当地职工月平均工资60%的，按当地职工月平均工资的60%作为缴费基数。本人月平均工资高于当地职工月平均工资300%的，按当地职工月平均工资的300%作为缴费基数，超过部分不计入缴费工资基数，也不计入计发养老金的基数 城镇个体工商户和灵活就业人员按照上述口径计算的本地全口径城镇单位就业人员平均工资核定社保个人缴费基数上下限，允许缴费人在60%至300%之间选择适当的缴费基数 缴费比例为20%，其中8%记入个人账户。【提示】个人缴费不计征个人所得税，在计算个人所得税的应税收入时，应当扣除个人缴纳的养老保险费

续表

<table>
<tr>
<td>职工基本养老保险享受条件与待遇</td>
<td>
1. 享受条件：年龄条件+缴费条件
【附】年龄条件(以下年龄指年满周岁)
<table>
<tr><td rowspan="3">正常</td><td>男</td><td colspan="2">60</td></tr>
<tr><td rowspan="2">女</td><td>干部</td><td>55</td></tr>
<tr><td>工人</td><td>50</td></tr>
<tr><td rowspan="4">特殊</td><td rowspan="2">从事井下、高温、高空、特别繁重体力劳动或其他有害身体健康工作(高危重降5岁)</td><td>男</td><td>55</td></tr>
<tr><td>女</td><td>45</td></tr>
<tr><td rowspan="2">因病或非因工致残，鉴定确认完全丧失劳动能力(无劳动能力男女按最高降10岁)</td><td>男</td><td>50</td></tr>
<tr><td>女</td><td>45</td></tr>
</table>
缴费条件：累计缴费满15年
2. 职工基本养老保险待遇
(1)职工基本养老金。对符合基本养老保险享受条件的人员，国家按月支付基本养老金
(2)丧葬补助金和遗属抚恤金。参加基本养老保险的个人，因病或者非因工死亡的，其遗属可以领取丧葬补助金和抚恤金，所需资金从基本养老保险基金中支付
【提示】如果个人死亡同时符合领取基本养老保险丧葬补助金、工伤保险丧葬补助金和失业保险丧葬补助金条件的，其遗属只能选择领取其中的一项
(3)病残津贴。参加基本养老保险的个人，在未达到法定退休年龄时因病或者非因工致残完全丧失劳动能力的，可以领取病残津贴，所需资金从基本养老保险基金中支付
</td>
</tr>
</table>

【例题·多选题】根据社会保险法律制度的规定，下列各项中，表述正确的有(　　)。

A. 职工按照国家规定的本人工资的比例缴纳基本养老保险费，可以全额计入个人账户

B. 灵活就业人员按照国家规定缴纳基本养老保险费全部计入个人账户

C. 职工按照国家规定的本人工资的比例缴纳基本养老保险费，计入个人账户的免征利息税

D. 职工按照国家规定的本人工资的比例缴纳基本养老保险费，不得提前支取

『答案』ACD，无雇工的个体工商户、未在用人单位参加基本养老保险的非全日制从业人员以及其他灵活就业人员参加基本养老保险的，应当按照国家规定缴纳基本养老保险费，分别记入基本养老保险统筹基金和个人账户。(注意：由个人缴纳，但不都计入个人账户)

【例题·单选题】根据社会保险法律制度的规定，参加职工基本养老保险的个人，达到法定退休年龄且累计缴费满一定年限的方可享受，该年限为(　　)。

A. 5年　　B. 15年　　C. 20年　　D. 10年

『答案』B，本题考核基本养老保险的享受条件。

【例题·多选题】社会保险法律制度的规定，下列关于职工基本养老保险待遇的表述中，正确的有(　　)。

A. 参保职工未达到法定退休年龄时因病完全丧失劳动能力的，可以领取病残津贴

B. 参保职工死亡后，其个人账户中的余额可以全部依法继承

C. 参保职工达到法定退休年龄时累计缴费满15年，按月领取基本养老金

D. 参保职工死亡同时符合领取基本养老保险丧葬补助金、工伤保险丧葬补助金和失业保险丧葬补助金条件的，其遗属可以同时领取

『答案』ABC，本题考核基本养老保险待遇。选项D，个人死亡同时符合领取基本养老保

险丧葬补助金、工伤保险丧葬补助金和失业保险丧葬补助金条件的，其遗属只能选择领取其中的一项。

（三）基本医疗保险

职工基本医疗保险	由用人单位和职工共同缴纳。 【提示】无雇工的个体工商户、未在用人单位参加基本医疗保险的非全日制从业人员以及其他灵活就业人员可以参加职工基本医疗保险，由个人按照国家规定缴纳基本医疗保险费
城乡居民基本医疗保险	覆盖除职工基本医疗保险应参保人员以外的其他所有城乡居民，统一保障待遇。（注意：包括在校学生）
生育保险和职工基本医疗保险合并实施	根据国务院办公厅2019年3月6日印发的《关于全面推进生育保险和职工基本医疗保险合并实施的意见》，推进两项保险合并实施，统一基金征缴和管理，生育保险基金并入职工基本医疗保险基金，按照用人单位参加生育保险和职工基本医疗保险的缴费比例之和确定新的用人单位职工基本医疗保险费率，个人不缴纳生育保险费
职工基本医疗保险的缴纳	1. 单位缴费：一般为职工工资总额的6%左右，用人单位缴纳的保险费，一部分建立统筹基金，另一部分划入个人账户 2. 个人账户资金来源： （1）个人缴费：一般为本人工资收入的2% （2）用人单位缴费的划入部分：一般为30%左右 【提示1】个人跨统筹地区就业的，其基本医疗保险关系随本人转移，缴费年限累计计算（同养老保险） 【提示2】参加职工基本医疗保险的个人，达到法定退休年龄时累计缴费达到国家规定年限的，退休后不再缴费，享受基本医疗保险待遇；未达到国家规定缴费年限的，可以缴费至国家规定年限
职工基本医疗费用的结算	1. 享受待遇条件： （1）参保人员必须到基本医疗保险的定点医疗机构就医、购药或到定点零售药店购买药品 （2）参保人员在看病就医过程中所发生的医疗费用必须符合基本医疗保险药品目录、诊疗项目、医疗服务设施标准的范围和给付标准 2. 结算标准：参保人员符合基本医疗保险支付范围的医疗费用中，在社会医疗统筹基金起付标准以上与最高支付限额以下的费用部分，由社会医疗统筹基金按一定比例支付 起付标准（起付线）：一般为当地职工年平均工资的10%左右 最高支付限额（封顶线）：一般为当地职工年平均工资的6倍左右。支付比例一般为90% 【提示】参保人员符合基本医疗保险支付范围的医疗费用中，在社会医疗统筹基金起付标准以下的费用部分，由个人账户资金支付或个人自付。统筹基金起付线以上至封顶线以下的费用部分，个人也要承担一定比例的费用，一般为10%，可由个人账户支付也可自付。参保人员在封顶线以上的医疗费用部分，可以通过单位补充医疗保险或参加商业保险等途径解决
基本医疗保险基金不支付的医疗费用	1. 应当从工伤保险基金中支付的 2. 应当由第三人负担的 3. 应当由公共卫生负担的 4. 在境外就医的
医疗期	1. 定义：企业职工因患病或非因工负伤停止工作，治病休息，但不得解除劳动合同的期限 2. 基本规定： （1）根据本人实际参加工作年限和在本单位工作年限，给予3~24个月的医疗期 （2）对某些患特殊疾病（如癌症、精神病、瘫痪等）的职工，在24个月内尚不能痊愈的可以适当延长医疗期 （3）从病休第一天开始，累计计算，病休期公休、假日和法定节日包括在内

续表

<table>
<tr>
<td>医疗期</td>
<td>
3. 医疗期计算方法
<table>
<tr><th>实际工龄</th><th>本企业工龄 A</th><th>医疗期</th><th>计算期</th></tr>
<tr><td rowspan="2"><10 年</td><td>$A<5$ 年</td><td>3 个月</td><td>6 个月</td></tr>
<tr><td>$A\geqslant5$ 年</td><td>6 个月</td><td>12 个月</td></tr>
<tr><td rowspan="5">$\geqslant10$ 年</td><td>$A<5$ 年</td><td>6 个月</td><td>12 个月</td></tr>
<tr><td>$5\leqslant A<10$</td><td>9 个月</td><td>15 个月</td></tr>
<tr><td>$10\leqslant A<15$</td><td>12 个月</td><td>18 个月</td></tr>
<tr><td>$15\leqslant A<20$</td><td>18 个月</td><td>24 个月</td></tr>
<tr><td>20 年以上</td><td>24 个月</td><td>30 个月</td></tr>
</table>
4. 医疗期内的待遇
(1)病假工资或疾病救济费可低于当地最低工资标准，但最低不能低于 80%
(2)新变化：除劳动者有以下情形外，用人单位不得解除或终止劳动合同：
①在试用期间被证明不符合录用条件的
②严重违反用人单位的规章制度的
③严重失职，营私舞弊，给用人单位造成重大损害的
④劳动者同时与其他用人单位建立劳动关系，对完成本单位的工作任务造成严重影响，或者经用人单位提出，拒不改正的
⑤以欺诈、胁迫的手段或者乘人之危，使用人单位在违背真实意思的情况下订立或者变更劳动合同致使劳动合同无效的
⑥被依法追究刑事责任的
</td>
</tr>
</table>

【例题·单选题】某企业刘某的月工资为 5000 元。根据社会保险法的规定当月应计入刘某个人医疗保险账户储存额为(　　)元。

A. 90　　B. 100　　C. 190　　D. 300

『答案』C，本题考核基本医疗保险的计算。刘某个人医疗保险账户的储存额 $=5000\times2\%+5000\times6\%\times30\%=190$ 元。

【例题·多选题】根据劳动合同法律制度的规定，下列关于企业职工医疗期期限及待遇的表述中，正确的有(　　)。

A. 病假工资不得低于当地最低工资标准

B. 公休、假日和法定节日包括在病休期间内

C. 医疗期内遇劳动合同期满，则合同应延续至医疗期满

D. 实际工作年限 10 年以下，在本单位工作年限 5 年以下的，可享受 3 个月的医疗期

『答案』BCD，选项 A，病假工资可以低于当地最低工资标准，但最低不能低于最低工资标准的 80%。

(四) 工伤保险

缴纳	1. 由用人单位缴纳工伤保险费，职工不缴纳 2. 工伤保险费=本单位职工工资总额×单位缴费费率(难以按工资总额缴费的，其缴纳工伤保险费的具体方式，由国务院社会保险行政部门规定)
基金	1. 构成：用人单位缴纳的工伤保险费+工伤保险基金利息+依法纳入工伤保险基金的其他资金 2. 用途：存入社会保障基金财政专户，用于规定的工伤保险待遇，劳动能力鉴定，工伤预防的宣传、培训等费用等 【提示】不得将工伤保险基金用于投资运营、兴建或者改建办公场所、发放奖金，或者挪作其他用途

工伤认定和劳动能力鉴定	1. 应当认定工伤的情形(7项) 2. 视同工伤的情形 (1)在工作时间和工作岗位，突发疾病死亡或者在48小时内经抢救无效死亡的 (2)在抢险救灾等维护国家利益、公共利益活动中受到伤害的 (3)原在军队服役，因战、因公负伤致残，已取得革命伤残军人证，到用人单位后旧伤复发的 3. 不认定为工伤的情形 职工因下列情形之一导致本人在工作中伤亡的，不认定为工伤： (1)故意犯罪 (2)醉酒或者吸毒 (3)自残或者自杀 4. 劳动能力鉴定是指劳动功能障碍程度和生活自理障碍程度的等级鉴定 劳动功能障碍分为10个伤残等级，最重的为1级，最轻的为10级 生活自理障碍分为3个等级：生活完全不能自理、生活大部分不能自理和生活部分不能自理。 5. 自劳动能力鉴定结论作出之日起1年后，工伤职工或者其近亲属、所在单位或者经办机构认为伤残情况发生变化的，可以申请劳动能力复查鉴定
工伤保险待遇	医疗待遇： 1. 包括：医疗费用；住院伙食补助、交通食宿费；康复性治疗费；停工留薪期工资福利待遇 2. 停工留薪期，一般不超过12个月(可适当延长，延长不得超过12个月)，评定伤残等级后，停止享受停工留薪期待遇，转为享受伤残待遇，停工留薪期满后仍需治疗，继续享受工伤医疗待遇
	伤残待遇： 1. 生活护理费，从工伤保险基金按月支付 2. 伤残津贴。1~4级，从工伤保险基金支付。5~6级，用人单位支付 3. 一次性伤残补助金。按照伤残等级，工伤保险基金中“一次性”支付，1~4级，保留劳动关系，退出劳动岗位。5~6级，经“职工本人”提出，可以解除或终止劳动关系,，7~10级，劳动合同期满终止，或职工本人提出解除 【提示】一次性工伤“医疗”补助金：工伤保险基金支付，一次性“伤残就业”补助金：用人单位支付
	工亡待遇 1. 丧葬补助金，6个月的统筹地区上年度职工月平均工资 2. 供养亲属抚恤金。本人工资的一定比例发放 3. 一次性工亡补助金。上一年度全国城镇居民“人均可支配收入20倍” 【提示】因工死亡，停工留薪期“内”因工伤死亡，其近亲属享受上述三项。1~4级伤残职工在停工留薪“期满后”死亡的，其近亲属可以享受丧葬补助金和供养亲属抚恤金待遇，不享受一次性工亡补助金待遇
特别规定	1. 工伤期间应由用人单位支付的费用 (1)治疗工伤期间的工资福利(含护理费用) (2)五级、六级伤残职工按月领取的伤残津贴 (3)终止或者解除劳动合同时，应享受的一次性伤残就业补助金 2. 工伤职工由下列情形之一的，停止享受工伤保险待遇： 丧失享受待遇条件的，拒不接受劳动能力鉴定的，拒绝治疗的 【提示】工伤保险所称本人工资是指工伤职工因工作遭受事故伤害或者患职业病前12个月平均月缴费工资。不低于当地职工月平均工资的60%，不高于当地职工月工资300%

【例题·单选题】一次性工亡补助金标准为上一年度(　　)的20倍。

A. 当地最低工资标准　　B. 城市居民最低生活保障标准

C. 统筹地区职工平均工资　　D. 全国城镇居民人均可支配收入

『答案』D，一次性工亡补助金，标准为上一年度全国城镇居民人均可支配收入的20倍。

【例题·单选题】根据社会保险法律制度的规定，职工因工死亡，其近亲属可按照上一年度全国城镇居民人均可支配收入的一定倍数领取一次性工亡补助金，该倍数为(　　)。

A. 20倍　　B. 10倍　　C. 15倍　　D. 5倍

『答案』A，—次性工亡补助金，标准为上一年度全国城镇居民人均可支配收入的20倍。

(五) 失业保险

失业保险费的缴纳	1. 由用人单位和职工按照国家规定共同缴纳失业保险费。单位：工资总额的2%，职工：本人工资的1% 2. 职工跨统筹地区就业的，其失业保险关系随本人转移，缴费年限累计计算
例题	失业保险待遇的享受条件： (1)失业前用人单位和本人已经缴纳失业保险费满1年的 (2)非因本人意愿中断就业的 (3)已经进行失业登记，并有求职要求的
	失业保险金的领取期限： 1. 用人单位应当及时为失业人员出具终止或者解除劳动关系的证明，并将失业人员的名单自终止或者解除劳动关系之日起7日内报受理其失业保险业务的经办机构备案 失业人员应当持本单位为其出具的终止或者解除劳动关系的证明，及时到指定的公共就业服务机构办理失业登记 失业人员应在终止或者解除劳动合同之日起60日内到受理其单位失业保险业务的经办机构申领失业保证金 2. 失业人员失业前用人单位和本人累计缴费满1年不足5年的，领取失业保险金的期限最长为12个月；累计缴费满5年不足10年的，领取失业保险金的期限最长为18个月；累计缴费10年以上的，领取失业保险金的期限最长为24个月 【提示1】重新就业后，再次失业的，缴费时间重新计算，领取失业保险金的期限与前次失业应当领取而尚未领取的失业保险金的期限合并计算，最长不超过24个月 【提示2】失业人员因当期不符合失业保险金领取条件的，原有缴费时间予以保留，重新就业并参保的，缴费时间累计计算
失业保险金的发放标准	失业保险金的标准，不得低于城市居民最低生活保障标准，一般也不高于当地最低工资标准
其他失业保险待遇	1. 领取失业保险金期间享受基本医疗保险待遇 2. 领取失业保险金期间的死亡补助 3. 个人死亡同时符合领取基本养老保险丧葬补助金、工伤保险丧葬补助金和失业保险丧葬补助金条件的，其遗属只能选择领取其中的一项 4. 享受职业介绍与职业培训补贴，冲失业保险基金按规定支付

停止享受失业保险待遇的情形	1. 重新就业的； 2. 应征服兵役的； 3. 移居境外的； 4. 享受基本养老保险待遇的； 5. 新增：被判刑收监执行的； 6. 无正当理由，拒不接受当地人民政府指定部门或者机构介绍的适当工作或者提供的培训的； 7. 有法律、行政法规规定的其他情形的。

【例题·单选题】李某在甲公司工作了12年，因劳动合同到期而劳动关系终止，符合领取失业保险待遇，李某最长可以领取失业保险的期限是(　　)。

A. 24个月　　B. 12个月　　C. 18个月　　D. 6个月

『**答案**』A，本题考核失业保险。累计缴费10年以上的，领取失业保险金的期限最长为24个月。

【例题·多选题】下列人员中不可再继续领取失业保险金的有(　　)。

A. 重新就业　　B. 依法享受基本养老保险

C. 服兵役　　D. 移民国外

『**答案**』ABCD，失业人员在领取失业保险金期间有下列情形之一的，停止领取失业保险金，并同时停止享受其他失业保险待遇：重新就业的；应征服兵役的；移居境外的；享受基本养老保险待遇的；无正当理由，拒不接受当地人民政府指定部门或者机构介绍的适当工作或者提供的培训的。

(六) 社会保险费征缴与管理

社会保险登记	1. 用人单位的社会保险登记，企业办理“登记注册”时，“同步办理”社会保险登记。 企业以外的缴费单位自成立之日起“30日内”，向当地社会保险经办机构申请办理社会保险登记。 2. 个人的社会保险登记 用人单位应当自“用工之日”起“30日”内为其职工向社会保险经办机构办理社会保险登记
社会保险缴纳	1. 职工应当缴纳的社会保险费由用人单位代扣代缴。用人单位应当“按月”将缴纳社会保险费的明细情况告知本人。 2. 2019年1月1日起由“税务部门”统一征收各项社会保险费和先行划转的非税收入。
社会保险基金管理	1. 社会保险基金按照社会保险险种分别建账，分账核算，执行国家统一的会计制度。除基本医疗保险基金与生育保险基金合并建账及核算外，其他分别编制。 2. 县级以上人民政府在社会保险基金出现支付不足时，给予补贴。 3. 社会保险经办机构应当定期向社会公布参加社会保险情况以及社会保险基金的收入、支出、结余和收益情况。 4. 社会保险基金在保证安全的前提下，按照国务院规定投资运营实现保值增值。

【例题·多选题】根据社会保险法律制度的规定，下列关于社会保险费征缴的表述中，正确的有(　　)。

A. 职工应当缴纳的社会保险费由用人单位代扣代缴

B. 用人单位未按时足额缴纳社会保险费的，由社会保险费征收机构责令其限期缴纳或

者补足

C. 未在用人单位参加社会保险的非全日制从业人员可以直接向社会保险征收机构缴纳社会保险费

D. 用人单位应当自用工之日起 30 日内为其职工向社会保险经办机构申请办理社会保险费

『答案』ABCD 以上说法全部正确。

（七）违反社会保险法律制度的法律责任

用人单位	不办理社会保险登记：(1)责令限期改正；(2)逾期不改正的，处应缴社会保险费数额 1 倍以上 3 倍以下的罚款，对其直接负责的主管人员和其他直接责任人员处 500 元以上 3000 元以下的罚款
	未按时足额缴纳社会保险费：责令限期缴纳或者补足，并自欠缴之日起，按日加收 0.05% 的滞纳金；逾期仍不缴纳的，由有关行政部门处欠缴数额 1 倍以上 3 倍以下的罚款
	拒不出具终止或者解除劳动关系证明，由劳动行政部门责令改正；给劳动者造成损害的，应当承担赔偿责任
骗保行为	责令退回骗取的社会保险金，处骗取金额 2 倍以上 5 倍以下的罚款

【例题·判断题】用人单位未按时足额缴纳社会保险费：责令限期缴纳或者补足，并自欠缴之日起，按日加收 0.05%的滞纳金。(　　)

『答案』√

同步练习

第一节　劳动合同法律制度

一、单项选择题

1. 郑某于 2022 年 6 月 15 日与甲公司签订劳动合同，约定试用期 1 个月。7 月 2 日郑某上班。郑某与甲公司建立劳动关系的时间是(　　)。

A. 2022 年 6 月 15 日　　B. 2022 年 7 月 2 日

C. 2022 年 7 月 15 日　　D. 2022 年 8 月 2 日

2. 下列选项中，不属于劳动合同订立的原则的是(　　)。

A. 协商一致原则　　B. 合法原则

C. 诚实信用原则　　D. 自由原则

3. 根据劳动合同法律制度的规定，以下关于非全日制用工说法不正确的是(　　)。

A. 不得约定试用期

B. 劳务报酬的支付周期为 30 日

C. 可以不签订劳动合同

D. 劳动关系终止，用工单位不用支付经济补偿

4. 用人单位由于生产经营需要，经与工会和劳动者协商后可以延长工作时间，一般每日不得超过 1 小时；因特殊原因需要延长工作时间的，在保障劳动者身体健康的条件下延长

工作时间(　　)。

A. 每日不得超过 2 小时，每月不得超过 24 小时

B. 每日不得超过 2 小时，每月不得超过 36 小时

C. 每日不得超过 3 小时，每月不得超过 24 小时

D. 每日不得超过 3 小时，每月不得超过 36 小时

5. 贾某在 A 公司任 3 年会计，在 B 公司任 4 年出纳，在 C 公司做了 5 年财务主管。C 公司安排贾某休带薪年休假，按规定贾某可以享受的带薪年休假的天数是(　　)。

A. 5 天　　B. 7 天　　C. 10 天　　D. 15 天

6. 冯某在一家物流公司上班，月工资 2500 元。因自己的原因给其公司造成了 2000 元的损失。当地月最低工资标准是 2100 元。公司按照劳动合同的约定要求冯某赔偿经济损失。根据劳动合同法律制度的规定，下列各项中经济损失的赔偿，符合规定的是(　　)。

A. 公司在冯某当月的工资中扣除了 2000 元　　B. 公司最多可扣除冯某当月工资 500 元

C. 公司可扣除冯某当月工资 400 元　　D. 公司可扣除冯某当月工资 1000 元

7. 某企业实行标准工时制。2012 年 3 月，为完成一批订单，企业安排全体职工每工作日延长工作时间 2 小时，关于企业向职工支付加班工资的下列计算标准中，正确的是(　　)。

A. 不低于职工本人小时工资标准的 100%　　B. 不低于职工本人小时工资标准的 150%

C. 不低于职工本人小时工资标准的 200%　　D. 不低于职工本人小时工资标准的 300%

8. 赵某与甲公司签订了劳动合同，公司对赵某进行了专业技术培训，支付了培训费 30000 元，公司与赵某约定服务期为 3 年，违约金 12000 元。2 年后，赵某与甲公司签订的劳动合同期满。赵某以劳动合同期满为由离开了公司，公司要求其支付违约金。下列各项中，符合规定的是(　　)。

A. 赵某可以离开公司，应支付 10000 元违约金

B. 赵某可以离开公司，应支付 30000 元违约金

C. 赵某可以离开公司，应支付 12000 元违约金

D. 赵某可以离开公司，应支付 4000 元违约金

9. 在解除或终止劳动合同后，竞业限制人员到与本单位生产或者经营同类产品、从事同类业务的有竞争关系的其他用人单位的竞业限制期限，不得超过一定期限。该期限为(　　)。

A. 1 年　　B. 2 年　　C. 3 年　　D. 5 年

10. 根据《劳动合同法》的规定，下列各项中，劳动者不需要事先告知即可解除劳动合同的是(　　)。

A. 用人单位未按照劳动合同约定提供劳动保护或者劳动条件

B. 用人单位违章指挥、强令冒险作业危及劳动者人身安全

C. 用人单位未及时足额支付劳动报酬

D. 用人单位未依法为劳动者缴纳社会保险费

11. 在某上市公司工作的杨某工作年限为 16 年，2009 年公司因盈利不佳，符合可裁减人员规定而与杨某解除劳动合同，当时杨某月工资为 6400 元，当地职工月平均工资为 3500 元，杨某可以得到的经济补偿金为(　　)元。

A. 76800　　　　B. 102400　　　　C. 126000　　　　D. 168000

12. 根据规定，劳动行政部门自收到集体合同文本之日起一定时间内未提出异议的，集体合同即行生效。该时间为(　　)天。

A. 7　　　　B. 10　　　　C. 15　　　　D. 30

13. 根据劳动合同法律制度的规定，集体合同的订立由用人单位和职工各自派出集体协商代表通过集体协商会议的方式确定。下列关于集体协商代表人数的表述正确的是(　　)。

A. 集体协商双方代表人数应当对等，每方至少3人，并确定1名首席代表

B. 集体协商职工代表应当为2~5人，并确定一名首席代表

C. 集体协商双方代表人数应当对等，每方至少3人，并各自确定1名首席代表

D. 集体协商职工代表应当为1~3人的单数，并确定一名首席代表

14. 根据劳动合同法律制度的规定，劳动者对劳动争议的终局裁决不服的，可以自收到仲裁裁决书之日起一定期限内向人民法院提起诉讼。该期限为(　　)日。

A. 10　　　　B. 15　　　　C. 20　　　　D. 25

二、多项选择题

1. 根据劳动合同法律制度的规定，下列关于试用期的表述中，正确的有(　　)。

A. 劳动合同期限3个月以上不满1年的，试用期不得超过1个月

B. 劳动合同期限1年以上不满3年的，试用期不得超过2个月

C. 无固定期限的劳动合同，试用期不得超过3个月

D. 3年以上固定期限的劳动合同，试用期不得超过6个月

2. 根据劳动合同法律制度的规定，下列各项表述中，正确的有(　　)。

A. 用人单位违反规定解除劳动合同，劳动者要求继续履行劳动合同的，用人单位应当继续履行

B. 用人单位违反规定解除劳动合同，劳动者不要求继续履行劳动合同的，用人单位应当依照劳动合同法规定的经济补偿标准的2倍向劳动者支付赔偿金

C. 用人单位违反规定解除劳动合同，劳动合同已经不能继续履行的，用人单位应当依照劳动合同法规定的经济补偿标准的2倍向劳动者支付赔偿金

D. 用人单位违反规定解除劳动合同而支付赔偿金的，不再支付经济补偿

3. 劳动合同的必备条款包括(　　)。

A. 工作内容和工作地点

B. 劳动保护、劳动条件和职业危害防护

C. 社会保险

D. 工作时间和休息、休假

4. 根据劳动合同法的规定，下列各项表述正确的有(　　)。

A. 劳动关系的主体具有特定性

B. 劳动关系的内容有较强的法定性

C. 劳动者在签订和履行劳动合同时的地位不同

D. 劳动者与用人单位在签订劳动合同时，双方法律地位是平等的

5. 张某2022年8月进入甲公司工作，公司按月支付工资，至年底公司尚未与张某签订

劳动合同，关于公司与张某之间劳动关系的下列表述中，正确的有(　　)。

A. 公司与张某之间可视为不存在劳动关系

B. 公司与张某之间可视为已订立无固定期限劳动合同

C. 公司应与张某补订书面劳动合同，并支付工资补偿

D. 张某可与公司终止劳动关系，公司应支付经济补偿

6. 根据劳动合同法律制度的规定，下列各项中，除劳动者提出订立固定期限劳动合同外，用人单位与劳动者应当订立无固定期限劳动合同的情形有(　　)。

A. 赵某在甲公司连续工作 15 年

B. 钱某与乙公司连续订立 2 次固定期限劳动合同，且钱某无法定不得订立无固定期限劳动合同的情形，继续续订

C. 丙国有企业改制与孙某重新订立劳动合同，孙某在丙企业连续工作 12 年且距法定退休年龄 8 年

D. 丁公司初次实行劳动合同制度，李某在丁公司连续工作 10 年且距法定退休年龄不足 15 年

7. 下列选项中，符合关于工作时间规定的做法有(　　)。

A. 甲厂因生产经营需要，在与本厂工会和劳动者协商后，决定当月每日加班 1 小时

B. 乙厂因生产特点不能实行标准的工作时间制度，决定实行每日工作 7 小时，每周休息 1 天

C. 丙厂发生严重事故，威胁本厂工人生命健康，丙厂决定当日延长工作时间 5 小时，以便抢修设备

D. 丁厂因工作性质对某些工作岗位实行不定时工作制

8. 年休假是指职工工作满一定年限，每年可享有的保留工作岗位、带薪连续休息的时间。下列情形中，职工不享受当年年休假的有(　　)。

A. 职工依法享受寒暑假，其休假天数多于年休假天数的

B. 职工请事假累计 20 天以上且单位按照规定不扣工资的

C. 累计工作满 1 年不满 10 年的职工，请病假累计 2 个月以上的

D. 累计工作满 20 年以上的职工，请病假累计 4 个月以上的

9. 刘某原是甲公司的技术总监，公司与他签订竞业限制协议，约定合同解除或终止后 3 年内，刘某不得在本行业从事相关业务，公司每月支付其补偿金 2 万元。在刘某离职后，公司只在第一年按时给予了补偿金，此后一直没有支付，刘遂在离职 1 年零两个月后到甲公司的竞争对手乙公司上班。甲公司得知后要求刘某支付违约金。则下列表述中正确的有(　　)。

A. 双方约定的竞业限制期限不符合法律规定

B. 刘某可以提出请求解除竞业限制约定，人民法院应予支持

C. 刘某可以要求甲公司支付竞业限制期间内未支付的补偿金，人民法院应予支持

D. 对甲公司要求刘某支付违约金的请求，人民法院应予支持

10. 根据劳动合同法律制度的规定，下列情形中，可导致劳动合同关系终止的有(　　)。

A. 劳动者开始依法享受基本养老保险待遇

B. 劳动者被人民法院宣告死亡

C. 用人单位被依法宣告破产

D. 劳动合同期满，但女职工在产期

11. 根据劳动合同法律制度的规定，关于劳务派遣的下列表述中，正确的有(　　)。

A. 劳动合同关系存在于劳务派遣单位与被派遣劳动者之间

B. 劳务派遣单位是用人单位，接受以劳务派遣形式用工的单位是用工单位

C. 被派遣劳动者的劳动报酬可低于用工单位同类岗位劳动者的劳动报酬

D. 被派遣劳动者不能参加用工单位的工会

12. 根据劳动合同法律制度的规定，下列关于劳务派遣合同的表述中正确的有(　　)。

A. 劳务派遣单位应当与被派遣劳动者订立3年以上的固定期限劳动合同

B. 用工单位的正式员工为100人，则其使用的被派遣劳动者不能超过10人

C. 被派遣劳动者在无工作期间，劳务派遣单位应当按照所在地人民政府规定的最低工资标准，向其按月支付报酬

D. 劳务派遣单位和用工单位均不得向被派遣劳动者收取费用

13. 下列情形中，造成劳动仲裁时效中断的有(　　)。

A. 当事人一方向对方当事人主张权利　　B. 当事人一方向有关部门请求权利救济

C. 对方当事人同意履行义务　　D. 出现不可抗力

三、判断题

1. 用人单位招用劳动者，不得扣押劳动者的居民身份证和其他证件，不得要求劳动者提供担保或者以其他名义向劳动者收取财物。(　　)

2. 劳动合同部分无效的，该劳动合同从订立时起就没有法律约束力。(　　)

3. 根据劳动合同法律制度的规定，以完成一定工作任务为期限的劳动合同不得约定试用期。(　　)

4. 根据劳动合同法律制度的规定，除用人单位维持或者提高劳动合同约定条件续订劳动合同，劳动者不同意续订的情形外，劳动合同期满终止固定期限劳动合同的，用人单位应当向劳动者支付经济补偿。(　　)

5. 劳动仲裁机构是劳动人事争议仲裁委员会，其依法按照行政区划设立。(　　)

6. 根据规定，劳动仲裁申请人必须提交书面仲裁申请，并按照被申请人人数提交副本。(　　)

7. 甲某与用人单位发生一起劳动争议案件，甲某就该案件申请劳动仲裁，仲裁委员会不予受理，则甲某可以就该劳动争议事项向人民法院提起诉讼。(　　)

第二节　社会保险法律制度

一、单项选择题

1. 根据社会保险法律制度的规定，下列表述正确的是(　　)。

A. 基本养老保险是由用人单位和个人缴费组成的

B. 基本养老保险是由用人单位和政府补贴组成的

C. 基本养老保险基金由用人单位和个人缴费以及政府补贴等组成

D. 基本养老保险是由个人和政府补贴组成的

2. 根据社会保险法律制度的规定，男性职工法定退休年龄为(　　)周岁。

A. 60　　B. 55　　C. 50　　D. 45

3. 赵某与甲公司于2022年1月1日签订了1年期的劳动合同，2022年7月1日，甲公司未按照合同约定向赵某支付工资，2023年1月1日，劳动合同终止。根据《劳动争议调解仲裁法》的规定，赵某应当在(　　)之前申请劳动仲裁。

A. 2023年1月1日　　B. 2023年7月1日

C. 2024年7月1日　　D. 2024年1月1日

4. 病假工资或疾病救济费可以低于当地最低工资标准支付，但最低不能低于最低工资标准的(　　)。

A. 30%　　B. 50%　　C. 60%　　D. 80%

5. 下列各项中，属于工伤保险基金用途的是(　　)。

A. 用于劳动能力鉴定　　B. 用于投资运营

C. 用于兴建或者改建办公场所　　D. 用于发放奖金

6. 根据社会保险法律制度规定，下列关于劳动能力鉴定说法错误的是(　　)。

A. 生活自理障碍分为三个等级

B. 劳动能力鉴定是指劳动功能障碍程度和生活自理障碍程度的等级鉴定

C. 劳动功能障碍分为十个伤残等级，最重的为十级，最轻的为一级

D. 劳动能力鉴定标准由国务院社会保险行政部门会同国务院卫生行政部门等部门制定

7. 工伤职工因日常生活或者就业需要，经劳动能力鉴定委员会确定，安装的假肢配置的轮椅的辅助器具费用由(　　)支付。

A. 医疗保险基金　　B. 工伤保险基金　　C. 用人单位　　D. 劳动者

8. 一次性工亡补助金，为上一年度全国城镇居民人均可支配收入的(　　)。

A. 5倍　　B. 10倍　　C. 15倍　　D. 20倍

9. 李某在甲公司工作了12年，因劳动合同到期而劳动关系终止，符合领取失业保险待遇，李某最长可以领取失业保险的期限是(　　)。

A. 24个月　　B. 12个月　　C. 18个月　　D. 6个月

10. 丁某失业前月工资水平2000元，已知丁某所在地最低生活保障为1500元/月。最低工资标准为1800元/月。下列各项中，不满足失业保险金发放标准的是(　　)。

A. 丁某可以领取每月1500元的失业保险金

B. 丁某可以领取每月1600元的失业保险金

C. 丁某可以领取每月1800元的失业保险金

D. 丁某可以领取每月2000元的失业保险金

11. 根据社会保险法律制度的规定，职工发生伤亡的下列情形中，视同工伤的是(　　)。

A. 在工作时间和工作岗位突发先天性心脏病死亡的

B. 在上班途中受到非本人主要责任的交通事故伤害的

C. 下班后在工作场所从事与工作有关的收尾性工作受到事故伤害的

D. 患职业病的

12. 小张是一名应届毕业大学生，毕业后与一家高科技电子公司签订了为期 2 年的劳动合同，入职后公司对小张进行了一个月的专业技术培训，支付了培训费 12000 元，公司与小张约定服务期为 3 年，服务期从培训开始之日计算。2 年后，小张以劳动合同期满为由离开了公司，公司要求其支付违约金。下列各项中，符合规定的是(　　)。

A. 2 年的合同期满，小张可以离开公司，不用支付违约金

B. 小张违反服务期约定的，应向本单位支付违约金 8000 元

C. 小张违反服务期约定的，应向本单位支付违约金 12000 元

D. 小张可以离开公司，应支付 4000 元违约金

13. 下列属于劳动合同可备条款的是(　　)。

A. 竞业限制　　B. 劳务报酬　　C. 工作地点　　D. 休息休假

14 贾某是从事职业病危害作业的劳动者，其在疑似职业病诊断期间，以下表述正确的是(　　)。

A. 用人单位可以解除劳动合同

B. 用人单位可以解除劳动合同，也可以终止劳动合同

C. 用人单位不可以适用无过失性辞退或经济性裁员解除劳动合同的情形解除劳动合同，也不可终止劳动合同

D. 用人单位可以终止劳动合同

二、多项选择题

1. 下列关于基本养老保险金缴费计算的表述中错误的有(　　)。

A. 缴费工资基数一般为职工本人上一年度月平均工资

B. 本人月平均工资低于当地职工月平均工资的，按当地职工月平均工资作为缴费基数

C. 本人月平均工资低于当地最低工资标准的，按当地最低工资标准作为缴费基数

D. 灵活就业人员的缴费比例为 28%，其中 8%计入个人账户

2. 根据社会保险法律制度的规定，女性职工年满 45 周岁，缴费满 15 年即可享受职工基本养老保险的情况有(　　)。

A. 担任干部　　B. 从事空乘工作

C. 从事农药灌装工作　　D. 因病经确认完全丧失劳动能力

3 下列属于基本医疗保险覆盖范围的有(　　)。

A. 大学生　　B. 国有企业职工

C. 国家机关工作人员　　D. 领取失业保险的失业人员

4. 下列医疗费用不纳入基本医疗保险基金支付范围的有(　　)。

A. 缴纳职工医疗的赵某因工外出期间发生交通事故治疗费用

B. 缴纳职工医疗的钱某患职业病花费的治疗费

C. 缴纳职工医疗的孙某因突发高血压在定点医院诊疗费

D. 缴纳职工医疗的李某因患帕金森综合征到美国就医的诊疗费

5. 李某是某企业的职工，每月工资为 3000 元。2022 年因患病而住院 3 个月。当年企业

所在地的最低工资是 1200 元。下列选项中，公司支付李某病假期间的工资符合规定的有(　　)元。

A. 2000　　B. 1200　　C. 1000　　D. 900

6. 下列关于停工留薪期待遇的说法中错误的有(　　)。

A. 在停工留薪期内原工资福利待遇不变，由工伤保险基金按月支付

B. 停工留薪期一般不超过 24 个月

C. 工伤职工评定伤残等级后，继续享受停工留薪期待遇

D. 工伤职工停工留薪期满后仍需治疗，继续享受停工留薪期待遇

7. 根据社会保险法律制度规定，经劳动能力鉴定委员会鉴定，评定伤残等级的工伤职工，享受的伤残待遇包括(　　)。

A. 生活护理费

B. 一次性伤残补助金

C. 伤残津贴

D. 一次性工伤医疗补助金和一次性伤残就业补助金

8. 下列选项中，由于第三人的原因造成工伤，第三人不支付工伤医疗费用或者无法确定第三人的，下列表述错误的有(　　)。

A. 由用人单位先行支付

B. 由个人自行支付

C. 由工伤保险基金先行支付后，有权向第三人追偿

D. 由有关机构发放的补偿金先行支付

9. 某公司为减轻经济负担，通过更改职工档案、编造证明材料等手段，为部分愿意提前退休的职工以特殊工种为由办理了退休手续。后该市社保机构在进行年度资格审查时发现了该公司有 20 名员工的材料存在伪造痕迹，而这 20 名员工已领取基本养老金 6 个月，共计 24 万元，则社会保险行政部门可以(　　)。

A. 责令限期改正　　B. 责令退回已领取的 24 万元养老金

C. 对该单位处 48 万元罚金　　D. 对该单位处 120 万元罚款

10. 根据劳动合同法律制度的规定，下列关于劳动合同订立形式的表述中，正确的有(　　)。

A. 建立劳动关系，应当订立书面劳动合同

B. 非全日制用工双方当事人可以不订立书面劳动合同

C. 建立劳动关系，只能订立书面劳动合同

D. 试用期用工双方当事人可以订立口头协议

三、判断题

1. 职工基本养老保险中，个人账户可以提前支取，记账利率不得低于银行定期存款利率，免征利息税。(　　)

2. 职工应当参加职工基本医疗保险，由用人单位和职工按照国家规定共同缴纳基本医疗保险费。(　　)

3. 参保人员在封顶线以上的医疗费用部分，可以通过单位补充医疗保险或者参加商业

保险途径解决。(　　)

4. 医疗费用应当由第三人负担，第三人不支付或者无法确定第三人的，由基本医疗保险基金先行支付，然后向第三人追偿。(　　)

5. 根据社会保险法律制度规定，停工留薪期一般不超过 12 个月。伤情严重或者情况特殊，经设区的市级劳动能力鉴定委员会确认，可以适当延长，但延长不得超过 6 个月。(　　)

6. 经劳动能力鉴定委员会鉴定，评定伤残等级的工伤职工，享受伤残待遇，其中一至十级伤残的劳动者均可享受一次性伤残补助金。(　　)

7. 治疗工伤期间的工资福利由用人单位支付。(　　)

8. 用人单位未按时足额缴纳社会保险费的，由社会保险费征收机构责令限期缴纳或者补足，并自欠缴之日起按日加收滞纳金。(　　)